本书的出版得到共青团北京市委员会、北京市志愿者联合会、中国国际经济技术交流中心、联合国开发计划署、联合国志愿人员组织的支持！

谨以此书献给所有
为北京奥运会、残奥会志愿者工作
作出贡献的人！

北京市志愿者联合会组织撰写

经验·价值·影响

2008北京奥运会、残奥会
志愿者工作成果转化研究

魏娜 等/著

中国人民大学出版社
·北京·

序 言

继承转化奥运志愿工作成果
为世界城市建设积极贡献力量

《经验·价值·影响——2008北京奥运会、残奥会志愿者工作成果转化研究》一书历经一年多时间的研究、写作，正式出版了。在此，谨代表共青团北京市委、北京市志愿者联合会，向关心、支持首都志愿服务事业的领导和社会各界，以及为本项研究倾注心血的专家、学者表示衷心的感谢！向为北京奥运会、残奥会志愿者工作作出贡献的志愿者和工作人员表示崇高的敬意！

志愿服务是现代社会文明程度的重要标志，是新形势下推进社会建设的有力抓手，也是群众参与社会公共事务的有效途径。随着时代的进步、社会的发展，志愿服务的内涵不断深化，形式不断创新，队伍不断壮大。自1993年北京志愿者协会成立以来，以青年志愿者为生力军的北京志愿者，大力弘扬"奉献、友爱、互助、进步"的志愿精神，在各类志愿服务活动中发挥了重要作用。特别是北京申奥成功以来，北京共青团紧紧围绕奥运筹办，以奥运会、残奥会志愿者工作为抓手，团结动员广大团员青年、志愿者，弘扬志愿服务精神，传播志愿服务理念，积极参与首都经济、政治、文化、社会建设，为构建社会主义和谐社会首善之区，打造具有鲜明特色的奥运城市发挥了积极作用。2008年北京奥运会、残奥会期间，志愿服务活动作为践行"绿色奥运、科技奥运、人文奥运"理念的重要载体，在奥林匹克运动史上写下了浓墨重彩的一笔，170万志愿者用自己的实际行动弘扬了奥林匹克精神，赢得了国际社会的广泛赞誉和高度评价，让志愿者的微笑成为北京最好的名片。

深入总结北京奥运会、残奥会志愿者工作留下的宝贵经验，提炼传承北京奥运志愿精神，既是推动志愿服务事业发展的必然要求，也是对奥林匹克运动的积极贡献。本书通过对北京奥运会、残奥会志愿者工作全面、系统、深入的研究，阐述了北京奥运志愿者工作的价值和影响，分析了大型活动志愿服务工作的经验和启示，探讨了志愿服务理念传播的方法和机制，总结出了富有中国特色、具有参考价值的志愿者工作"北京模式"，这些将为推动北京志愿服务事业向科学化、规范化、制度化发展提供理论指导和经验参考。

当前，首都进入了全面建设现代化国际大都市的新阶段。市委市政府站在首都科学发展的高度，立足经济社会发展实际，描绘出一幅建设中国特色世界城市的宏伟蓝图。全市上下正按照世界城市的建设要求，以更高的标准推进"人文北京、科技北京、绿色北京"建设。北京奥运会、残奥会志愿者工作成果转化研究工作，为北京共青团团结带领广大团员青年、志愿者更好地投身世界城市建设提供了富有成效的帮助。做好这些成果转化工作，有利于把握世界城市建设方向，抓住重大历史契机，不断拓宽志愿服务领域，推进专业化队伍建设，推动志愿服务常态化发展；有利于适应世界城市建设要求，紧紧围绕"人文北京、科技北京、绿色北京"建设，开发与全市中心工作紧密结合的公益实践项目，开展党政关心、社会关注、群众所需的志愿服务活动，推动志愿服务的项目化运行；有利于瞄准世界城市建设目标，加强和完善志愿服务工作体系，积极营造全社会关心、支持和参与志愿服务的浓厚氛围，推进"枢纽型"志愿者组织建设，建设和形成具有时代特征、体现中国特色、彰显首都特点的工作格局，营造团结互助、平等友爱的社会氛围，促进社会公平正义，维护社会和谐稳定。

全市各级共青团组织也将认真学习借鉴，不断融会贯通，在推进北京奥运志愿者工作成果转化、促进首都志愿服务事业发展进程中取得新的进步和成绩，也为运用志愿服务平台，加强青少年思想教育，推动和谐社会建设作出新的探索和努力，让"奉献、友爱、互助、进步"的旗帜高高飘扬在"人文北京、科技北京、绿色北京"建设的壮丽事业中，为中国特色世界城市建设作出新的更大的贡献！

共青团北京市委书记　王少峰

2010 年 11 月 12 日

前　言

　　2008 年北京奥运会、残奥会取得了圆满成功，成为奥运史上的一朵奇葩，为中国乃至世界留下了无比珍贵的记忆和财富。作为现代奥林匹克运动的基石，奥运会志愿者工作是这笔财富中的一项重要内容。为了让更多的国家、地区、组织及个人更好地分享这一成果，联合国志愿服务合作项目的参与方——共青团北京市委、北京市志愿者联合会、中国国际经济技术交流中心、联合国开发计划署、联合国志愿人员组织等，委托中国人民大学人文奥运研究中心开展北京奥运会、残奥会志愿者工作成果转化的研究，旨在通过对北京奥运会志愿者工作的描述与总结，凝练出既具有中国特色、又具有普遍参考价值的北京奥运会志愿者工作模式，阐述北京奥运会志愿者工作的价值与影响，提出进一步推动北京乃至全国志愿服务事业发展的建议。本书就是课题最终研究成果的呈现。

　　本书首先以志愿者为研究对象，分析了北京奥运会、残奥会志愿者的构成、来源、参与动机、角色和贡献。研究认为，北京奥运会志愿者不仅是北京奥运会、残奥会的直接服务者，还是“平安北京、和谐中国”的建设者，中外文化交流的使者以及“开放北京、文明中国”的展示者。志愿者不仅圆满完成了赛时服务任务，为北京奥运会、残奥会的成功举办提供了坚实保障，而且弘扬了“奉献、友爱、互助、进步”的志愿精神，推动了北京乃至全国志愿服务事业的发展。调查数据显示，社会公众对北京奥运志愿工作总体评价非常高，在奥运会成功举办原因的调查中，97.2%的人认为志愿者的热情服务功不可没。新华社、人民日报社、中央电视台、BBC 和美联社等国内外主要媒体纷纷对奥运会志愿者工作进行专题报道，充分肯定志愿者代表的“中国形象”。

　　其次，本书从客观、理性的角度对北京奥运会志愿者工作的组织体制、工作运行机制及工作内容进行了描述，并通过对 5 000 名赛会志愿者的调查，全面评估了志愿者组织运行机制和培训、宣传、激励保障等方面工作。研究发现，北京奥运会志愿者工作建立了指挥有力、运转协调的组织体制和全面覆盖、上下联动、职责清晰的运行体制，最大限度地整合资源力量，展开最广泛的社会动员，圆满完成了各项工作任务，保障了赛会的成功举办。调查数据也显示，志愿者对志愿者工作的组织运行机制和招募、培训、宣传、激励保障等方面工作整体满意度较高，这充分说明北京奥运会志愿者工作是科学、高效的。

再次，本书深入分析、总结了北京奥运会志愿者工作的价值和影响。北京奥运会志愿者工作不仅创造了巨大的经济价值、社会价值、人文价值和精神价值，还对志愿者、志愿者组织、社会公众产生了深远影响。经济价值方面，通过开展志愿者工作，为奥运会节省了42.75亿元的成本，并培养锻炼了170万志愿者，为北京的经济社会发展积淀下厚重的人力资本。社会价值方面，表现为提升了社会公众对志愿精神的认同，促进了互助、友爱等社会价值的实现，提升了城市文明程度，实现了平安奥运。人文价值方面，表现为"以人为本"的理念更加彰显，东西方文化之间更加交融，志愿者的身心得到发展。精神价值方面，形成了以"清醒坚定、敢当重任，面向世界、开放自信，团结友爱、追求卓越，无私奉献、构建和谐"为主要内容的北京奥运会志愿精神；微笑理念深入人心，成为北京的城市表情。

研究发现，北京奥运会志愿者工作对志愿者本人产生了重要影响，主要表现为使志愿者参与奥运的愿望获得了满足，令志愿者赢得了尊重，增强了自信，并对志愿者今后的行为选择产生了重要影响。调查数据显示：在参与调查的4 976名赛会志愿者中，68.9%的人表示在奥运结束后，会继续参加其他志愿服务活动。在对志愿者组织的影响方面，调查显示，绝大部分志愿者组织都认为奥运会、残奥会志愿者工作对组织发展产生了较大的影响，主要体现在：优化了志愿者组织的政策环境；营造了良好的社会环境和氛围；创新了志愿者组织的管理体制；搭建了志愿者组织合作的平台；形成了良好的志愿者组织培育机制；进一步增强了志愿者组织的社会动员能力；服务领域和项目得以拓展。北京奥运会志愿者工作还对社会公众产生了重要影响，主要表现在：公民的社会责任意识明显加强；社会公众更愿意参与社区志愿服务；改变了社会公众的生活方式，增进了邻里互动与交往。

最后，本书通过对历届奥运会志愿者工作的比较，挖掘出北京奥运会志愿者工作的经验：（1）遵循国际惯例和奥运规则；（2）加强国际合作；（3）充分发挥共青团组织和高校在志愿者工作中的作用；（4）首次确立了城市志愿者、社会志愿者项目；（5）科学有效的志愿者管理体制；（6）"两个奥运同样精彩"，高度重视残奥会志愿者工作；（7）为社会广泛参与奥运会搭建了广阔的平台；（8）坚持以人为本，促进志愿者的全面发展。

本书的特色主要体现在以下三个方面。

第一，资料来源权威、扎实。在文献资料方面，我们依托原北京奥组委志愿者部、联合国志愿服务合作项目办公室和北京志愿服务发展研究会，收集了大量国内外有关志愿服务与北京奥运会志愿者工作的一手资料，确保了研究的权威性。在经验资料方面，我们对原北京奥组委志愿者部工作人员、奥运会场馆经理和观众服务经理代表、志愿者代表等，进行了15次共35人次的深度访谈。我们还委托中国人民大学统计学院调查中心，对1 000名赛会志愿者进行了电话调查，对4 000名赛会志愿者进行了网络调查，对500家志愿者组织和600名社区公众进行了问卷调查，确保了研究的扎实、可靠。

第二，研究过程严谨、细致。受北京市志愿者联合会和联合国志愿服务合作项目办公室的委托，以魏娜教授为总负责人，组成了一支专业、认真的研究团队，承担具体的研究工作。在研究初始阶段，课题组多次召开会议，对课题研究思路和研究方法进行讨论。在课题推进过程中，充分借助外部专家力量，邀请中国青年政治学院原院长陆士桢教授、国家行政学院丁元竹教授等组成了咨询团队，充分听取专家对研究方案的意见。课题报告完成后，课题组还将报告送交原北京奥组委志愿者部相关领导及专家审阅，并根据相关领导及专家的反馈意见，对报告进行不断修改。

第三，研究结论客观、有效。课题研究完成后，研究成果受到课题委托方——联合国志愿服务合作项目办公室和北京市志愿者联合会的高度评价。2009年12月4日，在"鸟巢"这一具有特殊意义的地方，团市委、北京市志愿者联合会等相关单位共同举办了北京奥运会、残奥会志愿者工作成果转化研究报告发布仪式，向即将到来的第24个国际志愿者日献礼。参会代表评价报告结论客观、全面、深入，具有较高的学术价值和实践参考价值。国内外媒体对北京奥运会志愿者工作成果转化的这一重要成果给予了充分的肯定和广泛的报道，产生了广泛的社会影响。

出于对书稿结构编排、文字篇幅的考虑，我们将本书分为"上篇"、"下篇"两篇。上篇为本书的主要内容，即对北京奥运会、残奥会志愿者工作的全面描述、分析、总结和评价，共分为七章。下篇分为四部分，为课题研究的三个调研报告和深入访谈记录。本书在研究报告的基础上修改而成，参与报告撰写和课题研究的人员我们在后记中会一一致谢。本书的具体分工是：魏娜教授作为课题主持人，设定研究目标，制定研究方案，组织项目实施，撰写了第一、三、七章和第五章第三节以及"赛会志愿者调研报告"，并对全书统稿；张晓红副教授承担了诸多沟通、协调工作，撰写了第二章及第六章第一、二节和"志愿者组织发展调研报告"；崔玉开撰写了第四章和第五章第一、二节；娜拉、董强、翟燕撰写了第六章第三节以及"社会公众调研报告"。崔玉开、袁博、雷尚清为赛会志愿者数据报告的整理付出了大量的辛勤劳动。

志愿服务在中国刚刚起步，如果我们的努力能为中国志愿服务事业的发展作出些许贡献，那么这些付出就是很有意义的。我们期待着中国志愿服务事业的辉煌明天！

魏娜

2010年11月5日

目 录

上 篇

下　篇

上　篇

第一章
北京奥运会志愿者

　　志愿者是奥林匹克运动的基石。北京奥运会、残奥会期间，共有170万北京奥运会志愿者在赛会、城市、社会、拉拉队等各个领域的众多岗位上，提供了热情、周到、细致的志愿服务。志愿者们秉承"我参与、我奉献、我快乐"的理念，在赛场内外以美丽的微笑和热情、专业的服务展示了中华民族讲文明、重礼仪、团结友善、热情好客的良好风尚，展示了中国人民包容、开放、自信的时代风采，赢得了各国运动员、来宾和社会各界的广泛好评。

第一节　北京奥运会志愿者的构成

　　从广义上讲，北京奥运会志愿者由奥组委前期志愿者，北京奥运会、残奥会赛会志愿者，城市志愿者，社会志愿者，拉拉队志愿者构成。从狭义上讲，北京奥运会志愿者是指奥运会、残奥会赛会志愿者。本书采用了广义上的概念。[①]

一、奥组委前期志愿者

　　奥组委前期志愿者是指在奥运会筹备阶段，经过招募选拔，参与奥组委的日常工作或专项活动，义务为奥组委提供服务的人员。

　　奥组委前期志愿者项目于2004年3月启动，分14期招募了1 582名志愿者，其中80％是来自国内外100多所大学的在校大学生，其他为教师、公司职员、社区居民等。

　　奥组委前期志愿者在奥组委内26个部门和6个场馆为北京奥运会筹办提供了近60万小时的服务。服务领域包括：行政助理、电话咨询、信件回复、维护奥林匹克知识产权、绿色奥运宣讲、语言服务和资料翻译、信息录入、大型会议服务、技术

---

　　① 本节所引数据来源于北京奥运会志愿者工作协调小组办公室等编：《奥运先锋》，北京，人民出版社，2009。

支持等。

▶ **志愿者故事**

　　陈廷军，男，第二炮兵退役少将，北京奥组委前期志愿者，北京奥组委志愿者部特聘专家。

　　早在 2001 年 7 月 13 日北京申奥成功的那一刻，陈廷军少将就憧憬着能为北京奥运做点什么。机会终于在 2005 年来临了。这年，陈廷军从第二炮兵某基地政治部主任任上光荣退休。当年 7 月份，他在报纸上看到一则北京奥运会志愿者招募启动仪式的消息，立即被深深吸引住了。当发现奥运会志愿者的年龄条件没有上限时，当天晚上他就给北京奥组委写了一份申请书。经过面试、培训后，陈廷军在 7 月 27 日正式以志愿者的身份上岗了。

　　他的第一份工作是和三名大学生志愿者一起，分管三部向国内外公众开放的咨询电话，解答一些关于奥运会志愿者的问题，回复国内外公众的电子邮件和信件，并兼顾前期志愿者的信息资料收集和证件、餐票管理工作。工作之初，尽管陈廷军对当志愿者的心理准备比较充足，但还是遇到了不少难题。例如，电脑打字不熟练，电子邮件不会发，用英语交流一句也不会，对集中办公的环境不习惯等。于是，他就从当小学生开始，虚心向年轻人请教，很快就能比较熟练地操作电脑了。为了突破英语关，他利用晚上时间参加奥组委举办的英语培训班，虽然记性不太好，但还是掌握了一些简单的日常用语，一旦接到外国人的电话，他也可以打个招呼后再交给大学生志愿者代接了。

　　2006 年 1 月，奥组委搬入奥运大厦，陈廷军的身份也由志愿者变为志愿者管理者，被委任为特聘专家，主抓前期志愿者项目。在两年多的时间里，他把一批批志愿者迎接到奥组委，又把一批批志愿者送回学校和社会。由于工作积极，表现突出，他连续两年被评为奥组委优秀工作人员。[①]

二、北京奥运会、残奥会赛会志愿者

　　北京奥运会、残奥会赛会志愿者是指由北京奥组委组织招募，接受北京奥组委管理，制发奥运会、残奥会身份注册卡，赛会期间承担相应岗位职责，在北京奥组委指定的时间和岗位工作，义务为北京奥运会、残奥会服务的志愿者。

　　北京奥运会赛会志愿者共录用 77 169 人，其中通用志愿者主要来自北京地区高校

---

　　① 参见《二炮退役少将主动申请做了 3 年奥运志愿者》，见 http://www.ourzg.com/bbs/read.php? fid＝63&tid＝46594&toread＝1&skinco＝wind_red。

及京外省（区、市）；专业志愿者包括贵宾陪同及语言服务、媒体运行、驾驶员、安全检查、住宿服务、体育展示及颁奖礼仪、竞赛组织、医疗服务、技术支持、宗教服务十个类别。北京奥运会赛会志愿者中，北京高校 51 507 人，北京区县 10 516 人，京外省（区、市）5 363 人，部队人员 8 348 人，港澳台及海外 1 435 人（见图1—1）。

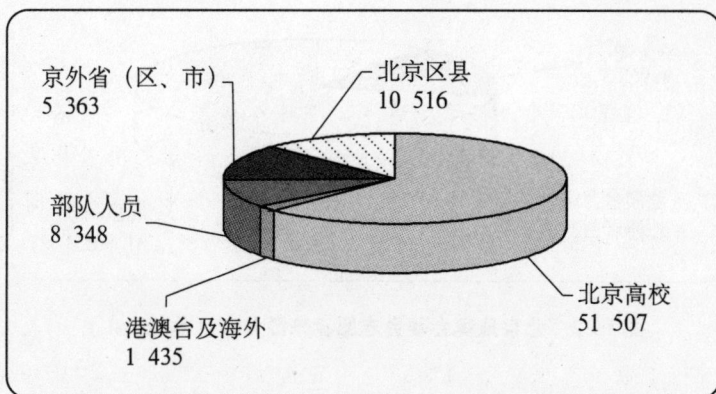

图1—1　北京奥运会赛会志愿者来源分布（单位：人）

▶ 志愿者故事

　　徐笑博，男，北京体育大学学生，北京奥运会沙滩排球志愿者。

　　徐笑博是奥运会沙滩排球的耙沙志愿者，8 月 11 日上午举行的首场奥运沙滩排球赛上，他开始了自己的第一场志愿服务。"奥运会要求三十秒钟必须把沙子耙好，我们在比赛过程中处于随时待命状态"。一场比赛下来，他已经累得满头大汗，"看着运动员在我们平整过的沙子上进行比赛，觉得累一点却很值得"。"只要裁判员一个手势，我们马上就从赛场边起立，拿起搁在旁边的耙子冲进赛场。"刚刚从赛场上下来的徐笑博一边擦汗，一边不忘嘱咐即将上场的志愿者："注意别让脚下面的电视转播线绊到，而且，中间的沙坑比较多，需要看得特别细致。"在徐笑博眼中，"耙沙可是个技术活儿"。耙沙用的耙子一般有四五斤重，与普通的铁耙基本相同。徐笑博说，耙沙的时候绝对不能使蛮劲，需要悠着一点，同时还需要带一点角度，这个角度必须成锐角，这样耙出来的沙子会有一种微微的波浪起伏的样子，效果最好。[①]

　　北京残奥会赛会志愿者共录用 44 261 人，其中通用志愿者28 662 人、专业志愿者15 599 人。来自北京高校志愿者31 861 人，北京区县志愿者 4 418 人，京外省（区、市）

_____

① 参见《30 秒耙出波浪沙》，载《志愿者》，总第 22 期，7 页。

志愿者 2 802 人，部队支奥人员 4 968 人，港澳台及海外志愿者 212 人（见图 1—2）。①

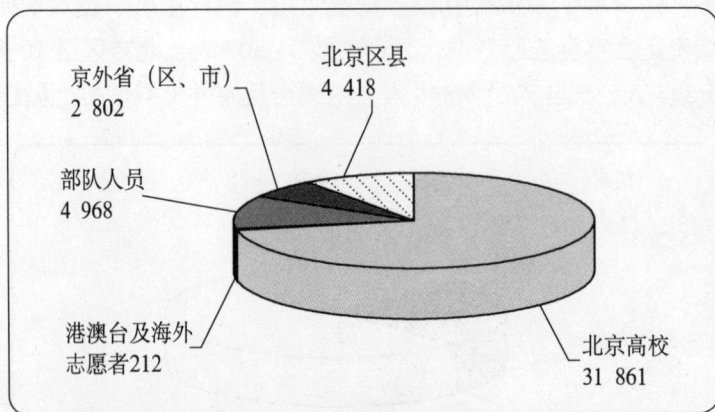

图 1—2　北京残奥会赛会志愿者来源分布（单位：人）

▶ 志愿者故事

李嘉，男，1959 年 4 月出生，肢体残疾人，残奥会期间先后在奥林匹克中心公园祥云小屋、残奥北航举重馆做志愿者。

李嘉自述：9 月 9 日，我来到北京航空航天大学残奥会举重馆，开始履行一名残奥志愿者的使命。那天清晨，穿着志愿者的衣裳，摇着轮椅在街上一走，我心里美得像做梦一样。

都说"志愿者的微笑是北京最好的名片"，当了志愿者才对这句话有了深刻的体会。在举重馆，志愿者们不管认识不认识，相见都会报以会心的微笑，有时候还会问候一句"你辛苦了"，好像大家就是一家人了。微笑也是志愿者工作的一个内容，每逢得奖牌的运动员从我面前经过，我会面带微笑，对他们说一声"祝贺你"。而当那些因为没有成功神情沮丧，甚至掩面而泣的运动员走近我时，我依然会面带微笑，向他们点头致意。有的运动员看见我微笑会擦擦眼泪，回报我一个微笑，我真希望来自一名中国残疾人志愿者的微笑，在这个时刻，能给他们更多的温情和鼓励。

作为残疾人志愿者，除了像普通志愿者那样恪尽职守外，我还发挥了自己独特的作用。我在举重馆服务时曾连人带车翻了两个跟头，都是因为新铺设的坡道接缝的地方有凸起，又被地毯盖住不易察觉造成的。想到这种安全隐患可能会对使用轮椅的残疾人运动员和媒体记者造成伤害，我立刻摇着轮椅在服务区体验一遍，找出各处的隐患，而后向有关部门作了汇报。场馆团队在第一时间作出改进，在所有有隐患的地方

---

① 参见北京奥运会志愿者工作协调小组办公室等编：《奥运先锋》。

都做了有中英文提示的警示标志。

9 月 13 日下午，国际残奥会主席菲利普·克雷文先生来到残奥会举重馆，他要离开举重馆的时候注意到在岗位上的我，于是转身来到我面前，亲切地和我握手，问我："Do you enjoy being a volunteer?"我只回答了一声"Yes"，其他什么也说不出来了。现在我直后悔，当时怎么不和他多说几句呀。我想告诉他能做残奥会志愿者是我一生的荣耀。作为残奥会的一名志愿者，我和所有关注残奥、服务残奥、奉献残奥的人一样，在残奥中快乐，在残奥中享受！

三、城市志愿者

城市志愿者是指在奥运会、残奥会赛会期间，为赛会的顺利进行和城市的正常运转，在奥运场馆外围及其他城市重点区域设立的城市志愿服务岗位开展志愿服务的志愿者。奥运会、残奥会期间，共有 40 万城市志愿者开展志愿服务。

北京奥运会、残奥会城市志愿者工作领域和内容包括：

● 城市志愿服务站点：在全市交通枢纽、商业网点、旅游景点等地区的 550 个城市志愿服务站点，为奥林匹克大家庭成员、国内外媒体记者、市民和游客提供信息咨询、应急救助和语言翻译服务。

● 重要赛事外围保障：为好运北京测试赛、火炬传递等重要赛事和活动提供维持秩序、架设无障碍设施等外围保障服务。

● 首都大型活动和城市管理志愿服务。

城市志愿者以相对宽泛的报名条件（年满 14 周岁以上，能够在北京奥运会、残奥会期间提供 3 个工作班次以上的服务）和良好的公益形象，成为中外友人、广大市民参与奥运、奉献奥运的一个良好平台。其主要群体涵盖了在校大学生、外籍留学生、中学生、公务员、企业职员、社区居民、"两新组织"① 成员等。其中，年龄最小的刚刚年满 14 周岁，年龄最大的 87 岁。

▶ **志愿者故事**

赵度，男，14 岁，北京师范大学附属实验中学学生，北京奥运会年龄最小的城市志愿者。

赵度现在是一个志愿者明星了，在参与志愿者海报拍摄的模特中，那个活力四射的小男生就是他。赵度觉得，他能做环保志愿者和奥运志愿者，跟父母对他的熏陶关

① "两新组织"是新经济组织和新社会组织的简称。新经济组织，是指私营企业、个体工商户等各类非国有集体的独资经济组织。新社会组织，是社会团体和民办非企业单位。

系很大。"心怀感恩"是爸爸妈妈教他做人的一项准则。在这次的奥运会中，由于学校没有大规模组织志愿者的报名工作，赵度自己去社区报名成为一名光荣的城市志愿者。"我现在很羡慕那些大哥哥们可以用英语为大家服务，我一定要好好学习，以后能够更好地投入到服务中。"赵度有些遗憾地说道。

赵度是一位充满爱心的志愿环保小先锋。从2002年起，他一直积极践行绿色奥运理念，如：关注奥运福娃妮妮原型——北京雨燕的生存状况，通过刊发倡议、专题研讨、主题班会、编演小品、唱歌、讲故事等方式，向周围同学和广大市民宣传雨燕，动员他们加入到保护雨燕行动中来；坚持参与节约用水，到养老院陪护老人等。[①]

四、社会志愿者

社会志愿者是指赛会期间在社会公共场所，通过开展秩序维护、文明倡导、环境美化、扶危助困等志愿服务，服务于社会秩序维护、赛场文明宣传、和谐环境创建等领域的志愿者。

据统计，社会志愿者人数超过100万。从2008年7月1日至10月5日，社会志愿者每日平均上岗人数在25万人以上。[②]

▶ 志愿者故事

钟恩庚，男，对外经济贸易大学学生，北京奥运会社会志愿者。

在对外经济贸易大学，像钟恩庚这样的社会志愿者共有70余人，分布在城铁13号线的东直门至北苑6个车站。他们身着整洁如新的海蓝色翻领工作衫，头戴白蓝相间的棒球帽，脸上浮现出真诚的笑容，在车站往返巡视。

"我们每天都要上岗，虽然有轮班，但每一岗也要工作六七个小时。"钟恩庚介绍说，"我们从七月二十几号开始就在这里服务了，我们的职责有：为外国乘客提供语言服务，为旅客进行换乘指引，另外还有一些地铁秩序的维持工作也需要我们参与"。

在采访过程中，有几位乘客因为路途不熟悉过来问路，钟恩庚和他的同事从腰包里掏出一本《奥运观赛指南》，翻看着地图，悉心地帮助乘客解决这些疑问。钟恩庚说，指路已经成为他们日常工作中的重头戏。"我们经常会遇到一些不会说英语的老外，我们只能协助他（她）去拨打外语服务热线，选择他（她）应用的语言。另外，

① 参见《心怀感恩之念，快乐服务奥运》，见 http://app.fltrp.com/volunteer/newsdetails.asp? icntno=75584。

② 参见北京奥运会志愿者工作协调小组办公室等编：《奥运先锋》。

有些乘客会因为我们不认识路而对我们存在一些抱怨，这是因为他们对于社会志愿者的一些详细情况不甚了解，我们也很理解他们的心情。在这种情形下，我们都会选择耐心解释。更多乘客还是很支持我们的。"①

五、拉拉队志愿者

拉拉队志愿者是指在奥运会、残奥会期间，在比赛现场引导观众为运动员加油，营造良好观赛氛围的志愿者。

奥运会、残奥会期间，20万名拉拉队志愿者带动广大观众在奥运赛场积极营造"文明、热情、专业"的观赛氛围。拉拉队志愿者主要来自社区居民、企业职工、大学生和中小学生等。

▶ 志愿者故事

佟潇，男，北京科技大学学生，北京奥运会拉拉队志愿者。

佟潇自述：我叫佟潇，是北京科技大学铁军拉拉队的一名志愿者。2008年北京奥运会、残奥会让世界惊叹，引人注目的志愿者中有一支特殊的队伍也吸引着人们的目光，他们活跃在看台上，用响亮的口号和整齐的动作为来自世界各国的运动员加油、打气，他们就是拉拉队志愿者们。

刚加入拉拉队时，我以为加油很简单，喊就是了。可当我经过一次又一次专业培训后，发现原来加油也大有学问。加油并不是随时随地都可以喊的，不同的比赛有不同的规则，也就有不同的加油方式。通过培训，我学会了专业的加油手势、动作、口号、歌曲，更懂得了如何成为一名文明的观众，如何把我们礼仪之邦的文明风貌展现给世界。

在拉拉队的日子里，最令我难忘的是一次手球比赛。刚开始时，我记得场内气氛不太热烈，这正是需要我们拉拉队的时候！于是，每当出现一个好球，我们都会站起来齐声呼喊，整齐地做着加油的手势和动作。金黄色的队服加上巨大的声势令我们格外耀眼，一时间无数的目光和闪光灯对准了我们。我们的加油没有国籍，每一个好球我们都会喝彩。渐渐地，现场观众们开始和着我们的节奏一起拍手，氛围逐渐热烈起来。中场休息时，我们又带领全场观众做起了"人浪"，此起彼伏的"人浪"正如我们的激情一样，一势高过一势，最终，随着比赛的终场哨声，我们的助威也画上了圆满的句号。不，我想这不应该是句号，而是惊叹号！就像我校志愿者的精神——"一直

---

① 参见《奥运社会志愿者：开往幸福的地铁》，见http://news.uibe.edu.cn/uibenews/article.php?/7865。

坚定、一点轻快"的惊叹号精神一样，我们努力试着把我们拉拉队工作做成每场比赛的惊叹号![①]

第二节　北京奥运会志愿者的参与动机

"我参与、我奉献、我快乐"不仅是北京奥运会志愿者的一句响亮口号，更是志愿者参与志愿服务的实际动机。

"我参与"是一种态度。根据对 5 000 名赛会志愿者的调查，"亲身参与奥运，留下人生宝贵经历"（91.6%），"作为一次宝贵的社会实践，锻炼自己"（80.0%）和"希望能为国家和社会尽一份力量"（79.3%）成为志愿者参与奥运会志愿服务的主要动机（见图1—3）。

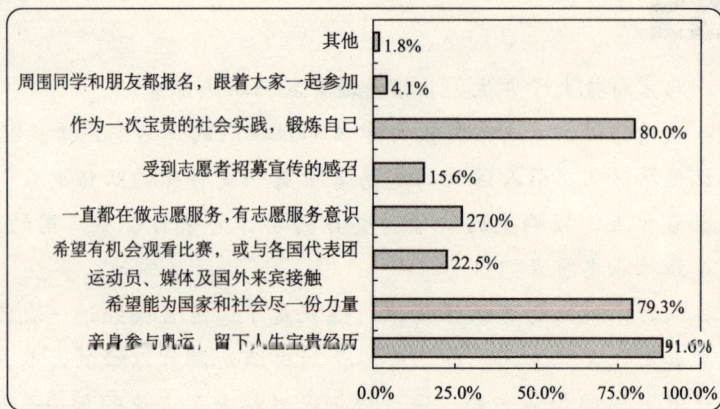

图1—3　赛会志愿者参与志愿服务的主要动机

课题组在社区访谈中发现，社区公众参与志愿服务的最主要动机也是能够亲身参与北京奥运会。

"我奉献"是一种精神，是一种不求回报的付出。在奥运会、残奥会举办过程中，时时刻刻能够感受到志愿者的无私奉献。很多的志愿者看不见赛事，听不见"加油"声，是一种奉献；而那些遍布在场馆周边、大街小巷的城市志愿者和社会志愿者，顶着烈日坚守在岗位上，传播着北京的微笑和热情，也是一种奉献。

"我快乐"是一种收获。快乐的根源是奉献和参与，志愿者们认为自己所从事的是伟大且高尚的事业，在这个过程中得到了赞许和期待，在付出的同时也就收获了快乐。

---

① 参见《教育部 2008 年第 9 次例行新闻发布会——介绍北京 2008 年奥运会及残奥会期间我国大学生志愿者工作有关情况》，见 http://www.moe.edu.cn/edoas/website18/03/info1222307221567403.htm。

前期志愿者参与志愿服务感言：

● 陈顺昌，中国人民公安大学硕士研究生，奥组委前期志愿者。工作部门：法律事务部、新闻中心。

服务感言："400 余小时志愿服务，130 余封邮件翻译，270 余次口径答复，23 次协助完成记者接待采访……2008 年 4 月，带着 3 个月满满的收获离开，我更加深刻地明白——志愿者因微笑而美丽，志愿者因奉献而快乐。"①

赛会志愿者参与志愿服务感言：

● 李文博，1988 年生，中国人民大学二年级学生，奥运村志愿者。

服务感言："虽然每天都做同样的事，而且纪律严明，但我从未感觉乏味。我甚至觉得我和那些极少数有着传奇故事的志愿者英雄一样伟大。在奥运村这个和谐的大家庭，我感受着奥林匹克的精神和热情。"

城市志愿者参与志愿服务感言：

● 解永旭，北京奥运会城市志愿者。

服务感言：在采访小队中，我通常负责摄影这一块，用自己手中的相机记录着奥运的点滴是一件十分幸福的事。我最应该也必须做到的，就是把志愿者们真实、感人的一面展示给其他人，帮他们把人生中一段重要的时光保存，并无限放大，而且能够被人们记在心中，这就是我一直努力的目标。②

社会志愿者参与志愿服务感言：

● 何俊，北京奥运会社会志愿者。

服务感言："被需要是一种幸福"，这感觉只有在真正做志愿工作一段时间之后才能渐渐获得和理解。这种幸福也让我深深体会到参与奥运的激情，奥运志愿者不再是一个抽象的符号，而成为一种具体的行动，我们用自己的行动展示了我们对国家的热爱！③

拉拉队志愿者参与志愿服务感言：

● 黄晓东，北京奥运会拉拉队志愿者。

服务感言：我把训练当作一种享受，虽然我不能参加比赛，但在参与拉拉队活动的过程中，我切身感受到奥运的气息，对奥林匹克精神和奥运会都有了新的认识，付出的汗水都值了。④

---

① 参见北京志愿者协会编著：《志愿进行时》，第四册，《在奥运大厦的日子》，127 页，北京，新华出版社，2009。

② 参见《真诚的微笑　热情的服务——城市志愿者志愿感言》，见 http：//www. bj. xinhuanet. com/bjpd-bk/2008-08/01/content _ 14005226. htm。

③ 参见《我参与，我奉献，我快乐！》，见 http：//socialvolunteer. blog. 163. com/blog/static/67324569200871702 0413/?latestBlog。

④ 参见《职工拉拉队比拼"奥运加速度"》，见 http：//www. ldwb. com. cn/template/23/file. jsp？cid＝392&aid＝57658。

第三节　北京奥运会志愿者的角色与评价

一、北京奥运会志愿者的角色

1. 北京奥运会、残奥会的直接服务者

赛会志愿者在观众服务、交通服务、安全检查、竞赛组织支持、医疗服务、语言服务、场馆管理支持、媒体运行支持、体育展示、颁奖礼仪等领域为北京奥运会、残奥会提供了热情、周到、细致的服务，圆满完成了赛时各项任务。

▶ **志愿者故事**

刘振基，男，68岁，北京奥运会机场3号航站楼呼叫中心志愿者。

刘振基参加奥运会时已退休8年，可是别小看老刘，他精通英语、瑞典语、德语、俄语四种语言，还会一点法语和日语。奥运会期间，老刘被安排在北京机场3号航站楼呼叫中心，从事翻译工作，为入境外国游客提供咨询服务。

2008年8月7日下午，入境外国游客迎来一个高峰，呼叫中心紧张而又忙碌。"老刘，不好了，出口大厅一个外国老人有麻烦，急得快哭了，请立即支援。"接到呼叫，老刘紧急驰援。

赶至现场，这位外国老人已急得满头大汗。老刘赶紧用英语询问，说了半天，老人的回答让老刘这个"外语通"也犯难了，自己听不懂。外宾见此更急了，不停比画。紧急关头，老刘灵机一动，拿来笔和纸，示意让他写下来。弄明白后，外国老人飞快地写下几行字。老刘赶紧拿出随身带着的外语词典，经过查阅，终于明白这位外国老人是希腊人，叫西蒙洛迪斯，来北京看奥运并游玩，和自己的旅行团走散了。

怎么办？必须拿到老人的旅馆订单，可自己不会说又不会写，老刘冷静思考了一下，比画着说出"雅典"、"悉尼"、"宾馆"等英文名词，再三引导。西蒙洛迪斯终于明白了老刘的意思，从包里拿出旅馆订单，上书"北京市宣武区莱园街假日中心广场"，老刘一见乐了。

见老刘一直紧张的面孔露出笑容，西蒙洛迪斯心情也平缓下来。细心的老刘立即把酒店地址用汉语写下交给他，并领着他去打的。急于感谢的西蒙洛迪斯想了半天，用生硬的英语说了一句："Thank you, China（感谢你，中国）!"能为"中国"赢得这样一句话，老刘说，这个志愿者当得荣光。①

① 参见《北京奥运会：赛会志愿者纪实》，见 http://www.fumuqin.com/InfoFiles/011001/7597-26907.html.

2. 平安北京、和谐中国的建设者

城市志愿者和社会志愿者在场馆周边、车站、商场、公园、社区等区域开展志愿服务，为"平安奥运"作出了独特贡献，推动了和谐社会建设。

▶ 志愿者故事

谭晶，女，著名歌唱家，北京奥运会城市志愿者。

2008年8月19日，艳阳高照，歌手谭晶冒着烈日出现在了鸟巢8号安检口旁边的城市志愿者服务站点。在长达四个小时的时间里，谭晶以城市志愿者的身份一直为游人和观众做志愿服务。

谭晶的岗位是信息咨询。信息咨询包括奥运信息咨询和城市信息咨询，奥运信息咨询包括奥林匹克相关知识、"微笑北京"主题活动、奥运会志愿服务相关信息的宣传和咨询，城市信息咨询包括向国内外游客和广大市民提供交通、购物、餐饮、住宿、旅游等城市信息的咨询服务。

谭晶今天终于实现了自己做奥运志愿者的心愿，虽然辛苦，但略显疲惫的脸上充满了开心的笑容。她表示："志愿者是奥林匹克运动的基石，是奥运会真正的形象大使。借助奥运，让'志愿'成为一种生活方式，这将是奥运会志愿服务工作的最大成果。"

3. 中外文化交流的使者

在志愿服务过程中，奥运会志愿者以实际行动让运动员与观众了解到中国的优秀传统文化和风俗，让更多外国友人认识中国、了解中国、喜爱中国。同时，志愿者也在与外国友人的交流中了解到国外的文明理念和风俗习惯，增强了国际化意识，提高了综合素质和能力。

▶ 志愿者故事

李淑芬，1910年出生，年龄最大的奥运志愿者。

李奶奶经历传奇：8岁在烟台当童工，白天上班，晚上学习，14岁时因学习成绩优良成了平民学校的小先生；结婚后，为继续念书，吞过金，逃过跑，终于获得丈夫的支持，于26岁考入辅仁大学教育系；71岁创办了北京市第一所私立职业学校——行知职业学校，亲任校长直至89岁因伤退休。

剪纸是李奶奶小时候的爱好，李奶奶想通过奥组委，把她的作品赠送给各国代表团。李奶奶想，"送外国朋友剪纸不能只送一张，要送就送一本，里面得有20张。世界上有200多个国家，那我就一个国家代表团给一本，那不就是200多本？"在6年多时间里，李奶奶坚持每天剪纸，并编辑线装成200多册。李奶奶的剪纸作品最后作为

国家级礼物赠送给了前来参加北京奥运会的国际友人。为了给外国朋友介绍奥运会，李奶奶还每天坚持学习英语，她用英语向大家介绍："My name is Li Shufen, I cut paper for world; One world, one dream."①

---

4. 开放北京、文明中国的展示者

北京奥运会、残奥会期间，广大志愿者全面参与包括贵宾陪同、媒体运行、语言翻译等领域在内的志愿服务工作，他们用充满自信的微笑、高效率的工作、礼貌友善的态度向来自两百多个国家和地区的国际贵宾、运动员、工作人员和游客展示了当代中国民主、进步、文明、开放的国家形象，是真正的"奥运大使"。正如 2000 年悉尼奥组委首席执行官桑迪·豪威所言："志愿者也许比其他任何人都更能向世界展示中国人民的风貌。"

▶ | **志愿者故事**

况雷杰，男，40 岁，青岛奥帆赛志愿者。

"中国通过北京奥运会把自己展示给世界，我的家乡青岛通过奥帆赛把自己展示给世界，而我则是通过志愿者工作把自己——一个普通中国人的形象展示给世界。"青岛市民况雷杰就是抱着这样的念头成为一名奥帆赛志愿者的。

"十年磨一剑，霜刃未曾试。今日把示君，谁有不平事。"这首况雷杰最心仪的唐诗，几乎就是他自己的心路写照。况雷杰干过厨师、保安、翻译、业余拳击教练等职业，自学了英语、日语、高等物理等课程，先后在几所民办大学当英语、计算机和国际贸易教师。他为了学好英语，曾连续 10 年坚持听英语广播，身边随时带着一本厚厚的《牛津高阶英汉双解词典》，遇上问题就查。

况雷杰隐隐觉得，自己是在为了一个尚不清晰的目标准备着。

北京奥运会来了，青岛奥帆赛来了！

8 月 16 日下午，刚从奥帆赛比赛水域归来的况雷杰，对着记者侃侃而谈："奥运会对我们国家而言是一个转折点，这是展示中国五千年文明、新中国形象的最好时机。我作为奥帆赛的志愿者，参与这伟大的转折，感到很幸运。"

奥帆赛志愿者翻译组共有 20 人，40 岁的况雷杰是年龄最大的。况雷杰工作位置在起点左侧船，他的主要职责是为技术官员提供翻译服务。同时，他要每 5 分钟测报一次风力、风向，提起或抛下几十公斤的船锚。最累的是起锚，沉重的船锚要以最快的速度提起来，等船调整了角度，再很快放下去，一般一天要进行七八次这样的运动，

---

① 参见《奥运寿星，剪出人生》，见 http://www.bjsupervision.gov.cn/magazine/list.asp? id=1785。

体力消耗较大，但练过拳击的况雷杰完全可以应付自如。奥帆赛从9日开始后，况雷杰每天都要这样在海上颠簸劳作7小时。如此辛苦的工作，况雷杰乐此不疲。

况雷杰觉得，作为一名奥帆赛的志愿者，他代表的就是一名普通中国人的真实形象。起点左侧船上的国内技术官员和国际技术官员对话时小的碰撞、矛盾，况雷杰在翻译时总是灵活处理，缓冲他们之间的纠结。

况雷杰说："我10年的自我磨砺，似乎就是为今天准备的。我要用志愿者的工作，让世人知道真实的中国普通人的形象；而中国，就是由像我这样一个个普通的中国人组成的。"①

二、国内外各界对北京奥运会志愿者的评价

北京奥运会志愿者以热情、真诚、良好的服务，成功打造了北京的"微笑名片"，为国家赢得了尊严，成为中国和奥运会的形象大使。

1. 联合国秘书长潘基文对北京奥运会志愿者表示鼓励和赞赏

2008年8月7日，联合国秘书长潘基文在"为北京奥运志愿者喝彩"庆祝活动致词中说："在第29届奥运会开幕的前夕，我谨对即将服务于北京2008年夏季奥林匹克运动会、残疾人奥运会的全体志愿者致以崇高的敬意和极大的鼓励，特别是对那些为提高中国人民生活水平而作出卓越贡献的志愿者。中国志愿者的重要作用在今年特别突出。这不仅体现在为奥运会做准备的工作当中，而且体现在数以百万的志愿者投入到援助5月份汶川地震的灾民的活动中。"

2. 国际奥委会主席罗格对北京奥运会志愿者充分肯定

2008年8月24日，国际奥委会主席罗格在北京奥运会闭幕式致词中讲道："感谢所有出色的奥运志愿者。"

2009年3月5日，国际奥委会主席罗格为北京奥运会志愿者发来致词："2008年北京奥运会无疑是一届真正的无与伦比的奥运会，这不仅要感谢取得骄人成绩的各国家和地区的优秀运动员，更要感谢作出巨大贡献和极大支持的数以百万计的志愿者。"

3. 国际奥委会终身名誉主席萨马兰奇感谢北京奥运会志愿者

2008年8月16日，国际奥委会终身名誉主席萨马兰奇在与130名来京参加"奥运圆梦之旅"的中国青少年交流时说道："志愿者的辛勤工作是奥运会取得成功的重要因素。如果没有这些志愿者的努力，奥运会不可能取得如此大的成功。我不仅仅要感谢这些志愿者，而且要向这些在北京辛勤工作的人们表示非常的敬意。"②

---

① 参见《奥帆赛志愿者况雷杰：把自己展示给世界》，见 http://www.godpp.gov.cn/misc/2008-08/17/content_14143252.htm。

② 辛阳、曾华锋：《萨马兰奇盛赞北京奥运》，载《人民日报》，2008-08-17。

4. 国际残奥委会主席克雷文感谢北京残奥会志愿者

2008 年 9 月 17 日，国际残奥委会主席克雷文在北京残奥会闭幕式致词中讲道："我们衷心感谢优秀的志愿者们，志愿者们出类拔萃。"

5. 国内外媒体高度评价北京奥运会志愿者

新华社、人民日报社、中央电视台、BBC 和美联社等国内外重要媒体纷纷对奥运会志愿者工作进行专题报道，充分肯定志愿者代表的"中国形象"（见表 1—1）。

表 1—1　　　　　　国内外重要媒体高度评价北京奥运会志愿者

媒体	报道时间	题目
BBC	2008 年 8 月 3 日	微笑的志愿者让北京增添色彩
美联社	2008 年 8 月 12 日	"亲善大使"们为奥运会提供帮助
新华社	2008 年 8 月 26 日	展示北京最美的微笑——记北京奥运会志愿者
人民日报社	2008 年 8 月 5 日	志愿者的微笑是北京最好的名片
中央电视台	2008 年 8 月 29 日	北京奥运志愿者创造"鸟巢一代"

6. 社会公众称赞北京奥运会志愿者

北京市社情民意调查中心调查结果显示，在奥运会成功举办原因的调查中，97.2％的人认为，志愿者的热情服务功不可没。[①]

调查数据显示，社会公众对北京奥运志愿工作总体评价非常高。社会公众的评价程度主要集中在非常满意和比较满意（见图 1—4）。

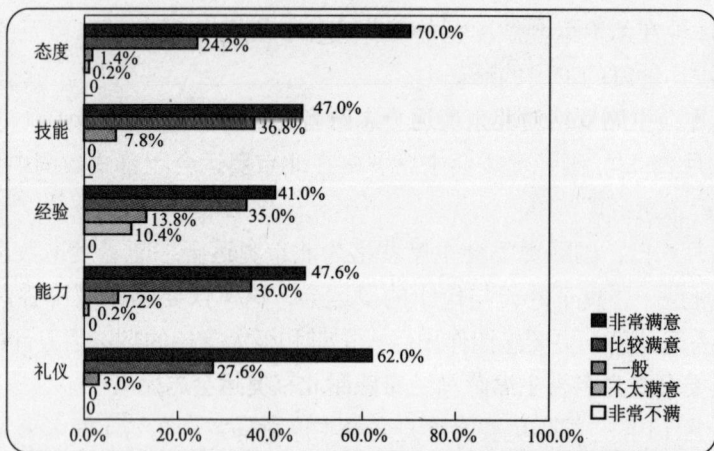

图 1—4　社会公众对北京奥运志愿服务工作的满意程度（单位:％）

在奥运会和残奥会的闭幕式上，首次增加了向志愿者代表献花的仪式，以表达对北京奥运志愿者的充分认可。

---

① 参见刘剑:《北京奥运会、残奥会志愿者工作总结报告》，见北京奥运会志愿者工作协调小组办公室等编:《奥运先锋》。

第二章
北京奥运会志愿者工作体制

北京奥运会志愿者工作的组织体制建设，在遵循国际惯例的同时，注重发挥体制优势，形成了北京市委、市政府、奥组委统筹领导，北京奥运会志愿者工作协调小组统一指挥，政府相关主管部门大力支持，相关单位协同实施，社会各界广泛参与的工作格局。在运行协调机制方面，北京奥运会确立了以场馆为基础，以赛事运行为核心，以高校、区县为保障的"场馆对接"（馆校对接）工作机制。京外赛区团委和志愿者协会根据团中央、北京奥组委和各赛区办公室的要求，承担了各赛区志愿者的组织管理工作。

第一节　北京奥运会志愿者工作组织体制

北京奥运会志愿者工作协调小组是北京奥运会志愿者工作的最高管理机构，履行奥运志愿服务工作的总体统筹、统一指挥和综合协调职责。它是由北京市委、市政府、奥组委三方力量共同组建的，并接受三方的领导，其办公室设在北京市团委，具体工作开展主要依托北京市团委。协调小组成员单位包括市团委、奥组委人事部、奥组委志愿者部、市委宣传部、首都文明办、市委教育工委、市教委、市外办、市台办、市侨办、市总工会、市妇联、市残联等。时任北京市团委书记、奥组委志愿者部部长的刘剑兼任协调小组办公室主任（见图2—1）。

市团委主要承担协调小组部署的各项工作任务。在协调小组的领导下，协调并指导开展城市志愿者、社会志愿者、拉拉队志愿者工作。

奥组委志愿者部是北京奥运会志愿者工作协调小组的成员单位，也是负责前期志愿者，奥运会、残奥会赛会志愿者工作的主管部门。其主要职责是：

● 负责研究制定前期志愿者、赛会志愿者工作的基本原则、政策、制度、标准、程序、运行计划等；

● 开展前期志愿者工作；

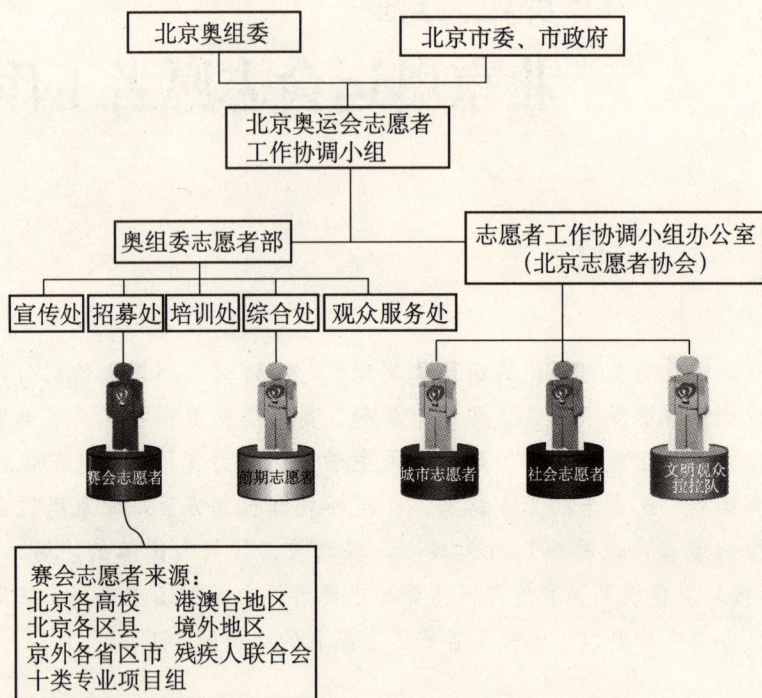

图 2—1 北京奥运会志愿者工作组织体制概要图

- 规划、协调并指导开展赛会志愿者工作；
- 组织赛会志愿者的通用培训工作，指导赛会志愿者专业培训；
- 开展志愿者的宣传工作；
- 规划赛会志愿者赛时运行工作，协调落实志愿者技术系统建设工作。

第二节 奥运会、残奥会赛会志愿者
工作的协调机制

一、场馆对接机制（馆校对接机制）

建立组织高效、运作协调、指挥有力的赛时运行机制，对于赛会志愿者工作至关重要。在尊重国际惯例的基础上，结合志愿者来源构成的特点以及高校志愿者服务的优势，北京奥运会确立了以场馆为基础，以赛事运行为核心，以高校、区县为保障的"场馆对接"（馆校对接）工作机制。

所谓场馆对接机制，是指为奥运会、残奥会各场馆明确志愿者来源单位，在场馆和志愿者来源单位之间建立工作对接关系，共同推进场馆志愿者队伍的组建、管理、保障等工作，将志愿者运行工作整合并落实到场馆的工作模式。参与对接的场馆包括北京地区的奥运会、残奥会竞赛场馆、非竞赛场馆和训练场馆。参与对接的志愿者来源单位以北京地区全日制普通高校和有关区县为主（具体对接情况参见附录1）。

以国家体育馆为例，其志愿者来源单位是中国人民大学和中央美术学院，其中中国人民大学是场馆对接主责单位，中央美术学院是场馆对接参与单位。

中国人民大学的主要职责是：

- 负责本单位志愿者的招募、培训、管理等工作；
- 负责与场馆主任和场馆团队的对接、联络等工作；
- 协调、联络中央美术学院；
- 推选本单位奥运志愿者工作领导小组负责人参与组建场馆团队；
- 选派场馆志愿者经理和观众服务经理；
- 组织、协调本单位与中央美术学院共同推进落实场馆团队及志愿者的各项工作。

中央美术学院的主要职责是：

- 负责本单位的志愿者招募、培训、管理等工作；
- 配合中国人民大学协调、服务场馆志愿者团队工作，为志愿者场馆对接工作提供人、财、物保障。

国家体育馆所在的海淀区参与场馆内志愿者组织工作，为场馆运行提供外围保障。

赛会志愿者场馆对接的组织运行机制见表2—1：

表2—1   **赛会志愿者场馆对接的组织运行机制**

参与单位	主要职责
奥组委	奥组委志愿者部负责协调奥组委内各有关部门和场馆团队，确定各场馆志愿者的需求，明确志愿者数量、岗位及资格条件等；按照场馆化的工作进程确定对接进度及重点工作环节；负责协调落实奥组委对场馆对接工作的保障措施。奥组委相关部门为志愿者提供赛时志愿者注册卡、服装、工作餐饮、免费公共交通等保障。奥组委安保部门对志愿者进行统一的背景审核。奥组委技术部门提供相关技术保障。
北京奥运会志愿者工作协调小组办公室	负责制定场馆对接的总体工作方案，统筹协调各相关单位，为场馆对接工作提供支持保障，整体推进志愿者招募、培训、管理工作。
场馆运行团队	以场馆对接单位志愿者为主，吸收部分代表性志愿者团队、专业志愿者团队，组建场馆志愿者团队，场馆运行团队由场馆主任负总责。赛时场馆志愿者工作由人事（志愿者）业务口统筹、各业务口分工管理。场馆人事（志愿者）业务口负责组织志愿者的考勤考核，制定和实施激励、保障等政策，指导、协调各业务口志愿者工作，协调处理各种应急情况，负责信息编报工作。场馆各业务口负责本领域志愿者的任务分配并带领志愿者明确职责、各司其职（见图2—2）。

续前表

参与单位	主要职责
志愿者场馆对接主责单位	负责与各志愿者场馆对接参与单位之间的联络、协调等工作；负责选派场馆志愿者经理；负责组织、协调本单位及有关参与单位共同推进落实场馆团队及志愿者的各项工作。
志愿者场馆对接参与单位	负责本单位志愿者的招募、培训、管理等工作，组建场馆志愿者队伍；配合主责单位做好场馆志愿者团队的协调、服务、管理等工作，为志愿者场馆对接工作提供政策、人、财、物力的保障。
有关区县	参与场馆内志愿者组织工作，为场馆运行提供外围保障。
市委教育工委、市教委	负责指导高校开展场馆志愿者的招募、培训和管理工作，研究制定相关政策。

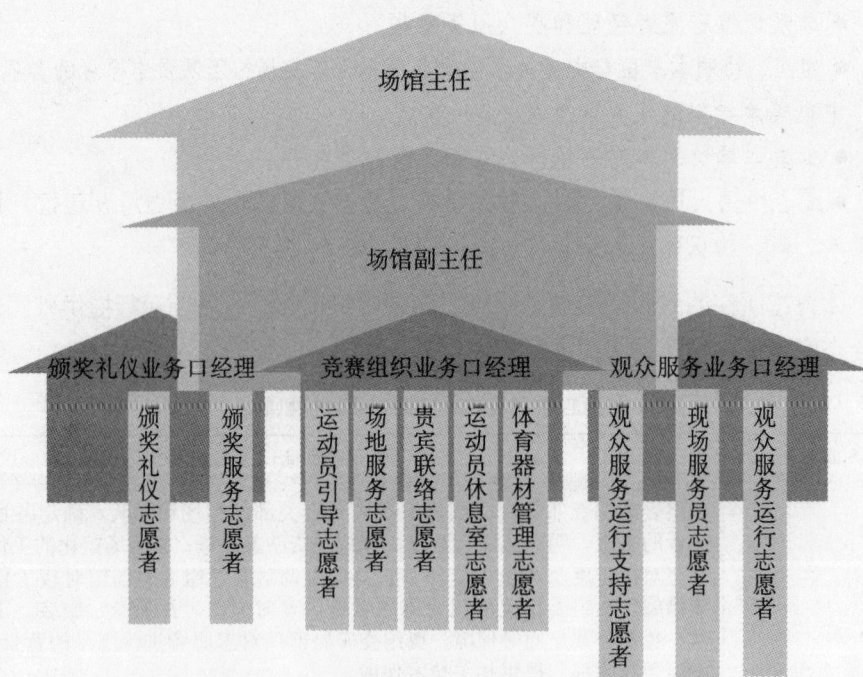

图 2—2 场馆运行团队组织框架

注：业务口经理共25类；下辖志愿者共43类。详见表2—2。

表 2—2　　　　　　　场馆运行团队组织框架（业务口经理、志愿者详表）

业务口经理	志愿者
设施管理业务口经理	设施管理助理志愿者
场馆运行中心业务口经理	运行中心助理志愿者
场馆通信中心业务口经理	通信中心助理志愿者

续前表

业务口经理	志愿者
颁奖礼仪业务口经理	颁奖礼仪志愿者
	颁奖服务志愿者
财务业务口经理	财务经理助理志愿者
餐饮业务口经理	餐饮助理志愿者
场馆人事业务口经理	人事经理助理志愿者
观众服务业务口经理	观众服务运行支持志愿者
	现场服务员志愿者
	观众服务运行志愿者
环境业务口经理	环境监督助理志愿者
技术业务口经理	成绩打印分发志愿者
	集群设备分发志愿者
	现场技术支持志愿者
	技术支持协调志愿者
	通信助理志愿者
票务业务口经理	票务咨询志愿者
交通业务口经理	交通服务志愿者
	交通管理志愿者
市场开发业务口经理	市场开发经理助理
礼宾业务口经理	礼宾服务志愿者
物流业务口经理	物流资产管理志愿者
新闻运行业务口经理	文字记者工作间志愿者
	混合区志愿者
	引语记者服务志愿者
	新闻发布厅志愿者
注册业务口经理	场馆注册协调志愿者
新闻宣传业务口经理	新闻宣传志愿者
志愿者业务口经理	志愿者督导
	志愿者经理助理
形象景观业务口经理	形象景观经理助理
竞赛组织业务口经理	运动员引导志愿者
	场地服务志愿者
	贵宾联络志愿者
	运动员休息室志愿者
	体育器材管理志愿者
摄影服务业务口经理	摄影服务志愿者
兴奋剂检查业务口经理	兴奋剂检测服务志愿者
医疗服务业务口经理	急救组志愿者
	运动员医疗服务志愿者
	观众医疗服务志愿者
语言服务业务口经理	志愿者口译员

二、"省校馆"和"组校馆"对接机制

为深入贯彻胡锦涛总书记关于"举全国之力，集各方之智，调动一切可以调动的力量，切实抓好奥运会筹办这件大事"的重要指示精神，充分体现奥运会赛会志愿者的广泛性和代表性，让全国各地区各族人民有机会表达参与2008年北京奥运会筹办工作的热情，并为举办一届"有特色、高水平"的奥运会选拔高素质的志愿者队伍，北京奥组委、共青团中央、北京奥运会志愿者工作协调小组决定面向京外30个省、自治区、直辖市［以下简称京外省（区、市）］招募赛会志愿者。京外省（区、市）赛会志愿者是体现奥运会志愿者代表性的重要来源群体之一。京外省（区、市）、港澳台侨外赛会志愿者工作在场馆对接机制的基础上，建立了"省校馆"和"组校馆"对接机制。

"省校馆"对接工作机制，是京外省（区、市）赛会志愿者工作的一次创新和重要保障。各省（区、市）团委作为志愿者日常管理工作的主责单位，负责组建京外省（区、市）团委管理团队，制定工作方案，负责本省（区、市）志愿者赛时日常管理工作，配合北京对接高校做好接待工作，根据场馆服务的时间安排，做好志愿者集体抵、离京的组织工作，做好与高校服务团队、场馆业务口的工作衔接。北京各对接高校作为外省（区、市）志愿者在京期间接待工作的主责单位，负责提供志愿者在校内住宿、餐饮、交通等便利条件和服务，配合做好志愿者的日常管理工作，做好与京外省（区、市）团委管理团队、场馆业务口的工作衔接。各服务场馆作为志愿者在场馆服务期间管理工作的主责单位，负责做好志愿者的管理使用、岗位安排工作，做好与京外省（区、市）团委管理团队、高校服务团队的工作衔接。[1]

为此，北京奥运会、残奥会运行指挥部人力资源及志愿者工作组专门成立了由团中央牵头的京外赛会志愿者工作组，负责做好与京外赛会志愿者团队、主责高校和服务场馆的联络协调工作。在北京奥组委、团中央、北京奥运会志愿者工作协调小组统一领导下，统筹考虑北京奥运会、残奥会的需求，由北京奥运会、残奥会京外赛会志愿者工作组协调，充分发挥各省（区、市）团委、对接主责高校以及属地区县的作用，共同完成京外省（区、市）赛会志愿者的选拔确认、通用培训和志愿者团队建设等工作（见图2—3）。

2007年1月，招募报名启动，符合《北京奥运会、残奥会赛会志愿者通用政策》报名条件的京外省（区、市）各界人士，均可报名。同时，在中国志愿者网和京外省（区、市）团委指定的招募网站上发布由京外赛会志愿者工作组提供的通用培训电子课件及相关音视频文件，要求申请人自行登录网站学习。京外省（区、市）团委组织申

---

① 参见《京外赛会志愿者建立"省校馆"对接机制》，载《北京日报》，2008-02-25。

北京奥运会、残奥会运行指挥部人力资源及志愿者工作组职责：负责按照运行指挥部的要求，统筹奥运会、残奥会人力资源工作、赛会志愿者工作、观众服务工作、文明观众和拉拉队组织工作、城市志愿者工作，社会志愿者工作等领域的运行与保障工作，组织开展"五好团队"创建活动。

志愿者工作协调小组
职责：负责赛会志愿者、观众服务、文明观众和拉拉队组织、城市志愿者、社会志愿者工作的统筹协调。赛前负责制定通用政策，审核人员计划，指导检查工作落实情况。赛时负责信息收集、汇总和突发应急情况处理。

京外赛会志愿者工作组
职责：赛前负责京外省（区、市）赛会志愿者的培训、联络、到京住宿安排工作。赛时负责配合场馆团队开展日常管理，并协调各省（区、市）带队人员开展突发应急情况处置。

活动组
职责：组织慰问、激励京外省（区、市）赛会志愿者的活动；组织京外省（区、市）赛会志愿者开展参观、交流等活动；完成领导交办的其他任务。

综合组
职责：协调沟通相关部门；督促检查京外省（区、市）赛会志愿者团队管理、服务工作，日常联系联络员、信息员，汇总、报送信息；起草工作小组的文件材料；配合做好宣传报道工作；协助预定返程车票；完成领导交办的其他任务。

应急组
职责：制定应急工作预案，负责做好突发应急事件的处理工作；完成领导交办的其他任务。

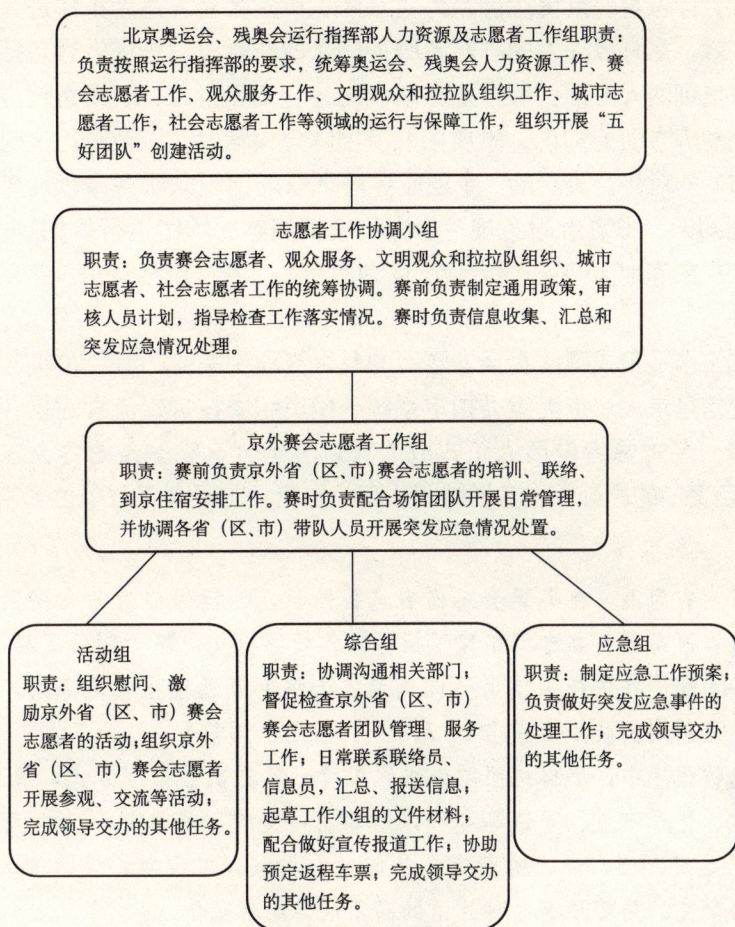

图 2—3　京外省（区、市）赛会志愿者工作组织框架图

请人参加"志愿中国·人文奥运"主题活动和各地日常开展的形式多样的志愿服务活动，并结合当地各种大型体育文化活动，为申请人参与志愿服务提供更多机会和便利。在此基础上，京外省（区、市）团委根据本地区实际情况，经过面试、测试、背景初审后，提出 100 名赛会志愿者推荐人选，报京外赛会志愿者工作组。

选拔确认工作是赛会志愿者招募工作的关键环节。2007 年 11 月，京外省（区、市）赛会志愿者确认工作启动。选拔确认赛会志愿者，一是综合考虑志愿者申请人的民族、年龄、性别、职业等结构构成，以及申请人日常参加志愿服务活动情况；二是严格选拔程序，通过有效性考核、综合测试、选拔面试、背景初审、复核确认等环节确保招募质量；三是挖掘资源，为奥运会、残奥会招募一批具备较强外语交流能力的志愿者。

2008 年 4 月 12 日，对来自京外省（区、市）的 240 名奥运会、残奥会志愿者骨干进行集中培训，标志着北京奥运会京外省（区、市）赛会志愿者工作进入为奥运会培养一支优质高效、富有战斗力的志愿者服务团队的新阶段。培训内容包括综合业务培训和专项业务培训两大方面。综合业务培训内容包括奥运知识、奥运筹办情况、场馆运行和应急处理等方面的知识，素质拓展等团队建设活动，以及场馆、对接高校和京外省（区、市）的对接交流活动。专项业务培训以场馆观众服务专项业务为主，进行观众服务基础知识、志愿者服务规范、岗位模拟演练、场馆运行等培训。另有河北、吉林、江苏、广东等地48名志愿者骨干培训后参加了花样游泳、击剑等项目测试赛志愿服务。

录用通知工作是正式确认赛会志愿者的最终流程和关键环节。2008年4月，所有正式推荐人选信息录入北京奥组委指定系统，由奥组委按规定流程对推荐人选进行录用。这标志着一名志愿者申请人正式成为北京奥运、残奥会的赛会志愿者。按照"谁使用、谁负责"的原则，由各场馆团队牵头主责，志愿者来源单位紧密配合，共同落实完成。

以河南省为例，在奥运会志愿者选拔阶段，为确保组建一支高素质的奥运志愿者队伍，河南团省委专门组建了招募工作领导机构，精心制作了招募宣传海报、志愿服务手册，并依托河南共青团网站、大河网开通网上报名系统，设立热线咨询电话。招募期间共接受报名21 718人，位居全国前列。

在选拔程序中，严格按照"先组织推荐，后测试考核"方式，通过信息审核、能力测试、背景审查、面试等环节，组建了一支党团员占90%，学历全部为大学以上，涵盖汉、回、满、哈萨克、壮等8个民族，掌握英、俄、德、法、韩、土耳其、哈萨克、葡萄牙等9种外语的高素质志愿者队伍。

为强化培训，河南团省委向奥运志愿者发放了专题培训教材，完善了网上培训系统，组织志愿者参加了京外赛会志愿者骨干培训班，并邀请有关方面专家就奥运基本知识、志愿服务技能、中华文化与中原文化、医疗急救、中外礼仪等方面作了系统集中的培训。在此基础上，积极组织志愿者服务河南省举办的中博会、轩辕黄帝祭祖大典、第十八届书博会、中国国内旅游交易会等大型赛会活动，有效提高了奥运志愿者的服务技能。[1]

2008年7月13日，京外省（区、市）团委组织确定的赛会志愿者，集体赴北京参加志愿服务。赛会志愿者按照确定的岗位的安排，参加场馆培训和岗位培训，并按要求上岗服务。

奥运会期间，京外省（区、市）的志愿者参与了观众引导、运行支持、交通运行、

---

① 参见团中央青年志愿者工作部：《2008微笑在北京——北京奥运会残奥会京外省区市赛会志愿者风采展示与工作实务》，230页，北京，中国青年出版社，2008。

安检验票等岗位的志愿服务工作。北京奥运会京外省（区、市）志愿者场馆对接分配见附录2。

残奥会期间，京外省（区、市）残奥会志愿者在15个场馆开展志愿服务工作。北京残奥会京外省（区、市）志愿者场馆对接分配见附录3。

"省校馆"对接机制的重要经验在于：一是强化了场馆团队在赛时管理和服务中的主体地位。办好奥运会、残奥会，场馆建设是基础，场馆运行是关键，场馆管理是根本。京外赛会志愿者团队把保障场馆运行摆在核心位置，尊重场馆的岗位安排，按照场馆的要求开展服务，服从场馆的调度和管理。

以福建省赛会志愿者为例，福建省赛会志愿者团队在奥运村进行了为期48天的志愿服务，是最早来到北京，也是服务时间最长的京外赛会志愿者团队。团队强化管理，完善队伍建设，在团队组织方面严格按照组员对组长负责、组长对队长负责、队长对领队负责的分层责任管理原则进行管理，做到分工明确，施行责任管理，由上至下层层负责；服务团队严明纪律，严格遵守有关规定，赛时请假责任到人；团队采取不定期会务制度，解决存在的问题，倡导人文关怀，营造了良好的团队和谐氛围。在岗位服务方面，岗位是奥运村安保助理，分为证件查验、语言服务、外事处置、勤务支援四个岗位，面对工作强度大、服务岗位与专业不对口等困难，团队中每名成员能够做到牺牲自我、服务大局，圆满顺利地完成了任务。

二是充分认识到了主责高校是赛会志愿服务工作的坚实依靠。相关高校对京外赛会志愿者保障工作十分重视，做了大量深入细致的工作，来解决赛时志愿者的食宿、洗浴、就医、交通、业余活动等方面的问题，不少高校还专门投入资金改造了宿舍、洗浴等硬件设施。

三是有针对性地为志愿者提供保障和服务。准确掌握志愿者的特点和实际需求，积极协调场馆和高校，合理安排志愿者上岗时间和班次，尽力保障工作之余志愿者的充分休息，尽可能避免由于水土不服、过度疲劳等原因造成的伤病。

以北京理工大学为例，北京理工大学作为吉林省的对接主责高校，对志愿者在生活上给予了无微不至的照顾。为了让志愿者能够更好地感受奥运、参与奥运，北理工为京外志愿者宿舍配备了电视，方便大家及时了解奥运赛事；充分考虑北京天气炎热，为志愿者宿舍提供了电风扇；为了加强交流，及时了解志愿者需求，北理工校团委还专门为京外志愿者建立了为志愿者服务的"志愿者平方"，随时随地为吉林省志愿者提供帮助；还专门设置医疗卫生点，提供常备药品；每日为志愿者提供一种水果或消暑品，为志愿者合理搭配膳食；为了丰富志愿者业余生活，加强京外志愿团队间的联系，北京理工大学校团委还组织开展了丰富多彩的文体活动，并为京外志愿者提供了专门的乒乓球、篮球场地等。[①]

所谓"组校馆"对接机制，就是针对港澳台及海外赛会志愿者，港澳、台、侨、外四个赛会志愿者招募工作组负责本组志愿者赛时日常管理工作，配合对接高校做好接待工作；各对接高校作为志愿者在京期间接待工作的主责单位，负责提供志愿者在校内住宿、餐饮、交通等便利条件和服务；各服务场馆作为志愿者在场馆服务期间管理工作的主责单位，负责做好志愿者的管理使用、岗位安排工作。

2008年4月13日，在北京奥运会、残奥会京外、境外赛会志愿者骨干培训班举办期间，召开北京奥运会、残奥会港澳台及海外赛会志愿者"组校馆"对接工作会。各招募工作组、前方招募机构分别介绍了港澳台及海外赛会志愿者招募工作开展的有关情况，北京大学、清华大学等部分高校团委负责同志介绍了高校对境外志愿者接待管理工作的相关方案，国家体育场、国家游泳中心等场馆的志愿者、观众服务业务口负责同志介绍了赛事期间对志愿者服务管理的相关安排。组、校、馆三方负责人还针对前期工作中的一些具体问题进行了协商。

为做好北京奥运会、残奥会港澳台及海外赛会志愿者接待管理工作，在北京奥运会志愿者工作协调小组指导下，各招募工作组、高校、场馆分别制定《招募工作组赛会志愿者日常管理方案》、《高校港澳台及海外赛会志愿者接待工作方案》、《场馆港澳台及海外赛会志愿者赛事服务期间管理方案》，切实推进组校馆对接工作，确保境外志愿者圆满完成志愿服务工作。

以国家体育馆为例，中国人民大学既是志愿者来源单位中的主责单位，同时依据"省校馆"对接和"组校馆"对接机制，又负责接待来自美国密苏里大学、美国北卡大学、英国谢菲尔德大学以及福建省、山西省、湖北省、香港特别行政区的志愿者和一些华人华侨志愿者，为其提供在校内住宿、餐饮、交通等便利条件和服务；国家体育馆负责这些志愿者的管理使用、岗位安排工作。

第三节　京外涉奥城市的志愿者工作[②]

京外赛区城市按照与北京奥组委签署的原则协议，由各城市赛事组织部门协调地方政府，根据筹备和举办赛会的实际需要确定志愿者的来源构成，建立相应的志愿者招募、培训、组织、管理体系，开展所在城市的赛会志愿服务。京外城市所有为赛事运行提供直接服务的志愿者属于赛会志愿者的范围。京外赛区团委和志愿者协会根据

---

① 参见团中央青年志愿者工作部：《2008微笑在北京——北京奥运会残奥会京外省区市赛会志愿者风采展示与工作实务》，255页。
② 本节所有数据均来自涉奥城市的志愿者工作总结报告。

团中央、北京奥组委和各赛区办公室的要求，承担了各赛区志愿者的组织管理工作。

一、青岛奥帆赛志愿者工作

青岛奥帆赛赛会志愿者招募于 2005 年 11 月启动，共收到来自全球 41 个国家和地区的 4 万余份报名申请，最终录取了赛会志愿者 1 800 人。对赛会志愿者建立了通用、专业、岗位、场馆四类培训体系，志愿者人均接受培训超过 40 学时。赛事期间，青岛制定了包括志愿者赛时考核政策、巡视督导政策和赛后激励政策等在内的一整套政策制度和实施办法；为志愿者提供服务装备、餐饮、交通、保险、体检等方面的保障；启动了"争当奥帆赛星级志愿者"和评选奥运志愿服务城市奖章活动，对志愿者进行激励。

奥帆赛期间，共有 13 760 名赛会志愿者、城市运行志愿者与社会志愿者参与整个赛事和城市的运行服务。其中，1 800 名赛会志愿者累计上岗服务 24 万余小时，服务国内外客户群超过 14 万余人次；1 000 名城市运行志愿者累计上岗服务 5.8 万余小时，服务 17.6 万余人次；10 000 余名社会志愿者累计上岗服务 35.7 万小时，服务 106 万余人次。百个奥帆志愿家庭、120 余个"志愿驿点"、20 余支奥帆赛青少年拉拉队等形成了一个有特色、参与广的奥帆赛志愿者项目群。全市有 700 多个社区在开展各类奥运主题志愿服务，超过 40 万的注册志愿者在各自的工作、生活领域开展了日常性的志愿服务工作。

奥帆赛志愿者以真诚的微笑和专业的服务赢得了各方的赞誉。国际奥委会主席雅克·罗格在 2008 年 8 月 19 日访问青岛时表示："青岛的志愿者总是以灿烂的微笑迎接我们的到来，随时做好帮助我们的准备，工作十分出色，凸显了中国人民热情好客的性格，这是真正的成功。"国际帆联副主席大卫·凯利特在接受采访时称："我们和奥帆赛志愿者建立了非常友好和亲密的关系，我为他们感到骄傲。"

二、香港赛区志愿者工作

香港奥运马术比赛期间，1 800 名志愿者为马术比赛的成功举办提供了热情周到的服务，赢得了国内外的广泛赞誉。奥运马术比赛志愿者由香港奥马委执行机构奥运马术公司负责招募，人数为 1 800 名左右。招募期间，主办方共收到 18 000 份申请，大多数志愿者本身对志愿者文化已经很熟悉，拥有良好的英语能力、丰富的义工经验和优秀的专业素质。志愿者的服务领域包括：注册、行政、沟通协调、竞赛管理、运动会服务、信息和通信技术、国际关系和语言服务、媒体、医疗服务和兴奋剂控制、安保、公共关系和接待、交通等 12 个业务口。马术比赛期间，志愿者笑容亲切，礼貌迎人，奉献了"香港品牌"的优质服务，成为在"马术之都"一抹清新的蓝色风景。

三、秦皇岛赛区志愿者工作

秦皇岛赛区志愿者招募工作启动后，志愿者报名人数超过 3 万人，最终选拔录用 2 080 人。先后对志愿者进行了通用、专业、岗位、场馆四类培训。建立了以奥运志愿者呼叫指挥管理中心为枢纽，以奥运志愿者现场服务站和志愿服务呼叫站为平台，以奥运志愿者服务热线和一键通奥运服务专线为媒介，以 33 个团队、2 080 名赛会志愿者、11 个支队、2 500 名城市运行志愿者、5 万余名注册青年志愿者为基础，以应急服务机动分队及应急机动服务车为补充，覆盖面积大，服务内容全，灵活机动，快速反应的服务奥运志愿者运行管理体系。

在 8 月 6 日至 8 月 16 日 10 天的赛程中，志愿者服务中外观众近 20 万人，城市运行志愿者服务人次近 25 万，各岗位服务工作运转有序、操作规范，全体观众文明观看比赛，理智对待输赢。

志愿者的奉献博得了中外观众的交口称赞。韩国对意大利男足比赛结束后，大批韩国球迷集体退场时，不约而同地用中文喊出："志愿者，辛苦了！"

四、上海赛区志愿者工作

2007 年 3 月 4 日，上海赛区志愿者招募工作正式启动。截至 2008 年 3 月底，共有 44 305 人申请成为奥足赛上海赛区志愿者，最终选拔录用 1 134 名奥足赛志愿者。自 2008 年 2 月开始，上海对志愿者进行了通用培训、专业培训、岗位培训、场馆培训。

在奥足赛上海赛区的 1 134 名志愿者中，有 570 名志愿者分布在上海赛区各部室，协助相关部室人员开展各项服务工作。接待部的机场志愿者总计接待了 247 批共 2 721 名旅客，搬运行李达 51 吨；宾馆志愿者参与接待球队共 20 支，球员 756 人，接待官员 500 余人；餐饮组志愿者负责 13 个包厢、2 个运动员休息室、4 个技术官员休息室的食品、零食和水果的运送，协助发放工作人员用餐约 55 000 份；竞赛部的兴奋剂陪护志愿者传送运动员尿样往返上海和北京达 10 次，填写药检通知单 56 份，陪护运动员完成药检 56 例；新闻宣传部志愿者接听电话咨询 192 次，日均发放报纸 880 份，发放成绩公报 3 000 余份，协助举办新闻发布会 33 场；综合协调办的物流志愿者们为各部门运送电脑、电视机、冰箱、冰柜等大件物品 2 545 件。564 名观众服务志愿者发挥了突出的作用：累计在岗验证时间 484 小时，通过场馆内各验证机查验证件总次数 623 162 次，人工验证 40 032 次。引导和咨询志愿者接受观众咨询 15 675 人次，接受观众投诉 34 次，观众服务满意度达到 100%。

上海赛区志愿者用自己的努力和付出赢得了世界各国宾客的一致好评。来自美国"梦之队"的一名队员在飞机场写道："这些（机场接待）志愿者帮我们搬运行李，他们干得非常出色。如果所有的奥运会志愿者都能像他们这样的话，这将是一届非常成功的奥运会。"来自国际奥委会的官员也留言:"我在机场里面受到志愿者热情的迎接,我对他们周到的服务感到非常满意。"一名来自闵行区金汇高中的学生写道:"虽然我不知道她的名字,但是'蓝衣使者'的微笑服务和耐心引导让我心头一热,这次的奥运会没有让我失望。等我努力考上大学之后,我一定要申请当志愿者,以微笑的服务温暖人心。"

五、天津赛区志愿者工作

2007 年初,天津赛区开通了奥运志愿者网上报名系统,向社会公开招募、选拔奥运志愿者,最终选拔录用 1 100 名。2008 年 4 月 12 日,天津举行了第 29 届奥运会天津地区赛会志愿者培训开班仪式,拉开了天津赛区奥运志愿者培训工作序幕。到 2008 年 6 月中旬,先后对志愿者进行了通用培训、专业培训、岗位培训、场馆培训,确保上岗服务的奥运志愿者能够胜任工作任务。

为保障奥运志愿服务工作的顺利进行,天津赛区制定了奥运志愿者赛时工作管理标准,建立起以"志愿者部—志愿者督导老师—志愿者骨干力量—全体奥运志愿者"为构架的四级奥运志愿者组织管理体系,确保奥运志愿者赛时服务的标准与质量。通过建立奥运志愿者短信群发平台,架起了管理者与志愿者之间快捷、畅通的沟通交流桥梁。赛事期间,志愿者工作部成立了由团市委志愿者部和相关学校团委教师组成的奥运现场督导小组,按学校或工作内容把奥运志愿者分成若干小组,每位老师负责指定单位或区域,并对部分职能进行了明确的分工。据统计,天津赛区奥运志愿者 7 天 12 场赛事期间共计上岗服务达 44 800 小时。奥运志愿者奋发工作的事例更层出不穷:在票务中心的 14 名奥运志愿者,自 2008 年 7 月 26 日到 8 月 15 日,每天从早晨 7 点到晚上 6 点顶着高温在售票点外维持秩序。

六、沈阳赛区志愿者工作

2007 年 3 月 23 日,沈阳赛区奥运志愿者招募工作正式启动,一个月内,报名总人数达 32 551 人。经过多轮选拔和确认,共录用 30 名前期志愿者,1 100 名赛会、后备志愿者,40 名采访线工程志愿者,70 名外语导航服务平台志愿者及 1 000 名城市志愿者。沈阳赛区赛会志愿者培训工作分为四个阶段进行:通用培训、专业培训、场馆培训和岗位培训。沈阳赛区还组织广大赛会志愿者积极开展实战演练。赛会志愿者分别在 2007"好运北京"国际女足邀请赛、国奥四国足球邀请赛、2008 年奥运会足球测试赛等三项测试赛中进行了实战演练,提升了赛会志愿者的综合素质。赛事期间,赛会志愿者在 21 个工作岗位上为 22 万观众提供了 50 余万次的咨询、引导等服务。其中,竞赛、媒体等岗位的志愿者为各国比赛队员及中外媒体提供 2 000 余次服务;医疗卫生、餐饮等岗位的志愿者提供了近万人次的应急服务。赛事期间,中央级、省级、市级媒体采访报道志愿者 50 余次,发表报道 50 余篇。

第三章
北京奥运会赛会志愿者工作的运行体系

　　赛会志愿者是由北京奥组委组织招募，接受北京奥组委管理，赛会期间承担相应岗位职责，在北京奥组委指定的时间和岗位工作，义务为北京奥运会、残奥会服务的志愿者。通过开展宣传发动、招募选拔、培训、激励表彰等一系列工作，北京奥运会、残奥会形成了一支数量充足、训练有素的赛会志愿者队伍。

第一节　北京奥运会志愿者招募工作

　　图3—1所示为北京奥运会、残奥会志愿者招募工作概要。

一、招募工作的总体目标

　　北京奥运会、残奥会志愿者招募工作，是奥运会志愿服务工作成功的保证。招募工作的目标是：以北京地区高校学生为主要来源，同时面向全国各省（区、市）居民、港澳同胞、台湾同胞、海外华人华侨和外国人，招募约10万名赛会志愿者，组建一支规模宏大、参与面广、代表性强、服务水平高的志愿者队伍，为北京奥运会、残奥会提供"有特色、高水平"的志愿服务。同时，通过招募宣传和动员活动，营造全民参与奥运、服务奥运的浓厚社会氛围，促进中国志愿服务事业发展。

二、招募工作的原则[①]

　　（1）自愿报名与广泛参与相结合，充分体现开放性和自愿性，满足社会公众的参与热情。北京地区、京外各省（区、市）、港澳台、海外华人华侨留学生和外国人中有

---

① 参见《北京奥运会、残奥会赛会志愿者招募工作方案》，载北京奥组委志愿者部编：《北京奥运会、残奥会赛会志愿者招募工作文件资料汇编》，2008。

总体目标：建立一支规模宏大、参与面广、代表性强、服务水平高的志愿者队伍；
营造全民参与奥运、服务奥运的社会氛围，促进中国志愿服务事业的发展。

| 工作原则：
坚持自愿报名
和大众参与；
遵循国际惯例；
发挥体制优势。 | 工作体系：
首都高校工作
体系；
北京各区县工作
体系；
专业志愿者项目
工作体系；
奥运会残疾人
志愿者工作体系；
京外省（区、市）
工作体系；
港澳台及海外
地区工作体系；
协办城市工作
体系；中央部委
工作体系；
部队工作体系。 | 招募流程：
报名
材料审核
面试、测试
岗位分配
背景审核
录用 | 建立志愿者队伍：
高校赛会志愿者
京外、境外志愿者
专业志愿者
残疾人志愿者
京外赛区志愿者 |

主责单位：
奥组委志愿者部；
协调小组办公室。

配合单位：
高校；场馆；政府
相关机构；中央及
各省区共青团组织；
协办城市相关部门
等。

报名申请人：
全国及境外申请人

活动：相关主题活动，营造社会氛围

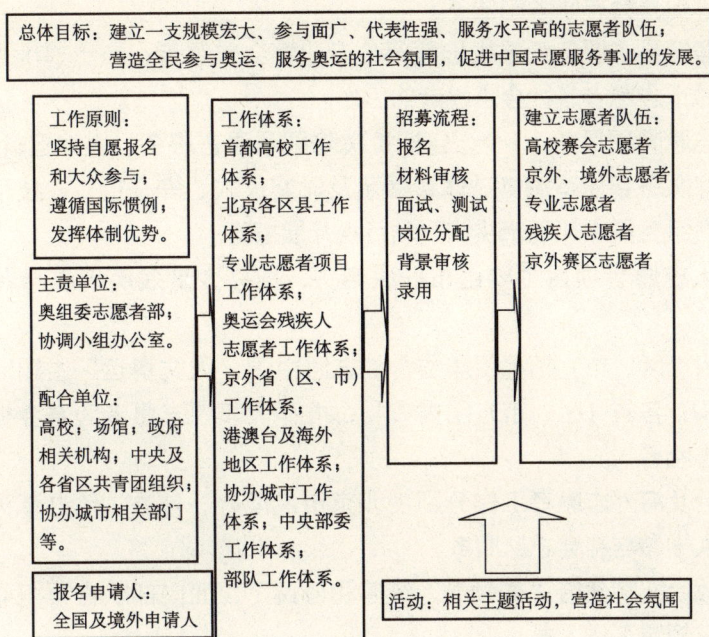

图 3—1　北京奥运会、残奥会志愿者招募工作概要

热情、符合条件的各界人士，均有报名的机会和途径。在来源结构上体现代表性，面向各类代表性群体和不同年龄结构群体，招募一定数量的志愿者。

（2）遵循奥运规则与国际惯例。参照国际惯例和近几届奥运会经验，开通网络报名系统，作为接受申请人报名的必要渠道之一。按照国际惯例，制定和发布赛会志愿者的报名条件，工作保障、激励措施和岗位运行等通用措施。

（3）发挥体制优势。通过组织系统招募志愿者，确保安全与效果。赛会志愿者以在京普通高校学生为主体，发挥高校优势；重点领域的专业志愿者，通过机关、企事业单位和专业机构等组织系统招募。

三、招募工作体系[①]

根据志愿者招募工作原则，在赛会志愿者招募工作中注重发挥体制优势，确定了九个招募工作组织体系，具体包括：首都高校、北京区县、专业志愿者项目、残疾人、京外省（区、市）、港澳台及海外地区、解放军和武警部队、中央部委和京外赛区工作体系。具体职责分工是：

（1）首都高校承担大部分的赛会志愿者招募组织工作，主要通过场馆对接和派出

---

① 参见《赛会志愿者：全心全力服务赛事——北京奥运会、残奥会赛会志愿者招募工作报告》，见北京奥运会志愿者工作协调小组办公室等编：《奥运先锋》。

专业志愿者来承担赛会志愿者的任务。

（2）北京各区县主要负责选拔推荐部分专业赛会志愿者；负责提供志愿者实践基地，以及组织城市志愿者、社会志愿者的工作。

（3）专业志愿者项目共10个，包括贵宾陪同及语言服务、媒体运行、竞赛组织、车辆驾驶、医疗服务、住宿服务、体育展示及颁奖仪式、安全检查、技术服务和宗教服务，分别由奥组委需求部门牵头成立项目组开展招募。

（4）残疾人志愿者项目主要由市残联牵头，招募少量残疾人志愿者为赛会提供服务。

（5）京外省（区、市）招募工作结合"志愿中国·人文奥运"主题活动开展，主要由团中央牵头，各省（区、市）团委参与，推荐代表性志愿者为赛会提供服务，每省招募100名志愿者。

（6）港澳台及海外志愿者工作分别由北京市港澳办、外办、侨办牵头组织，招募具有代表性的人士参与赛会志愿服务。

（7）在总政治部和武警总部领导、统筹和协调下，面向部队官兵招募部分专业志愿者和特殊需求领域工作人员。

（8）中央部委志愿者工作，主要依托中组部、外交部等部门，在中央部委中选拔部分小语种志愿者，弥补稀缺语种等专业人才的需求。

（9）京外赛区志愿者工作在协调小组统一指导下，由各赛区自行组织。主要包括青岛、天津、上海、沈阳、秦皇岛、香港六个城市。

四、招募流程

赛会志愿者的招募流程主要包括申请人报名、材料审核、面试及测试、岗位分配、背景审核、发放录用通知（见图3—2）。

1. 申请人报名

北京奥运会志愿者招募工作自2006年8月28日正式启动，分三个阶段开展，到2008年3月31日结束。各地区申请人在各地区指定报名机构自愿报名。申请人需通过网络系统填写个人相关情况。网络报名系统内容主要包括：基本信息、教育和培训、服务意愿、其他信息等。

在近两年的时间内，北京奥组委共接受约112.6万名申请人报名，其中908 344人同时申请参加残奥会。根据统计分析，赛会志愿者报名情况呈现以下几个显著特点：一是申请人数众多，来源广泛。北京地区报名总人数为77.2万人，京外省（区、市）29.2万人，香港同胞0.7万人，澳门同胞0.2万人，台湾同胞0.3万人，华侨华人2.8万人，外国人2.2万人（见图3—3）。二是申请人学历高，学生占主体。志愿者申请人中以青年人为主体，35岁以下的占97.87%。具有本科及以上学历的占79.9%。三是

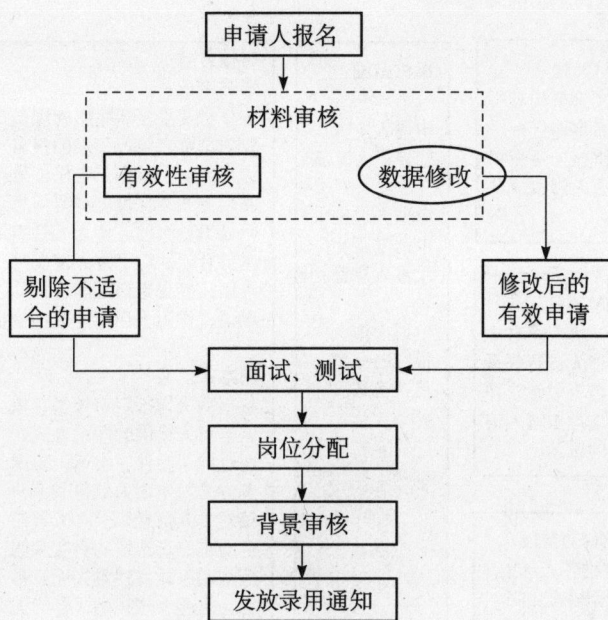

图3—2　赛会志愿者招募流程图

申请人综合素质较高，具备专业技能。四是申请人积极参与测试赛和主题活动，实践经验较为丰富，47.86％的申请人具有志愿服务经历。[①]

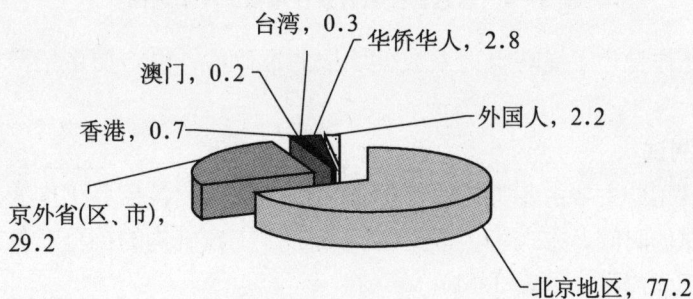

图3—3　北京奥运会报名人群来源分布图（单位：万人）

2. 材料审核[②]

材料审核工作主要分为报名有效性审核和数据修改两部分工作。

报名有效性审核的工作步骤、审核范围以及审核方式见图3—4：

---

① 参见《赛会志愿者：全心全力服务赛事——北京奥运会、残奥会赛会志愿者招募工作报告》，见北京奥运会志愿者工作协调小组办公室等编：《奥运先锋》。

② 参见《关于开展赛会志愿者报名有效性审核和报名信息修改工作的通知》，载北京奥组委志愿者部编：《北京奥运会、残奥会赛会志愿者招募工作文件资料汇编》，2008。

工作步骤:

集中处理阶段 各招募实施机构对所有的报名申请进行一次集中审核,接受和处理申请人修改信息的申请。	审核范围: 申请人个人信息是否真实; 申请人递交申请是否出于本人意愿; 申请人提交报名的渠道是否合适。	审核方式: **形式审查** 审核员使用报名系统管理员权限浏览本单位管理的报名信息。对于姓名、身份证号、联系方式、住址等重要信息明显不真实的,作为无效申请进行登记。对于个人情况与本单位接受申请范围不符的申请,作为不当申请进行登记。
日常处理阶段 管理员与提交报名申请的申请人进行联系,确认报名有效性,并接受和处理申请人信息修改的申请。		**向本人核实** 各招募机构指定审核员,根据申请人提供的联系方式,通过电子邮件、电话、信函等方式与申请人取得联系,核对本人信息以及本人参与赛会志愿者选拔的真实意愿。无法联系或发现本人无意参加赛会志愿者选拔的,作为无效申请进行登记。发现记载信息与本人信息有不同的,可以确认为有效信息,并请申请人按照报名信息修改流程提出修改申请。
推荐前校对阶段 在确定推荐人选前,对拟推荐人选再次确认个人意愿并核对个人信息。对未成为推荐人选的申请人集中发出答谢信息。		

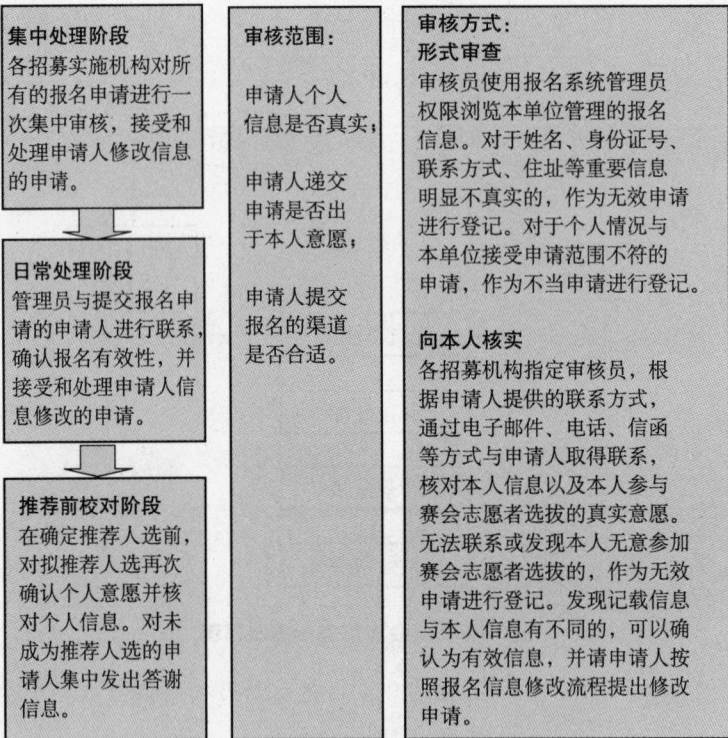

图3—4   志愿者报名有效性审核工作示意图

数据修改工作是为了提高申请人数据填报的准确性,以方便各招募机构开展相关工作。

3. 面试及测试

面试及测试工作主要由各类志愿者招募工作组负责,各招募工作实施机构具体实施。面试和测试的时间、方式等,根据各招募工作实施机构的招募对象的具体情况有所不同(具体工作流程详见表3—1)。

表3—1   高校赛会志愿者选拔流程表

选拔流程	负责单位	评价指标	具体指标	考核方式
初次甄选	高校各院系	思想政治素质、业务水平	在校日常表现、志愿服务经历、参加各项重大活动的表现、身心健康状况	筛选
测试	专业机构建立题库,由各高校测试	综合知识	奥运会基本知识、中国传统文化、北京历史与文化、通用礼仪、涉外礼仪、医疗及紧急救护、突发事件处理、行政能力测试	远程测试(网络)笔试

续前表

选拔流程	负责单位	评价指标	具体指标	考核方式
测试	专业机构建立题库，由各高校测试	心理素质	一套完整的测试系统	远程测试（网络）笔试
		外语	外语交流能力	口试、笔试
面试	场馆各业务口经理	仪表、思维、专业水平	仪表气质、责任感和进取心、思维与表达能力、专业知识水平、专业能力	面试

下面以高校赛会志愿者的选拔为例，简要介绍选拔和测试的流程（见图3—5）。

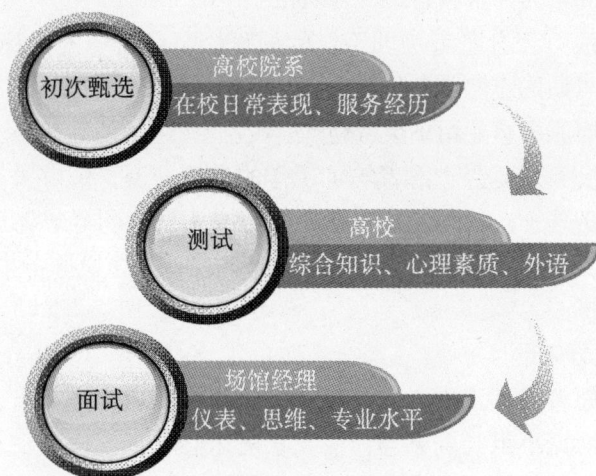

图3—5 高校赛会志愿者选拔流程简图

4. 岗位分配及背景审核

由场馆志愿者经理或团队工作人员负责进行志愿者人岗对接，并形成场馆志愿者名单。志愿者配岗工作完成后，由注册中心转安保部门开展志愿者信息审查工作。

5. 录用

由志愿者部统一确定录用名单并印发录用通知书。据统计，北京奥运会赛会志愿者共录用77 169人（含安检志愿者7 434人），其中，通用志愿者主要来自北京地区高校及京外省（区、市）。北京残奥会赛会志愿者共录用44 261人（含安检志愿者4 200人）。①

---

① 参见《赛会志愿者：全心全力服务赛事——北京奥运会、残奥会赛会志愿者招募工作报告》，见北京奥运会志愿者工作协调小组办公室等编：《奥运先锋》。

第二节　北京奥运会志愿者培训工作

志愿者培训工作是北京奥运会、残奥会志愿者工作的重要组成部分，是实现提供高水平的志愿服务目标的重要保障。北京奥运会、残奥会志愿者培训工作包括通用培训、专业培训、场馆培训、岗位培训在内的四类培训。

一、培训目标和组织结构

1. 培训工作的目标

（1）建立一支高素质的赛会志愿服务队伍。

北京奥运会、残奥会志愿者培训工作的最直接、最重要的目标是为北京奥运会、残奥会提供一支高素质的志愿服务队伍。

（2）为北京志愿服务事业留下宝贵遗产。

通过北京奥运会、残奥会志愿者培训工作的广泛开展，能够进一步发扬奥林匹克精神，传播志愿服务理念，着力提升志愿者的自身素质，引导志愿服务发展方向，以北京奥运会、残奥会志愿者培训工作为新的起点，为首都志愿服务事业积累宝贵经验，为社会留下宝贵遗产。

2. 组织结构及分工

北京奥运会志愿者培训工作由北京奥组委、北京奥运会志愿者工作协调小组、北京奥运会培训工作协调小组共同领导，由北京奥运会培训工作协调小组具体指导，由志愿者部协调委内相关部门以及志愿者来源单位、各场馆团队、专业志愿者项目组具体实施。具体分工如表3—2所示：

表3—2　　　　　　　　　　　部门职责范围

分工	部门	职责范围
领导机构	北京奥组委、北京奥运会志愿者工作协调小组、北京奥运会培训工作协调小组	总体领导志愿者培训工作，制定培训政策
协调部门	志愿者部	负责北京奥运会、残奥会志愿者培训工作，统筹志愿者通用培训、专业培训、场馆培训、岗位培训和外语培训的规划、协调、指导、监督、考核和评比表彰工作。
实施机构	专业志愿者项目组	负责专业志愿者的培训工作。协调专业志愿者来源单位，完成志愿者专业培训；及时向相关场馆团队提出培训需求，组织专业志愿者参加相应的场馆培训；组织开展专业志愿者外语口语测试及培训。

续前表

分工	部门	职责范围
实施机构	场馆团队	负责志愿者场馆培训和岗位培训工作。制定志愿者场馆培训、岗位培训的计划并组织实施，落实培训、考试的场地和必要设备，组织志愿者参加实战演练；提供志愿者培训期间的后勤保障；制定志愿者场馆培训、岗位培训的考核方案并组织实施，严格执行持证上岗制度。在扶残助残专项培训过程中，各场馆团队按照各个业务口、各个岗位赛事服务的特殊要求，对残奥会志愿者进行培训。
	奥组委各部门（中心）	指导、支持场馆内对应业务口的岗位培训（包括岗位服务所需的外语培训）。
	志愿者来源单位	负责志愿者通用培训和外语培训的组织实施，协助专业志愿者项目组开展专业培训，配合场馆团队进行场馆培训和岗位培训；根据实际需求，提供必要的培训场地，协助做好培训的后勤保障工作；协助做好各类培训的测试考核。

二、整合资源，分类别开展培训工作

1. 整合资源，开展调研，借鉴成功经验

（1）制定工作方案。

志愿者部会同有关部门，自2007年7月以来先后多次以意见、通知的形式制发了《关于做好"好运北京"测试赛场馆团队人员培训工作、实行考核持证上岗的意见》、《关于进一步加强志愿者培训工作的实施意见》、《关于编制北京奥运会、残奥会临赛前培训计划及预算的通知》、《关于进一步做好培训经费使用管理工作的意见》、《关于做好整合预热阶段培训工作和北京奥运会、残奥会持证上岗工作的意见》、《北京奥运会、残奥会赛会志愿者基本行为规范》、《志愿者自护八项注意》等政策文件和工作方案，集中解决培训方式、试运行工作、培训计划以及财务管理等多方面问题。

（2）开展调研和观摩活动。

志愿者部积极开展志愿者培训调研工作。2006年7月至9月，就北京奥运会志愿者目标群体的素质状况及培训需求进行调研。2007年3月至10月，委托清华大学就北京奥运会志愿者素质进行调研，归纳出了北京奥运会志愿者所应具备的知识、技能、个性、价值观、态度动机、仪表和身体素质共7类22项核心素质。

为总结国内外大型赛事成功经验，形成实用性强、针对性高、符合中国国情的志愿者培训方式，志愿者部从2006年起多次组队派出志愿者工作团参与第七届残运会、多哈亚运会、上海特奥会等国内外重大赛事的志愿服务工作，锻炼服务队伍，学习成功经验。

2. 着重开展通用培训、骨干培训和外语培训工作

（1）通用培训。

自 2006 年 8 月 28 日北京奥运会、残奥会志愿者招募工作启动以来，志愿者通用培训即面向全体志愿者申请人开展。由高校、区县和其他志愿者来源单位组织落实志愿者通用培训工作。通用培训以《北京奥运会志愿者读本》、《北京奥运会英语口语读本》、《北京残奥会知识读本》等为基本教材，讲授方式以课堂讲授、影像观摩为主，鼓励培训对象进行课外自学，并由各单位组织开展课外培训活动（见图 3—6）。

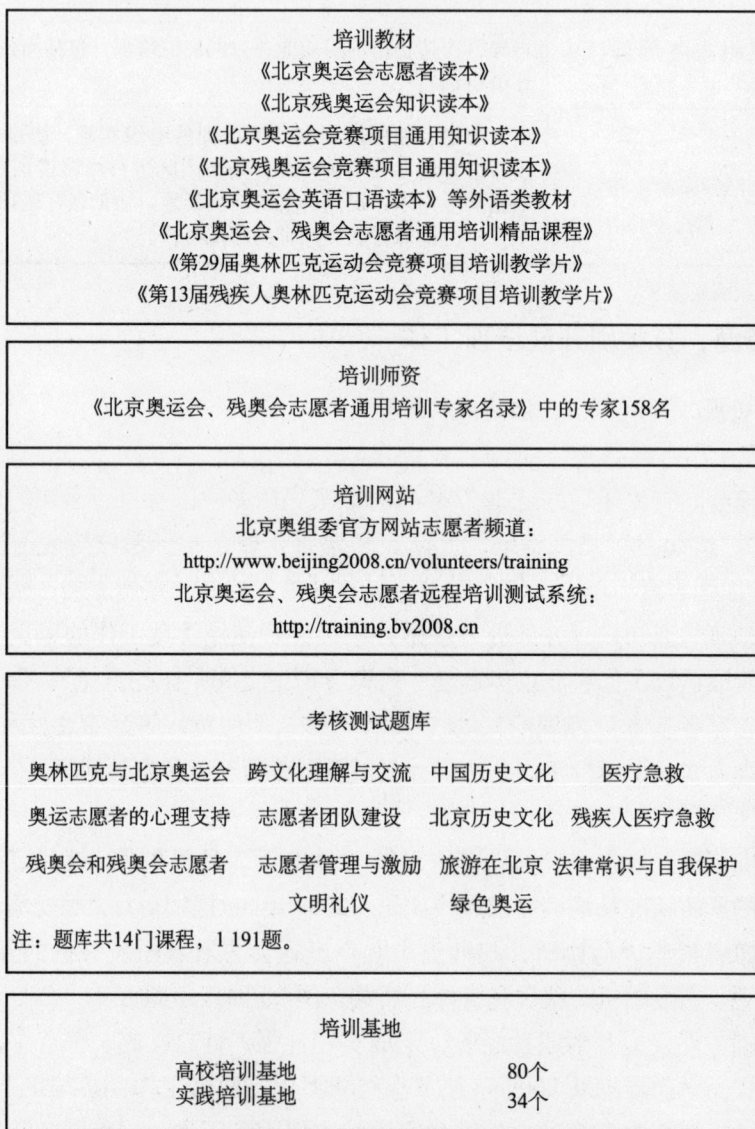

```
培训教材
《北京奥运会志愿者读本》
《北京残奥运会知识读本》
《北京奥运会竞赛项目通用知识读本》
《北京残奥运会竞赛项目通用知识读本》
《北京奥运会英语口语读本》等外语类教材
《北京奥运会、残奥会志愿者通用培训精品课程》
《第29届奥林匹克运动会竞赛项目培训教学片》
《第13届残疾人奥林匹克运动会竞赛项目培训教学片》
```

```
培训师资
《北京奥运会、残奥会志愿者通用培训专家名录》中的专家158名
```

```
培训网站
北京奥组委官方网站志愿者频道：
http://www.beijing2008.cn/volunteers/training
北京奥运会、残奥会志愿者远程培训测试系统：
http://training.bv2008.cn
```

```
考核测试题库

奥林匹克与北京奥运会   跨文化理解与交流   中国历史文化      医疗急救

奥运志愿者的心理支持   志愿者团队建设   北京历史文化   残疾人医疗急救

残奥会和残奥会志愿者   志愿者管理与激励   旅游在北京 法律常识与自我保护

             文明礼仪        绿色奥运

注：题库共14门课程，1 191题。
```

```
培训基地

高校培训基地          80个
实践培训基地          34个
```

图 3—6　北京奥运会、残奥会志愿者通用培训相关资源

● 设计培训大纲

志愿者部制发了《北京奥运会、残奥会志愿者通用培训大纲》，发放到80所高校、18个区县和其他志愿者来源单位，对志愿者通用培训设计了10讲20学时的授课任务。

● 编制培训教材

2006年8月，北京奥运会志愿者培训通用教材《北京奥运会志愿者读本》正式出版。2007年2月起，志愿者部共录制《北京奥运会、残奥会志愿者通用培训精品课程》20门，邀请主讲专家25人。

● 组建专家团队和师资队伍

志愿者部成立了16个专家课题组参与志愿者通用培训。专家课题组分课题研究志愿者培训的教学大纲、内容设置、学习方法等问题。此外，聘请残奥培训专家30多人、语言类专家135人。1 012名高校教师、300多名奥组委工作人员经过培训获得培训师证书。

● 建立培训基地

志愿者培训基地包括：一是北京各高校；二是志愿者实践培训基地，包括残疾人体育训练中心、残疾人服务中心、残疾人温馨家园等场所，这些基地为志愿者参加扶残助残实践培训提供了场地和师资等资源。

● 提供网站资源

2007年5月，志愿者部开通志愿者远程培训测试系统。志愿者通过该网络平台可以学习各类培训教材，收看奥组委发布的公共活动信息。

（2）骨干培训。

骨干志愿者是由所服务的场馆团队和业务部门按照一定比例，考虑岗位要求和志愿者的日常表现、服务能力及个人综合条件推荐产生。骨干志愿者培训通过定期举办"冬训营"、"春训营"等封闭集训、实践训练、实践演练的方式开展，针对志愿者自身特点和现实需要安排培训内容，具有较强的针对性。从2006年8月至2008年7月，通过"骨干志愿者冬训营"、"骨干志愿者春训营"等措施，采取封闭集中培训的方式，培养了4 000名骨干志愿者。

（3）外语培训。

志愿者部编写了《奥运英语100句》、《北京奥运会英语口语读本（初级、高级）》、《残奥会英语口语读本》、《北京奥运会、残奥会赛会志愿者外语培训补充资料》等教材，以北京高校外语教师和志愿者语言培训服务供应商培训师为主要师资。在培训方式上采取小班授课、封闭训练营等方式集中培训，同时强调自学，加强考核。

3. 加强专业培训和岗位培训，增强培训针对性

（1）专业培训。

专业培训由十个专业项目组牵头组织实施。专业培训从2007年3月开始，持续到

2008 年 9 月全部结束，共计有 36 000 余名专业赛会志愿者接受了以集中面授为主的专业培训。

（2）场馆培训、岗位培训。

北京奥运会、残奥会志愿者的场馆培训、岗位培训，主要依托专业志愿者项目组、场馆团队及业务口展开。志愿者部没有硬性规定培训方式、时间、内容，只是根据培训总体要求，制定模板。各场馆团队、业务口根据自身岗位特点和需要，细化培训课程，组织落实培训，并进行严格的考核，突出培训的实践性和可操作性。

4. 同步开展志愿者扶残助残专项培训

由于奥运会志愿者 90％以上有意愿服务残奥会，因此大部分场馆将奥运会志愿者培训与残奥会志愿者培训同步开展。与奥运会赛会志愿者培训不同的是，奥组委志愿者部通过举办"北京残奥会骨干志愿者春季轮训班"等措施进行扶残助残专项培训。此外，志愿者部还积极争取国际残奥委会的指导，聘请外国专家进行专题培训，帮助志愿者骨干团队成员进一步认识残奥会的特点，提高扶残助残意识，提升残奥会志愿服务的水平。

以育人为本，注重实践与创新的培训，无疑是残奥会志愿服务取得圆满成功的基本元素和基础保障。安排志愿者听取优秀残疾人运动员、自强模范报告，观看残疾人艺术团演出和残疾人题材影片，到培训基地学习、实践扶助盲人、肢残人的技能，这些教学实践活动深受志愿者的欢迎。在志愿者培训的过程中，残疾人起了重要作用。通过培训和考核，遴选出一批有热情、有水平、有能力的残奥会志愿者培训师，其中，身有残障的人员近 50 名，占 10％。他们身体力行，在讲台上展示激情、自信和坦然，本身就具有强烈的感染力和震撼力，起到了教科书无法替代的楷模示范作用。

三、志愿者对培训工作的评价

课题组对赛会志愿者的后期调查显示，志愿者分别对培训内容、时间、形式、师资和教材进行了评价。规定以 5 分表示最高，1 分表示最低，评价结果见图 3—7。

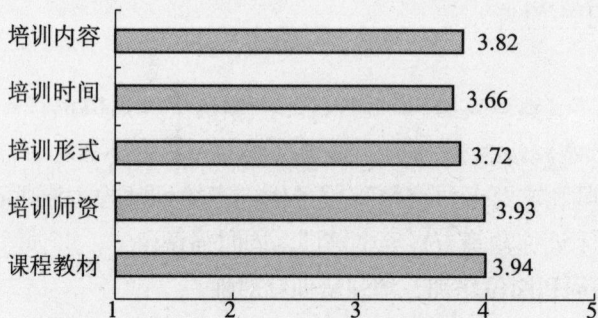

图 3—7 志愿者总体培训效果满意度

课题组对培训实施单位的调查数据显示，志愿者对各项培训的满意度普遍较高。志愿者对由场馆业务主管组织的训练和辅导的满意度最高，均值达到 4.06，对通用培训的满意度相对较低，均值为 3.66（见图 3—8）。

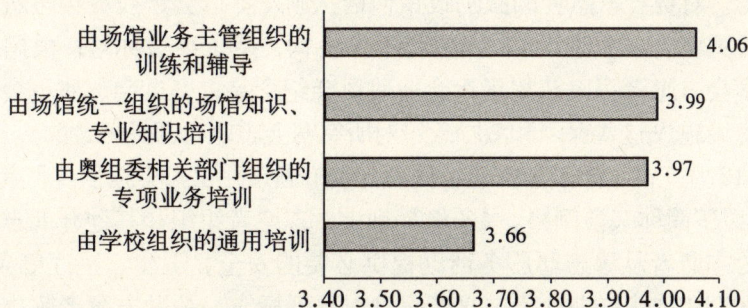

图 3—8　志愿者对各阶段培训工作满意度

第三节　北京奥运会志愿者保障和激励工作

一、保障和激励工作的目标与原则

北京奥运会志愿者保障和激励工作的主要目标：在赛时为志愿者提供良好的工作环境，激发志愿者的服务热情，为赛事提供"有特色、高水平"的志愿服务；维持志愿者赛后的志愿服务热情，为中国志愿服务事业的发展培养稳定的志愿者队伍。

北京奥运会志愿者保障和激励工作的主要原则：

● 划分职责。奥组委志愿者部、场馆、高校、区县都在各自职责范围内承担一定的志愿者保障和激励工作责任。

● 一致保障。志愿者的岗位和任务可能会有所不同，但在政策上对志愿者的保障和激励是一致的。

● 基本保障。充分满足志愿者在衣、食、住、行、医等方面的基本需求，但不过度保障。

● 事先公告。在志愿者申请人成为志愿者之前，就确保其对志愿者保障和激励政策知情的权利。同时，对于公告的事项，也必须确保兑现。[①]

二、保障和激励工作的政策与法律依据

根据北京奥组委于 2006 年 8 月颁布的《北京奥运会、残奥会赛会志愿者通用政

---

① 根据奥组委相关资料整理。

策》和国际惯例，赛会志愿者的保障工作主要遵循《北京奥运会、残奥会赛会志愿者通用政策》。对赛会志愿者的保障政策包括提供由奥组委统一制发的身份注册卡、工作制服装备、工作期间的餐饮、市内特定区间的免费公共交通服务以及工作期间的人身意外伤害保险。对赛会志愿者的激励政策包括：颁发奥运会、残奥会志愿服务证书和证章；评选优秀赛会志愿者个人、团体和工作机构，授予荣誉称号；根据服务时间和服务效果，赛会志愿者可以获得奥运会、残奥会纪念品；奥运会、残奥会结束后，建立志愿者纪念设施。[①]这些保障和激励政策对所有赛会志愿者都是一致的。

2007年12月5日，即国际志愿者日，北京市颁布并正式实施了《北京市志愿服务促进条例》（以下简称《条例》）。《条例》规定，志愿者组织和其他开展志愿服务活动的组织应当为志愿者从事志愿服务活动提供必要的安全、卫生、医疗等条件和保障，开展相关的知识和技能培训，为志愿者配发志愿者标志，帮助志愿者解决与志愿服务活动相关的实际困难；志愿者组织和其他开展志愿服务活动的组织应当与接受志愿服务的组织或者个人协商，根据需要为志愿者办理相应的保险。[②]《条例》在以立法的形式为北京市志愿服务事业提供规范和保障的同时，也为北京奥运会志愿者保障工作提供了法律支持。

三、保障的基本内容

奥组委志愿者部负责为赛会志愿者提供基本的保障（见表3—3），包括提供身份注册卡、工作制服装备、工作期间的餐饮、市内特定区间的免费公共交通服务等。此外，场馆、高校、区县也都在各自职责范围内承担了一定的志愿者保障工作。特别值得一提的是，一些社会公益组织也为志愿者提供了相关服务，如北京车友会为特殊工作时段的志愿者提供了免费交通服务。

表3—3　　　　　　　　　　　　　　保障的基本内容

提供单位	保障内容
奥组委志愿者部	注册证件、工作制服、工作餐饮、免费公交、岗位标志、志愿者手册、意外伤害附加医疗保险、12355志愿者热线等
首都高校	场馆外的洗浴、班车[③]、住宿、餐饮等后勤保障，对志愿者在教学课程安排、补课补考方面制定特殊政策
场馆	集群设备、防护用品、工作物资、消暑凉茶、休息场所
属地区县	按照场馆团队的要求，提供外围保障
社会公益组织	车友会为特殊工作时段的志愿者提供免费交通服务

---

① 参见《北京奥运会、残奥会志愿者通用政策》，载《北京奥运会志愿者工作2008年政策汇编（一）》，18页。

② 参见《北京市志愿服务促进条例》，载《北京奥运会志愿者工作2008年政策汇编（一）》，365～366页。

③ 奥组委志愿者部投入经费近5 000万元，组织奥运会期间600余辆、残奥会期间300余辆志愿者通勤班车停驻69所在京高校，为场馆开展服务。此外，高校也为志愿者提供了免费班车。

四、激励的必要性

1. 志愿服务的无偿性

由于志愿服务是建立在自发、自愿的基础上，所以志愿者提供的服务通常是无偿的。但是，正是由于志愿服务具有这种特点，因此志愿者并不像薪酬人员那样具有约束性。志愿者可以根据自己的意愿，选择留下服务或者随时离开岗位。因此，组织者必须善于了解志愿者的参与动机，采取有效的激励机制，让志愿者在志愿服务中实现自己的动机，使得志愿者们更好地提供志愿服务。

与其他国家的志愿者相比，我国的奥运会志愿者主体为大学生。他们没有社会经历，又多为独生子女。而我国奥运会的特殊性要求志愿者们又好又快地完成任务，工作量很大。如：在排球场上，6 名志愿者要在 30 分钟内擦完 162 平方米的赛场；举重场上，5 名志愿者一次加重只需 10 秒，一次比赛加重 80 次；射击馆里，志愿者 30 分钟换 30 个靶位……在交通服务岗位上，有志愿者从凌晨 5 时 30 分工作到次日凌晨 2 时，创下 20.5 小时的工作时长纪录。[1] 赛会志愿者累计服务时间为 1 600 万小时。此外，有近 4 万名奥运会志愿者继续参加了残奥会志愿服务。面对这样辛苦、繁重的工作，必须有配套的激励措施来保证志愿者的服务热情。

2. 志愿者参与动机的多样性

无论哪种志愿服务，由于主观因素的差别，所以志愿者的参与动机是不尽相同的。课题组对赛会志愿者的调查研究显示，促使被调查者报名参加奥运会志愿服务的原因是多样的：有的是想锻炼自己；有的是想为国家和社会尽一份力量；还有的是想观看比赛，和各国运动员、媒体、来宾接触等。因此，要让这些动机各异的志愿者完成他们的服务工作，就要求组织者从志愿者的不同动机和需求出发，制定相应的激励计划，调动他们的积极性。

3. 志愿者构成人员的多样性

北京奥运会除来自北京地区的志愿者外，还有来自京外省（区、市）、港澳台及多个国家和地区的志愿者。这些志愿者在职业、年龄、性别、兴趣爱好等方面各有不同，但在赛时却要团结在一起完成任务。这就要求场馆建立有效的精神激励，发挥志愿者自身的组织力，加强团队建设，使他们尽快融为一体，提供优质的志愿服务。

五、激励的内容和方式

志愿者的激励工作，包括对志愿者的精神激励和物质激励两部分，以精神激励为主，物质激励为辅（见表 3—4）。

---

[1] 参见北京奥运会志愿者工作协调小组办公室等编：《奥运先锋》，286 页。

表 3—4 激励的主要内容

激励方式		激励手段
物质激励		由奥组委提供奥运志愿者系列纪念封、IOC 明信片、志愿者纪念徽章、微笑圈、志愿服务证书、岗位标志、绿色奥运护腕、国际奥委会纪念卡、奥运志愿者纪念邮册等激励物资。
		场馆在赛时发放纪念徽章、腕表、文具、手帕和爱心礼包等①
精神激励	宣传激励	宣传激励编发《志愿者》杂志、志愿者主题书籍
		征集志愿者歌曲，拍摄志愿者主题电影
		为每一位志愿者拍摄视频资料
		制作奥运志愿者系列宣传片、宣传海报
		北京奥运会志愿者徽章成功搭载返回式卫星——"实践八号"
		北京奥运会志愿者旗帜随圣火传递登上珠峰
		北京奥运会志愿者歌曲《微笑北京》搭载"嫦娥一号"响彻太空
	团队激励	注重自我激励，将个人发展融入团队目标
		场馆经理与志愿者之间保持良好关系
		在志愿者团队中建立运行支持小组，为志愿者服务，形成志愿者关爱志愿者的良好氛围
		编发《场馆志愿者快报》
	外部激励	服务对象的表扬和尊重
		上级主管的尊重和赞许
		明星和官员到志愿者服务岗位上进行慰问
	表彰激励	奥运会、残奥会闭幕式上首次增加向 12 名志愿者代表献花的仪式
		赛后评选优秀赛会志愿者个人、团队和工作机构，授予荣誉称号
		赛后于奥林匹克公园中心区建立志愿者广场和志愿者主题雕塑
		将国际永久编号第 18639 号小行星命名为"奥运志愿者星"

六、保障和激励工作的效果与评价

1. 高上岗率

据统计，各类志愿者累计服务时间超过 2 亿小时，志愿者每日出勤率始终保持在 99.5％以上。② 志愿者以极高的热情和效率完成了赛事服务，经受了开幕式、闭幕式、各类赛事组织服务工作，各类服务群体的全面检验，为赛事的成功举办提供了全面保障。

2. 高满意度

课题组对赛会志愿者的网络调查数据显示，志愿者对保障工作的总体满意度较高，

① 奥组委志愿者部向场馆团队拨付经费近 1 500 万元，用于场馆团队开展个性化的保障激励和作为应急保障的经费。

② 参见刘剑：《北京奥运会、残奥会志愿者工作总结报告》，见北京奥运会志愿者工作协调小组办公室等编：《奥运先锋》，9 页。

为 4.0 分，志愿者对各项保障工作的评价见图 3—9。

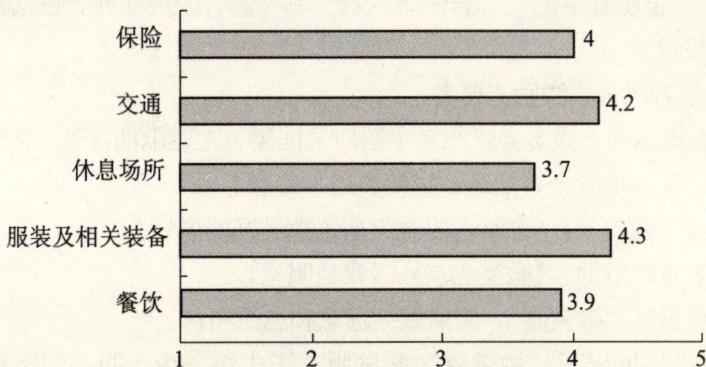

图 3—9　志愿者对各项保障工作的评价

注：满意度评价均采用 5 分制评价，最高分为 5 分，最低分为 1 分。

第四节　北京奥运会志愿者宣传工作

一、目标与运行体系

　　奥运会、残奥会志愿者宣传工作旨在通过媒体和一系列社会宣传活动，面向社会公众，宣传志愿精神和北京奥运会志愿服务的意义，介绍奥运志愿者工作进展情况，提高社会公众知晓率和支持力度，树立北京奥运会志愿者的良好形象，营造奥运会志愿服务的良好社会氛围，进而推动中国志愿服务的长远发展。同时，也向境外公众介绍奥运会志愿者工作规划和进程等内容，以及中国公众参与奥运志愿服务的热情，进而提升国家形象。

二、宣传工作的运行

　　1. 发布权威信息，介绍奥运会志愿者工作

　　● 奥组委官方网站志愿者频道（http：//www. beijing2008. cn/volunteers）成为发布志愿者信息、展示志愿者风采的综合平台。从 2006 年 8 月赛会志愿者招募启动至奥运会结束，奥组委官网志愿者频道共设立了"好运北京测试赛志愿者"、"志愿者风采"、"志愿者手记"等多个专题，刊发志愿者消息 4 000 余条，刊登 50 余万字的培训教材，2 万余字的志愿者手记，成为媒体和公众了解志愿者消息的官方渠道。

　　● 与中国网通合作，建设"奥运呼叫中心志愿者咨询热线 12308"，成为发布志愿者招募政策、解答申请人问题的重要窗口。在赛会志愿者招募阶段，该热线共接听咨询电话 7 万余个，成为社会公众咨询报名信息的重要窗口。

● 依托 BV2008 志愿北京网站（http：//www.bv2008.cn），推出了"志愿报道"、"志愿者快报"、"志愿者手记"、"志愿者人物"等专题，及时上传一线志愿者信息，为媒体提供新闻线索。

2. 展示志愿者风采，激励志愿者

● 开展北京奥运会、残奥会志愿者主题口号征集、主题歌曲评选、志愿者手记、志愿者故事征集以及大型晚会等活动，宣传奥运志愿服务。

奥运志愿者主题口号："志愿者的微笑是北京最好的名片"。

奥运志愿者主题歌曲：《微笑北京》、《我是明星》。

● 推出奥运志愿"微笑圈"，传播微笑理念和志愿精神。

"微笑圈"先后推出了"微笑圈"测试版、正式版、少年版、国际英文版、车友版、拉拉队版、国际法文版、观众版、盲文中文版、家庭版、奥运会开闭幕式版、残奥会开闭幕式版、盲文国际版、残奥版、荣誉版，共 15 个版本。它是"微笑北京"主题活动的有形载体和奥运会、残奥会志愿者的重要标志。

● 制作推出奥运会、残奥会志愿者系列宣传片、宣传海报、"微笑祝福笺"、"奥运志愿者系列纪念封"、"奥运志愿者纪念邮册"以及《北京奥运会、残奥会志愿者歌曲优秀作品 CD 集》等宣传品。

● 编发《志愿者》杂志，扩大志愿者工作的社会影响。

依托《北京青年报》，编发《志愿者》杂志，全面反映北京奥运志愿者工作，策划推出一批批志愿者人物、志愿者团队。奥运会筹办阶段每月一期，赛时每周两期。奥运会结束后仍在出刊，截至 2009 年 8 月，已编发 36 期。

3. 弘扬志愿精神，推进志愿服务的长远发展

● 通过开展"迎奥运"志愿服务活动、"北京十大志愿者"评选、颁布《北京市志愿服务促进条例》、奥运志愿心乐团、奥运冠军助威团、志愿之星宣讲团、北京志愿者协会与 UNV 合作项目等的宣传推广工作，大力宣传了志愿精神，推动了北京志愿服务事业的长远发展。

● 深入挖掘，树立志愿者典型，以点带面，宣传展示志愿者风采。通过媒体报道，选树了一批"老年志愿者典型"、"艰苦岗位上的志愿者典型"、"优质服务志愿者典型"、"残疾城市志愿者典型"、"扶残助残社会志愿者典型"等。

● 加强志愿服务理念的研究，出版了《北京奥运志愿服务研究》、《微笑北京》、《志愿者之歌》等志愿者主题书籍，不断推进北京志愿服务事业的深入发展。

● 通过举办奥运志愿者主题图片展，制作奥运志愿者工作纪念画册，拍摄《歌声与微笑》志愿者专题片、《北京奥运会、残奥会志愿者工作纪录片》、《北京奥运会、残奥会志愿者官方电影》，组织采写"奥运志愿者系列报告文学"，编辑出版志愿主题书籍《志愿热词》以及建立"北京奥运会、残奥会志愿者博物馆"等形式，弘扬志愿服务精神。

三、志愿者对宣传工作的评价

2008 年北京奥运会获得了圆满成功，奥运志愿服务工作也受到了国外媒体和国内社会各界的广泛好评。通过奥运会、残奥会志愿者宣传工作，使国际社会了解到中国公众参与奥运志愿服务的热情，同时也在国内营造了奥运会志愿服务的良好社会氛围，树立起奥运志愿者的良好形象，弘扬了志愿精神，推进了中国志愿服务的长远发展。

接受课题组调查的 5 000 位志愿者认为，各界之所以对本届奥运会志愿服务评价颇高，重要原因是"奥运志愿者的服务质量高"和"志愿者的自身素质较高"，还有近一半（49.0%）的受访者认为奥运志愿服务的成功"得益于奥组委强大的宣传攻势"。课题组分别从宣传效果的有效性、宣传媒介的多样性、宣传内容的时效性三个方面要求赛会志愿者对奥运志愿者宣传工作进行评价，规定以 5 分表示最高，1 分表示最低。调查数据显示（见图 3—10），奥运志愿者宣传工作上述三项调查指标的均值分别是4.06、4.08、3.97，可见，赛会志愿者对奥运会、残奥会志愿者宣传工作的整体满意度很高。

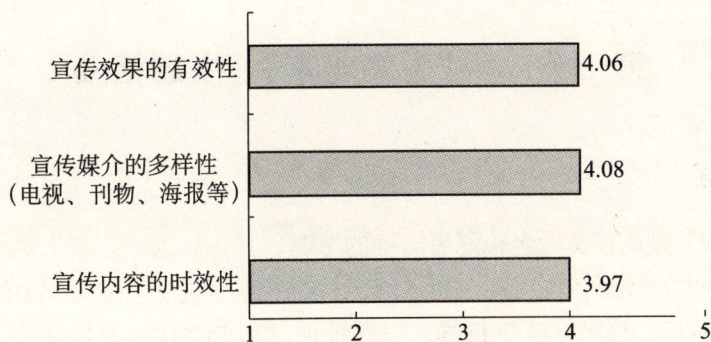

图 3—10　总体宣传效果满意度

第四章
北京奥运会志愿者工作项目体系

　　北京奥运会、残奥会志愿者工作形成了"六加一"的总体工作格局，即六个项目和一个主题活动。六个项目包括："迎奥运"志愿服务项目；奥组委前期志愿者项目；奥运会、残奥会赛会志愿者项目；城市志愿者项目；社会志愿者项目；奥运会志愿者工作成果转化项目。一个主题活动即"微笑北京"主题活动。

第一节　　"微笑北京"　主题活动

一、项目概述

　　"微笑北京"是北京奥运会志愿者活动的主题，其主旨为"志愿者的微笑是北京最好的名片"，由共青团北京市委和北京志愿者协会组织实施。"微笑北京"主题活动具有深刻的精神内涵，是奥林匹克精神、志愿精神与和谐文化的有机统一，是公民个体自信乐观、无私奉献的精神风貌，公民与公民之间团结互助、和谐友爱的人际关系，以及文明健康、和谐融洽的社会氛围三者之间的有机统一。"微笑北京"作为一个活动主题存在，是一个主轴、一个框架。在"微笑北京"这个范围内，共青团北京市委、北京志愿者协会与北京奥运会志愿者工作协调小组办公室、北京奥组委志愿者部等单位组织开展了"我们在长城传递微笑"、北京国际长走大会等一系列群众性实践活动，包括志愿者在内的近百万首都市民都参与到"微笑北京"主题活动中来。

二、项目主要任务

　　"微笑北京"主题活动倡导广大公民和志愿者积极行动起来，从一个微笑开始，用微笑表达情感，用微笑传递友谊，用微笑传播文明，用微笑构筑和谐，为举办一届"有特色、高水平"的奥运会和构建社会主义和谐社会营造良好的社会氛围。

三、项目实施情况

在 2006 年 8 月 8 日北京奥运会倒计时两周年之际，共青团北京市委、北京志愿者协会联合中央及首都 25 家新闻单位共同向全社会发出微笑倡议，启动"微笑北京"主题活动。号召社会公众积极行动起来，从一个微笑开始，用微笑表达情感，用微笑传递友谊，用微笑传播文明，用微笑构筑和谐。

"微笑北京"主题活动近两年的进程可以概括为：从理念推广到活动实践。就是从一个"微笑"表情开始，在全社会推广"微笑生活"理念，接着推出奥运志愿五色"微笑圈"，倡导广大市民积极佩戴"微笑圈"，承诺文明，参与活动，展示风采。

"微笑北京"主题活动的发展脉络完全遵循从理念认知到行为改变的客观规律，稳步推进，逐步深入。其中，活动理念的构建、"微笑圈"的推出、实践活动的开展是"微笑北京"主题活动的核心内容，构成了理念、物品、实践三位一体的活动框架。

在"微笑北京"主题活动启动前，共青团北京市委、北京志愿者协会就先行通过中央及首都数十家新闻媒体面向社会公开征集活动名称和活动口号，引起了社会各界的高度关注，来自全国二十多个省市的各界人士积极投稿应征，累计征集活动名称和活动口号近千条。最终，经社会公众网上投票确定活动名称为"微笑北京"，口号为"志愿者的微笑是北京最好的名片"。"微笑北京"这样一个活动名称精准阐释了活动理念：一个人的微笑是一个人的表情，千百万人的微笑就是一个城市、一个社会的表情。由此把奥运会、北京城、首都市民等活动要素有机统一起来，使志愿精神、奥运理念、和谐文化等活动内涵融为一体，相互贯通。为使"微笑北京"主题活动的理念有形化、具象化，北京志愿者协会设计推出了奥运志愿五色"微笑圈"。"微笑圈"的含义：红色代表"微笑·承诺·乐于助人"，黄色代表"微笑·承诺·文明礼仪"，黑色代表"微笑·承诺·诚实守信"，蓝色代表"微笑·承诺·学习进取"，绿色代表"微笑·承诺·保护环境"。

以"微笑圈"的推广为契机，共青团北京市委、北京志愿者协会与相关部门联合推出了一系列的宣传实践活动，为包括广大志愿者在内的社会公众参与"微笑北京"主题活动提供渠道和载体。

四、项目价值

"微笑北京"主题活动彰显了巨大的精神价值。北京奥运会、残奥会期间，"微笑"理念深入人心，成为北京的城市表情。"微笑"传递热情、友善，传承中华传统文化中的"和"，彰显了关爱与和谐；同时，"微笑"融入世界眼光下的"合"，体现了开放与包容。传统美德、人本理念、开放胸襟、自信情怀，都体现在志愿者的微笑中。微笑理念准确把握了志愿精神与人文奥运理念的契合点，实现了奥林匹克精神、志愿精神与和谐文化的有机统一。

第二节 "迎奥运" 志愿服务项目

一、项目概述

"迎奥运"志愿服务项目是在奥运会筹备过程中，实践"新北京、新奥运"战略构想和"绿色奥运、科技奥运、人文奥运"理念，营造全民迎奥运的浓厚社会氛围，动员广大市民广泛参与的、形式多样的志愿服务活动。

二、项目主要任务

"迎奥运"志愿服务项目旨在普及奥林匹克运动和志愿服务理念，提升公众的认知水平和参与热情；引导市民、社会团体、企事业单位及各界人士关注、支持和参与志愿服务事业，促进个人发展与关心他人、奉献社会的有机结合；提高市民志愿服务水平，建立广泛的群众志愿活动参与机制；提升市民的文明素质，全面塑造和展示北京的新形象，推动社会的和谐发展。

三、项目实施情况

2004 年 3 月 5 日，在全国学雷锋日和第五个"中国青年志愿者服务日"来临之际，"志愿服务迎接奥运——2004 北京迎奥运志愿服务活动"在中华世纪坛启动，活动由北京市委宣传部、首都文明办、团市委、奥组委人事部主办，共青团北京市委和北京志愿者协会具体组织实施。活动围绕"新北京、新奥运"的战略目标，以实践"绿色奥运、科技奥运、人文奥运"为重点，以"志愿服务迎接奥运"为主题，动员和组织广大市民积极参与迎奥运志愿服务活动，在全社会弘扬"奉献、友爱、互助、进步"的志愿精神。

在随后的几年中，围绕"迎奥运"志愿服务项目，主要开展了如下活动：

（1）通过组织义务宣讲、演说论坛和课堂教学等系列活动，利用各种传媒，传播奥林匹克文化，普及奥林匹克知识，推广志愿服务理念，倡导志愿服务精神。采取多种方式积极引导社会公众到公益机构、街道社区等开展环境保护、科学普及、社会公益等志愿服务活动，实现参加志愿服务与迎接奥运的有机结合。

（2）利用奥运会倒计时的重要时点举行"志愿者迎奥运"主题活动。在"中国志愿者日"、"国际助残日"、"申奥成功纪念日"、"国际志愿者日"等重要纪念日举办志愿者活动，在全社会持续掀起参与奥运会志愿服务热潮。

（3）以"北京 2008 奥运志愿宣讲团"、"青春奥运志愿服务团"为载体，组织志愿者参与北京奥林匹克文化节、"青春微笑行动"等活动，树立北京和中国开放进步的国际形象。

（4）培育和发展志愿服务社团，引导和扶持其参与"迎奥运"志愿服务活动。积极培育志愿服务家庭，推广以家庭为单位提供志愿服务的模式。通过设立志愿者主题公园、组织志愿者国际论坛、开通志愿者网站等活动，开展国内外志愿者交流活动，建立志愿者之间交流与共享的常设平台。

四、项目价值

通过"迎奥运"志愿服务项目的实践，北京培养和锻炼了一支专业的志愿服务队伍。2008年奥运会期间，"迎奥运"志愿服务项目的绝大多数志愿者都参与了奥运会城市志愿者项目和社会志愿者项目，为赛会期间城市运行的良好秩序提供保障，为各国友人提供良好服务，树立和展示北京热情、好客的城市形象。一部分志愿者还参与了奥运会、残奥会赛事服务，为赛事运行提供了良好服务。此外，"迎奥运"志愿服务项目的更大意义在于营造了全民迎奥运的浓厚社会氛围，调动起了公众参与志愿服务的积极性。

第三节　奥组委前期志愿者项目

一、项目概述

奥组委前期志愿者项目是指在奥运会筹备阶段，经过公开招募选拔，参与奥组委的日常工作或专项活动，义务为奥组委提供服务的人员。奥组委前期志愿者项目自2004年3月启动，是为奥运会筹备提供服务的志愿服务项目。奥组委前期志愿者项目由奥组委志愿者部负责，在北京志愿者协会的配合下组织实施。[①]

二、项目主要任务

奥组委前期志愿者项目旨在吸纳一定数量的社会各界人士直接参与奥组委的日常工作，并通过开展奥组委前期志愿者的宣传、招募、培训、日常管理、评价激励等系列工作，积累相关经验，为奥运会赛会志愿者工作的成功开展奠定良好基础。

三、项目实施情况

前期志愿者项目与其他奥运志愿者项目有许多不同点：一是项目时间跨度长；二

---

① 奥组委志愿者部成立前，前期志愿者项目由奥组委人事部志愿者处组织实施。

是前期志愿者大多是从事综合性、辅助性的行政事务工作；三是服务形式比较灵活，分为坐班和不坐班两种。为保证项目科学、合法、规范化的运作，奥组委采取了借助社会力量进行组织、以合作协议为管理基础的项目模式。

奥组委负责向北京志愿者协会提供前期志愿者的岗位需求和任职要求，接受符合条件的志愿者通过协会的指派来奥组委上岗工作，并为志愿者安排适当工作任务，介绍相关工作情况和要求，提供有利于志愿者完成工作任务必要的工作条件，根据奥组委的工作制度和实际需要对志愿者的工作进行督导、指挥、组织和协调，对志愿者工作绩效进行评价和控制。北京志愿者协会对志愿者进行登记注册并进行会籍管理，通过测试选拔，指派符合条件的志愿者到奥组委指定的岗位工作，在奥组委配合下对志愿者进行上岗培训，在奥组委的建议和支持下向志愿者发放相关补助并进行奖惩，同时委托奥组委为志愿者安排适当工作任务并进行日常工作管理。志愿者通过北京志愿者协会组织的测试后，履行相关手续，在协会登记注册，同意遵守协会工作制度，履行注册会员责任并遵从协会指派，同时接受奥组委提出的工作要求和工作安排，服从奥组委日常工作管理，自愿遵守奥组委各项工作制度，为奥组委提供志愿服务。

奥组委前期志愿者项目的服务内容包括：（1）综合行政助理。具体工作包括文档资料管理、教材校对、公文流传、来访接待、会务服务、制图制表、日常统计、资产登记维护、办公物品发放等。（2）电话咨询、信件回复。具体工作包括向咨询者解答有关奥运会综合信息、志愿者招募信息、市场开发政策，热心为赞助商提供联络等服务，在奥运会歌曲、志愿者口号、儿童笑脸照片征集等活动中对征集作品进行分类等。（3）维护奥林匹克知识产权。具体工作包括宣传奥林匹克产权知识、搜集侵权信息等。此外，还包括绿色奥运宣讲、语言服务和资料翻译、信息录入、大型会议服务、技术支持等。

四、项目价值

前期志愿者项目自2004年3月启动以来，共分14期招募了1 582名志愿者，彰显了巨大的社会价值和经济价值。首先，1 582名前期志愿者的直接影响群体（单位、家庭、朋友、媒体）量超过数万人，对公众了解奥运会的筹办进程，对拉近政府和公众在筹办奥运过程中的距离，对推动奥林匹克精神和志愿精神的传播与推广，起到了积极作用。此外，前期志愿者也为奥运会筹办节省了大量经费。

第四节　北京奥运会、残奥会赛会志愿者项目

一、项目概述

北京奥运会、残奥会赛会志愿者是指由北京奥组委组织招募，接受北京奥组委管

理，需要制发奥运会、残奥会身份注册卡，赛会期间承担相应岗位职责，在北京奥组委指定的时间和岗位工作，义务为北京奥运会、残奥会服务的志愿者。

二、项目主要任务

北京奥运会、残奥会赛会志愿者项目旨在通过组建一支规模宏大、参与面广、代表性强、服务水平高的志愿者队伍，为北京奥运会、残奥会提供"有特色、高水平"的志愿服务。同时，通过招募宣传和动员活动，营造全民参与奥运、服务奥运的浓厚社会氛围，促进中国志愿服务事业发展，为构建社会主义和谐社会作出积极的贡献。

三、项目实施情况

奥运会、残奥会赛会志愿者报名工作分三个阶段启动。2006 年 8 月 28 日，北京奥运会、残奥会赛会志愿者招募工作正式启动，接受北京地区高校和社会各界人士的报名申请；2007 年 1 月 19 日，北京奥组委、团中央联合启动"志愿中国·人文奥运"大型主题活动，同时启动京外省（区、市）赛会志愿者招募，接受京外 30 个省、自治区和直辖市居民报名申请；2007 年 3 月 28 日，启动港澳台及海外地区赛会志愿者报名工作，接受港澳同胞、台湾同胞、海外华侨华人和外国人报名申请。招募的程序包括：申请人报名、材料审核、工作预分配及面试、初步确定岗位、发出录用通知、志愿者接受任务、背景核实等步骤。招募工作采用定向招募与公开招募相结合、集体报名与个人报名相结合、网络申请与书面申请相结合的方式，建立高效便捷的招募机制，按照有关程序分阶段、分人群进行招募。截至 2008 年 7 月，北京奥运会、残奥会赛会志愿者录用工作全部完成。北京奥运会赛会志愿者共录用 77 169 人，北京残奥会赛会志愿者共录用 44 261 人。

在招募工作顺利推进的基础上，奥组委选拔 33 000 余名赛会志愿者申请人参加"好运北京"体育赛事志愿服务工作，为赛事运行提供了高水平的志愿服务，志愿者工作机制得到有效磨合，志愿者队伍经受了锻炼。

与此同时，志愿者的培训工作也在进行。志愿者培训工作是北京奥运会、残奥会志愿者工作的重要组成部分，是实现提供高水平的志愿服务目标的重要保障，由北京奥组委、北京奥运会志愿者工作协调小组、北京奥运会培训工作协调小组共同领导，由北京奥运会培训工作协调小组具体指导，由志愿者部协调委内相关部门以及志愿者来源单位、各场馆团队、专业志愿者项目组具体实施。北京奥运会、残奥会志愿者培训工作包括通用培训、专业培训、场馆培训、岗位培训在内的四类培训。通用培训的主要内容是介绍奥林匹克知识、国情市情、传统文化和礼仪规范，以及志愿者的权利、义务，应对紧急情况等方面的知识，培养志愿者的大局意识、服务意识、形象意识和责任意识。奥组委组织专家学者编写相关文本教材和多媒体教程课件，依托互联网远程教育或课堂教学方式进行培训。专业培训的主要内容是根据服务岗位的具体要求，培训志愿者相关的专业知识和技能。专业培训以面授为主，主要由奥组委及指定的培训机构来组织实施。场馆培训、岗位培训，主要依托专业志愿者项目组、场馆团队及业务口展开。志愿者部没有硬性规定培训方式、时间、内容，只是根据培训总体要求，制定模板。各场馆团队、业务口根据自身岗位特点和需要，细化培训课程，组织落实培训，并进行严格的考核，突出培训的实践性和可操作性。

2008 年 8 月 1 日，经过严格培训的各赛会志愿者集结完毕，全面开展奥运会、残奥会赛时服务。77 169 名奥运会赛会志愿者服务于竞赛场馆、非竞赛场馆、独立训练场馆和服务场所的 80 多个业务口、2 945 个工作岗位。44 261 名残奥会志愿者分布在 80 多个业务口。赛会志愿者提供了观众服务、交通服务、安全检查、竞赛组织支持、医疗服务、语言服务、场馆管理支持、媒体运行支持、体育展示、颁奖礼仪等服务。[1]

四、项目价值

北京奥运会、残奥会期间，广大赛会志愿者圆满完成赛时服务任务，为北京奥运会、残奥会的成功举办提供了坚实保障。同时，志愿者以充满自信的微笑、高效率的工作、礼貌友善的态度向来自两百多个国家和地区的国际贵宾、运动员、工作人员和游客展示了当代中国民主、进步、文明、开放的国家形象，是真正的"奥运大使"。正如 2000 年悉尼奥组委首席执行官桑迪·豪威所言："志愿者也许比其他任何人都更能向世界展示中国人民的风貌。"更重要的是，奥运会、残奥会为志愿者提供了令人瞩目的巨大平台，通过奥运会、残奥会，志愿者的形象得到了提升，志愿者的行为得到了广泛的社会认可。一批素质高、能力强的志愿者通过奥运会、残奥会志愿服务脱颖而出，成为推进志愿者服务事业发展的中坚力量。

第五节　城市志愿者项目

一、项目概述

城市志愿者是指在奥运会、残奥会赛会期间，为服务赛会的顺利进行和城市的正常运转，在奥运场馆外围及其他城市重点区域设立的城市志愿服务岗位开展志愿服务的志愿者。城市志愿者项目是"迎奥运"志愿服务项目在奥运期间的延续，对于保障赛会的顺利进行和城市的正常运行有着重要意义。

---

[1]　参见刘剑：《北京奥运会、残奥会志愿者工作总结报告》，见北京奥运会志愿者工作协调小组办公室等编：《奥运先锋》，8 页。

二、项目主要任务

城市志愿者项目旨在通过城市志愿服务活动的深入开展，在全社会营造喜庆热烈的奥运氛围。在赛会期间，为奥林匹克大家庭成员（包括奥运会官员、各国代表团官员、教练员、运动员、随队工作人员）、国内外媒体记者、观众、游客以及首都市民的生活、工作等各项活动，提供优质、便捷的志愿服务。同时，积极探索建立志愿服务的长效机制，强化志愿服务的日常化和制度化建设，有效促进首都志愿服务整体水平的提高。

三、项目实施情况

2007 年 6 月 18 日，城市志愿者招募工作正式启动，采取面向社会公开招募的办法实施。招募流程主要包括申请人报名、材料审核、面试、测试、岗位分配、背景审核、发出录用通知等，录用工作于 2008 年 7 月结束。在此，以北京市西区的实际招募为例，介绍城市志愿者的招募、培训等项目实施情况。

在招募过程中，西城区本着区域融合理念和"巩固区属资源，大力开拓区域资源"的原则，在全市首先提出"奥运会法人城市志愿者"概念，制定《法人城市志愿者招募政策》，招募驻区中央、市属单位法人城市志愿者 21 家、4 421 人。中央纪委等中直和中央国家机关，中国工商银行、中国银行、国家开发银行等金融机构，中国石油、中国移动、中国电信、中国人寿等驻区国有企业，儿童医院、北大医院、人民医院、积水潭医院、二炮总医院、北京急救中心等医疗机构，正辰科技、星巴克、英孚教育等民营和外资企业，分别以法人形式参与到奥运会城市志愿服务工作中来，以优势集中、特点明显的团队模式为城市志愿服务注入新鲜活力。以城市志愿服务为载体，各驻区中央、市属单位进一步增强了区域归属感和凝聚力，强化了区域团组织的良性互动与合作。

高素质的城市志愿者是城市志愿服务工作的核心。根据《北京奥运会、残奥会志愿者通用培训大纲》，按照"目标明确、分类开展、内容丰富、形式多样"的思路，对全体城市志愿者开展全员培训工作，规范城市志愿者站点团队建设工作流程，提升志愿者队伍服务意识和能力。全市开展城市志愿者骨干和站点负责人核心素质培训，共培训 5 000 人，各区县又单独培训城市志愿者骨干和站点负责人 5 万人，所有上岗的城市志愿者都接受了系统、专业的通用培训和岗前培训。

测试演练活动为奥运会、残奥会期间城市志愿服务的开展奠定了良好基础。

以西城区为例，自 2007 年"春节服务周"开始，城市志愿者陆续开展了 2007 年"五一服务周"、"城市志愿者招募宣传月"、"好运北京"体育赛事、"十一服务周"、"国际志愿者日服务周"和 2008 年"元旦服务周"、"春节服务周"、"五一服务周"等9次集中服务，服务时间超过100天。在9次服务活动中，超过6 000名城市志愿者参与服务，累计提供信息咨询、应急救助、语言翻译等服务70万人次，发放宣传资料104万份。组织志愿者服务"好运北京"公路自行车赛、国际马拉松比赛、2007上海特奥会执法人员火炬跑和西城区社区接待计划，观摩中国网球公开赛，锻炼志愿者服务大型赛事和活动的能力。动员上千人次的团员青年参加"微笑服务两会"等文明交通公益实践活动，积累了奥运会社会志愿者工作经验。开展贯穿全年的美化环境、植绿护绿等公益活动，累计提供各类环境整治服务两万余人次。协调驻区及区属医护志愿者开展"青年健康使者火炬行动"，为近千名的士司机、残疾人、文明乘车监督员和社区群众提供义务体检、健康咨询。启动"你来西城，我来导游"等70多个志愿服务公益实践项目，奠定了西城区志愿服务事业社会化运作的重要基础。历次城市志愿者集中服务独具特色又一脉相承，逐步建立了北京奥运会、残奥会赛时服务的志愿者队伍和运行机制，是城市志愿者工作的重要演练阶段。

北京奥运会、残奥会城市志愿者工作领域和内容包括以下几个方面：

（1）城市志愿服务站点：在全市交通枢纽、商业网点、旅游景点等地区建设550个城市志愿服务站点，根据实际服务需要，合理安排班次，为奥林匹克大家庭成员、国内外媒体记者、首都市民和游客提供信息咨询、应急救助和语言翻译服务，在站点开展特色服务活动，传播北京文化，方便居民群众，展示志愿者的微笑。在站点布置上，城市志愿者服务站点与中华传统文化相结合，京剧、脸谱、武术、字画等亮相站点，向世界展示中国的魅力；城市志愿服务站点与北京风土人情相结合，通过抖空竹、介绍北京的胡同和小吃，向各国友人展示北京的活力。有的城市志愿者在站点或吹拉弹唱，或泼墨挥毫，展示了中国志愿者的风采。

（2）重要赛事外围保障：积极参与"好运北京"、火炬传递、北京奥运会和残奥会等重要赛事的外围保障工作。如协助有关部门维持秩序，引导观众有序进场，架设场馆周边无障碍设施等。

（3）首都大型活动志愿服务：城市志愿者在提供信息咨询、应急救助和语言翻译服务之外，还积极参加首都各项大型活动。

（4）参与城市管理与服务：城市志愿者积极参与"共建交通文明志愿者行动"、"微笑北京——奥运志愿者周末美化环境行动"、"有序排队，和谐秩序"排队推动日等一系列活动。

从2008年7月1日到10月8日，城市志愿者上岗服务，围绕信息咨询、语言翻译、应急服务等三项基本服务职能，以城市志愿服务站点为平台，为广大市民和来京观光旅游、观看赛事的国内外游客提供了热情、周到的服务，圆满完成了服务赛会顺利进行和城市正常运转的工作任务。在三项基本服务内容之外，城市志愿服务站点以特色服务积极打造站点文化，在倡导奥林匹克精神、弘扬中国传统文化、促进和谐社会建设等方面也发挥了积极的作用。

四、项目价值

城市志愿者圆满完成了城市运行志愿服务工作，为赛会期间城市良性运行作出了贡献，保证了"平安奥运"目标的实现。城市志愿者参与人群广泛，为社会大众参与奥运、奉献奥运搭建了广阔平台。在志愿服务过程中，城市志愿者以特色服务积极打造站点文化，在倡导奥林匹克精神，弘扬中国传统文化，让更多外国友人认识中国、了解中国、喜爱中国的同时，也在与外国友人的交流中了解到国外的文明理念和风俗习惯，增强了国际化意识，提高了综合素质和能力。

第六节　社会志愿者项目

一、项目概述

社会志愿者是指赛会期间在社会公共场所，通过开展秩序维护、文明倡导、环境美化、扶危助困等，服务于社会秩序维护、赛场文明宣传、和谐环境创建等领域的志愿者。社会志愿者项目是社会公众参与奥运、奉献奥运最广泛的平台，原则上，凡是自愿参与北京奥运会、残奥会社会志愿服务，具有独立履行志愿服务的能力，或由监护人带领参与志愿服务，身体健康，遵守中国法律法规的公众均可以参加北京奥运、残奥会社会志愿服务。

二、项目主要任务

社会志愿者项目旨在与赛会志愿者和城市志愿者联动，构建无缝隙的奥运会赛事服务体系。同时，满足社会各界积极参与北京奥运会的热情，提升社会公众对志愿服务的认知，促进中国志愿服务事业的发展。

三、项目实施情况

社会志愿者的服务领域是一个开放性的综合平台，分为重点服务领域、基础性工作领域和一般性工作领域。重点服务领域是指赛时围绕城市运行、社区服务、窗口行业开展的岗位服务。基础性工作领域是指从志愿服务事业的长远发展考虑而推广的志愿服务公益实践项目。一般性工作领域是指按照"人人都是志愿者"的工作理念，开展各类主题活动，吸引各社会单位的成员和行业群体，立足本职工作岗位，开展多样的志愿服务活动，服务"平安奥运"。其中，重点服务领域社会志愿者是主体。

围绕城市运行、社区服务、窗口行业,确定了 10 个社会志愿者重点服务领域,分别是交通秩序维护志愿服务、城市交通运行志愿服务、公共场所秩序维护志愿服务、治安巡逻志愿服务、医疗卫生志愿服务、扶残助困志愿服务、生态环保志愿服务、公园系统志愿服务、加油站志愿服务、邮政系统志愿服务。

2008 年 7 月 1 日至 10 月 5 日,百万社会志愿者全面上岗,在北京市社区、窗口行业、公共场所等,全面开展秩序维护、文明倡导、环境美化、扶危助困、交通运行保障等志愿服务活动。社会志愿者累计上岗 1 700 万人次。

四、项目价值

社会志愿者项目是北京奥运会的一大创举,项目的设立不仅为奥运会、残奥会的成功举办提供了保障,而且满足了广大社会公众参与奥运的愿望。更重要的是,社会志愿者在倡导志愿精神、弘扬志愿服务理念方面留下了宝贵的遗产。

第七节　奥运会志愿者工作成果转化项目

北京奥运会、残奥会志愿者工作成果转化项目是奥运会、残奥会工作的重要组成部分,项目主要任务是在奥运会、残奥会结束后,通过系统研究、合理保留、科学规划,把北京奥运会、残奥会志愿者工作的经验进行总结、提炼、保留,转化为促进北京乃至全国志愿服务事业发展的强劲动力。在具体实施上,可以分为理论研究和实践运行两部分。

一、北京奥运会志愿者工作成果转化的理论研究

1. 项目概述

北京奥运会志愿者工作成果转化项目,是建立在对北京奥运会志愿者工作全面总结和系统评估基础上的研究成果,是对奥运会、残奥会志愿者工作内容、经验、价值、影响的提升和凝练。项目旨在通过对北京奥运会志愿者工作的描述与总结,凝练出既具有中国特色,又具有普遍参考价值的北京奥运会志愿者工作模式;阐述北京奥运会志愿者工作对北京乃至中国的影响,提出具有针对性的奥运志愿服务成果转化的意见和措施,以推动北京乃至全国志愿服务事业的全面发展。

2. 项目实施情况

共青团北京市委、北京市志愿者联合会同联合国志愿服务合作项目各方——中国国际经济技术交流中心、联合国开发计划署、联合国志愿人员组织等,于 2009 年 6 月开展了北京奥运会志愿者工作成果转化课题研究。共青团北京市委成立了专门的志愿者工作成果转化领导小组,由团市委书记王少峰担任组长,团市委原副书记邓亚萍具

体负责。领导小组办公室设在北京市志愿者联合会秘书处。

北京市志愿者联合会协调组建了由中国人民大学人文奥运研究中心副主任魏娜教授牵头的课题组。在课题推进过程中，课题组还充分借助外部专家力量，邀请中国青年政治学院原院长陆士桢教授等组成了咨询团队。

北京奥运志愿者工作成果转化研究分三期开展：一期研究的主要任务是对北京奥运志愿者工作经验的总结和对"北京模式"的提炼；二期研究的主要任务是编著出版"北京奥运会志愿者工作成果转化研究丛书"，进一步推动志愿服务理论化建设；三期研究的主要任务是对"人文北京"与志愿服务事业发展，北京志愿者工作组织建设、制度建设方面的研究。

从 2009 年 6 月至 11 月，课题组通过查阅资料、电话调查、网络调查、深度访谈等方式，对北京奥运会志愿者工作进行了全面、深入、系统的研究，总结出了既具有中国特色，又具有普遍参考价值的北京奥运志愿者工作经验，阐述了北京奥运会志愿者工作的价值及影响，并有针对性地提出了进一步促进北京志愿服务事业发展的建议，形成了《经验·价值·影响——2008 北京奥运会、残奥会志愿者工作成果转化研究》。2009 年 12 月 4 日，在"鸟巢"这一具有特殊意义的地方，共青团北京市委、市志愿者联合会等相关单位共同举办了北京奥运会、残奥会志愿者工作成果转化研究报告发布仪式，通过发布报告成果的特殊形式，共同回忆北京奥运的美好时光，并向即将到来的第 24 个国际志愿者日献礼。联合国开发计划署、联合国志愿人员组织官员，有关大使馆及国际组织代表，首批北京奥运会、残奥会志愿者工作专家代表，各类志愿者组织及志愿者代表 80 余人参加了活动。研究报告的发布产生了良好的社会影响，国内外媒体再次对北京奥运会志愿者工作取得的巨大成绩表示肯定。

3. 项目价值

奥运志愿者是支撑奥运会顺利举办的坚实基础，由于国情不同，在历届奥运会举办过程中都形成了具有不同特点的志愿者工作模式，同时也积累了具有普遍规律性的志愿者工作经验。2008 年北京奥运会、残奥会志愿服务，无论是在参与的人员数量、提供服务的领域，还是在管理模式上都具有中国的特色，值得研究和凝练。北京奥运志愿者工作经验，既是中华民族智慧的体现，同时也是人类智慧的体现，它既是中国的也是世界的。全面和系统总结奥运志愿者工作经验与教训，既是推动北京乃至中国志愿服务事业发展的必然要求，也是对奥林匹克运动的重要贡献。

二、北京奥运会志愿者工作成果转化的实践运行

1. 城市志愿者项目的保留和发扬

（1）项目概况。

北京奥运会、残奥会结束后，城市志愿者项目得到保留，包括城市志愿者服务站

点（俗称"蓝立方"）、城市志愿者队伍和城市志愿者工作机制。这一项目的保留为后奥运时代的志愿服务提供了常态化服务的基础。

（2）项目实施情况。

2009年9月28日至10月8日，国庆60周年期间，分布在全市18个区县的227个"蓝立方"重新开启，志愿者每天在"蓝立方"服务时间不少于8小时。2010年春节期间，在北京团市委、北京市志愿者联合会大力开展"两节送温暖"志愿服务活动的背景下，北京市18个区县的77个"蓝立方"城市站点全面启动，近万名志愿者在交通枢纽、旅游景点等人流密集地区为市民提供信息咨询、应急服务、语言服务等服务。此次志愿者们除统一配发了志愿服务活动的温暖三件套、蓝马甲外，"蓝立方"还可以根据自身特色，挂上红灯笼、剪纸、中国结等带有春节传统特色的装饰。

2. 应急志愿者队伍建设

（1）实施背景。

北京奥运会后，为了进一步发扬志愿服务的积极作用，实现志愿服务在社会各个领域的全面覆盖，2009年，北京市市政府将应急志愿者队伍建设工作纳入《北京市2009年在直接关系群众生活方面拟办的重要实事》，由团市委作为主责单位，由市应急办协助，在北京市建立应急志愿者队伍，与防汛抗旱、抗震救灾、突发公共卫生事件、重大动物疫情等全市14个应急指挥部及29个应急避难场所对接，开展志愿服务工作。

（2）实施情况。

团市委会同市应急办等单位，成立了2009年北京市应急志愿者队伍建设工作协调小组，负责统一组织协调、指导应急志愿者队伍建设工作。

截至2009年12月中旬，14个应急指挥部办公室及市体育局、市无线电管理局组建了18支各相关专业应急志愿者队伍，18个区县成立了相应的应急志愿者队伍，共吸纳各类志愿者30余万人。市志愿者联合会培育发展了北京节水护水志愿者服务队、北京民防志愿者协会、北京急救中心志愿者协会、北京市疾病预防控制中心青年志愿者协会、首都无偿献血志愿服务队、北京12355志愿服务团、北京青年压力管理服务中心、北京操作者俱乐部、翱翔户外志愿服务队等骨干应急志愿者队伍。

2010年4月14日7时49分，青海省玉树藏族自治州玉树县发生7.1级地震，给当地人民群众生命财产造成严重损失。在突如其来的灾难面前，北京市志愿者联合会第一时间启动抗震救灾应急志愿者工作机制，于4月15日凌晨赶往灾区，投入抗震救灾工作。

3. 组建北京市志愿者联合会

北京志愿服务工作发端于20世纪80年代青年中开展的"学雷锋"运动和邻里之间的互助活动，亚运会后发展很快。为有效整合社会各类资源，进一步推动志愿服务工作的发展，1993年12月5日，由北京团市委牵头发起，社会各界人士积极参与，在全国率先成立北京志愿者协会，揭开北京志愿服务工作组织化发展的序幕。此后十年间，北京志愿者协会大力开展青年志愿者行动、社区志愿服务等多种形式的志愿服务活动，促进了北京志愿服务事业的发展。2008年以来，广大北京志愿者在参与抗击雨雪冰冻灾害，抗震救灾，服务2008北京奥运会、残奥会等重大事件和活动中发挥了重要作用，进一步彰显了志愿精神。

在奥运会志愿者工作组织体系的基础上，北京充分发挥共青团组织和北京志愿者协会的优势，建立统筹规划、共同参与、协调推进的北京志愿服务工作机制，完善各部门齐抓共管、共青团组织推进的志愿服务组织机制，将北京志愿者协会提升改造为"枢纽型"志愿组织——北京市志愿者联合会。

北京市志愿者联合会通过会议决策、协调服务、项目运行，发挥上下贯通、左右连接、八方联动的"枢纽型"社会组织作用，整合和优化配置资源，实现志愿服务需求与提供之间的有效对接。其主要职责是：

充分发挥党和政府与各类志愿者组织联系的桥梁和纽带作用，完成党委政府有关部门委托或转移的相关事项；引导和支持志愿者组织开展党团组织建设工作，并在调研基础上提出有关工作意见与建议；倡导志愿服务理念，弘扬志愿服务精神，传播志愿者文化，营造良好社会氛围。依照《北京市志愿服务促进条例》，发挥龙头和联合作用，指导全市志愿者工作开展，为各类志愿者组织开展活动和广大志愿者发展提供服务；加快信息化管理与服务进程，构建全市志愿者工作信息平台；加强国际国内志愿者工作交流与合作；引导和鼓励社会公众参与志愿服务，并切实维护好志愿者合法权益。加快各级各类志愿者组织建设，建立健全覆盖全市的志愿者工作组织网络和队伍体系；起草和落实全市志愿者工作规划和相关制度，统一规范全市志愿者活动；建立健全志愿服务项目体系，建设一批具有品牌影响力的志愿服务项目。

第五章
北京奥运会志愿者工作的经验和价值

举办奥运会在中国是第一次，动员规模如此庞大的志愿者在奥运会历史上也是第一次，北京奥组委在充分借鉴历届奥运会组织管理工作经验的基础上，结合中国国情，对北京奥运会组织管理工作进行了创新，取得了良好效果，创造了巨大价值。

第一节　借鉴历届奥运会志愿者工作成果

一、奥运会志愿服务的发展历程[①]

奥运会志愿服务是在社会需求与奥运会发展需要的共同作用下产生并发展起来的。19世纪末，志愿服务在欧洲逐渐受到政府的重视和鼓励，并拥有了广泛的群众基础。同时，在近代体育由欧洲向世界传播的过程中，随着俱乐部数量的增多，不少国家纷纷在俱乐部的基础上成立了单项组织，而这些组织的发展都源于志愿者的自愿奉献。现代奥运会创始人顾拜旦正是基于志愿精神创办现代奥林匹克运动这一宏伟事业的。

自1896年至今，奥运会志愿服务已经有了100多年的历史。志愿服务发展的进程与奥林匹克运动的发展是相辅相成的。1980年，萨马兰奇担任国际奥委会主席后，奥运会进入了关键的发展期，奥运会志愿服务也进入了历史转折期。1980年普莱西德湖冬奥会是奥运会志愿服务历史发展中的重要转折点，其建立起的志愿者模式在以后的奥运会上得到传承。随着奥运规模的扩大、影响的加深，奥运会志愿服务也不断向正规化、组织化、专业化方向发展（见表5—1）。

---

① 参见北京奥运会志愿者工作协调小组办公室编撰：《北京奥运会志愿者读本》，北京，中国人民大学出版社，2006。

表 5—1　　　　　　　　　　　　奥运会志愿服务发展主要阶段

时间	举办地	贡献与意义
1896	雅典	900 多名志愿者承担奥运会的外围工作，是奥运会志愿服务的起源。
1912	斯德哥尔摩	童子军与军队作为志愿者团队服务于奥运会。
1952	赫尔辛基	第一次对志愿者进行培训，第一次出现女性志愿者，是奥运会志愿服务发展的里程碑。
1980	普莱西德湖	6 703 名志愿者组成了历史上第一支正规的志愿者团队，表明奥运会组委会开始把志愿服务列入整体规划之中。
1984	洛杉矶	奥运会组委会成立了专门的志愿者部，志愿者工作不仅在组委会中获得了一席之地，并且在组织管理方面有了长足的发展；志愿者的经济价值也得以凸显。
1992	巴塞罗那	首次界定了奥运会志愿者的概念，明确了志愿者在奥运会中不可或缺的地位。
2000	悉尼	明确了"招聘、培训、维持和保留"的志愿者工作原则；招聘前期志愿者开展工作。
2004	雅典	奥组委在志愿者项目上投入了更多的精力和财力，建设了一支高素质的志愿者队伍。
2008	北京	形成了奥运会志愿者工作的"北京模式"；"微笑"理念深入人心；首次提出了"城市志愿者"、"社会志愿者"的概念；推动了中国志愿服务事业的发展，是奥运会志愿服务史上的新里程碑。

1. 早期萌芽阶段的奥运会志愿者

奥运会志愿者的历史可以追溯到 19 世纪末，早在第一届现代奥运会举行时就出现了 900 多名志愿者，他们大多数从事的是与奥运会相关的外围工作。那时，奥运会的规模还很小，人们对奥运会这一国际性的综合运动会并未完全认识，家庭纽带和朋友关系对奥运会的成功举办起着基础性的作用。

2. 志愿者团队的出现——斯德哥尔摩奥运会

1912 年，在斯德哥尔摩举办的第五届奥运会上，为奥运会提供志愿服务的童子军和军队第一次出现在奥运会的正式报告书中。此后几届奥运会中，童子军一直发挥着重要作用。他们做着相对简单但却非常重要的工作，比如发送信息、维持安全和秩序、举彩旗、搬运器材等。第二次世界大战以后，以童子军和军队为主体的志愿者团队继续参与奥运会志愿服务。但是，他们所提供的服务是零散和不全面的，也缺乏系统的管理，在奥运会赛事的组织中处于边缘地位。

3. 奥运会志愿服务发展的里程碑——赫尔辛基奥运会

1952年的赫尔辛基奥运会是奥运会志愿服务发展中的里程碑。第二次世界大战以后，随着社会主义国家和第三世界的积极参与，奥运会的规模急剧扩大，这一方面推动了奥林匹克运动的发展，但同时也给举办城市带来了巨大的压力。组委会为了节省开支，开始动用大量志愿者来承担各种工作。这一时期的奥运会志愿者由童子军和军队扩展到青年组织、学生等，其服务内容与组织形式也产生了很大变化。在此届奥运会上，组委会首次对志愿者进行培训，以适应奥运会复杂的组织和服务工作。

4. 第一支正规的志愿者团队出现——普莱西德湖冬奥会

1980 年的普莱西德湖冬奥会是奥运会志愿服务发展中的另一个重要转折点。6 703 名志愿者组成了历史上第一支正规的奥运会志愿者团队，他们由商人、医生、律师、教师、学生、家庭主妇以及冰雪爱好者组成。在经过周密的培训之后，志愿者们被组委会根据各自的技能、特长分配到奥运会赛场的各个岗位上。普莱西德湖冬奥会志愿者符合当代志愿者的特征，此届冬奥会所建立起的志愿服务模式在以后的奥运会上得到传承，它标志着奥运会组委会开始把志愿服务列入议事日程，并纳入组委会的整体规划之中。

5. 志愿者经济价值的凸显——洛杉矶奥运会

1984 年的洛杉矶奥运会在奥运会志愿者走向正式化的道路上迈出了坚实的一步，奥运会组委会成立了专门的志愿者部，志愿者不仅在组委会中获得了一席之地，并且在组织管理方面有了长足的发展。与前几届奥运会不同，洛杉矶奥组委更多的是从经济方面来看待志愿者的价值。志愿者的参与大大降低了洛杉矶举办奥运会的成本。

6. 奥运会志愿者概念的正式确定——巴塞罗那奥运会

奥运会志愿者这个概念第一次被清晰地界定出来是它作为奥运词汇出现在 1992 年巴塞罗那奥运会的官方报告上："奥运会志愿者是在举办奥运会过程中，以自己个人的无私参与，尽其所能，通力合作，完成交给自己的任务，而不接受报酬或索取其他任何回报的人。"这无疑明确了志愿者在奥运会组委会中不可或缺的地位。

巴塞罗那奥运会后，奥运会志愿者开始朝着组织化、专业化、个性化的方向发展。1996 年亚特兰大奥运会的 60 422 名志愿者、2000 年悉尼奥运会的 46 967 名志愿者都意味着大规模人力资源的运行迫切需要一个高层次的组织来对志愿者进行招募和培训，给他们分配任务并管理他们的活动。随着信息时代的到来，奥运会对各个领域高技术人才的需求也急剧上升，对志愿者的专业技能也提出了特殊的要求，尤其是在新技术领域和语言领域。

7. 志愿者赢得了来自世界的掌声——悉尼奥运会[①]

悉尼奥运会取得成功的关键原因之一在于高质量的志愿者工作。在澳大利亚，公众非常重视奥运会和残奥会。运动员在竞技场上赢得了观众的掌声，而志愿者在竞技场外的工作获得同样热烈的掌声。悉尼奥运会志愿者的工作经验是：把志愿者和付薪职员同等对待；不过分美化志愿者的工作，用现实主义的态度告诉志愿者工作是辛苦甚至是单调和乏味的；向每名志愿者平均支付了大约 700 美元的培训、服装、餐饮、

---

① 参见 2000 年悉尼奥组委首席执行官桑迪·豪威在"志愿服务与人文奥运"国际论坛主论坛上的演讲。

交通等方面的保障；重视对志愿者的激励，为志愿者建立了永久性的"志愿者碑林"。

8. 志愿者让人感受温暖——雅典奥运会

2004 年，奥运会回归雅典。雅典奥组委充分认识到志愿者对于奥运会成功举办的重要作用，不仅专门成立了与人力资源部平行的志愿者部，并且在志愿者项目上投入了更多的精力和财力，以确保志愿者项目的成功。

雅典奥运会志愿者由两大部分组成：一部分是由雅典奥组委组织的以服务奥运会为目的的志愿者，人数约 45 000 名；另一部分是由雅典市政府组织的、以为游客提供咨询服务为主的志愿者队伍，人数约 3 000 名。雅典奥运会期间，志愿者热情、周到的服务让来自世界各地的运动员和游客感受到温暖。

9. 奥运会志愿服务史上的新里程碑——北京奥运会

北京奥运会志愿者工作形成了由赛会志愿者、城市志愿者、社会志愿者、"迎奥运"志愿服务、奥组委前期志愿者、奥运会志愿者工作成果转化等六个项目和"微笑北京"主题活动组成的总体格局，创下了参与面最广、报名人数和志愿者人数最多的纪录。其中，城市志愿者和社会志愿者的概念首次被明确提出。北京奥运会期间，志愿者以热情、真诚的服务，为国家赢得了尊严和友谊，使志愿者的微笑成为北京最好的名片。北京奥运会志愿者工作提升了一代青年人的素质，推动了中国志愿服务事业的发展，是奥运会志愿服务发展史上一个新的里程碑。

二、值得借鉴的奥运会志愿者工作经验

自 1896 年起，奥运会志愿服务已经有了 100 多年的历史，从零散、自发的志愿服务到组委会志愿者部的正式成立，奥运会志愿服务经历了一个不断正规化、组织化、专业化的过程。北京充分学习和借鉴了各主办城市奥运会志愿者工作经验，特别是悉尼、雅典的志愿者管理工作经验（见表 5—2）。

表 5—2 　　　　　　　　　　近三届奥运会志愿者工作情况比较

	悉尼奥运会	雅典奥运会	北京奥运会	北京残奥会
届次	第 27 届	第 28 届	第 29 届	第 13 届
举办时间	2000 年 9 月 15 日至 10 月 1 日	2004 年 8 月 13 日至 8 月 29 日	2008 年 8 月 8 日至 8 月 24 日	2008 年 9 月 6 日至 17 日
参赛国家和地区	200 个	202 个	204 个	148 个
参赛运动员	10 651 人	11 000 人	10 500 人	4 000 人
媒体记者	15 000 人	21 500 人	21 600 人	
比赛项目	27 个大项 41 个分项 300 个小项	28 个大项 37 个分项 301 个小项	28 个大项 38 个分项 302 个小项	20 个大项 472 个小项

续前表

	悉尼奥运会	雅典奥运会	北京奥运会	北京残奥会
志愿者申请者人数	75 000 人	超过 16 万人	1 125 799 人	908 344 人
志愿者人数	46 967 人	44 000 人	77 169 人	44 261 人
志愿者年龄	55 岁以下大约占60%	35 岁以下占62%	35 岁以下占97.87%	35 岁以下占92.325%
男、女志愿者比较	女性：53% 男性：47%	女性多于男性	女性：51.61% 男性：48.39%	女性：46.25% 男性：53.75%
志愿者类型	普通志愿者 特殊志愿者	普通志愿者 特殊志愿者	通用志愿者 专业志愿者	通用志愿者 专业志愿者
志愿者招募时间	1997 年至 1999年年底（共约 3 年）	2002 年 1 月至 2004 年 4 月（共 2 年 3 个月）	2006 年 8 月至 2008 年 8 月（共 2 年）	
志愿者培训内容	一般培训、场馆培训、领导培训、特殊工作培训	通用培训、场馆细则培训、岗位细节培训	通用培训、专业培训、场馆培训、岗位培训、外语培训	通用培训、专业培训、场馆培训、岗位培训、外语培训、助残培训
志愿者保障和激励	服装、餐饮、交通等基本保障；开幕式排演的门票及奥运会商品的折扣等；为志愿者举行盛大的游行；将志愿者的名字刻在奥运村的永久纪念物上。	服装、餐饮、交通、保险等基本保障；获得印有雅典奥运会标志的服装、手表、腰包、手机等纪念品；举办各种表彰活动，颁发奥运会志愿者证书等。	注册证件、工作制服、工作餐饮、免费公交、岗位标志、志愿者手册、意外伤害附加医疗保险、12 355 志愿者热线等基本保障；多层次、多角度为志愿者提供保障和激励。	注册证件、工作制服、工作餐饮、免费公交、岗位标志、志愿者手册、意外伤害附加医疗保险、12 355 志愿者热线等基本保障；多层次、多角度为志愿者提供保障和激励。

资料来源：悉尼、雅典、北京奥运会官方报告及有关资料。

1. 志愿者的招募工作

志愿者数量的增多意味着大规模人力资源的运行。如何对志愿者进行招募和动员，是每届奥运会都必须面对的问题。1948 年伦敦奥运会、1980 年莫斯科奥运会以及 1988 年汉城奥运会的志愿者招募采取了政府动员的模式。1992 年巴塞罗那奥运会采取了面向社会公众公开招募的方式，1996 年亚特兰大奥运会则采取了动员民间组织参与志愿服务的方式。

2000 年悉尼奥运会志愿者的招募采取了多种方式结合的办法。约 3 万名志愿者都是在专业机构的帮助下招募的。同时，组委会很好地利用了学校的力量，有 6 000 名大学生在赛事期间从事志愿者工作。除此之外，悉尼奥组委还采取其他灵活的方式对志愿者进行单独的招募：个人自愿报名、通过赞助商和供应商招募、根据工作需要进行专家型志愿者的招募等。

2004 年雅典奥运会志愿者的招募工作具体由奥组委的志愿者事务部负责。志愿者的招募始于 2001 年 1 月。第一阶段主要是宣传工作，在雅典及希腊国内外举办各种宣传活动，让大家了解奥组委的志愿者计划。宣传形式包括介绍、演讲、公告、报上撰文、新闻发布、举办各种活动等。第二阶段为报名阶段，由奥组委在网上公布志愿者报名网页和通信地址。从 2002 年 1 月 30 日第一个人开始报名，至 2004 年 7 月 30 日，报名人数达 16 万。

北京奥运会同以往奥运会一样，根据国际奥委会的要求，依照赛事需要，制订了科学的志愿者招募计划。在奥林匹克精神与志愿精神的感召下，通过宣传和畅通的报名渠道，民众积极报名参加奥运会志愿服务。与前两届奥运会不同的是，根据中国人口众多的国情，北京奥运会志愿者招募工作面向北京地区、京外省市区，以及港澳同胞、台湾同胞、华侨华人、外国人等分别启动。专业志愿者通过专业志愿者项目组进行招募，通用志愿者通过组织体系，成立多个招募工作机构进行招募。

2. 志愿者的培训工作

随着奥运会竞赛项目与参赛人数的剧增，奥运会志愿者的数量也相应增多，其所服务的内容也更加多样化，活动的空间和范围延伸到与奥运会相关的各个领域，志愿者不仅仅要承担体力工作，还要承担一些技术性的工作，这对志愿者的素质提出了更高的要求。

1952 年赫尔辛基奥运会首次对志愿者进行培训，为以后奥运会志愿者的迅速发展奠定了基础。1960 年的罗马奥运会将志愿者的选拔与培训结合在一起，即对招募来的志愿者先进行初步培训，再根据规定的标准对其进行筛选，对于入选的志愿者再作进一步的强化培训。1976 年的蒙特利尔奥运会将奥运会志愿服务与学校的部分课程结合起来。这种结合既满足了组委会的人力需求，又丰富了学校的课程资源，不失为奥林匹克运动与教育结合的良策。

2000 年悉尼奥运会在志愿者培训方面采取了与专业机构进行合作的办法，培训内容主要包括一般培训、特殊工作培训、场馆培训，为部分志愿者安排了领导者培训。2004 年雅典奥运会的培训项目包括通用培训、岗位培训和专业培训。北京奥运会对志愿者进行了全面的培训，提升了志愿者的综合素质，带动了全民素质的提高。以赛会志愿者为例，所有志愿者均参加了通用培训、专业培训、场馆培训和岗位培训，培训时间达到 100 学时。此外，志愿者还广泛参加了各种实践培训与演练，积累了丰富的理论知识与实践经验。

3. 志愿者的保障和激励工作

不管是早期奥运会，还是当代奥运会，志愿者获得的激励主要来自精神领域。为此，奥运会组织者往往采取给志愿者颁发奖章和证书的办法对志愿者进行精神上的激励。除此之外，组委会也为志愿者提供必要的物质保障和奖励。

早在 1912 年斯德哥尔摩奥运会上，国际奥委会就采取颁发奖章的办法对志愿者进行精神上的奖励。

1992 年巴塞罗那奥运会组委会为志愿者设计了一个独特的标志，专门为志愿者制作了一系列产品：帽子、T 恤衫、标签、扣针、手表等。同时，组委会把对志愿者的激励与志愿者培训结合起来，选派一定数量的志愿者去国外学习语言。志愿者组织还有针对性地开展了一系列活动和聚会，为志愿者们提供放松的、休闲的场所，以促进这个群体的融合。奥运会结束后，所有的志愿者都得到一个志愿参与奥运会活动的证书和一枚 1992 年巴塞罗那奥运会的纪念章。为使志愿者参与奥运会的经历永远留在人们心中，组委会在最后还发行了志愿者杂志，杂志分成两个部分：第一部分刊登了所有 1992 年巴塞罗那奥运会志愿者的照片；第二部分则根据活动种类记录了所有志愿者的名字。

2000 年悉尼奥运会组委会对志愿者非常尊重，把他们和带薪工作人员同等看待，视为奥运会组织工作中不可缺少的一分子，对他们的工作给予认可。同时，组委会为每名志愿者在培训、服装、休息场所、食品饮料、交通等方面平均支付了大约 700 美元，在志愿者提供服务时给予志愿者基本的物质保障。组委会还向志愿者提供了一些奖励，包括开幕式彩排的门票及奥运会商品的折扣等。奥运会结束后，志愿者进行了盛大的游行，人们向志愿者致意以感谢他们在奥运会期间所作的贡献；悉尼奥运村为所有奥运会志愿者树立了 290 根柱子，并把他们的名字一一刻上。

2004 年雅典奥运会组委会除招聘个别稀有人才外，对志愿者既不发薪水，也不提供住宿，但每个志愿者均可在服务期间享受免费用餐、交通和保险，以及免费或优惠入场券。除此之外，每人还可领到具有收藏价值，印有雅典奥运会标志的服装、手表、腰包、手机等纪念品。奥运会结束后，奥组委还举办各种表彰活动，颁发奥运会志愿者证书等。

北京奥运会遵循惯例，为赛会志愿者提供基本的物质保障和奖励。与前两届奥运会不同的是，北京奥运会注重从多层次、多角度对志愿者进行保障和激励。在保障方面，除奥组委志愿者部外，场馆、高校、区县以及一些社会组织也为志愿者提供了充分的物质保障。在激励方面，除北京奥组委外，党中央、国务院、北京市委市政府、区县、高校、场馆团队也都通过各种方式对志愿者进行了激励和表彰。

第二节　北京奥运会志愿者工作的经验

一、遵循国际惯例和奥运规则

北京奥运会志愿者工作坚持遵循奥运规则，充分借鉴历届奥运会志愿者工作的有益经验，以开放、自信的胸怀引进和吸收国际通行的思想观念、方式方法和运行机制。如：制定和发布赛会志愿者的报名条件、工作保障、激励措施和岗位运行等通用政策；开通网络报名系统，作为接受申请人报名的必要渠道之一；对志愿者进行培训、管理和激励等。同时，积极吸纳国际友人参与奥运志愿服务，接受国际志愿服务机构的合理化意见和建议，接受相关国际机构对奥运会志愿服务的考察和评估。

二、加强国际合作

奥运会是国际的盛会，在北京奥运志愿者工作中，"加强国际合作"一直是中国政府和奥组委强调的重点。2007 年 7 月 25 日，"通过 2008 年北京奥运会促进中国志愿服务发展合作项目"正式启动。项目合作方包括北京奥运会志愿者工作协调小组办公室、北京志愿者协会、商务部中国国际经济技术交流中心、联合国开发计划署和联合国志愿者组织。项目为期三年，旨在汲取国内外优秀的志愿服务管理经验，宣传志愿精神，提升北京奥运会志愿者服务水平，推动中国志愿事业的发展，从而为实现千年发展目标和小康社会作出贡献。三年来，通过合作项目，一批先进项目被引进到北京。如：骨干志愿者培训；"保护北京雨燕"活动；邀请悉尼奥运会志愿者工作总干事大卫·布莱特来京指导奥运志愿者工作等。

值得一提的是，由于在北京奥运志愿者工作中的突出贡献，北京志愿者协会被授予"联合国卓越志愿服务组织奖"。

三、充分发挥共青团组织和高校在志愿者工作中的作用

在北京奥运会、残奥会志愿者工作中，北京奥运会志愿者工作协调小组是最高管理机构，履行奥运志愿服务工作的总体统筹、统一指挥和综合协调职责，其办公室设在北京市团委，具体工作开展主要依托北京市团委。北京市团委充分发挥体制优势，最大限度地整合资源力量，展开最广泛的社会动员，圆满完成了各项工作任务。在横向维度上，北京市团委依托协调小组，积极协调各单位支持志愿者工作。在纵向维度上，北京市团委对上建立了与团中央等中央有关单位的良好合作关系，对下建立了与高校、区县、场馆之间的运行体系和工作机制，形成了稳定、顺畅的对接关系。

同时，作为志愿者的主要来源单位，北京高校在志愿者的招募、选拔、培训、管理和保障等方面发挥了极其重要的作用。

北京奥运会、残奥会场馆主要建在高校校园内或校园周边，通过场馆对接的方式让高校承担赛会志愿者工作任务，可以有效发挥高校的人力资源优势和后勤保障优势，为北京奥运会、残奥会提供高质量的服务。同时，高校借助承担志愿者工作的机会，积极引导大学生受教育、长才干、作贡献，实现育人的目标。

北京奥运会、残奥会期间，各高校积极协调教学、后勤、学生工作等相关部门，

为志愿者的培训、食宿、医疗、交通、管理、激励等提供了坚实有力的保障。各高校按照"以竞赛为中心，以场馆为基础，以属地为保障"这一基本运行模式的要求，积极主动配合场馆团队开展工作，很好地承担起了志愿者工作。实践证明，馆校对接机制在北京奥运会志愿者工作上取得了巨大成功，是北京奥运会志愿者工作中的一大亮点。

四、首次确立了城市志愿者、社会志愿者项目

城市志愿者和社会志愿者项目的确立基于三方面的考虑。一是北京奥运会顺利举办的需要。北京奥运会 24 个竞赛场馆、15 个非竞赛场馆、23 个独立训练场馆分布在北京的八个城区和两个郊区，地点较为分散，环境也十分复杂。为了给奥林匹克大家庭成员、国内外媒体记者、观众、游客提供优质、便捷的服务，需要大量的志愿者。二是广大民众参与热情高、报名人数多，通过城市志愿者和社会志愿者项目满足他们的参与愿望。三是借奥运会之机为志愿服务事业的发展培养更多的人才，留下固定的和常态化的志愿服务队伍。

实践证明，北京奥运会的城市志愿者和社会志愿者项目在倡导与宣传奥林匹克精神和志愿精神，弘扬中国传统文化，促进和谐社会建设，在更大范围内提供志愿服务并为社会留下志愿遗产等方面发挥了不可替代的作用。

五、科学有效的志愿者管理体制

1. 志愿者招募：自愿报名、广泛参与与依托组织体系招募相结合

根据志愿者招募工作原则，在社会各界广泛参与、自愿报名的基础上，赛会志愿者招募工作注重发挥组织体制优势，在北京奥组委和北京奥运会志愿者工作协调小组的统一领导下，构建以共青团组织为基础、各相关部门共同参与的，覆盖各个领域的招募工作组织体系和完善的工作机制。依托政府相关部门，分别成立了港澳台及海外地区志愿者招募工作协调小组、京外省区市志愿者招募工作组等专门工作机构，委托成立或设置招募中心和招募实施机构，具体负责各类志愿者的招募选拔工作。

依托组织系统实施志愿者工作是北京奥运会的一大特色，这是基于中国人口众多、志愿者报名热情高涨、中国志愿服务还不够发达的现状而采取的办法。实践证明，依靠组织系统开展招募工作，在保证了大众参与奥运、服务奥运的基础上，运行更为有序、有效，并且为志愿者的宣传和培训工作奠定了良好的基础。

2. 志愿者培训：以点带面，发挥骨干志愿者的带头作用

志愿者部在开展培训工作时，分阶段、分类别进行培训。但本届奥运会志愿者来源不同、教育背景不同、对志愿服务的理解存在差异，因此很难保证大面积的统一培训能带来良好的效果。因此，志愿者部特别注重对骨干志愿者的培训。通过充分发挥

骨干志愿者的作用，带动更广大的志愿者群体积极学习服务本领，投身志愿服务工作。

北京奥运会马拉松服务团队的骨干志愿者在参加各项培训后，通过团队活动和在网上创办"马拉松团队博客"等形式，影响和带动更多赛会志愿者参加培训、积极工作，增强了志愿者与管理人员、志愿者与志愿者之间的互动，从而为赛事服务打造了一支素质过硬的队伍。奥运会结束后，该服务团队在所属学校团委的领导下，以"以老带新"的方式吸收更多志愿者加入，继续传承志愿服务，参加了2009年北京国际自盟场地自行车世界杯赛等多项志愿服务活动（见图5—1）。

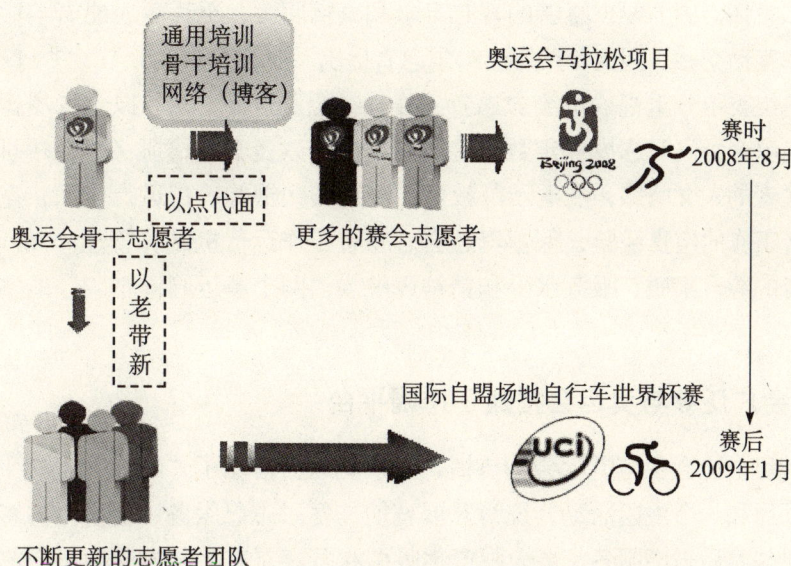

图5—1　北京奥运会马拉松团队赛时及赛后志愿服务情况

3. 志愿者保障和激励：发挥团队的作用

北京奥运会尤其注重场馆团队在保障和激励方面的重要作用。志愿者部向各场馆团队拨付经费近1 500万元，作为场馆团队开展个性化的保障激励和应急保障的经费。各场馆团队根据自身运行的特点，设计个性化的保障和激励措施，如：建立"志愿者之家"，为志愿者提供温馨的服务，给志愿者以归属感。同时，通过适当的方式邀请各类客户群参与到志愿者的团队建设活动中，不断鼓励志愿者。在团队中，志愿者容易找到自己的定位，更能获得从事志愿服务的满足感，从而产生工作积极性。据统计，北京奥运会、残奥会期间，志愿者每日出勤率始终保持在99.5%以上[①]，这样的高上岗率与有效的团队激励是分不开的。

---

① 参见刘剑：《北京奥运会、残奥会志愿者工作总结报告》，见北京奥运会志愿者工作协调小组办公室等编：《奥运先锋》。

六、"两个奥运同样精彩",高度重视残奥会志愿者工作

"两个奥运,同时筹办,同样精彩"是中国向国际社会的庄严承诺。残奥会不仅是一场体育盛会,更是一场使所有参与者共同体验人文奥运理念和人道主义精神的文化盛宴,有助于加深参与者对人的尊严和价值的理解与尊重。

北京残奥会是历届残奥会中参赛国家和地区最多、规模最大的一次世界体育盛会,残奥会各类客户群的服务需求具有更强的特殊性。同时,残奥会志愿服务突出强调对人的尊重和关怀,更需要志愿者的真心奉献和真情服务,更注重志愿者与服务对象的彼此理解和互动交融。因此,残奥会对志愿者提出了更高要求。

北京奥组委十分重视残奥会志愿者工作。在招募方面,80%以上的奥运会志愿者继续服务残奥会,同时选拔一定数量的残疾人参与残奥会志愿服务。在培训方面,注重培育志愿者的人文情感,注重示范教学,注重实践锻炼。在运行方面,充分吸收奥运会志愿者工作的宝贵经验,保留奥运会志愿者工作运行机制和管理体制。残奥会期间,志愿者的综合素质、服务水平和精神风貌为"两个奥运同样精彩"的实现作出了积极贡献。

七、为社会广泛参与奥运会搭建了广阔平台

为了满足全社会参与奥运会的热情,北京奥运会搭建了"6+1"工作平台,围绕六个工作项目和一个主题活动,统筹开展赛前与赛时志愿服务、赛场内与赛场外志愿服务、赛时与赛后志愿服务,最大限度地吸引和凝聚了有参与志愿服务意愿的社会各界人士。上至103岁的老人,下至6岁的孩童,都积极自愿投身志愿服务活动,并且带动了全社会对志愿服务事业的理解和支持。

社会组织和企业也积极参加奥运志愿服务,为奥运会志愿者工作作出了贡献。如北京车友协会组织150家骨干团体会员开展"少开一天车,还北京一片蓝天"的公益活动,在奥运会期间组织车友免费接送下夜班的奥运志愿者。中国移动通信集团为城市志愿者工作提供了价值5 200万元的实物与现金支持等。

八、坚持以人为本,促进志愿者的全面发展①

北京奥运会志愿者工作倡导尊重、保护、发展志愿者,力争使每一名志愿者在服务中体验快乐,收获成长。

为促进志愿者自身发展成才,北京奥组委非常重视培训工作,邀请悉尼、雅典奥运会志愿者项目专家和联合国志愿人员组织专家到北京开展志愿者培训。各类志愿者

---

① 参见北京奥运会志愿者工作协调小组办公室等编:《奥运先锋》。

均接受了专门培训与考核。北京奥组委还组织骨干志愿者到国外志愿服务机构学习锻炼，使其积累了丰富的理论知识与实践经验。残奥会志愿者还参加了助残理念、知识、技能和残奥竞赛项目等方面的专项培训，提高了综合素质。

除培训外，北京奥组委还重视志愿者的内心感受，除为全体志愿者提供基本的工作保障外，还从细节上关心志愿者，如专门研制发放"志愿者清暑凉茶"，把关怀送给每一位志愿者。奥组委还开设了志愿者12355热线，听取志愿者的意见，配合各部门、各场馆解决志愿者个性化问题，不断改善志愿者的工作环境和工作条件，帮助志愿者获得有价值、令人愉快的工作经历。

在奥运会、残奥会闭幕式上，志愿者代表接受新当选的国际奥委会、残奥委会运动员委员会委员的献花，令所有志愿者终生难忘。奥运会志愿者的工作得到了肯定，一大批服务奥运会的志愿者成长为合格的公民和全面发展的人才。

第三节　北京奥运会志愿者工作的价值

一、经济价值

1. 为奥运会节省开支

据统计，北京奥运会期间，各类志愿者累计服务时间超过 2 亿小时。[①] 根据北京市统计局公布的数据，2008 年北京市职工年平均工资为 44 715 元。如果以此为标准，将北京奥运会各类志愿者的服务时间折合成工资，为 42.75 亿元。[②]

以观众服务为例，可以看出志愿者服务的巨大经济价值。测算的依据与假设条件如下：北京奥运会在场馆现场服务的志愿者总计18 442人，承担检票、座位引导、证件查验等任务。

（1）业内岗位。

志愿者从事的工作岗位与工作内容相当于大型体育场馆在日常经营中聘用的长期或临时工作人员的工作岗位与工作内容。

（2）劳务价格。

北京市体育场馆在大型赛事活动期间临时聘用人员的工资标准，通常为 60 元/场（不含餐饮等）；考虑到每场比赛平均工作时间一般为 4 小时，则折合成工资为 120 元/天（按 8 小时计算）。

---

① 据《北京奥运会、残奥会志愿者工作总结报告》，北京奥运会各类志愿者开展志愿服务时间为 2008 年 7 月 1 日至 10 月 5 日。

② 按照人力资源和社会保障部公布的计算办法，北京市职工日平均工资为 171 元，按每天工作 8 小时计算，每小时工资为 21. 375 元。

（3）实际出勤人数。

为保存志愿者体力，各场馆观众服务业务部门会根据赛事日程，分别安排不同岗位的志愿者轮休，因此，每天实际出勤人数通常小于该场馆观众服务志愿者总人数（详见附录4）。

（4）每日工作时间。

不同场馆、不同竞赛项目的日程安排不同，观众服务志愿者每日工作时间也不同，据统计，少至6小时，多至12小时，大多数仍在8～9小时。由于难以精确计算，在此仍用8小时作为观众服务志愿者的每日工作时间。

（5）总工作时间。

观众服务志愿者参与工作的整个过程可以分为三个时间段（奥林匹克公园中心区除外）：一是竞赛日阶段，即从本场馆比赛开始第一天至最后一天（不含无赛程日）；二是竞赛日之前的上岗准备阶段，根据北京奥组委的统一规定，志愿者应在比赛开始前7天到岗准备并参加训练，但各场馆视工作需要安排每日工作时间；三是前期培训阶段，每名观众服务志愿者都要接受累计不少于2天的各类培训，主管与助理的培训时间最多甚至累计达到1个月之久，各场馆、各高校差别较大。在上述三个时间段中，竞赛日的天数与每日工作时间是固定的；后两项则很难准确统一。为进行计算，报告保守假定：每名志愿者在奥运会或残奥会竞赛日之外，还要参与累计3天的赛前准备工作或培训活动。则有如下计算公式：总工作时间＝（奥运会竞赛日＋3天）＋（残奥会竞赛日＋3天）。

（6）创造的总经济价值。

依据以上条件，测算比赛场馆内18 442名观众服务志愿者创造的总体经济价值为：5 002.435 8万元。

此外，1 582名前期志愿者也为奥运会筹办节省了大量经费。每名前期志愿者的贡献时间约为380小时（前期志愿者服务期一般为3个月，平均每周工作4天，每天8小时），1 582名前期志愿者共为奥运会筹办提供了60多万小时的服务。如果雇用同样数量的受薪人员，按照奥组委受薪人员项目助理每小时18.75元的平均工资计算，需要花费约1 125万元。而奥组委在前期志愿者项目上的开支主要包括餐饮补贴（每人每天20元，每人每期960元）和保险（每人每期192元）两项，1 582名前期志愿者支出金额约为182万元。前期志愿者为奥运会筹办节省了近943万元（见表5—3）。

表5—3　　　　　　　　　　　　　前期志愿者节约经费数

志愿者人数（人）	前期志愿者服务人均小时数（时）	前期志愿者创造的经济价值（万元）	成本开支（万元）	前期志愿者节约经费（万元）
1 582	384	1 125	182.246 4	942.753 6

2. 后奥运时期志愿服务创造的经济价值会更加突出

北京奥运会志愿者工作培养和锻炼了一支由 170 万志愿者组成的专业化、国际化志愿者队伍，培养了一批素质高、能力强的志愿者工作领导人才和骨干，有效地优化了社会人力资源结构，为经济社会发展积淀下更厚重的人力资本。

二、社会价值

1. 倡导社会公益理念，提升了公众对志愿精神的认同

奥运会志愿服务广泛传播了志愿精神和志愿文化，提升了社会公众对志愿者、志愿服务的认同。北京奥运会、残奥会期间，在志愿者的示范带动下，志愿服务蔚然成风。在对"奥运志愿服务对中国社会影响"的调查中，"让'志愿者'变得家喻户晓"的平均分值为 8.71 分（满分为 10 分），"让志愿服务理念逐渐深入人心"的平均分值为 8.31 分（满分为 10 分）；在对"感觉奥运会后，社会是否为公众提供了更多志愿服务机会"的调查中，51.1%的志愿者表述志愿服务比以前更多了。

通过社区的访谈与调查，能够发现社会公众非常认同志愿者和志愿服务，志愿精神也得到了很好的保存。课题组在社区调查中，将志愿精神分解为以下的指标：自愿行为、不为报酬、帮助他人、关怀弱势群体、有组织服务、社区邻里互助以及其他等。社会民众对这些指标进行影响性的打分（分数幅度为 0～5 分），打分排序由高到低为：帮助他人、自愿行为、关怀弱势群体、有组织服务、不为报酬、社区邻里互助、其他。这样的打分结果反映出社会民众对志愿精神内涵的理解更为准确（见图5—2）。

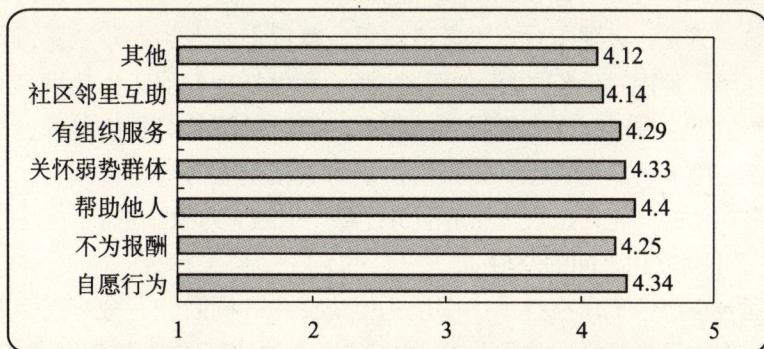

图 5—2　北京奥运志愿服务对社会公众志愿精神的影响

2. 通过城市志愿者、社会志愿者工作，实现了平安奥运的目标

奥运会、残奥会期间，40 万城市志愿者、100 万社会志愿者在社会公众场所开展信息咨询、语言翻译、秩序维护、文明倡导、环境美化、扶危助困、社区巡逻等志愿服务，为确保平安奥运，构建和谐社会发挥了积极作用。

城市志愿者和社会志愿者项目报名门槛低，服务形式多样，运行机制灵活，为社会各阶层提供了广泛参与奥运、参与志愿服务的渠道。通过参与志愿活动，不同社会群体与阶层之间加强了了解和沟通，增进了社会信任，缓解了社会矛盾，对社会问题的消解发挥了积极作用，推动了和谐社会建设。在对"奥运志愿服务对中国社会影响"的调查中，"有利于增强社会信任感"的平均分值为8.33分（满分为10分），"有利于缓解社会群体矛盾"的平均分值为7.39分（满分为10分），"成为构建和谐社会的契机"的平均分值为8.36分（满分为10分）。

3. 促进了互助、友爱等社会价值的实现，提升了城市文明程度

在北京奥运会志愿者服务过程中，全体志愿者以发自内心、自觉自愿、服务社会、充实自我的"愿动力"为共识，弘扬志愿精神，推动和谐理念深入人心，不仅提升了自身的社会责任感和道德意识，还促进了互助、友爱等社会价值的实现。

在对社会公众的调查中，很多居民感觉奥运会之后，公众的社会公德有所提升，不论是在银行、商店，还是在公交站台，人们都能够自觉排队、维护秩序，礼仪谦让的观念有所增强；在地铁和公交车等公共交通工具上，为老弱病残、孕妇儿童让座的现象明显增多了。

三、人文价值

1. 北京奥运会志愿者工作彰显了"以人为本"的理念

北京奥运会的核心理念是人文奥运，人文奥运的基本内涵是以人为本。北京奥运会志愿者工作倡导"服务、尊重、发展"的理念，将"以人为本"的理念贯穿到工作中的各个领域。首先，表现出对志愿者的尊重。尊重志愿者的参与意愿，为他们提供全面的工作保障，重视对他们的精神激励，激发和保持他们的工作热情，努力让每一个志愿者获得发展。同时，在志愿服务过程中，倡导对服务对象的尊重。努力做到以最短的时间响应服务对象的需求，以最礼貌的方式接受服务对象的问询，以最负责的态度解决服务对象的问题，以最优质的服务让每一个服务对象满意。

2. 促进了不同文化之间的交融

北京奥运会志愿者工作在继承中国优秀传统文化的同时，充分尊重西方国家的现代文明理念，促进了中外文化的和谐对话和交融。如中华民族有扶残助残的优良传统，扶残助残理念深入人心。但是，我国长久以来形成的扶残助残理念却受到"施舍"、"高人一等"等观念的影响，人们不能以平等、真诚和理解的态度对待残疾人。对此，在北京残奥会志愿服务中，奥组委特别提出了"共享微笑、共同超越"的工作主题，以现代文明社会"平等、理解、尊重、关爱"的残疾人观，统领北京残奥会志愿者工作。针对可能影响残疾人心理的细节，专门对残奥会志愿者进行标准化服务培训，做到"一看、二问、三听、四助"，受到各国残疾人运动员和观众的一致好评。志愿者不

仅展示了中华民族的优秀文化，也让各国友人看到了中国人民的国际化意识和文明程度，让中国了解了世界，也让世界了解了中国。

3. 实践了奥林匹克精神，促进了志愿者的身心发展

《奥林匹克宪章》指出，"增强人的体质、意志和精神并使之全面发展"、"为人的和谐发展服务，建立一个维护人的尊严的、和平的社会"是奥林匹克主义的精神实质。

北京奥运会志愿服务促进了志愿者身心发展，这与奥林匹克精神高度契合。对5 000名赛会志愿者的调查显示，在北京奥运会志愿服务实践中，广大志愿者的收获主要是：丰富了阅历，增长了才干（89.4%）；加深了对志愿服务的理解和认同，学习了道德规范（57%）；拓展了社会交往范围（60.3%）；赢得了社会尊重，增强了自信（49.5%）。

四、精神价值

1. 形成了宝贵的北京奥运会志愿精神

北京奥运会志愿者工作把激发广大奥运志愿者的工作热情、奉献精神作为重要推进力量，组织动员志愿者积极参与奥运志愿服务事业，以热忱的服务、真诚的微笑，汇聚起强大的"愿动力"，形成了以"清醒坚定、敢当重任，面向世界、开放自信，团结友爱、追求卓越，无私奉献、构建和谐"为主要内容的北京奥运会志愿精神。[①]

北京奥运会志愿精神是志愿者在全面投身北京奥运会、残奥会志愿服务工作中所形成的宝贵精神财富，是推进中国志愿服务事业长期深入开展的内在动力和有力支撑。

2. 微笑理念深入人心

"志愿者的微笑是北京最好的名片"。奥运会、残奥会期间，北京深入开展"微笑北京"主题活动，广泛传播微笑理念，使微笑成为北京的城市表情。

"微笑"传递热情、友善，传承中华传统文化中的"和"，彰显了关爱与和谐；同时，"微笑"融入世界眼光下的"合"，体现了开放与包容。传统美德、人本理念、开放胸襟、自信情怀，都体现在志愿者的微笑中。微笑理念准确把握了志愿精神与人文奥运理念的契合点，实现了奥林匹克精神、志愿精神与和谐文化的有机统一。

---

① 参见刘剑：《北京奥运会、残奥会志愿者工作总结报告》，见北京奥运会志愿者工作协调小组办公室等编：《奥运先锋》。

第六章
北京奥运会志愿者工作的影响

北京奥运会志愿者工作产生了深远影响。通过参与奥运会、残奥会，志愿者在价值观念、道德品质、专业技能等各个方面都获得较大的提升，志愿者组织的政策和社会环境得以优化，管理机制得到创新，组织内部管理和建设有所改善。公民的社会责任意识明显加强，社会公众更愿意参与社区志愿服务。

第一节　对志愿者的影响

通过调查可以发现：北京奥运会志愿者工作对志愿者持续参与志愿服务活动产生了巨大的推动作用，广大赛会志愿者高度认可奥运会志愿者工作的价值，愿意继续参与其他志愿服务活动；在奥运会赛会志愿者中，八成以上是青年，奥运会志愿者工作对他们的成长成才产生了持续影响，提升了他们的社会责任感，促进了他们的职业发展。

一、奉献奥林匹克，尽享志愿快乐

百年奥运不仅带给世界近距离认识中国的机会，也带给中国展现自身的机会，还带给了中国人参与奥运志愿服务、收获奉献快乐的机会。通过参与奥运会、残奥会志愿者工作，志愿者实现了"奥运百年，中华圆梦"的梦想。对5 000名赛会志愿者的调查显示，促使被调查者报名参加奥运会志愿服务的主要原因绝大多数集中在了"亲身参与奥运，留下人生宝贵经历"这一点上，被调查对象中有4 571人选择该选项，占到总数的91.4%。

同时，我们的调查还显示，奥运志愿服务开展的各个阶段的志愿者的参与比例都很高：迎奥运阶段是2 290人次，占总数的45.8%；奥运会比赛阶段是4 314人次，占总数的86.28%；残奥会比赛阶段是2 571人次，占总数的51.42%。志愿者参与奥林匹克、尽享志愿快乐成为奥运会志愿者工作的第一收获。

▶ **志愿者故事**

齐潇颖，女，北京外国语学院研究生，工作岗位是给奥委会主席罗格先生当翻译。

回想为罗格当翻译的志愿经历，齐潇颖说："我的一切付出在罗格主席对我说谢谢的时候得到了满足，其实每一个志愿者，无论他所在的岗位在哪里，无论他所做的工作是什么，他都是快乐的。"

齐潇颖早在大学期间就开始参加志愿服务活动。为了这次任务，她先从国际奥委会网站记下所有运动项目的英文名字，接着仔细研究罗格先生的简历，通过听罗格的讲话录音来熟悉他的音调。谈起罗格的经历，齐潇颖如数家珍。

见面的第一天，在簇拥的人群中，齐潇颖甚至都没能和罗格先生说上话，就迎来了第一个任务："护送"行李上楼。之后的工作同样细小而琐碎，没有想象中翻译的神气，没有与罗格先生相谈甚欢的场景，一切都在等待、奔波、打电话中度过，常常到晚上八九点才能结束。刚刚确认好结束的会议，也许就会拖延；前一天核对过的行程，也许今天就会改变。

整整5天里，她和罗格的对话只有5次。第一次，她好奇地问罗格，您每天都是这么忙碌吗？罗格回答，这很正常，基本每天都是这样。第二次，在电梯里，她鼓起勇气向罗格做了自我介绍。剩下的只能算是碰面时打声招呼，但这些仍然给齐潇颖留下了难忘的回忆。[①]

二、丰富了青年志愿者的人生阅历，加速其社会化进程

社会各界曾对"80后"、"90后"青年学生有着一定的担心和指责，认为他们是迷茫的一代。不过，奥运会志愿者工作让社会各界乃至世界对中国的青年一代有了全新的理解。奥运会是世界上规模最大的综合性体育赛事，其组织举办是一个复杂的系统工程，环节多、要求精细，并且特别注重经验的积累与传递。志愿者在参与服务的过程中，可以亲眼了解、体会先进的管理方式与经验，这对广大青少年而言，是一笔宝贵的人生财富。调查显示：所有被访者对奥运会志愿服务"有利于青少年成长"评价语句的赞同度打分平均值为8.61分，其中四成的志愿者（2 097人，41.9%）表示完全赞同，其次有18.3%的志愿者（914人）也给到了9分，表示非常赞同。

韩国媒体《朝鲜日报》不吝用"鸟巢一代"来赞誉青年志愿者的优异表现。奥运会志愿者工作为青年一代的健康成长提供了良好的机遇。比如，来自老山场馆群的北京工商大学的志愿者李明英说："这次奥运会让我们在思想上和心理上得到很大的提

---

① 参见《我为罗格做助理，全身都要"长眼睛"》，载《志愿者》，2007(3)，38页。

高，也锻炼了我们工作的能力，让我们获得了社会工作经验。"

▶ **志愿者故事**

李菊，女，北京师范大学教育学院 2005 级学生，工作岗位为交通资讯志愿者。

奥运闭幕式上，作为 170 万优秀志愿者代表，李菊接受运动员委员会委员献花。以"行胜于言"为座右铭的她有着比别的志愿者更特殊的经历。

从大学时开始，出于对志愿服务的热爱，李菊就报名参加了奥运会志愿服务的选拔和培训，并顺利成为一名奥运会骨干志愿者。就在她为奥运忙碌时，突如其来的"5·12"汶川特大地震让她失去了包括妈妈和外公在内的 16 位亲人，她的故乡——北川羌族自治县变成了一片废墟。满怀悲痛的她回到家乡，看到来自全国的志愿者在废墟中参与救援、在余震中照顾伤员、在受阻的道路旁分发食物、在最需要的时候给灾区人民送上温暖、被深深打动的她坚定了做好一名奥运志愿者的决心，并最终成为一名交通资讯志愿者。

现在就读北京大学教育硕士的她，继续活跃在志愿者的舞台，一面为北京志愿者协会服务，一面组织由北京师范大学、香港大学、台湾大学发起的"青年领袖社会发展夏令营"，调研四川灾区，开展具有创新性的社会重建工作设计。作为 2008 年北京十大志愿者获得者，李菊表示："志愿服务虽然辛苦，但我们收获了情谊，珍藏了感动，增长了知识，这将是一生的财富。"[1]

志愿者的这样的经历和这样的一些感言并不只是个案，而是在一定程度上代表了绝大多数学生志愿者和他们的心声。调查显示：志愿者参与奥运志愿者活动主要收获中排一、二位的分别是"丰富阅历，增长才干"、"拓展了社会交往范围"（见图 6—1）。

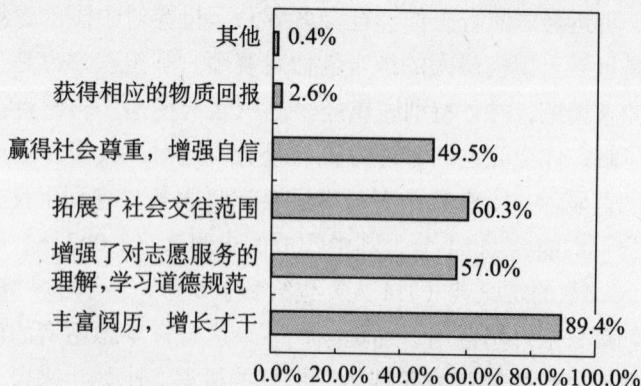

图 6—1　奥运会志愿者收获分布图

---

[1]　参见《李菊，坚强地绽放的奥运花朵》，载《志愿者》，总第 35～36 期，14 页。

三、增强了志愿者的社会责任感

改革开放以来，我国综合国力快速增长，广大国民的民族自豪感和自信心不断提升。特别是进入 2008 年以来，在海外传递火炬被抢、汶川大地震等一系列事件的影响下，国民的爱国热情和社会责任感不断高涨，并在北京奥运会期间掀起了一个高潮。

调查显示，79.4％的被调查者将"希望能为国家和社会尽一份力量"作为参与奥运志愿服务的主要原因之一。而奥运会前对大学生参与奥运志愿服务的一项调查显示，有 65.6％的志愿者是出于"社会责任"而投身奥运志愿服务工作。在座谈中，很多志愿者也表示"在服务中提升了对国家责任的认识，释放了爱国热情"。奥运期间真正参与到赛会中的志愿者只有 9.2％，60％以上的都是在远离赛场的外围甚至是社区里服务。即便是远离赛场，福利待遇等也无法跟赛会志愿者相比，他们也还是抱着极大的热情极好地完成了服务要求。在我们的访谈中，有很多的志愿者表示，他们甚至连一瓶免费的水都没喝上，但是，他们并没有怨言，既然已经参与进来了，就要认真地完成任务，这是一种责任。

▶ **志愿者故事** ┈┈┈┈┈┈┈┈┈┈┈┈┈┈┈┈┈┈┈┈┈┈┈┈┈┈┈┈┈┈┈┈┈┈

李佳薇，女，北京奥运会城市志愿者。

在潘家园旧货市场门口城市志愿者站点，总能看到这样一个身影：瘦弱、有些腼腆的女孩，使用流利的普通话和英语为路人服务，她就是奥运会志愿者李佳薇。来求助的路人都心急火燎，但在李佳薇的微笑面前，一个个都重新拾起了安心、镇定，面带微笑地继续踏上征程。李佳薇有一个响亮的美誉——微笑天使。但谁能够想到，这位 26 岁的女孩，却是双耳失聪。

李佳薇的母亲季秀敏说："刚开始准备奥运会的时候，女儿就对我说：'妈妈，我要做志愿者。'我想，就算她不能当城市志愿者，也要找这样一个机会去锻炼她。"在妈妈日复一日的口对口练习发音下，怀带着妈妈的期许，她终于成功地当上了一名语言服务志愿者。

李佳薇在做志愿者工作的同时仍担任着"残疾人协调员"的工作，帮助其他残疾人进行复健活动。看过奥运开幕式后，她为中国激动和自豪。她觉得，奥运会不是终点，而是新的起点，残疾人志愿者通过努力承担了社会责任，同样可以为社会作出更大的贡献，社会也会越来越多地关注残疾人这个群体。[1]

┈┈┈

---

[1] 参见《残疾人城市志愿者：用我的服务感动你》，见 http://www.gqt.org.cn/zhuanti/olympicvolunteer/volunteernews/200809/t20080910＿91132.htm。

四、培养了志愿者的团队意识

北京奥运会志愿者工作培养了志愿者的团队意识。北京理工大学公共事业管理专业 2006 级学生莫穷到现在仍然还有个习惯，就是空闲时间便经常上一个 QQ 群，这个 QQ 群是前五棵松场馆志愿者网上的家。奥运会志愿者工作结束了，莫穷与奥运会志愿者"战友"们的友谊却没有结束，反而有了增长，一段共同的刻骨铭心、弥足珍贵的经历，将他们紧紧联结在一起，成为一路同行的好友。调查表明，接受调查的 5 000 位志愿者中有 3 635 位（72.7％）认为最能激发他们去努力工作的情境是"志愿者自我形成的团队精神"。在座谈中，有些志愿者表示：奥运会让我们看到团队合作的重要性。

顺义水上项目的志愿者、北京化工大学的王邦仁认为："这些服务当中，我觉得特别重要的一个就是志愿者团队建设，这给了我特别大的震撼！"而来自老山场馆群的北京工商大学志愿者李明英更是动情地说："我觉得我奥运的那种经历、那种感觉现在想想都觉得有点不可思议，我就在想到底是什么在支撑我们。我想首先大家是为了同一个目标，一起去奋斗，还有大家那种彼此的热情感染着对方。在这种氛围下，大家工作起来非常有激情，而且见了面就像一家人一样，在这样的氛围中工作，感觉都特别好，也会激发人的一些潜能。"

在奥运会结束后，很多志愿者都保持了相互之间的联系。奥运会专业志愿者、中国地质大学的陈伟说："从服务完奥运到现在，我们很多团队一直保持着联络，我觉得通过奥运志愿服务，能够让大家有一种归属感，有一种团队的感觉，团队感情是动力。"还有一部分志同道合的志愿者则保留原来的团队，继续开展志愿服务工作。在奥运会期间从事志愿者语言培训的朱泓帅，在奥运会结束之后与他在高校的团队伙伴一起创立了"青春飞扬"志愿者服务队，致力于语言培训、贫困学生扶助等。

五、促进了志愿者的职业发展

奥运会培训系统严谨、周密，教学方法多样，师资力量强大。在培训过程中，志愿者的沟通能力、协调能力、服务能力、表达能力、问题处理能力等都得到很大提升。专业技能的提升促进了志愿者的职业发展，有相当一部分志愿者因为奥运志愿服务经历而在求职的过程中表现出更强的竞争力。

▶ ▌志愿者故事

丁汀，女，上海师范大学文科基地班学生，上海赛区新闻中心的志愿者。

丁汀主要在万体馆的新闻中心协助记者报道奥运赛事。上岗前，她接受了为期三天的集训和前后约一周时间的岗位训练。培训内容除了礼仪、团队塑造外，还有针对上海赛区的场地训练。除了培训，丁汀和同学们还必须通过严格的考试才能上岗。考试内容包括礼仪表演、对上海赛区足球场地的熟悉程度等。

　　新闻中心大概是整个奥运期间最繁忙的一个地方，各国的记者们要通过新闻中心的信息系统进行大量的赛场数据查询和实时比赛信息查询。为了应对各种可能发生的问题，丁汀和她的同学们在上岗之前还专门学习了如何使用这个系统。此外，有些记者在工作结束之后想要去场馆的周边购物、旅游等，都需要志愿者们提供一定的信息服务。因此，丁汀和她的同学们在短时间内除了把自己变成一个"上海通"外，还要学会用英语与各国记者交流。"听力长进很快呢，"丁汀说，"很多有口音的英语我也能听明白了。"

　　已经在徐汇区人事局找到实习工作的丁汀觉得志愿者工作为她的求职之路带来了很大的帮助，"这份实习是我自己去找到的，面试的时候老师们对我的志愿者服务经历很感兴趣，他们觉得做过志愿者，在待人接物方面更有经验了"[1]。

　　对于很多志愿者而言，奥运会不是志愿服务生涯的终点，而是新的起点。"思考奥运前我从哪儿来，决定奥运后我到哪儿去，得出的是相同的答案：继续做一名志愿者，做一名永远的志愿者。"正如北京奥运会志愿者、清华大学博士生梁苏会所言，奥运会给志愿者们留下的不仅仅是美好的回忆，更是把"愿动力"种在了志愿者们的心里。

六、志愿者在参与的过程中赢得了尊重，增强了自信

　　社会公众参与北京奥运会的热情非常高，报名人数超过百万。调查显示，绝大多数志愿者（77.8%）曾经参与过志愿服务活动。

　　参与人数最多的奥运会志愿服务工作阶段是奥运会比赛阶段（4 314 人次，86.28%），迎奥运阶段（2 290 人次，45.8%）与残奥会比赛阶段（2 571 人次，51.42%）基本持平（见图 6—2）。据奥组委志愿者部统计，迎奥运阶段的测试赛志愿

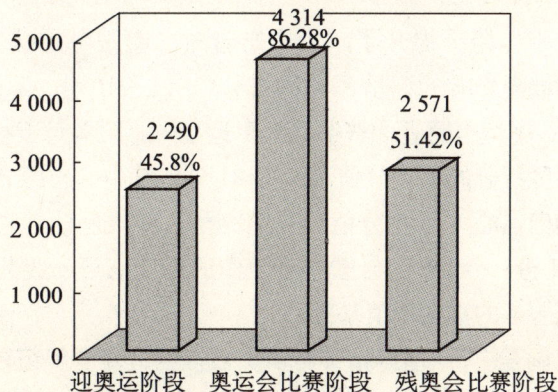

图 6—2　参与志愿服务工作阶段分布

---

① 参见《奥运志愿者：为求职加码》，见http://www.zhiyin.com.cn/dysh/2008/0923/article__265.html。

者绝大多数都保留到奥运会比赛阶段；在残奥会比赛阶段服务的志愿者中89.2%的人员来自奥运会比赛阶段。由此可见，志愿者参与奥运会的愿望很强烈，参与热情非常高。

▶ **志愿者故事** ··

　　闫晓凤，女，残奥会赛会志愿者。

　　擅长绘画设计的闫晓凤为残奥举重比赛的观众信息亭画福牛，使用绘画软件是她的看家本领，但很少人知道，她的右手是一个橡胶做的"装饰品"，"这只手最多只能敲一下回车键"。

　　到岗后没几天，闫晓凤便和周围志愿者打成一片，大家都把她当好朋友和正常人看待，正如北京残奥会的宣传口号"爱即无碍"。在休息的时候，闫晓凤可以放松地在同事面前摘下假手，休息一会。她相信有一天，她可以不戴假手穿着短袖走在北京街头，同样不会招致路人异样的目光。①

···

　　志愿者们在奥运会期间获得了社会的极大关注和认可，奥运会首次在闭幕式上安排了向奥运志愿者献花致谢的环节，这让志愿者们无比自豪。同时，在接受调查的4 981位志愿者中，对自己在奥运中的服务质量的评价是"比较高，尽到了最大努力去工作，但还有提升空间"的为3 620位（72.7%）；有1 074位（21.6%）的评价是"非常高，得到了各界的好评"。由此可见，志愿者在参与奥运志愿服务中的自我认可度达到94.3%。

七、高度认可奥运会志愿者工作，提升了对志愿服务的认知

　　奥运会志愿服务工作经历提升了广大志愿者对志愿服务的认知程度。调查显示，在对奥运志愿服务对社会影响的评价语句的打分中（1～10分，1分表示非常不同意，10分表示非常同意），奥运志愿者们普遍认为奥运会志愿服务对于社会具有非常积极的影响，评价语句赞同度打分的平均分值高达8.31分。其中，志愿者们最认同志愿服务增进了民族自豪感和自信心（平均分值为8.72分），其次是让"志愿者"变得家喻户晓（平均分值为8.71分）。对奥运会志愿者工作的高度认可，成为很多志愿者在后奥运时代继续参与志愿服务的重要价值基础。

　　在对社会公众的调查中，"雷锋精神"多次被提到，许多年纪较大一些的志愿者都认为"志愿精神"就是"雷锋精神"的延伸或者就是在新时代背景下的新名称。在我

―――――――――――――

　　① 参见《残疾人志愿者其实不特殊》，见北京奥运会志愿者工作协调小组办公室等编：《奥运先锋》。

们的访谈中，一位受访者表示："我们受国家教育多年，一直都积极性很好，奥运会关系到国家的荣誉，我们有力的就出力。作为老年人，参与志愿服务有历史根源，在单位、在社区对社会的问题很重视，一直都积极参与。"

▶| **志愿者故事** ....

冯长征，男，国企投资经理，北京奥运会驾驶员志愿者。

凭着渊博的学识和丰富的阅历，以及在国外工作期间练就的流利英语，冯长征不但按要求当好了一名"志愿车夫"，还顺利地化解了几次小"危机"。在送国际网联秘书长到指定地点的路上，赶上早高峰，这时，秘书长和他的随行开始议论起"北京的交通"，为了转移秘书长一行对北京交通的担心，冯长征客串起导游。他不断向他们介绍起街道两边的景致和北京的变化。虽然原本 20 分钟的车程挪了一个小时，但车里的秘书长一行人聊得意犹未尽。

冯长征说，至今还记得培训时，和大家一起大声宣誓，"除了入党时，这么大年龄了我还真没再宣誓过，当时一帮大老爷们激情一下子就上来了"。"百年奥运，不做旁观者"，这是冯经理报名当奥运志愿者的初衷。虽然可能没时间观看喜欢的比赛，但是换来的这份参与感绝对是值得的。"刘翔也不能看比赛啊，但是他是参与者，有什么比参与其中而更让人无怨无悔呢？"[①]

....

八、影响志愿者的行为选择，继续参与志愿服务的意愿极大增强

奥运会志愿者工作有效提升了广大志愿者的参与意愿，大部分奥运志愿者表示会在奥运结束后继续参加志愿服务活动。调查数据显示：在被调查的 4 976 名奥运志愿者中，68.9％表示在奥运结束后会继续参加其他志愿服务活动，53.5％表示在奥运结束后会注意提高自身道德和礼仪水平，44.2％会宣传志愿服务理念，动员更多的人参与志愿服务（见图6—3）。就参与志愿服务主办机构而言，73.6％表示愿意参加国际机构组织的志愿服务，61.4％表示愿意参加国内官方组织的志愿服务，31.0％表示愿意参加国内民间组织的志愿服务。就参与志愿服务类型而言，87.3％表示愿意参加类似奥运会、世博会的重大活动，54.3％表示愿意参加日常社会服务，47.9％表示愿意参加环境保护类的活动，46.8％表示愿意参加普通大型活动的志愿服务工作。

---

① 参见《体验另一种人生》，见北京奥运会志愿者工作协调小组办公室等编：《共享微笑——奥运志愿者故事汇编》，1～2页，2008。

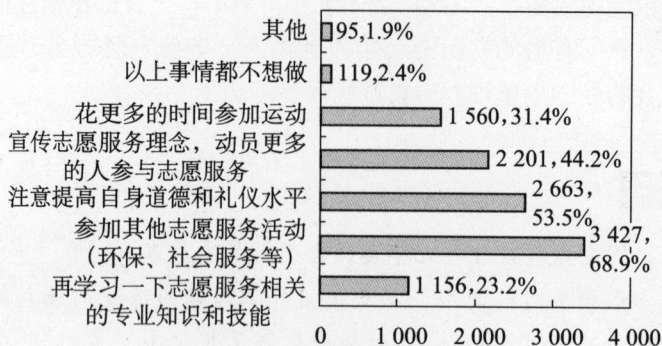

图6—3 奥运志愿者赛后意愿图

▶ **志愿者故事**

李喜宝，男，美国人，北方工业大学留学生，北京奥运会射击馆赛会志愿者。

李喜宝是一名有着中国血统的奥运会赛会志愿者，他在结束服务后认定："为奥运会服务的志愿活动结束了，但我的志愿活动才刚刚开始，我会继续坚持下去。"

李喜宝喜欢吃中国菜，他在美国读完了信息方面的本科后工作了两年，带着对中国文化的喜爱来到中国。或许这也来自家庭的影响，他身上继承了来自妈妈的中国血统。

在北方工业大学专攻语言的李喜宝本来打算在暑假做一些翻译工作，因为不愿错过这个难得的机会，就报名参加外籍志愿者工作。李喜宝在射击馆服务，主要工作是志愿者业务口，就是为别的志愿者而服务的人。他的工作就是把射击馆每天的报纸《志愿者快报》中的一部分翻译成英文版。场馆中还有一个亮点就是"微笑墙"，李喜宝负责其中的英语角，每天会更新天气预报、比赛情况和激励人心的话，每天早上必须在志愿者签到前就要弄好。经历了奥运志愿服务中的种种新奇、惊喜和付出，李喜宝更加明白了志愿者的意义，明白了这个工作的伟大性。①

第二节 对志愿者组织的影响

在奥运会举办前夕，北京志愿者协会因为在筹办北京奥运会中的杰出表现而被联合国志愿人员组织授予"联合国卓越志愿服务组织奖"。奥运会后，北京志愿者协会被转变提升为北京市志愿者联合会，作为指导全市志愿服务工作的枢纽型组织，进一步

---

① 参见《李喜宝：志愿洋面孔，也有中国心》，载《志愿者》，总第22期，2～3页。

推动新时期北京志愿服务事业的发展。

北京奥运会志愿者工作对北京各级各类志愿者组织的发展产生了重大的影响，北京志愿者协会向北京市志愿者联合会的转变只是其中的缩影之一。通过调查可以发现：通过参与奥运会志愿者工作，北京市各级各类志愿者组织都得到了快速发展，政策和社会环境得以优化，管理和合作机制得到创新，组织内部管理和建设有所改善。

调查显示，绝大部分志愿者组织都认为奥运会、残奥会志愿者工作对组织发展产生了较大的影响。在受访的志愿者组织中，33.2%认为奥运会、残奥会对组织发展影响非常大；49.5%认为奥运会、残奥会对组织发展影响比较大；15.2%认为影响一般；认为影响比较小或者非常小的仅为2.1%（见图6—4）。

成立于2007年12月的联想（中国）志愿者协会［Lenovo (China) Volunteers Association, LCVA］，由自愿参与社会服务和社会公益事业的联想员工组成，属员工自发性组织。该组织致力于缩小数字鸿沟、保护环境、教育、扶贫赈灾等公益事业，为之积极开展志愿服务活动。

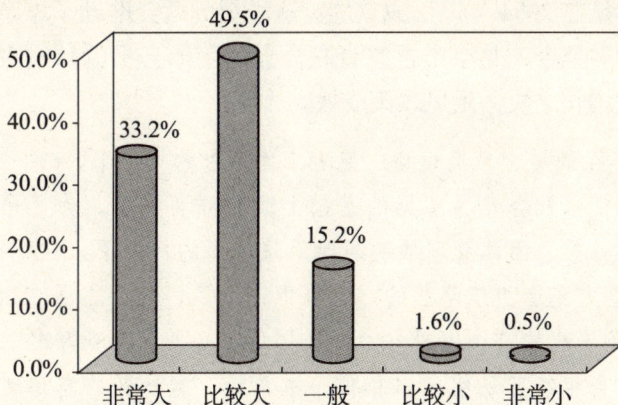

图6—4　北京奥运会、残奥会对志愿者组织发展的影响评价

作为奥运TOP赞助商，在北京奥运会期间，联想集团提供了3万台计算技术设备和500余人的奥运工程师团队。为此，联想（中国）志愿者协会北京分会奥运期间的所有活动都积极围绕着奥运信息技术支持有序展开。为全力确保北京奥运信息系统的完美运行，协会中有相当多的人以个人名义或者以协会的名义参与志愿服务，单是协会就有40多人参与了整个奥运的技术支持，他们不计名利，加班加点地服务奥运。

目前，联想集团已有多位高管签名入会成为会员；联想（中国）志愿者协会逐步完善协会领导班子，健全组织架构，设立了综合管理部、宣传推广部、组织策划部，建设协会网站等，明确专人负责，协会工作借奥运志愿者工作的推动迈上了新台阶。①

---

① 参见北京志愿服务发展研究会：《志愿组织调研报告成果汇编（二）》（内部资料），2009-08。

一、文化价值层面的影响

1. 优化了志愿者组织的政策环境

在筹办奥运会志愿者工作的过程中，北京就制定出台了《北京市志愿服务促进条例》、《北京奥运会志愿者行动计划》等一系列政策法规，涉及奥运会志愿者工作、志愿者权益保护等内容，在保障奥运会志愿者工作顺利开展的同时，也为广大志愿者组织的发展营造了良好的政策法制环境。2007 年 9 月 14 日，《北京市志愿服务促进条例》审议通过。截至 2007 年 12 月 5 日，志愿者工作得到快速发展，已发展团体会员达 172 家，开发志愿服务项目 600 多个，搭建了公益实践项目信息系统，建立了"志愿北京"综合信息平台，进行数据库管理。这些为推进奥运会后北京志愿服务事业的发展锻炼、储备了队伍，丰富、积累了经验，探索、建立了制度。

调查显示，在奥运会、残奥会的推动下，公众参与志愿服务的热情高涨，志愿服务组织如雨后春笋般大量涌现。在受调查的志愿服务组织中，有 15.6％是在 2007 年以后成立的，61.3％是在 2004 年以后成立的。这说明奥运会推动了志愿服务组织的培育和发展。而奥运会后至今，北京市志愿者联合会的团体会员就从过去的 100 多家增长到近 400 家，速度增长之快，足见政策成效。

2007 年，在满足北京奥运会志愿者工作需求的推动下，《北京市志愿服务促进条例》在充分征求社会各界意见的基础上颁布并实施了。为了培育和发展志愿服务组织，在现行社会团体管理体制暂时无法改变的前提下，《条例》第五条提出的"社会组织符合志愿者组织章程的，可以申请加入，成为志愿者组织的团体会员"，《条例》第四条提出的"国家机关、人民团体、企业、事业单位、基层群众性自治组织和其他社会组织可以组织本单位、本系统、本社区的志愿者开展志愿服务活动"，为那些无法获得民政登记注册的志愿服务组织参与志愿服务活动提供了便利，同时也鼓励机关、企事业单位推动志愿服务事业，有利于志愿服务组织的培育。

这些法规条文在实践中产生了积极的影响。调研显示：第一，未登记注册的志愿服务组织所占比例大幅降低。未登记注册比例由过去的 41.2％降至 16.6％，这说明志愿服务组织的合法登记意识显著增强，都在法律允许范围内积极寻求登记注册。第二，在单位内部登记备案的志愿服务组织所占比例增多，约占 57.5％，这表明《条例》第四条提出的鼓励和引导机关、企事业单位培育志愿服务组织的条文，正在发挥积极的导向作用（见图6—5）。①

---

① 参见张晓红：《志愿服务组织的规范运行与管理研究——立法推动的视角》，载《北京城市学院学报》，2010（5）。

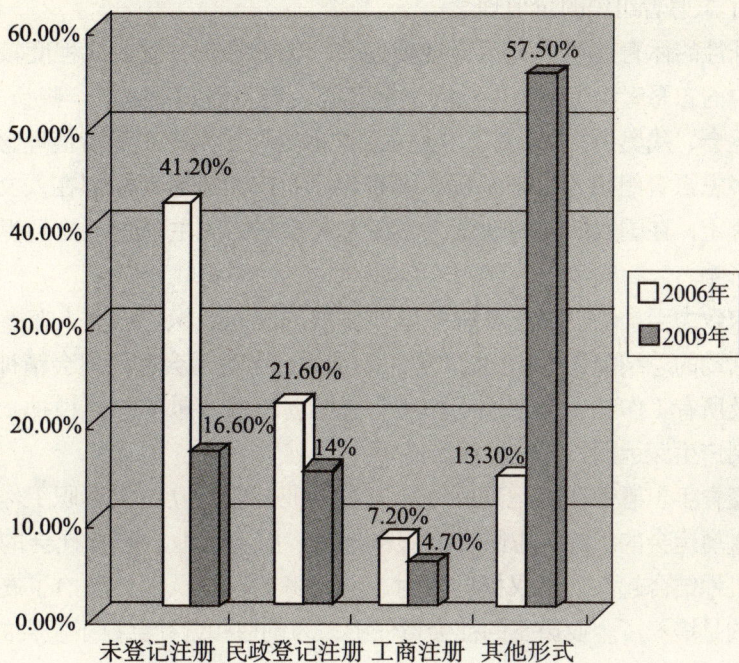

图6—5　2006年与2009年志愿服务组织注册登记比较

2. 营造了良好的社会环境和氛围

奥运会结束之后，仍有很多志愿者期望参与志愿服务活动，当问到"奥运会后有哪些想做的事"时，68.9％的志愿者回答了"参加其他志愿服务活动"。志愿者巨大的参与热情，在一定程度上为广大志愿者组织动员招募志愿者提供了条件。

与此同时，政府、媒体对志愿者组织的认同和支持程度显著提高。调查显示，在举办与奥运会、残奥会有关的志愿服务活动时，86％的志愿者组织得到过奥组委、政府部门或者北京志愿者协会等部门在评选表彰、业务指导、资助资金等方面的支持；47％的志愿者组织得到过媒体的报道。奥运会后，28.8％的志愿者组织得到媒体报道的次数有所增多。较之申办奥运会成功之前志愿者不被理解、不受重视的状况，志愿者组织发展的社会环境已得到显著改善。

奥运会结束之后，为进一步弘扬奥运志愿精神，在全社会营造持续参与的社会氛围，北京市团委、各志愿者组织连续开展了一系列志愿服务宣传普及活动。一是利用国庆及春节长假等重大节假日，发动广大奥运会志愿者在城市志愿者站点为市民提供信息咨询、便民服务等各项志愿服务活动，延续奥运会志愿服务的热情，起到了很好的宣传作用；二是举行了"微笑北京 和谐先锋——'12·5'国际志愿者日主题活动暨'奥运志愿者星'命名仪式"，以进一步宣传和弘扬北京奥运志愿者精神；三是联合相关单位开展"2008北京十大志愿者"评选活动，弘扬志愿精神，传播志愿理念。

3. 变革了志愿者组织的价值理念

作为全球性的体育盛事，奥运会规模盛大、历史悠久、受关注程度较高，不仅能够给参与其中的志愿者组织带来巨大的发展空间，更为他们带来了一些新的价值理念。通过北京奥运会、残奥会，"绿色"、"人文"、"融合"、"共享"等价值理念得以广泛传播，成为很多志愿者组织的价值基础。调查显示：广大志愿者组织在人文、科技、环保的奥运理念上，在国家认同的理念上，在人人平等的民主理念上受到奥运会志愿者工作较大的影响。

作为一家致力于推动中国志愿服务事业发展的民间组织，惠泽人在参加奥运会及残奥会志愿活动的总结报告中指出："更深刻地体会了奥运会和残奥会精神，更深刻地理解奥组委及所有工作者、专家顾问和所有志愿者积极奉献的志愿精神，这将对惠泽人的组织发展产生深远而长久的积极影响。"

北京公交青年志愿者在奥运期间充分发挥行业特色，立足于本职工作，发挥了重要作用。通过奥运会的历练，志愿者把服务他人、服务企业、服务社会的理念与实现个人价值有机地结合起来，不仅提升了对志愿服务的理论认识，陶冶了高尚的道德情操，更重要的是培养了企业员工的社会责任感，为创造和谐社会打下坚实的基础。①

二、体制、机制层面的影响

1. 创新了志愿者组织的管理体制

2005 年 2 月，北京成立了由市委市政府组成部门及工会、共青团、妇女联合会等人民团体组成的北京奥运会志愿者工作协调小组，形成了党委政府领导、共青团牵头、相关部门齐抓共管共同推进奥运会志愿者工作的协调机制。该机构的成立，保证了奥运会志愿者工作的各项事宜能够按照计划稳步推进。奥运会结束后，北京以此为基础，着手打造在党委政府领导下，社会建设工作领导小组办公室综合协调、志愿者联合组织具体实施、相关单位密切配合的志愿者工作机制。其中，将北京志愿者协会改造提升为北京市志愿者联合会，作为指导全市志愿服务工作的枢纽型组织，便是一大创新举措。北京市志愿者联合会将成为社会各界人士积极参与的，覆盖全市各个行业系统，发挥枢纽型组织的功能，及时传达和执行中央及北京市的相关政策法规，协调全市各行业各系统开展志愿服务工作，指导各类社会组织及志愿者投身志愿服务事业的组织。按照《北京市志愿服务促进条例》的相关规定，北京市志愿者联合会还将对志愿服务的招募、选拔、培训、管理、评估、激励、表彰等各个环节都制定具体的管理办法，通过不断完善政策机制和操作细则，保障志愿者的基本权益，激发他们的参与热情，促进志愿服务活动规范化。

---

① 参见北京志愿服务发展研究会：《志愿组织调研报告成果汇编（二）》（内部资料），2009-08。

"环保之友"志愿服务队由私营企业家苏仕峰于 2007 年 3 月发起成立，以"保护环境"以及"搭建公众参与环保平台，培养中国民间环保力量"为服务宗旨，长期坚持参与环保、禁毒、敬老等多个领域的志愿服务。北京市志愿者联合会将其吸纳成团体会员，予以多方面的支持，现在该组织已在志愿服务领域小有名气。

"环保之友"志愿服务队借助北京市志愿者联合会搭建的"志愿北京"网络平台面向全社会招募成员，现有成员 500 人左右，长期志愿者成员约占成员总人数的 1/3。该组织成员以学生群体为主，还包括教授、企业家、公务员等。每次活动前，群管理员会提前一周左右在"志愿北京"网站上发布活动信息，同时招募本次活动参与者。

奥运会期间，公众参与奥运及志愿服务的热情高涨。以此为契机，"环保之友"志愿服务队得到壮大。同时，这一时期的志愿者的服务热情和个人素质明显高于以往各期的志愿者。志愿者们怀抱着服务奥运、志愿奥运的热情参与到环保之友组织的志愿服务中，尽自己最大的努力为奥运贡献自己的力量。

2. 搭建了志愿者组织合作的平台

在筹办奥运会志愿者工作过程中，北京形成了一系列志愿者组织合作的平台，例如，"北京志愿者之家"与联合国志愿人员组织合作开展的通过 2008 年北京奥运会促进中国志愿服务发展合作项目。这些合作平台的存在，促进了志愿者组织之间的沟通交流，便于志愿者组织形成合力推动志愿服务事业发展。奥运会结束之后，作为北京奥运会志愿者工作成果转化的一部分，这些合作平台得到保留和进一步发展。通过2008 年北京奥运会促进中国志愿服务发展合作项目衍生了致力于志愿者组织能力建设的"春芽计划"；2008 年年底，在北京全市已有市级志愿服务公益实践项目 1 021 个的基础上，经过反复调研、座谈、论证，面向社会推出了助老、助残志愿服务项目，通过项目群开发形式，加快对志愿服务平台的搭建，逐步形成了覆盖全市的市、区(县)、街道（乡镇）、社区（农村）等不同层级的网络体系和项目体系，最大程度地服务志愿者及志愿组织，方便广大志愿者就近就便选择并参与适合自己的志愿服务。北京市志愿者联合会还组建了访问团出访联合国志愿人员组织、国际红十字会、英国海外志愿服务社、国际奥委会、国际残奥委会等国际组织，弘扬北京奥运志愿精神，加强志愿服务国际合作等。

2007 年 7 月 25 日，中国国际经济技术交流中心、北京团市委、北京奥运志愿者工作协调小组、联合国开发计划署、联合国志愿人员组织在北京共同启动了通过 2008 年北京奥运会促进中国志愿服务发展合作项目，并决定在北京志愿者协会设立联合国志愿服务合作项目办公室，负责推动整个合作项目的实施。项目分两阶段执行，第一阶段从 2007 年到 2008 年 8 月，第二阶段由 2008 年 9 月至 2010 年项目结束。

第一阶段工作包括三个核心内容：第一，支持奥运会志愿者项目的实施，特别是志愿者培训计划；第二，结合"绿色奥运"开展丰富多彩的志愿活动，全面提升公民环境保护意识；第三，为奥运会志愿者遗产转化工作提供相关支持，包括制订工作计划、出版杂志以及举行专家研讨会等活动。

第二阶段的工作重点集中在总结、转化、推广奥运会志愿者工作的成果，并推动后奥运时代北京及全国志愿服务常态化发展。主要工作包括：第一，奥运志愿者成果转化、推广工作；第二，公益实践项目开发、培植工作；第三，将项目成果、有关经验向全国推广。

通过2008年北京奥运会促进中国志愿服务发展合作项目开启了我国志愿服务国际合作的新模式，具有宝贵的创新价值。[1]

3. 形成了良好的志愿者组织培育机制

借着奥运会的东风，很多志愿者组织应运而生。在受访的200多家志愿者组织中，超过一半是2004年以后成立的。

这期间，还涌现出像北京车友会、首都机场志愿者协会、"环保之友"等各类在志愿服务领域颇具影响力的志愿者组织。在奥运会志愿者工作的推动下，北京形成了良好的志愿者组织培育机制。一方面是发动或依托各级国家机关和各类企事业单位成立相应的志愿者组织。例如，2007年5月，在首都机场公司的支持下，首都机场志愿者协会得以成立；2008年3月，在北京团市委的推动下，北京车友会得以成立。另一方面，对公民个体发起成立的志愿者组织，采取多种形式予以合法登记或规范管理。志愿者组织成立后，借着奥运志愿者工作在北京蓬勃开展的势头迅速成长。

2008年3月23日，北京车友会正式成立，这是一个地区性、非营利性、联合性、枢纽性的独立社团法人。在不断的发展中，北京车友群体逐渐认同了"志愿、公益、环保"的工作理念，采用"人车结合"的方式，开展了形式多样的志愿服务活动。

"'送志愿者回家'公益活动"就是其中之一。在北京奥运会期间，北京车友们参与奥运志愿服务的热情高涨，大家都希望能为奥运会的顺利召开出一份力。由于名额有限，仅有北京车友协会推荐的8名北京车友代表入选了北京奥运会、残奥会驾驶员志愿者T2团队。

如何进一步扩大参与面，保持车友们良好的参与热情呢？当车友们了解到奥运会期间，经常有工作到深夜才离岗的志愿者，由于错过了班车而不能回家的情况，就克服了诸多不利条件，组织了400人的志愿车队，开展"送志愿者回家"

---

[1] 参见陆士桢、张晓红、郭新保主编：《北京志愿服务模式研究》，北京，北京出版社，2009。

活动，共计接送 1 000 余次，志愿者的最远送达往返距离超过了 100 公里，途中产生的汽油费、高速费全部由车友自己承担。作为"志愿者背后的志愿者"，这种灵活多样的组织形式解决了志愿者的燃眉之急，是社会力量有组织地参与北京奥运服务的一个亮点。

"送志愿者回家"活动引起了多方的关注，中央电视台《新闻联播》、北京电视台《特别关注》等媒体都相继报道了该活动，北京车友会知名度迅速提升。①

三、组织建设层面的影响

1. 社会动员能力进一步增强

在奥运会筹办过程中，广大志愿者组织展现出强大的社会动员能力，很多志愿者组织，例如北京车友会、北京公交青年志愿者服务总队，都曾动员上万人次的志愿者参与相关活动。事实上，北京奥运会 170 万志愿者，绝大部分都是依靠各级各类志愿者组织动员招募而来。

奥运会结束后，绝大多数志愿者组织的社会动员能力进一步增强，所能招募到的志愿者比原来增多，在调查中，这类组织占到 65%；另外有 33% 的志愿者组织能够招募到的志愿者数量没有变化；只有 2% 的志愿者组织所能招到的志愿者减少了（见图 6—6）。目前，北京市志愿者联合会已发展团体会员近 400 家，会员单位涵盖了政府机关、事业单位、企业公司、民间组织及跨国公司等诸多领域和行业，并通过努力实现对体系内的志愿者团队的全覆盖，注册志愿者达 200 余万人，涵盖了志愿者管理人才队伍、骨干人才队伍、专业志愿者队伍以及普通志愿者四大类，基本上将全市各类志愿者组织及志愿者都纳入北京市志愿者联合会的体系之内。

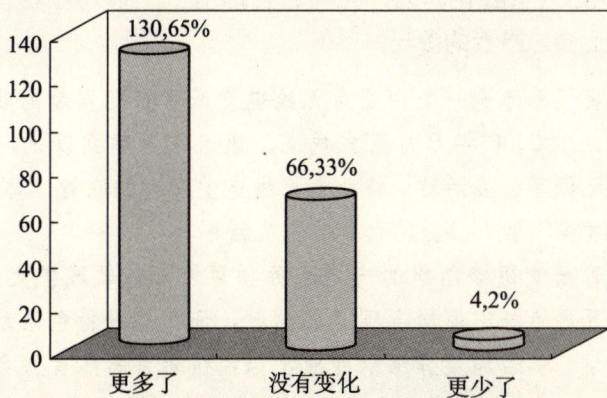

图 6—6 奥运后志愿者组织招募人数变化

① 参见北京志愿服务发展研究会：《志愿组织调研报告成果汇编（二）》（内部资料），2009－08。

2006 年 11 月，北京公交青年志愿服务总队成立。该组织是由热心志愿服务、热爱公共交通事业的本系统内部青年自愿结成的群众性企业内部组织，于 2007 年以团体会员的身份加入北京志愿者协会。成立之初，总队共有注册志愿者 5 000 余人。奥运期间，直接或间接参与公共交通服务保障的志愿者总数达到 16 532 人，志愿者动员能力得到极大提升。

十七大代表、全国劳模、奥运火炬手刘俊华，全国杰出青年岗位能手王霄云，"公交活地图"张鹊鸣等一批青年先进个人先后参加到志愿者组织中来，涌现出了一批志愿服务明星。总队还实行注册志愿者电子数据库管理，上岗服务佩戴统一的标志、胸卡，设立志愿服务队队旗，按照规范语言开展志愿服务活动等制度。

总队还按照奥运志愿服务项目的需求完善了志愿者的培训机制，相继举办了 5 期共 1 121 人的志愿者骨干培训班，选派 95 名优秀志愿者参加了团市委社会志愿者训练营，完成了 12 场次扶残、助残志愿服务的专项培训，开展了注册志愿者的全员培训，内容涉及奥运场馆地理环境及换乘、文明礼仪规范、突发事件应急处理、公交英语指路、手语服务、扶残助残等方面，提高了志愿者的综合素质、专业技能和服务水平。①

2. 服务领域和项目得以拓展

奥运会结束后，很多志愿者组织在奥运会期间筹办的志愿服务项目并没有结束。调查显示：志愿者组织对奥运会期间的志愿服务项目保留情况较好，77% 的志愿者组织保留了奥运会筹办过程中设计的志愿服务项目。与此同时，很多志愿者组织还利用奥运会志愿者工作所打造的团队，不断拓展新的服务领域和项目。例如，北京志愿者协会在 2008 年年底结合老龄化问题，面向社会推出了一系列为老、惠老志愿服务项目，吸引了很多奥运会志愿者的参与。

北京操作者俱乐部是一个由业余无线电爱好者自己发起的非营利、松散型的草根民间组织，于 2006 年 5 月正式成立。该组织自建立以来，长期坚持参与助老、助残以及环保等公益活动，将业余无线电爱好者的宗旨"体谅、忠诚、进取、友爱、适度、爱国"融入公益活动和日常生活中。

奥运会的到来使得该组织的志愿服务项目增加、领域扩大。在奥运会期间，俱乐部在继续开展传统志愿服务项目的同时，还将多种特色活动推向街头，宣传奥运、服务奥运。俱乐部发挥组织专业优势，在北京志愿者协会等单位的支持和指导下制定了《北京 2008 奥运会业余无线电应急通信预案》，组织了百名业余无线电志愿者随时待命为奥运提供应急通信服务；组织俱乐部中的奥运城市志愿

---

① 参见北京志愿服务发展研究会：《志愿组织调研报告成果汇编（二）》（内部资料），2009 - 08。

者参与昌平区奥运志愿服务工作，为奥运会公路自行车赛、铁人三项赛等赛事制订了周密的应急通信保障计划；组织参与"2008北京奥运会特设业余电台"操作，通过电波让世界更多地了解北京，为全球业余电台创造与北京奥运会特设台联络的机会；开展"北京—西藏单车万里行"，通过宣传北京奥运会的活动，吸引了许多志愿者参与其中；组织来自青川、汶川、都江堰的102名小学生观看了奥运会比赛，让他们亲历奥运，感受伟大祖国的强大和北京志愿者对他们的关爱。

3. 深入开展成果转化计划

北京市志愿者联合会积极做好志愿精神与文化成果、志愿者人员队伍成果、工作体制机制成果的保留转化工作。

一是为激励广大奥运志愿者持续保持志愿服务热情，进一步参与社会志愿服务，推出了集身份凭证、信息记录、荣誉激励、服务计时等功能为一体的志愿者卡，制定了《志愿者卡管理办法（试行）》，并首先面向北京奥运志愿者发放。志愿者卡统一编号，且编号具有唯一性。志愿者可凭卡参加志愿服务、培训、公益实践等活动。

二是将奥运会的信息平台转化为北京志愿服务常态化发展的平台。奥运会前，北京市打造"志愿北京"综合信息平台。信息平台包括"志愿北京"网站、志愿服务数据资源中心、志愿者管理信息系统、志愿服务项目管理信息系统、志愿服务指挥协调信息系统、志愿服务评价信息系统、志愿者培训测试信息系统、志愿服务综合统计分析系统等，并设有博客、论坛。奥运结束后，信息平台转由北京市志愿者联合会使用，并以连通全市各级共青团组织单位为基础，建设覆盖北京志愿服务业务的信息化工作体系。

三是开展"构建和谐社会首善之区的生力军——北京志愿服务研究系列丛书"研究，有计划、有步骤、分阶段搜集、整理北京市志愿者联合会参与筹备奥运会志愿者工作过程中所积累的宝贵经验、涌现出来的先进人物和优秀事迹，以及相关图片音像，及时将其转化成为有形的文化成果。目前，已形成涉及志愿服务工作回顾、活动、人物、理论四个方面的书籍14本。

4. 内部规范化管理得到加强

与志愿者签订协议、为志愿者购买保险，是2007年出台的《北京市志愿服务促进条例》明确规定的要求，这也反映出志愿者组织在内部管理上的规范化程度。通过调查发现，在北京奥运会志愿者工作的推动下，广大志愿者组织与志愿者签订协议、为他们购买保险的情况有了明显好转，志愿者组织的规范化管理得到加强。

2006年志愿者组织调研数据显示：在开展志愿服务过程中，多数志愿服务组织未与志愿者签订正式合同，超过一半，另有约三成有时候签有时候不签，在任何时候都签订合同的只有一成多。在为志愿者购买保险方面，有近半数志愿服务组织未曾为志愿者购买过保险，占48.5%。此外，志愿服务组织与服务对象签订协议的情况也不容乐观，较多存在不与服务对象签订正式服务协议的情况，仅有约1/3的组织与服务对象签有正式书面的服务协议，两成多只有口头约定，而近四成既无书面协议也无口头约定。

2009年志愿者组织调研则显示：志愿服务组织与志愿者签订协议、为志愿者购买保险的情况有所好转。在签订协议方面，当问到"贵组织是否与志愿者签订协议"，55.5%的志愿服务组织回答"签订了协议"，只有44.5%的志愿者组织回答"没有签订协议"，签订协议的情况较之2006年上升了17.5个百分点（见图6—7）。在购买保险方面，当问到"贵组织是否为志愿者购买保险"，42.7%的志愿服务组织回答"购买了保险"，购买保险的情况也增加了很多。[①]

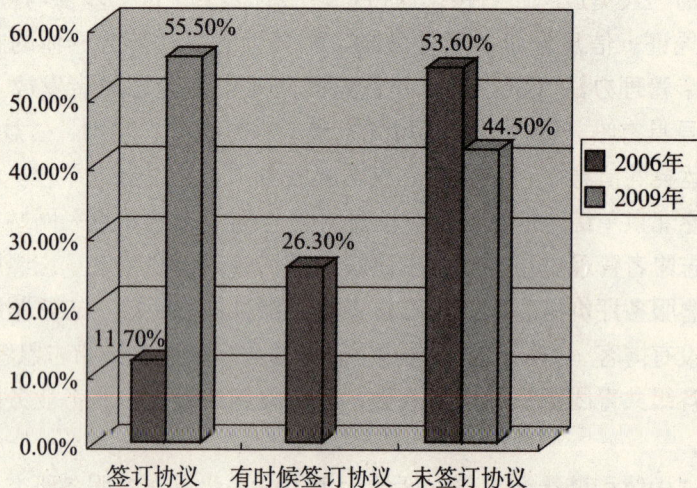

图6—7　2006年与2009年志愿服务组织与志愿者签订协议情况比较

第三节　对社区志愿者工作以及社会公众的影响

北京奥运会志愿服务经历了长达2年时间的预热过程以及6个多月的服务过程，增强了北京社会公众对志愿精神的理解与认识，相应地决定了社会公众参与志愿服务的可能性。北京奥运会的志愿服务让公众感受到了遵照相关规定有序参与的要求，同时通过志愿服务，让公众认识到每个人都要承担一定的社会责任，才能建设一个美好的家园。

---

① 参见张晓红：《志愿服务组织的规范运行与管理研究——立法推动的视角》，载《北京城市学院学报》，2010（5）。

一、北京奥运会志愿者工作对社会公众产生了重要影响

1. 社会公众对志愿服务的认知度明显提高

自 2005 年北京奥运会志愿者项目启动以来，社会公众对志愿服务的认知主要通过两种方式：第一种是直接参与和体验，有 64％和 76％的被调查者是通过直接参与或者接受奥运会志愿服务来感知志愿服务；第二种是借助各种传播渠道了解，有 48％和 40％的被调查者主要是通过媒体与社区活动了解并强化对志愿服务的理解。

北京奥运会和残奥会在京举办虽然前后不到两个月，但是通过长达近五年的一系列志愿活动，社会公众能够全面感受到志愿服务带来的关爱与尊重。因此，社会公众通过北京奥运会志愿服务，对志愿精神、志愿者、志愿服务有了切实的感受与认同。通过社区访谈与调查，能够发现社会公众的志愿精神得到了很好的保存，并且在社区公共活动中得以释放。

厂洼社区位于北京市海淀区紫竹院街道的北部，共有住户 1 130 户，总人口 2 632 人，流动人口 330 人。从 2000 年起，厂洼社区居民中自发形成文体、助老、治安、环保等多支志愿服务团队。

奥运期间，厂洼社区志愿者队伍发挥了重要作用。治安巡逻服务队为社区安全防范、平安奥运作出了贡献；文体志愿者在奥运宣传社区文体活动中，增强了社区凝聚力。通过奥运会，厂洼社区的志愿者队伍得以壮大，目前已建立志愿者服务队 6 支，志愿者人数共 150 多人。

目前，凡是厂洼社区的居民，在寻求志愿服务帮助的时候，都能够得到快捷、便利的志愿服务。活动项目从居民的实际需求出发，贴近居民生活，如：请专家教授志愿者讲心血管疾病的防治；请音乐老师讲音乐知识；请文化馆老师教健身秧歌舞蹈等；为空巢老人打扫房间、买粮、买菜。这些服务的开展主要得益于厂洼社区"一线牵"的志愿服务运作模式。所谓"一线牵"，指的是连接居委会和社区居民家中的楼宇对讲系统，通过这个内部系统，志愿服务需求与供给建立了畅通的联系，形成了快速沟通的反应机制。

在北京 2009 年"魅力社区"评选活动中，厂洼社区以其参与广泛、形式多样、活动经常、成效明显的社区常态化志愿服务体系，成为第四届"北京魅力社区"的第一名。①

2. 公民的社会责任意识明显增强

调研发现，社会公众在志愿精神认同、法律意识与社会责任、服务意识、爱国意识等方面的受影响程度均保持在高水平上。调查对象认为"社会责任"和"遵纪守法"

---

① 参见北京志愿服务发展研究会：《志愿组织调研报告成果汇编（三）》（内部资料），2010 - 02。

意识改善最为明显（为 87%）。与此同时，他们自身的志愿服务也影响了家人、邻里以及周围的其他人。很多居民反映，在奥运会之后，公众的社会公德提升了。

左安浦园社区位于北京市崇文区龙潭街道南部，人口总数达 4 686 人。社区建成于 2006 年，居民年龄结构以中老年人为主。左安浦园社区志愿者队伍成立于 2008 年年初，在奥运会、残奥会期间，社区群众的参与积极性空前高涨，社区抓住时机提出倡议，招募了许多具有一定素质和特长的社区群众。奥运期间经过多场社区活动的锤炼，社区志愿者服务队逐步规范，积累了一系列宝贵的志愿服务经验。

2009 年，左安浦园社区以参加第四届"北京魅力社区"评选活动为契机，再次整合社区服务团队，成立了五色土社区志愿者服务队。五色土的五色为红、绿、白、黄、蓝五种颜色，分别代表五种理念：文娱理念、环保理念、健康理念、求知理念、互助理念。社区服务活动也紧紧围绕此内容开展。[1]

社区的"五色"活动可以通过图 6—8 展示出来：

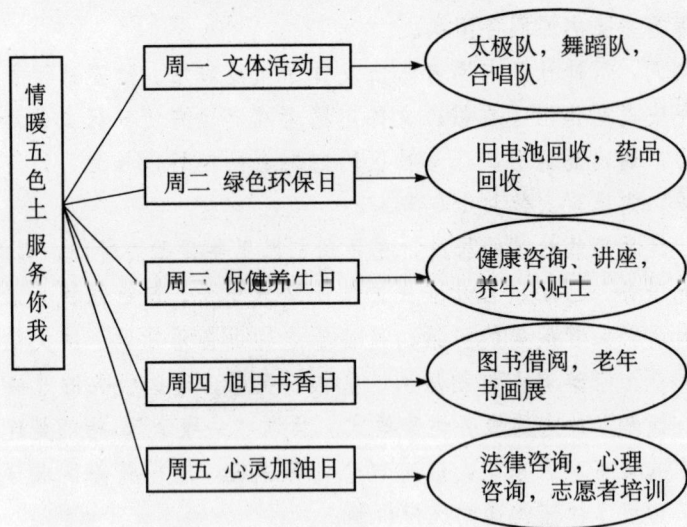

图 6—8 左安浦园社区"五色"活动

3. 社会公众更愿意参与社区志愿服务

强大的宣传动员攻势和社会志愿者的广泛参与，极大调动了广大居民和一些社会组织参与社区公益服务的积极性。

北京市西城区体育东路社区，奥运会以前的社区治安志愿者只有 100 人左右，

---

[1] 参见北京志愿服务发展研究会：《志愿组织调研报告成果汇编（三）》（内部资料），2010 - 02。

但是奥运会之后，他们的人数已经达到了 300 人，是奥运会前的 3 倍。他们通常在社区居委会的领导下参与社区组织的志愿者活动。

奥运期间，体育东路社区志愿者通过姐妹领路人、治安巡逻队、城市志愿者等方式参与志愿服务。治安志愿者值班时间是从上午 8 点到晚上 8 点。这些志愿者年纪普遍较大、经历丰富，受党"全心全意为人民服务"、"以人为本"、"办实事，办好事"等思想影响，无论做什么都认真负责，一丝不苟地完成奥运值班任务。

4. 改变了社区公众的生活方式，增进了邻里互动与交往

奥运志愿服务促进了社会公众生活方式的改变。社会公众的环境保护意识增强，不但在家庭内提倡节水、节电，使用环保用品，还在社区提倡环保，自觉监督破坏环境的现象。一些居民在奥运会之后一直坚持为小区修理花坛、清除小广告。

北京奥运会社会志愿服务活动的开展，使得社区很多长期待在家里的人走出家门，参与到志愿服务之中，增加了人与人的交往，增进了相互了解。社区居民感到奥运会之后，人与人的交往频率增加，相互关心程度提高，社区里互助小组数量增加，社区内人际关系有了明显改善，人们之间的关系更加包容、更加融洽。

育仁里社区位于北京市丰台区花乡育仁里小区 2 号院，共有人口 3 477 人。其居民大部分是来自教育系统的退休教师，年龄在 60 岁以上的占 70% 左右。社区志愿者包括 120 名治安巡逻志愿者和"十大爱心工程"的志愿者。

育仁里社区的志愿服务项目很多，根据居民切身需求，几年内建立了十大爱心志愿组织：社区积极分子之家、理论暨智囊团志愿服务小组、绿色银行环保志愿服务小组、治安巡逻爱心志愿服务小组、爱心基金会志愿者服务小组、社区环境消毒志愿服务小组、传统文化编织志愿服务小组、绿色出行志愿服务小组、厨艺培训志愿服务小组、文体活动志愿服务小组。

绿色银行环保志愿服务小组为社区党委倡导、居民自愿参加的爱心志愿组织，以回收废品、积累资金、美化环境、义务植树为主要服务内容，每周收集一次所有住户的废旧物品，定期集体卖废品，并将收到的废品费用投放到年终的植树活动中去。爱心基金会是育仁里小区又一特色爱心志愿组织，组织形式为党委倡导的居民互助志愿服务组织，志愿人员均签署爱心协议，交纳基金累计已达 41 万元，基金款项"救急不救穷"，专为突发紧急事件的邻里提供帮助。这些志愿服务活动项目为建立和善、友爱的人际氛围，保证社会的安定和谐作出了突出贡献。①

---

① 参见北京志愿服务发展研究会：《志愿组织调研报告成果汇编（三）》（内部资料），2010 - 02。

二、北京奥运会志愿者工作对社区发展的影响

1. 提高了社区志愿服务动员和组织能力

通过奥运会社区志愿者工作的组织实施，社区居委会参与了志愿者动员、招募和组织活动。多数社区负责人在奥运会开始时并不了解志愿者的含义，通过志愿服务管理工作，他们现在谈起来如数家珍。"以前根本不知道什么是志愿者，现在成为奥运会志愿者，才知道志愿者的真正含义。"北京朝外街道一个社区干部这样描述奥运会志愿者工作带给她的收获。"我从2006到2008年一直负责城市志愿者管理，市民参与可积极了，现在我们还在继续做志愿者，奥运会志愿者工作让我们受了教育。"一位社区主任如是说。社区将志愿者工作纳入常规工作之中，并通过成立志愿者协会和对志愿者进行注册等方式，使得奥运会后的志愿服务向常态化和规范化发展。

南锣鼓巷社区位于北京市东城区西部，人口4 518人，有满族、回族、蒙古族、苗族、彝族、白族、锡伯族等7个少数民族。

在奥运会志愿者工作的推动下，经过多年的磨炼，南锣鼓巷社区志愿者队伍已经颇具规模，志愿服务的制度也逐渐成熟，还专门制定了《南锣鼓巷社区志愿者协会章程》，从协会的设立、管理、执行活动等方面作了详细的规定，使得志愿服务活动的开展实现了制度化、规范化。此外，志愿者的管理也井然有序，志愿者的招募、管理、表彰等，社区都有一套完备的制度来执行，有效地激励了志愿者更好地参与志愿服务活动。

南锣鼓巷社区月圆古巷放映队，自2006年成立以来，已为社区居民放映露天电影近50场，观众累计达1.5万多人次，形成了南锣鼓巷社区一个持续时间最长、受众面最广的志愿服务项目，也广受群众好评。通过这些丰富多彩的文化服务活动，增进了居民之间的沟通交流，更丰富了居民们的业余文化生活，对于促进文明和谐社区的建立起到了核心作用。①

2. 志愿服务推动了社区公共服务的多元供给

政府通过奥运会志愿服务，充分认识到社区居民无论是在热情方面，还是在专业技能方面，都具有提供社会公共服务的潜在可能性，这将使社区公共服务的多元供给成为可能。

国际关系学院社区位于国际关系学院院内，是典型的高校社区。从2008年7月1日起，国际关系学院社区以"我买单，他服务，你享受"的新理念，开始开展对社区困难群体的特殊服务。由社区向困难群体发放特殊服务卡，整合社区卫

---

① 参见北京志愿服务发展研究会：《志愿组织调研报告成果汇编（三）》（内部资料），2010-02。

生服务站、理发店、菜站等服务资源解决残疾人、老年人看病、理发和买菜的问题，扩大了社区服务的范围。所需费用从社区服务自收资金中列支，这是社区量力而行，靠自身努力逐步实现政府改善民生要求的一个具体体现。

2009 年，国际关系学院社区在 2008 年特殊服务社区买单的基础上，尝试建立国关"居家养老服务项目超市"。服务主要分以下两类：第一类是志愿者提供的完全志愿服务。例如废品回收上门、电卡送上门、天然气维修、电话维修、订水、订餐、订牛奶等。第二类是服务商只收取产品或服务的成本，提供配送的部分志愿服务。例如送菜上门、理发上门、出诊和医疗咨询、房屋维修、代购煤气、楼道保洁等。

志愿服务自助超市的突出特点就是整合社区资源，利用社区内的资源来解决社区内的问题。对于有特殊困难的家庭来说，志愿者与他们结成一对一或几对一的对子，使志愿服务工作相对固定。对其他家庭来说，有帮助需求时也可以随时随地请志愿者提供服务，十分方便、灵活。

3. 促进了社区助残服务的发展

"超越、融合、共享"是北京残奥会的理念。3 万多名残奥会志愿者和城市志愿者系统地接受了助残培训，他们通过精心和真诚的服务，实现了"两个奥运同样精彩"的目标。调查发现，有 27.7% 的被访者在奥运会后继续从事助残服务。特别是在 2009 年北京魅力社区评选中，许多助残志愿者在残奥会之后仍然活跃在社区助残活动中，越来越多的人对残疾人的态度不仅仅是怜悯，更多的是尊重、理解和关爱。

晓月苑社区位于卢沟桥畔。现居住居民 3 012 户，9 036 人。现在晓月苑社区共有注册志愿者 200 多人，在多个志愿服务活动中，最具特色、定期进行的是"助老助残志愿驿站"志愿服务活动。

晓月苑社区地处城乡结合部，"农转居"及流动人口较多，居民收入水平中等。社区内老年人 200 人以上，残疾人 50 多人，加之社区农转居和搬迁户人数较多，属于低收入群体，部分人长期靠拿低保维持生活。为了提高老年人、残疾人生活质量，解决孤老残疾人群的实际困难，社区居委会开展了"助老助残志愿驿站"活动。助老助残服务项目的服务对象主要是社区内的 80 岁以上孤寡老人、低保户、空巢老人、残疾人、流动人口中的困难群体等。活动以"定期走访、精神抚慰、扶贫帮困"为服务内容，建立助老、助残一户一档详细资料，了解扶助对象的需求，有针对性地开展服务。社区专门设置助老助残志愿驿站的志愿服务场地及轮椅、血压计、拐杖等助老助残应急服务工具。公布志愿驿站的电话，每天设专人接待、接听来人及来访电话。提供"志愿购物队"，开展走访、陪聊、购物、法律咨询、家庭设备维修、健康讲座、发放助老服务券等服务。与社区卫生服务站协同对老年人、残疾人建立健康档案，为他们提供个性化的、有针对性的医疗服务。[①]

---

① 参见北京志愿服务发展研究会：《志愿组织调研报告成果汇编（三）》（内部资料），2010 - 02。

第七章
结论与展望

北京奥运会、残奥会的成功举办，离不开科学、高效的志愿者工作。北京奥运会、残奥会志愿者工作形成了大型活动志愿服务的宝贵经验，即志愿服务的"北京模式"，它是奥运会志愿服务发展史上一个新里程碑，为奥林匹克运动作出了巨大贡献。

一、北京模式

"北京模式"是中国政府和北京奥组委在遵循国际惯例的基础上，结合中国国情进行实践创新所形成的一套奥运会、残奥会等大型活动的志愿者管理工作思路、组织运行机制和活动体系。

志愿服务"北京模式"的内涵包括思想体系、组织体系、运行体系和活动体系四个方面：

（1）思想体系：遵循国际惯例与坚持中国国情相结合，以科学发展观为指导，深入践行人文奥运理念。

（2）组织体系：发挥体制优势，在北京市委市政府、北京奥组委、共青团中央、北京奥运会志愿者工作协调小组的领导推动下，广泛动员各方力量参与志愿者组织工作。

（3）运行体系：创新运行机制，按照以竞赛为中心、以场馆为基础、以属地为保障的要求，建立了"场馆—高校—区县"联动的运行机制。

（4）活动体系：坚持以人为本、大众参与，开展了赛会志愿者、城市志愿者、社会志愿者、"迎奥运"志愿服务、奥组委前期志愿者、奥运会志愿者工作成果转化等六个项目和"微笑北京"主题活动。

"北京模式"的特点具体体现在：

（1）尊重国际奥委会规则，借鉴历届奥运会志愿者工作的有益经验，引进和吸收国际通行的政策、惯例和工作方法。充分考虑国情，客观分析中国的社会特点、公众基础、传统文化，在此基础上制定志愿者工作的总体目标。

（2）利用奥运契机，加强志愿服务领域的国际合作，获得国际志愿服务机构的支持，接受国际志愿服务机构的合理化建议。

（3）充分发挥共青团组织和高校在志愿者工作中的作用。

（4）通过城市志愿者和社会志愿者项目，扩展了"奥运会志愿者"概念的外延，满足了广大公众参与奥运会志愿服务的愿望。

（5）科学有效的志愿者管理体制。

（6）"两个奥运同样精彩"，高度重视残奥会志愿者工作。

（7）为社会广泛参与奥运会搭建了广阔平台。

（8）坚持以人为本，倡导尊重、保护、发展志愿者。高度重视残奥会志愿者工作，提升了广大公众对残疾人的理解和关爱，促进了社会的和谐发展。

二、展望与建议

自 1988 年汉城奥运会以来，几乎每届奥运会都成为主办国发展志愿服务事业的强大动力。可以预见，以奥运会志愿服务为契机，中国的志愿服务事业将向日常化、制度化、国际化发展。

（1）志愿服务向日常化发展。北京奥运会、残奥会营造的良好志愿服务氛围，扩展了志愿服务活动的覆盖面，增强了志愿服务活动的影响力。后奥运时期的志愿服务，将逐渐成为一种生活方式，渗透到社会生活的各个方面。志愿服务将真正实现人人可为、时时可为、处处可为。

（2）志愿服务向制度化发展。《北京市志愿服务促进条例》和《志愿者基本行为规范》为北京奥运会、残奥会志愿者工作提供了法制保障。在日后国家层面的志愿服务立法建设中，志愿者组织的设立、招募、评估等工作将更加规范，志愿者的注册、培训、管理、评价、激励等制度也将得以建立，真正使志愿服务事业做到有法可依、有法必依、规范有序。

（3）志愿服务向国际化发展。志愿服务工作在中国开展的时间不长，在其本土化过程中，学习借鉴外来经验是不可或缺的。后奥运时期的志愿服务将更加注重国际交流与合作，一方面加强对国外志愿服务模式和理论的研究与学习，拓宽国际视野；另一方面积极与联合国志愿人员组织（UNV）等国际志愿组织开展多种形式的合作，交流志愿服务实践经验，以推进国内志愿服务事业的发展。

鉴于我国志愿服务总体上处于起步阶段，各方面工作还有待提高的实际情况，为真正把北京奥运会志愿者工作的经验、价值转化为推进我国志愿服务事业的强大动力，课题组提出以下建议：

（1）把志愿服务纳入"十二五"经济社会发展规划，推进志愿服务常态化建设。

　　我国政府高度重视志愿服务事业,大力倡导志愿服务活动。党的十七大从贯彻落实科学发展观、全面建设小康社会的高度,对深入开展志愿服务活动提出了明确要求。

　　为推进志愿服务的常态化建设,使更多的人成为志愿者,使更多的志愿者成为和谐社会的建设者,建议将志愿服务纳入"十二五"经济社会发展规划,制定详细的志愿服务发展规划。将志愿服务工作与其他各项社会工作协调推进,将志愿服务量化成指标,纳入省(市、区)经济社会发展统计指标体系,进行年度评估。

　　(2)积极推进全国性志愿服务立法进程。

　　国外志愿服务发展的经验表明,志愿服务立法在促进志愿服务发展中起着基础性的作用。联合国在评估各国志愿服务事业的发展成效时,把是否制定志愿服务的法律规范作为重要的评估指标。《北京市志愿服务促进条例》的颁布施行为北京奥运会志愿者工作提供了坚实的法制保障,保证了志愿服务的顺利开展。

　　在我国志愿服务发展中,还存在着公众对志愿服务认知水平不高、志愿服务发展资金匮乏、志愿者权益得不到有效保障等诸多制度性问题,亟待全国性志愿服务立法来规范和促进志愿服务的发展。且目前我国尚未出台全国性志愿服务立法。为此,建议加快全国性志愿服务立法进程,早日颁布全国性志愿服务立法。

　　(3)进一步完善志愿服务的组织体系,发挥枢纽型组织的作用。

　　从一些先进国家的志愿服务推动经验看,都有一个枢纽型组织统筹协调志愿服务的发展。例如,美国政府设立了自由服务军团(USA Freedom Corps),英国政府设立了志愿服务部(Voluntary Service Unit),来推动志愿服务的发展。在西班牙,则由内阁统筹志愿服务工作推展计划,整合劳动、环保、教育、文化、体育、内政和卫生等部门,一起推动志愿服务工作。

　　奥运会后,在北京市委、市政府的支持下,北京志愿者协会被转变提升为北京市志愿者联合会,作为指导全市志愿服务工作的枢纽型组织,推动新时期北京志愿服务事业的发展。建议北京市志愿者联合会充分发挥其协调、推动作用,在奥运会志愿者工作组织体系基础上,建立统筹规划、共同参与、协调推进的北京志愿服务工作机制。加大培育扶持服务力度,推进北京市各部门、各系统、各领域建立各级各类志愿者组织,形成覆盖全市的志愿服务组织网络,增强志愿者组织吸纳、团结、凝聚志愿者的能力。

　　(4)动员更广泛的社会力量参与志愿服务。

　　从奥运会的志愿者整体构成来看,志愿者的分布出现两极分化的现象:赛会志愿者以高校大学生为主,社会和城市志愿者中的社区志愿者多以老年人为主。而以中青年为主的社会中坚力量虽然在奥运会期间参与过一些志愿服务,但在奥运会之后,特别是在社区志愿服务方面,很难看到他们的身影。调查显示,在没有从事过志愿服务的人中,有47.7%的人是因为"没有时间",41.4%的人是因为不知道去哪里做志愿服务，22.7％的人不知道如何做志愿服务。由此可见，对公众的志愿服务教育和志愿服务平台建设仍然需要加强。

社会公众参与志愿服务需要借助平台。这个平台不是来自政府，而是来自社区、志愿者组织以及企业。

建议建立基于社区的志愿服务基地。政府应支持社区草根型志愿者组织的建设，从而凝聚社区公众的志愿热情，并将其转化为促进社区发展的有生力量。

充分发挥志愿者组织的作用。奥运会志愿者工作的成功经验表明：志愿者组织因其灵活的参与形式、特有的公益性质、丰富多彩的价值取向等，已成为动员社会公众参与社会生活、投身社会建设的重要载体。加强志愿者组织的建设，不仅能够利用志愿者组织进行有效的社会动员，还有利于形成社会各界积极参与，与政府和市场形成良性互动的公民社会。因此，有必要进一步扶持培育各级各类志愿者组织，进一步提升广大志愿者组织的动员能力。

推动企业社会责任，让更多的企业员工参与志愿服务。企业不但拥有充足的资金，还有大量的人才。政府应该在制度上建立企业的激励机制，诸如志愿者时间退税等机制，让企业的资金流入社区，让企业的人才帮助社会组织建设。

（5）倡导"服务学习"理念，把志愿服务纳入学校教育中，与育人相结合。[①]

青年是志愿服务的生力军，学校是开展志愿服务教育的主阵地。奥运会使志愿服务理念在青年大学生中得到广泛的认同。奥运会结束后，如何使大学生的这种服务热情继续保持下去，使志愿服务真正成为他们人生成长中的一部分，其中一个重要的途径就是把志愿服务贯穿到学校教育之中，使之成为一项重要的学习内容。

"服务学习"概念最早由美国教育学家罗伯特·西蒙和威廉·拉姆齐在1967年共同提出，即通过有意识的教育学习来帮助青年学习成长。目前，"服务学习"在英国、美国等许多国家都得到推广，在台湾和香港地区也有具体的实施。建议我国大陆学习西方国家以及香港、台湾地区的经验，在高校教育中推行青年学生志愿服务活动，并将其纳入学校的德育课程体系，使广大学生在志愿服务中学习，在志愿服务中实现个人发展。

---

① 参见魏娜：《后奥运志愿服务思考》，载《现代教育报》，2008-12-13。

下 篇

赛会志愿者调研报告

第一部分　研究设计

一、研究问题

奥运会赛会志愿者是指由北京奥组委直接或间接招募，接受其管理，在奥运会、残奥会举办期间针对某一特定的比赛、活动、赛事而提供志愿服务的志愿者。在中国奥运会举办过程中，赛会志愿者潇洒的身影是赛场上一道亮丽的风景线，其卓越服务为比赛的顺利进行和运动会的圆满召开立下了汗马功劳。可以说，每位运动员出色表现的背后，都有赛会志愿者的辛勤劳动和默默付出。那么，赛会志愿者参与志愿服务的动机是什么？他们对奥组委的管理工作满意吗？其工作对中国志愿服务事业有哪些积极影响？围绕这些问题，北京奥运会志愿者工作成果转化研究课题组成立了赛会志愿者调查小组，希望探求以下问题：

(1) 赛会志愿者为什么参与志愿服务？其服务岗位是什么？参与又有哪些收获？

(2) 赛会志愿者如何评价自己奥运期间的表现？对奥组委的管理工作如何评价？

(3) 赛会志愿服务对志愿者产生了哪些影响？对社会产生了哪些影响？

二、研究方法

1. 抽样调查法

调查过程中，我们用计算机辅助电话调查和电脑辅助网络调查进行抽样。计算机辅助电话调查系统（computer assisted telephone interviewing system）简称 CATI 系统，是通信技术、信息处理技术和传统的电话调查相结合的产物，自 20 世纪 70 年代在美国诞生以来，以其调查范围广、可控性高、结果真实、成本低、容易控制误差等优点，迅速在美欧等国普及，成为重要的社会调查方法之一。CATI 系统虽然在我国应用较晚，但已被许多咨询公司和官方统计机构所使用，广泛用于数据收集。

电脑辅助网络调查简称网络调查，是指通过互联网对用户进行的在线调查。虽然中国互联网兴起较晚，但网络调查越来越多地被用于正式的科学研究，因为该方法具有成本低廉、周期较短、不受地域天气限制等优点，因而有助于提高研究效率。

为了保证样本的代表性，我们以共青团北京市委信息中心所属的 7.7 万名奥运会、残奥会赛会志愿者为抽样对象，根据志愿者的性别、职业、学历进行分层抽样[①]，共发放调查问卷 8 300 份，回收 5 000 份，其中电话调查问卷 1 000 份，网络调查问卷 4 000 份。故而在本研究中，如果没有特别说明，分析基数均为 5 000 份样本。[②]

2. 数理统计分析

通过抽样调查法获得一手资料后，我们以 5% 的显著性水平，运用 SPSS 软件包和 Visual-PLS 软件包对数据进行了统计分析。具体而言，使用的分析方法有：描述统计分析、方差分析、交叉列联分析和偏最小二乘结构方程模型。

描述性统计是对统计数据的结构和总体情况进行描述的一种方法，分为集中趋势分析、离中趋势分析和相关分析三大部分。集中趋势分析主要靠平均数、中数、众数等统计指标来表示数据的集中趋势。离中趋势分析主要靠全距、四分差、平均差、方差、标准差等统计指标来研究数据的离中趋势。相关分析探讨数据之间是否具有统计学上的关联性，如：单一相关还是多重相关，直线相关还是复杂相关。在本研究中，我们主要使用频数分析和均值、方差等统计量。所谓频数，是指分布在各组内数据的个数。在统计分组的基础上，将总体中所有个体按某一标准进行归类排序，就是频数统计分析，通常用百分比、累计百分比等统计量来表示。

方差分析是检验多个总体均值是否相等的一种统计方法，主要研究分类型自变量对数值型因变量的影响，基本方法是通过检验各总体的均值是否相等来判断分类型自变量对数值型因变量是否有显著影响。其中，所要检验的对象称为因子或因素，因子的不同表现称为水平。方差分析的基本步骤是：设计方案，搜集数据；建立假设；计算总方差、因子方差和随机方差；计算统计量 F 值，作 F 假设检验；作出统计决策。通常，当显著性水平小于 5% 时，认为差异显著，并具有统计意义。

列联表是指两个以上的变量进行交叉分类的频数分布表，又称频数交叉表。列联表可以从两个方面看，一是观察值分布，二是期望值分布。观察值分布又称条件分布，用条件频数、行百分数、总百分数等来描述，期望值分布是对某个变量的期望值的描述。列联表分析就是研究这两类分布的多个结果，以便确定二者之间关系的方法。卡

---

① 这样可以有效控制抽样误差。经计算，本次抽样的误差率约为 0.1%。

② 对于因受访者拒答造成的数据缺失，我们采用配对删除法进行了处理，因而下文各具体分析中调查对象的总数通常小于 5 000，且因分析内容的不同而有所差异，如：从性别看，有效样本为 4 988 份；从是否为独生子女看，有效样本则为 4 984 份。

方检验是分析列联表资料常用的假设检验方法。当显著性水平小于5％时，认为差异显著，并具有统计意义。

偏最小二乘结构方程分析是基于结构方程模型理论，利用偏最小二乘迭代算法计算客观赋权指数的一种统计学方法。该方法不要求严格的分布假设，且具有较好的收敛性与一致性，已经越来越广泛地应用于综合评价研究。

三、调查对象概述

在5 000名调查者中，男生2 138人，占总数的43％；女生2 850人，占总数的57％。男女生比例为75：100。[①] 其中，独生子女3 208人，占总数的64％；非独生子女1 776人，占总数的36％。[②] 如果从学历看，博士以上学历者76人，硕士研究生742人，本科生3 919人，大专生212人，此外还有少量高中、初中学历者等（详见图1）。[③]

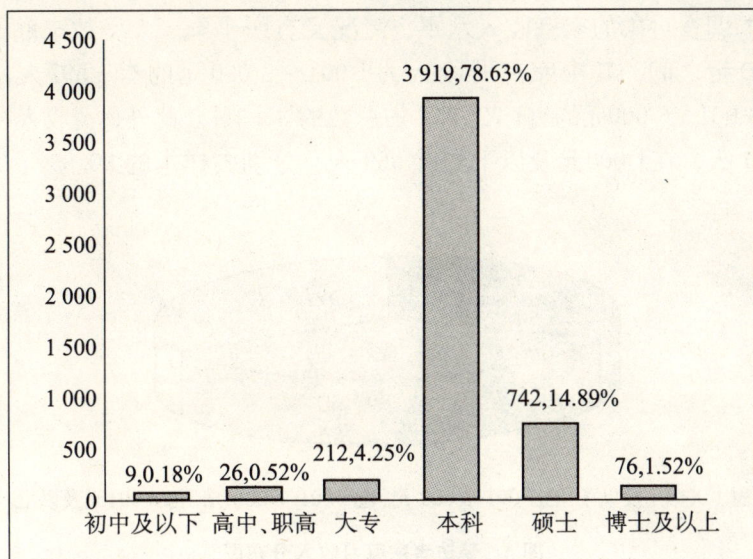

图1　受访者学历分布图

从年龄看，大多数志愿者集中在20～30岁，占总数的93.72％，达4 673人。除此之外，19岁及以下的有119人，31～40岁的有123人，41岁以上的有71人（见图2）。[④]

---

① 有12名受访者拒绝回答自己的性别，因而下文涉及受访者的性别时均以4 988份有效样本为基础。
② 有16名受访者拒绝回答自己是否为独生子女，因而下文涉及受访者是否为独生子女时均以4 984份有效样本为基础。
③ 有16名受访者拒绝回答自己的学历，因而下文涉及受访者的学历时均以4 984份有效样本为基础。
④ 有14名受访者拒绝回答自己的年龄，因而下文涉及受访者的年龄时均以4 986份有效样本为基础。

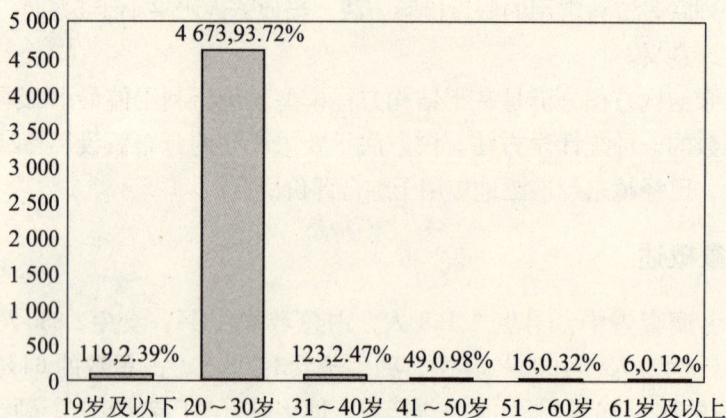

图2 受访者年龄分布图

如果考虑调查对象的家庭收入水平，情况又有所不同。大多数家庭的月收入在1 000～6 000元之间，其中家庭月收入为1 001～3 000元的有1 597人，占总数的32.7%，在3 001～6 000元的有1 725人，占总数的35.3%。此外，月收入在6 001元及以上的有991人，在1 000元及以下的有569人，分别占样本的20.3%、11.7%（见图3）。①

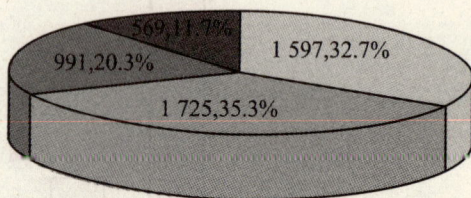

■1 000元及以下 □1 001～3 000元 ▨3 001～6 000元 ▨6 001元及以上

图3 受访者家庭月收入分布图

从志愿者的职业看，受访者中，学生4 550人，占总数的91.26%，事业单位工作人员206人，占总数的4.13%，企业工作人员118人，占总数的2.37%。其余的分别为政府工作人员、自由职业者、离退休人员和其他（见图4）。②

四、研究框架（见图5）

本报告主要分六部分，具体内容如下：

---

① 有118名受访者拒绝回答自己的收入水平，因而下文涉及受访者的收入水平时均以4 882份有效样本为基础。

② 有14名受访者拒绝回答自己的职业，因而下文涉及受访者的职业时均以4 986份有效样本为基础。

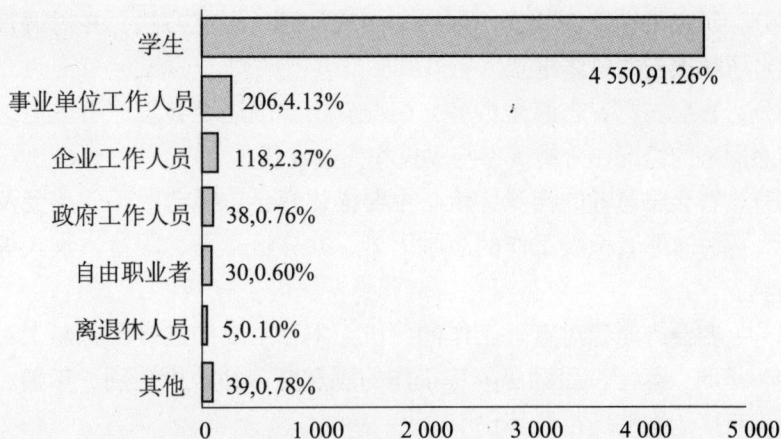

图4 受访者职业分布图

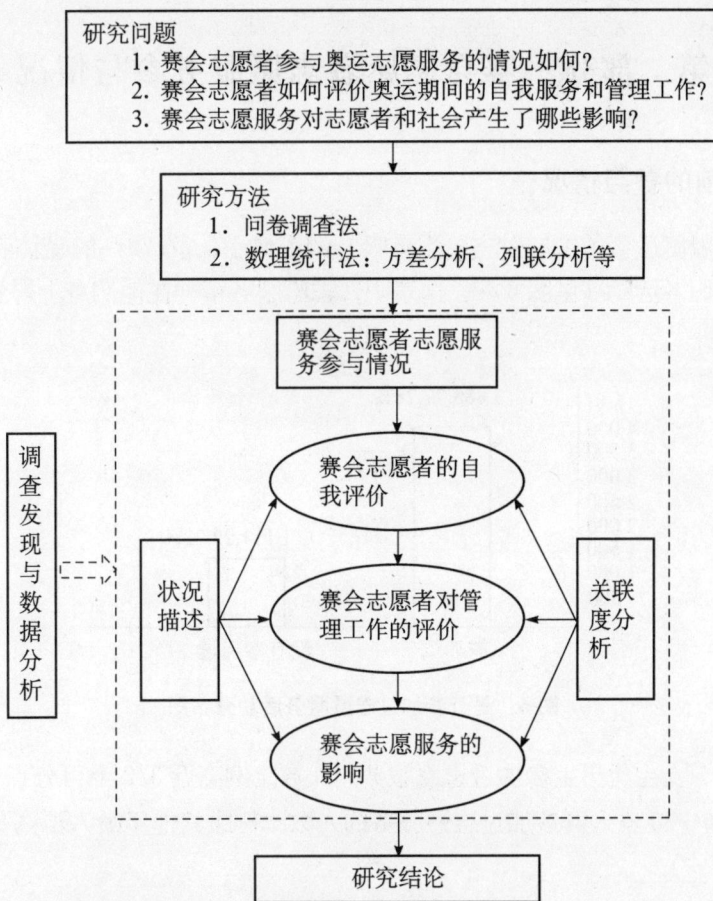

图5 研究框架与报告结构

第一部分，研究设计。主要介绍报告的研究问题、研究方法，并对调查对象进行描述，使读者了解报告的总体框架。

第二部分，赛会志愿者志愿服务参与情况。主要描述赛会志愿者奥运之前和奥运期间参与志愿服务的情况，分析其参与动机和参与收获。

第三部分，赛会志愿者的自我评价。主要描述赛会志愿者的工作感受及其对自己工作的评价，探讨志愿者积极工作的激励因素，并分析学历、职业、收入等因素对自我评价的影响。

第四部分，赛会志愿者对管理工作的评价。本章主要描述赛会志愿者对奥组委的招募、宣传、培训、运行、后勤保障等工作的满意度，并分析性别、年龄、收入、职业等因素对满意度的影响是否显著。

第五部分，赛会志愿服务的影响。主要分析志愿服务对志愿者和社会的影响。

第六部分，研究结论。主要总结报告的调查结果，探索奥运志愿服务的新模式。

第二部分 赛会志愿者志愿服务参与情况

一、奥运之前的参与情况

赛会志愿者奥运会前参加过志愿服务吗？调查显示，77.78%的受访者在奥运之前曾参与过志愿服务活动（见图6）[①]，这表明，志愿服务精神在他们身上得到了较好的传承。

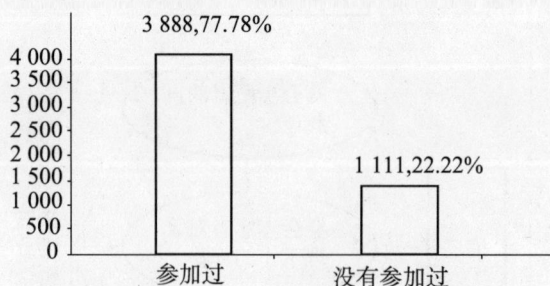

图6 是否参加过志愿服务活动分布图

具体而言，女生比男生参加过志愿服务的人数比例高近 3.2 个百分点，达 79.09%（见图7）[②]；20～30 岁人群参加过志愿服务的人数比例比其他年龄人群高 16.91 个百分

---

① 有1人拒绝回答。

② 本项有 12 份无效样本。在有效样本中，有 1 名男性受访者拒绝回答是否参加过志愿服务活动。

点，达 78.77%（见图 8）①。

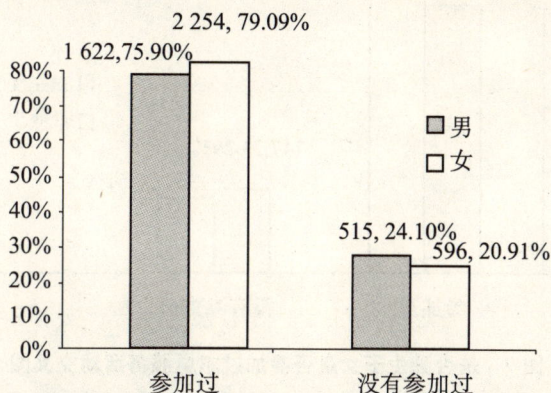

图 7　是否参加过志愿服务活动性别交叉图

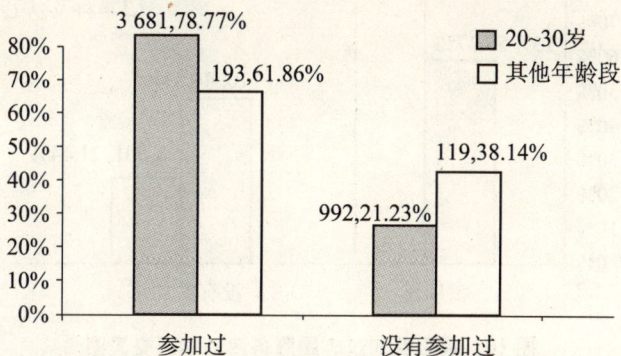

图 8　是否参加过志愿服务活动年龄交叉图

同时，非独生子女（79.49%）比独生子女（76.71%）高近 3 个百分点（见图 9）②，本科及以上学历人群（78.86%）比本科以下学历人群（55.47%）高近 24 个百分点（见图 10）③，学生（79.14%）比非学生（62.76%）高近 17 个百分点（见图 11）④，月收入 1 000 元以下群体（86.47%）明显高于其他群体（见图 12）⑤。

为什么仍有 22.22% 的志愿者奥运会前没有参加过志愿服务呢？调查发现，主要原因由高到低的排序依次是：缺乏参与渠道，不了解相关信息，没有合适的项目，没有

---

①　本项有 14 份无效样本。在有效样本中，有 1 名其他年龄段的受访者拒绝回答是否参加过志愿服务活动。
②　本项有 16 份无效样本。在有效样本中，有 1 名非独生子女拒绝回答是否参加过志愿服务活动。
③　本项有 16 份无效样本。在有效样本中，有 1 名本科及以上学历的受访者拒绝回答是否参加过志愿服务活动。
④　本项有 14 份无效样本。在有效样本中，有 1 名非学生受访者拒绝回答是否参加过志愿服务活动。
⑤　本项有 16 份无效样本。在有效样本中，有 1 名收入在 3 001～6 000 元的受访者拒绝回答是否参加过志愿服务活动。

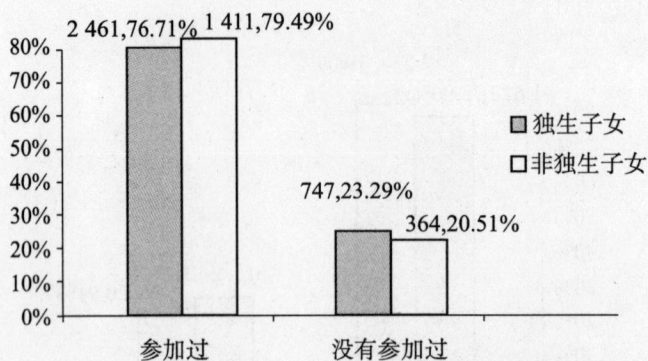

图 9　是否独生子女是否参加过志愿服务活动交叉图

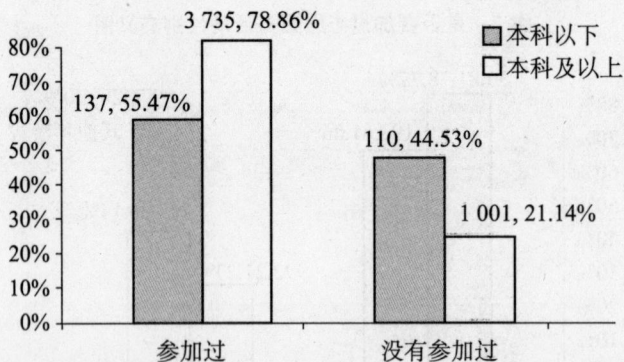

图 10　是否参加过志愿服务活动学历交叉图

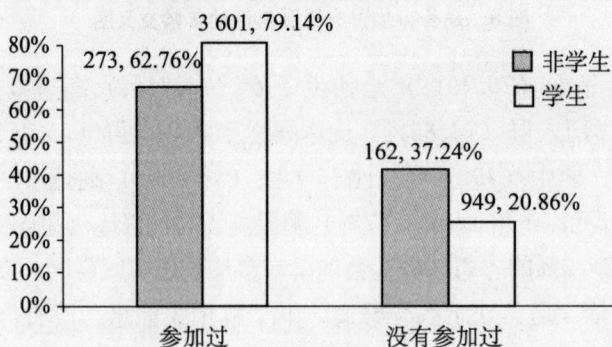

图 11　是否参加过志愿服务活动职业交叉图

时间参与，其比例见图 13。

　　总之，奥运之前近八成的志愿者参与过志愿服务，其中女生参与人数比男生多，青年人比其他人多，非独生子女比独生子女多，本科以上学历者比其他学历者多，学生比非学生多，低收入者比其他收入者多。为什么仍有超过两成的民众没有参与志愿

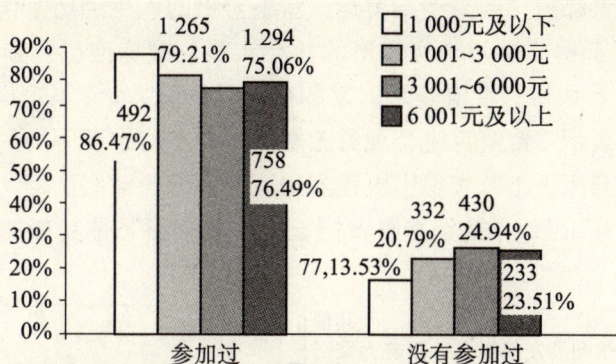

图 12　是否参加过志愿服务活动收入交叉图

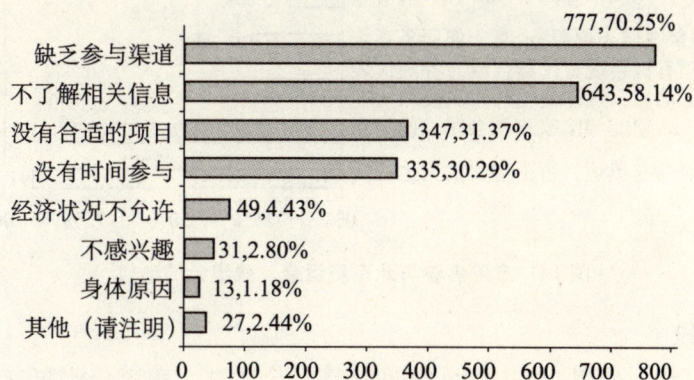

图 13　没有参加过志愿服务活动的原因分布图

服务呢？原因主要是缺乏参与渠道、不了解相关信息、没有合适的项目、没有时间参与，也就是说，不是他们不愿意参与志愿服务，而是受客观条件的限制，无法实现自己的参与梦想。这表明，奥运之前我国已有深厚的志愿服务传统。

二、奥运期间的参与情况

那么，在奥运期间，志愿者们的参与情况如何呢？首先，我们将志愿服务岗位分为专业志愿者和通用志愿者两类。调查显示，专业志愿者有 1 875 人，占总数的 38.3％，其余的均为通用志愿者。其次，我们从参与动机、参与阶段和参与领域三方面对志愿者的参与情况进行描述。

1. 参与动机

为什么志愿者要参与奥运服务？调查显示，"亲身参与奥运，留下宝贵的人生经历"、"作为一次宝贵的社会实践，锻炼自己"、"希望能为国家和社会尽一份力量"是最主要的原因，其比例分别高达 91.6％、80.0％、79.3％（详见图 14）。其中，专业志愿者和通用志愿者都将"亲身参与奥运，留下宝贵的人生经历"作为首要原因，但81.7%的通用志愿者将"作为一次宝贵的社会实践，锻炼自己"作为次要原因，而79.1%的专业志愿者则将"希望能为国家和社会尽一份力量"作为次要原因。此外，更多的专业志愿者表示"希望有机会观看比赛"是其参与志愿服务的重要原因，这与调查结论相一致，通用志愿者表现出更强烈的服务意识，他们认为"一直都在做志愿服务，有志愿服务意识"、"受到志愿者招募宣传的感召"是其参加志愿服务的重要原因。

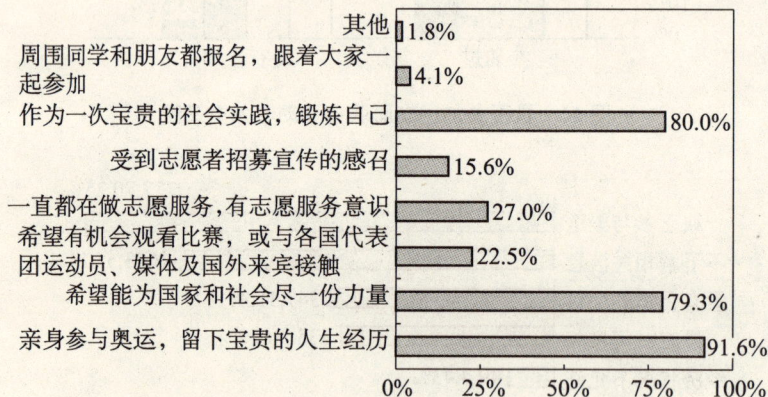

图14 志愿者参与北京奥运会、残奥会的动机

2. 参与阶段

我们将奥运会、残奥会划分为迎奥运、奥运会比赛、残奥会比赛三大阶段。调查显示，参与人数最多的是奥运会比赛阶段，占总数的86.28%，达4 314人次；其次是迎奥运阶段，占总数的45.80%；比例最小的是残奥会比赛阶段，占总数的51.42%（见图15）。

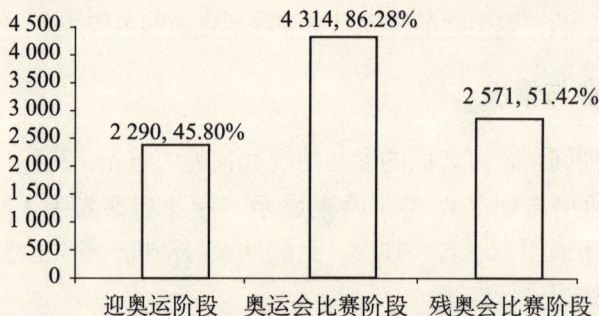

图15 参与奥运志愿服务工作阶段分布图

3. 参与领域

他们都在哪些领域从事志愿服务呢？调查结果显示，专业志愿者的工作领域集中在贵宾陪同及语言支持（404 人，21.55％）、媒体运行（333 人，17.76％）、竞赛组织（201 人，10.72％）、技术支持（188 人，10.03％）、医疗服务（184 人，9.81％）、住宿服务（167 人，8.91％）和安全检查（99 人，5.28％）等方面（见图 16），通用志愿者的工作领域主要分布在观众服务（1 590 人，51.61％）、交通（410 人，13.31％）、场馆运行（293 人，9.51％）和志愿者保障（206 人，6.69％）等方面（见图 17）。

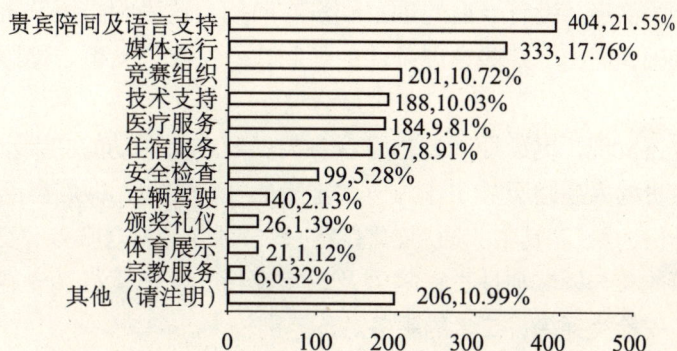

图 16　专业志愿者服务岗位分布图

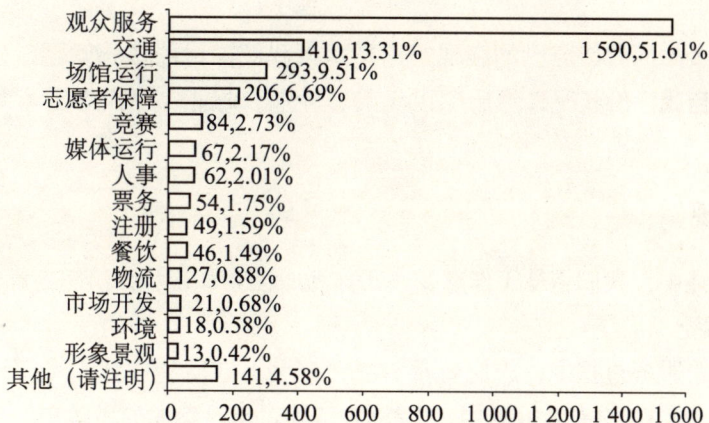

图 17　通用志愿者服务岗位分布图

　　总之，奥运期间，通用志愿者比专业志愿者多，他们参与奥运志愿活动的主要动机是"亲身参与奥运，留下宝贵的人生经历"、"作为一次宝贵的社会实践，锻炼自己"、"希望能为国家和社会尽一份力量"。通用志愿者的参与领域是观众服务、交通、场馆运行等，专业志愿者由于其工作性质，主要在贵宾陪同及语言支持、媒体运行、竞赛组织、技术支持、医疗住宿、安检交通等领域从事志愿服务，二者的服务对象差别较大。

三、小结

本章主要讨论了赛会志愿者奥运之前和奥运期间参与志愿服务的情况。研究发现，近八成的志愿者奥运之前就参与过志愿服务，其中女生、青年人、非独生子女、本科以上学历者、学生和低收入者参与较多，而没有参与志愿服务的原因主要是缺乏参与渠道、不了解相关信息、没有合适的项目和没有时间，这表明志愿服务传统在我国已有深厚的群众基础，但由于某些客观条件的限制，一些有志从事志愿服务的人无法实现自己的梦想。

此外，研究还发现，奥运期间，志愿者参与奥运志愿活动的主要动机是"亲身参与奥运，留下宝贵的人生经历"、"作为一次宝贵的社会实践，锻炼自己"、"希望能为国家和社会尽一份力量"。其中，通用志愿者的参与领域是观众服务、交通、场馆运行等，专业志愿者的参与领域则是贵宾陪同及语言支持、媒体运行、竞赛组织、技术支持、医疗住宿、安检交通等，二者的服务对象差别较大。

第三部分　赛会志愿者的自我评价

赛会志愿者如何看待自己的表现？这是本章我们探讨的核心问题，分析思路是先描述志愿者的自我评价状况，然后探讨年龄、性别、职业、收入等因素对其评价的影响程度。

一、调查发现

在状况描述中，我们将从工作感受、工作激励因素和自我评价三方面进行叙述。

1. 工作感受

在奥运志愿服务过程中，志愿者都有哪些感受？在问卷中我们专门设置了这一内容。调查表明，4 972份有效问卷中，2 289人认为对自己参加的奥运志愿者工作的各方面都很满意，1 544人认为工作内容单一枯燥，1 328人认为工作强度太大。另外，485位（9.7%）受访者认为其工作感受是工作职责不明确，不知道该干什么，243位（4.86%）受访者认为自己的能力难以达到岗位要求（见图18）。

2. 工作激励因素

激励志愿者努力工作的因素是什么？接受调查的5 000位志愿者认为，最能激发他们努力工作的情境依次是："服务对象对我的表扬和尊重"、"志愿者自我形成的团队精神"、"工作本身就是对我最大的褒奖"。此外，少数志愿者认为"管理部门发放更多的装备、纪念品等"、"上级主管的表扬"等也能激励其工作（详见图19）。

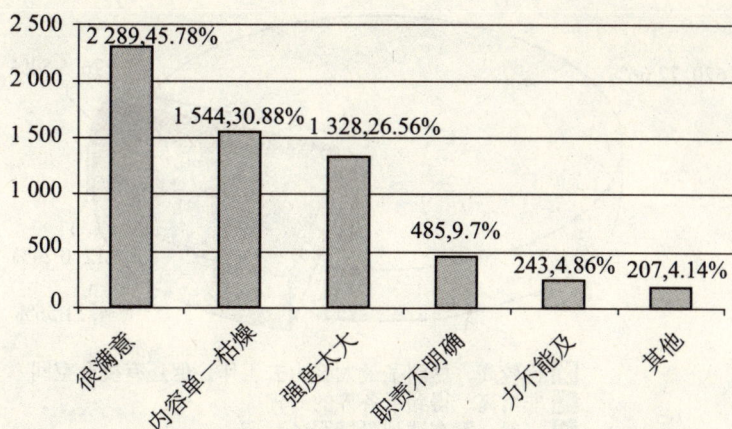

图18 志愿者工作感受图

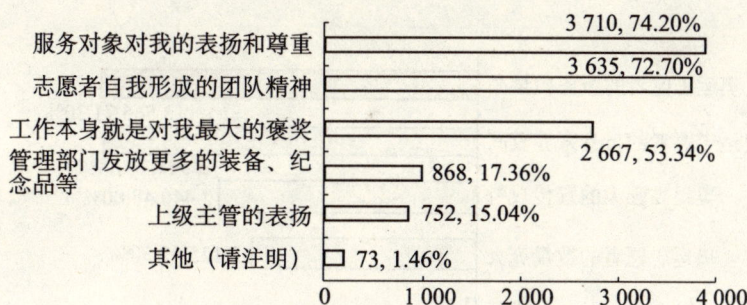

图19 志愿者工作激励因素图

3. 自我评价

4 982份有效问卷中，3 620位志愿者对自己在奥运中服务质量的评价是"比较高，尽到了最大努力去工作，但还有提升空间"，占总数的72.66%；1 074位志愿者的评价是"非常高，得到了各界的好评"，占总数的21.56%。另外，还有276位志愿者认为自己在奥运中的服务质量一般，没有达到最好服务状态；只有12位志愿者认为他们的工作质量比较低，工作效率不高（详见图20）。

4. 奥运志愿服务评价较高的原因

本届奥运会上，志愿服务得到了社会各界的高度评价，作为服务提供者，志愿者们如何看待这一现象？4 980份有效问卷中，3 565位志愿者认为"奥运志愿者的服务质量高"是奥运会志愿服务赢得较高评价的原因，3 544位志愿者认为"奥运志愿者的自身素养较高"是评价较高的原因，2 440位志愿者认为"奥组委强大的宣传攻势"是评价较高的原因。另外，还有2 125位志愿者认为"奥运志愿者的数量庞大"是各界对本届奥运会志愿服务评价较高的原因（见图21）。

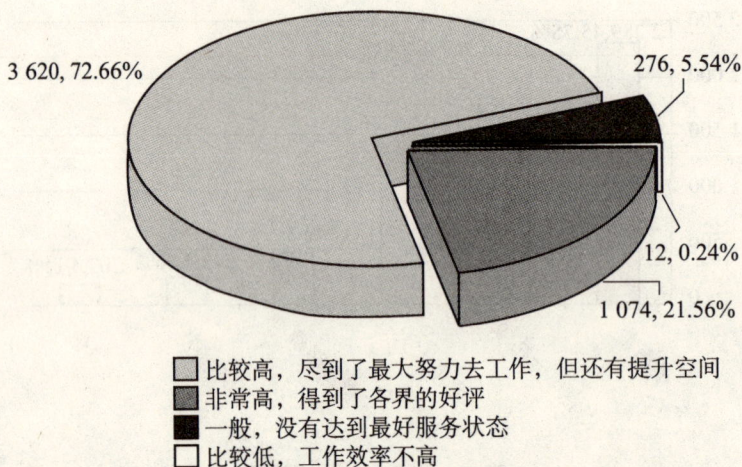

3 620, 72.66%　276, 5.54%

12, 0.24%

1 074, 21.56%

　比较高，尽到了最大努力去工作，但还有提升空间
　非常高，得到了各界的好评
　一般，没有达到最好服务状态
　比较低，工作效率不高

图20　志愿者服务质量自我评价图

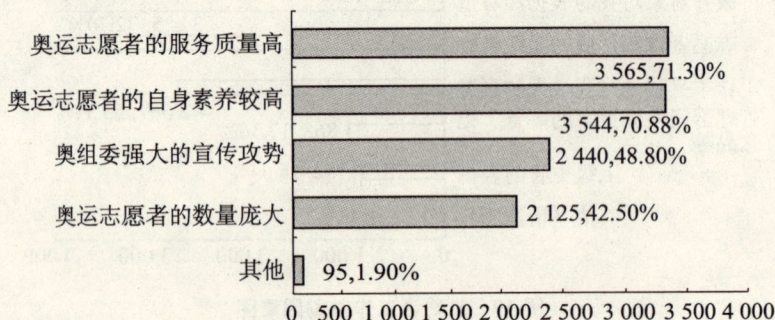

奥运志愿者的服务质量高　　3 565,71.30%
奥运志愿者的自身素养较高　3 544,70.88%
奥组委强大的宣传攻势　　　2 440,48.80%
奥运志愿者的数量庞大　　　2 125,42.50%
其他　95,1.90%

0　500　1 000　1 500　2 000　2 500　3 000　3 500　4 000

图21　奥运会志愿服务评价较高的原因

　　总之，接近一半的志愿者对自己奥运期间的工作很满意；超过七成的志愿者认为最能激励其努力工作的因素是服务对象的表扬和尊重及志愿者自我形成的团队精神；超过七成的志愿者认为自己在奥运会中的服务质量较高，不过还有提升空间；超过七成的志愿者认为本届奥运会志愿者服务评价较高得益于奥运志愿者的较高素质和良好服务。这表明，志愿者对其志愿服务工作的自我评价较高。

二、影响因素分析

　　那么，有哪些因素影响志愿者的自我评价呢？在这一部分，我们主要选取独生子女、教育水平、职业身份、志愿者类型这几个因素，在5％的显著性水平上进行交叉列联分析，试图探究上述因素对志愿者的自我评价是否有显著影响。

　　1. 是否为独生子女

　　在这一部分，我们主要考察独生子女和非独生子女在工作感受、自我服务质量和奥运志愿服务评价较高的原因等方面的差异是否显著，分析框架如表1所示。

表1　　　　"独生子女/非独生子女—志愿服务自我评价"的交叉列联分析表

	独生子女/非独生子女
工作感受	(1)
自我服务质量	(2)
原因解析	(3)

（1）工作感受。

调查显示，受访的3 204位独生子女中[1]，1 484位对志愿工作很满意，占总数的46.32%；960位认为工作内容单一枯燥，占总数的29.96%；871位认为工作强度大，占总数的 27.18%。相比而言，在非独生子女受访志愿者中，这一比例分别是45.29%、32.88%、25.72%（见图22）。也就是说，独生子女志愿者对工作的感受优于非独生子女志愿者。

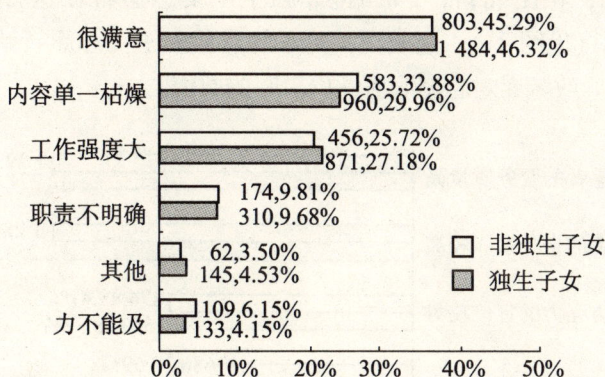

图22　　"独生子女与否—志愿服务工作感受"交叉分布图

（2）自我服务质量。

接受调查的3 205位独生子女志愿者中[2]，72.45%（2 322位）认为他们在奥运中的服务质量较高，不过还有提升空间；22.71%（728位）对他们在奥运中的服务质量评价非常高。相比而言，1 773位非独生子女志愿者在这方面的比例分别是 73.10% 和19.46%（见图23）。这表明，不论是独生子女还是非独生子女，他们对自己在奥运中的表现都给予了较高评价，不过有一点非常明显：独生子女志愿者的评价普遍比非独生子女高。

---

[1]　分别有4位独生子女和3位非独生子女没有作出回答。
[2]　分别有3位独生子女和3位非独生子女没有作出回答。下同。

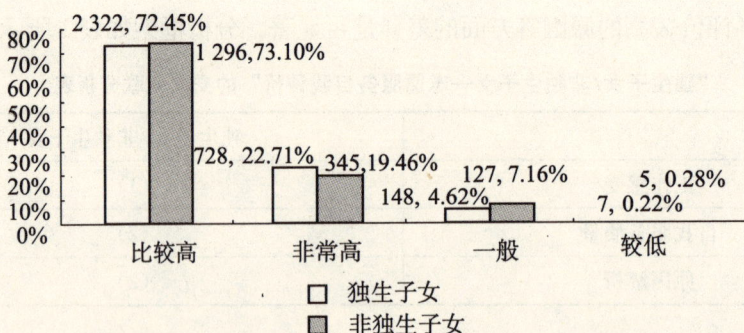

图23　"独生子女与否—奥运服务质量"交叉分布图

（3）原因解析。

接受调查的3 205位独生子女中，70.86％的独生子女志愿者（2 271位）认为"奥运志愿者的服务质量高"使得各界对本届奥运会志愿服务评价颇高，70.33％（2 254位）的独生子女志愿者认为"奥运志愿者的自身素养较高"是导致各界对奥运志愿服务评价较高的原因；相比而言，1 773位非独生子女志愿者在这方面的比例分别是72.93％和72.65％（见图24）。这表明，更多的非独生子女志愿者认为志愿者的高素质和高质量服务是导致各界对志愿服务评价较高的原因。

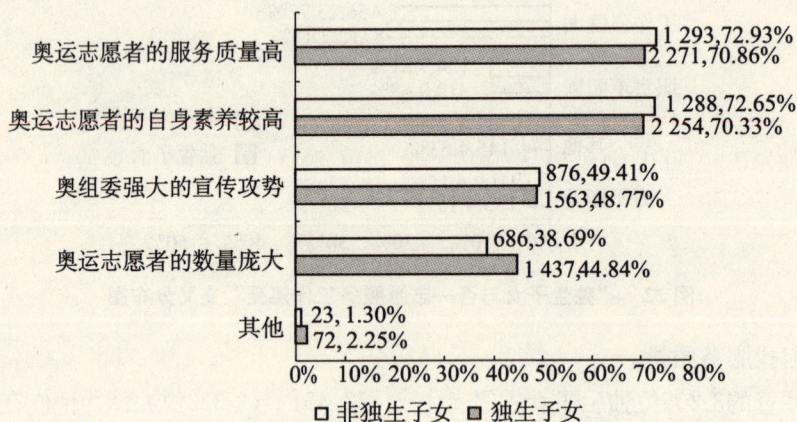

图24　"独生子女与否—奥运志愿服务评价较高的原因"交叉分布图

总之，独生子女的工作满意度更高，他们认为工作内容并非单一枯燥，但是工作强度较大；非独生子女的满意度较低，他们认为工作内容单一枯燥，但强度不大。在工作质量的自我评价上，独生子女普遍比非独生子女高。同时，独生子女和非独生子女都将奥运志愿服务评价较高归因于志愿者的高素养和高质量服务，但非独生子女的比例更高；不过更多的独生子女认为奥组委的强大宣传攻势是社会评价较高的重要原因。

2. 教育水平

在教育水平中，我们将受访者分为本科及以上学历和本科以下学历，分别考察这两类志愿者在工作感受和工作激励因素上的差异是否显著，分析框架如表2所示。

表2 **"教育水平—志愿服务自我评价"的交叉列联分析表**

	本科及以上学历志愿者/本科以下学历志愿者
工作感受	(1)
工作激励因素	(2)

（1）工作感受。

4 734位本科及以上学历受访者中[1]，45.23％的志愿者（2 141位）对志愿工作的各方面都很满意，31.56％（1 494位）的志愿者认为工作内容单一枯燥，26.72％（1 265位）的志愿者认为工作强度大；相比而言，247位本科以下学历志愿者中，选择这些选项的比例分别是59.92％、20.24％和25.51％（见图25）。这说明，本科以下学历志愿者对工作的感受优于本科及以上学历的志愿者。

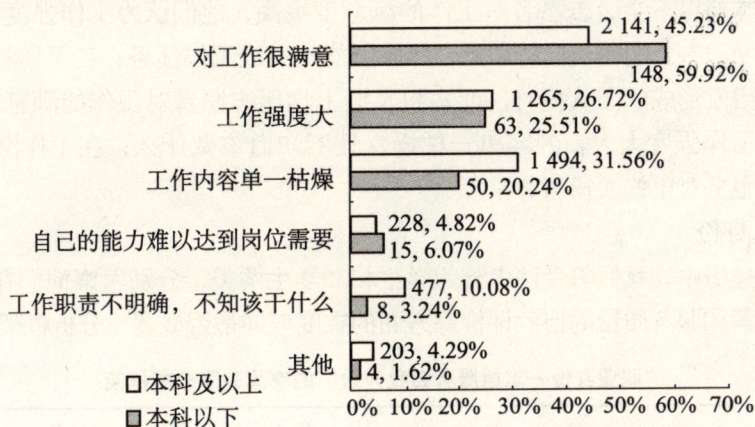

图25 **"教育水平—奥运工作感受"交叉分布图**

（2）工作激励因素。

4 735位本科及以上学历志愿者中[2]，75.14％（3 558位）的受访者选择服务对象的表扬和尊重，72.97％的受访者（3 455位）选择自我形成的团队精神，53.24％（2 521位）的受访者选择工作本身；相比而言，247位本科以下学历志愿者中，选择服务对象的表扬和尊重、自我形成的团队精神和工作本身的分别占61.54％（152位）、72.87％（180位）和59.11％（146位）（见图26）。可以看出，本科及以上学历的志愿者更看

---

① 有3位本科及以上学历的受访者没有作出回答。

② 有2位本科及以上学历的受访者没有作出回答。

重服务对象的表扬和尊重的激励作用，而本科以下学历的志愿者则更受志愿者自发形成的团队精神的激励。

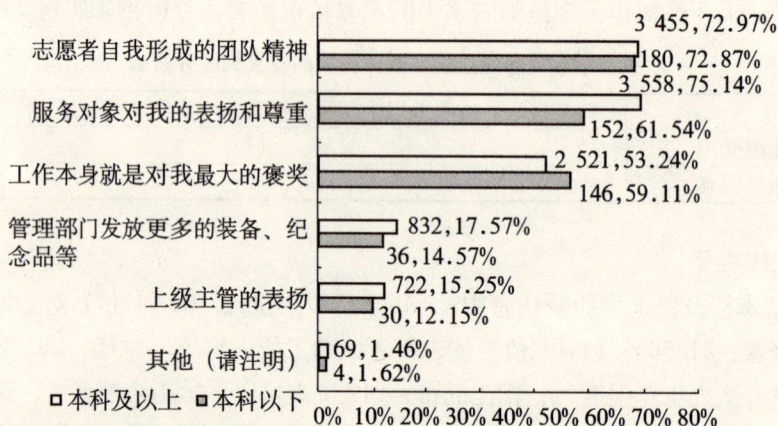

图 26 "教育水平—工作激励因素"交叉分布图

志愿者自我形成的团队精神　3 455, 72.97% / 180, 72.87%
服务对象对我的表扬和尊重　3 558, 75.14% / 152, 61.54%
工作本身就是对我最大的褒奖　2 521, 53.24% / 146, 59.11%
管理部门发放更多的装备、纪念品等　832, 17.57% / 36, 14.57%
上级主管的表扬　722, 15.25% / 30, 12.15%
其他（请注明）　69, 1.46% / 4, 1.62%
□本科及以上　■本科以下
0% 10% 20% 30% 40% 50% 60% 70% 80%

图 26　"教育水平—工作激励因素"交叉分布图

总之，本科以下学历志愿者对工作的满意度更高，他们认为工作强度不大，内容并非单一枯燥，并且明确自己的职责，尽己所能地完成工作任务；在工作激励因素上，他们更看重自发形成的团队精神。而本科及以上学历志愿者对工作的满意度较低，更多的人认为工作强度太大，内容单一枯燥，且不知道该做什么；在工作激励因素上，他们更看重服务对象的表扬与尊重。

3. 职业身份

在职业身份中，我们将受访者分为学生和非学生两类，分别考察他们在工作感受、工作激励因素和服务质量的自我评价等方面的态度差异是否显著，分析框架如表3。

表3　"职业身份—志愿服务自我评价"的交叉列联分析框架

	学生志愿者/非学生志愿者
工作感受	(1)
工作激励因素	(2)
服务质量的自我评价	(3)

（1）工作感受。

接受调查的4 544位学生志愿者和435位非学生志愿者中[①]，有45.2%的学生志愿者（2 054位）对志愿工作的各方面都很满意，有32.0%的学生志愿者（1 453位）认为工作内容单一枯燥，有26.3%的学生志愿者（1 193位）认为工作强度大；相比而言，

---

① 有 6 位学生志愿者和 1 位非学生志愿者没有作出回答。

非学生志愿者在这些方面的比例分别是 53.8%、20.7%、31.0%。也就是说，非学生志愿者对工作的感受优于学生志愿者。

（2）工作激励因素。

接受调查的 4 545 位学生志愿者和 435 位非学生志愿者中[1]，有 75.4% 的学生志愿者（3 425 位）认为服务对象的表扬和尊重最能激发他们努力工作，其次分别是志愿者自我形成的团队精神和工作本身，其比例分别是 73.1%（3 324 位）、52.4%（2 383位）。相比而言，非学生志愿者最看重的是志愿者自我形成的团队精神，其比例高达71.3%，其次分别是服务对象的表扬和尊重、工作本身，比例分别是 65.5%、65.1%。这表明，学生志愿者更看重服务对象的表扬和尊重的激励作用，而非学生志愿者则更受志愿者自我形成的团队精神的激励。

（3）服务质量的自我评价。

接受调查的 4 545 位学生志愿者和 435 位非学生志愿者中，73.5% 的学生志愿者（3 342 位）认为他们在奥运中的服务质量较高，尽过最大努力去工作，但还有提升空间，20.7% 的学生志愿者（939 位）对他们在奥运中的服务质量评价非常高；相比而言，非学生志愿者中这一比例分别是 63.7%（277 位）、30.8%（134 位）。也就是说，更多的学生志愿者认为自己的服务还有改善的空间，更多的非学生志愿者对自身的服务评价较高。

总之，从职业身份看，学生志愿者对工作的感受普遍较差，他们看重服务对象的表扬和尊重对自己的激励作用，并认为自身的服务存在进一步改善的空间。而非学生志愿者的工作感受高于学生志愿者，他们更看重自发形成的团队精神对自己的激励作用，并且对自身的服务评价较高。

4. 志愿者类型

我们将志愿者分为通用志愿者和专业志愿者两类，分别考察他们在工作感受和工作激励因素方面的差异，分析框架如表 4。

表 4　　　　　"志愿者类型—志愿服务自我评价"的交叉列联分析框架

	通用志愿者/专业志愿者
工作感受	（1）
工作激励因素	（2）

（1）工作感受。

接受调查的 3 089 位通用志愿者中，43.77%（1 352 位）的受访者对志愿工作的各方面都很满意，26.71%（825 位）的受访者认为工作强度大，34.87%（1 077 位）的

---

[1] 有 5 位学生志愿者和 1 位非学生志愿者没有作出回答。下同。

受访者认为工作内容单一枯燥；相比而言，1 866 位专业志愿者在这些方面的比例分别是 49.52%（924 位）、26.80%（500 位）和 25.03%（467 位）（见图 27）。① 这意味着，专业志愿者对工作的感受优于通用志愿者。

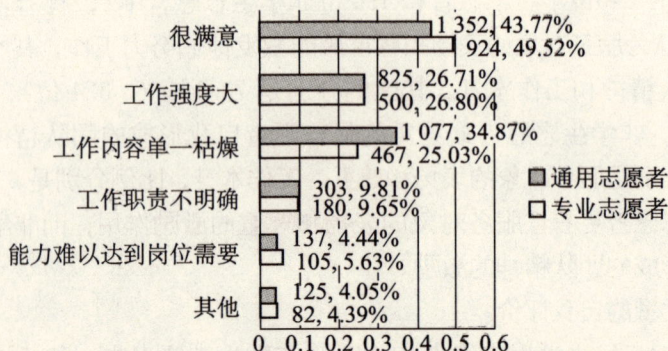

图 27　工作感受交叉分布图

（2）工作激励因素。

接受调查的 3 094 位通用志愿者中，75.40% 的受访者（2 333 位）认为最能激发自己努力工作的情境是服务对象的表扬和尊重，其次是自发形成的团队精神和工作本身，比例分别是 74.56%（2 307 位）、52.46%（1 623 位）。相比而言，1 871 位专业志愿者在这些方面的比例分别是 73.22%（1 370 位）、70.71%（1 323 位）、55.42%（1 037 位）（见图 28）。② 可以看出，通用志愿者更重视服务对象的尊重、表扬和团队精神的激励作用，专业志愿者更看重工作本身的激励作用。

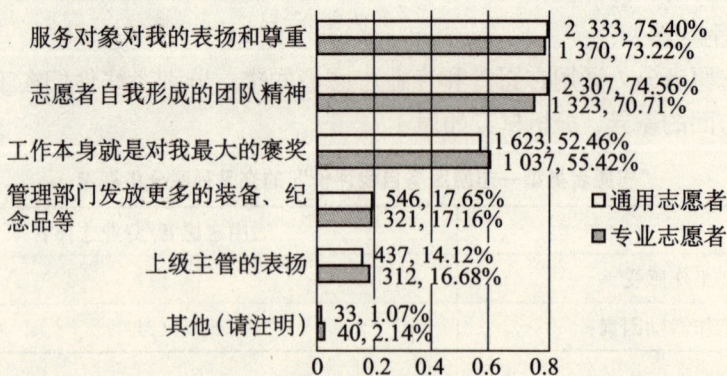

图 28　工作激励情境交叉分布图

---

① 有 5 位通用志愿者和 9 位专业志愿者没有作出回答。

② 有 4 位专业志愿者没有作出回答。

总之，专业志愿者的工作满意度更高，较少认为内容单一枯燥，而通用志愿者的工作满意度较低，他们认为工作内容单一枯燥，不过两类志愿者在工作强度和职责是否明确上没有较大差异。在工作激励因素上，两类志愿者都看重服务对象的表扬、尊重和团队精神，但通用志愿者选择的比例更高，相反，更多的专业志愿者重视工作本身带来的激励。

三、小结

本章主要描述了赛会志愿者对奥运志愿服务的自我评价情况，研究发现：志愿者对其志愿服务工作的自我评价较高，其中独生子女对自己的表现更加满意，他们和非独生子女都将奥运志愿服务评价较高归因于志愿者的高素养和高质量服务。从学历看，本科以下学历志愿者的满意度更高，他们更看重自发形成的团队精神的激励作用；而本科及以上学历志愿者对工作的满意度较低，他们更看重服务对象的表扬与尊重。从职业身份看，学生志愿者对工作的感受普遍较差，他们看重服务对象的表扬和尊重对自己的激励作用；而非学生志愿者的工作感受高于学生志愿者，他们更看重自发形成的团队精神对自己的激励作用。从志愿者类型看，通用志愿者的工作满意度低于专业志愿者；在工作激励因素上，两类志愿者都看重服务对象的表扬、尊重和团队精神对自己的激励作用。

第四部分　赛会志愿者对管理工作的评价

赛会志愿者对奥组委的管理工作作何评价？本章主要分析这一问题。在分析时，我们主要围绕满意度这个核心概念展开叙述。所谓满意度，是"用户接受产品或服务的实际感受与其期望值比较的评价"[①]，从某种程度上讲，它是调查对象的感知水平，体现为特定的心理感受，如满意、不满意等，因而具有"主观性、层次性、相对性、阶段性"[②] 的特点。在企业管理和经济学等领域，人们已经开发出不同的测评用户满意度的指标，比较常见的有比例法、均值法和结构方程模型法等。本报告在调查问卷的基础上，以上述方法为基础，开发出测评赛会志愿者对奥组委管理工作的满意度指数模型，该模型包括业务主管、招募、培训、宣传、运营、保障六大测评维度（详见图29）。

[①]　贺秀丽：《用户满意度指数的测量——形成和保护企业的竞争优势》，中国海洋大学2003年硕士学位论文，第7页。

[②]　黄坚平、李晋明：《用户满意理念及用户满意度指数在中国的应用》，载《北京商学院学报（社会科学版）》，2000（5），60～61页。

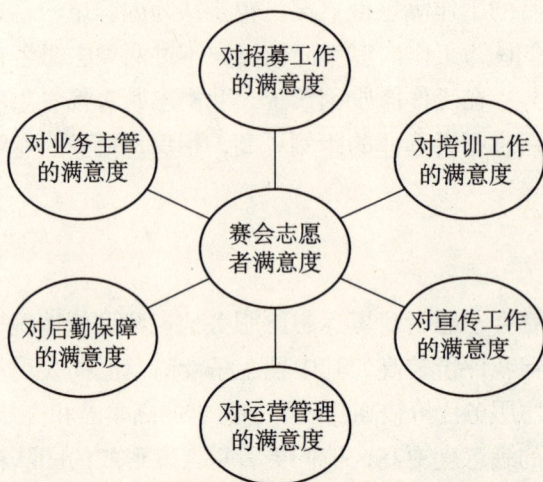

图 29　赛会志愿者管理工作综合满意度结构图

在测评时，所有项目均按照满意程度的高低设置 1～5 的分值，1 分代表非常不满意，2 分代表不满意，3 分代表满意，4 分代表比较满意，5 分代表非常满意，为了真实反映现实状况，我们还设置了"说不清"这一选项。[①] 通过让受访者填答问卷，我们获得了志愿者对奥组委管理工作的满意度信息，因而本部分接下来首先描述调查发现，然后分析不同性别、年龄、职业等的志愿者在满意度水平上是否有显著差异。

一、调查发现

1. 对业务主管的满意度

在业务主管中，我们设置了五个测评指标：责任心与工作态度、工作能力、对志愿者的关心程度、对志愿者的尊重程度、与志愿者的亲密程度，其具体含义见表5。

表 5　　　　　　　　　赛会志愿者对业务主管的满意度测评框架

测评指标	具体含义
责任心与工作态度	是否敢于负责，心系集体，认真工作，追求卓越
工作能力	是否能够完成各项工作任务
对志愿者的关心程度	是否关心志愿者的工作状态与个人成长
对志愿者的尊重程度	在工作中是否尊重志愿者的意见
与志愿者的亲密程度	是否与志愿者形成了良好的上下级关系

---

① 详见《赛后志愿者调查问卷》第10题、第15题。

(1) 责任心与工作态度。4 981 位受访者中①，96 位（1.93%）志愿者非常不满意，127 位（2.55%）志愿者不满意，519 位（10.42%）志愿者满意，1 486 位（29.83%）志愿者比较满意，2 684 位（53.88%）志愿者非常满意（见图30）。可以看出，约94%的受访者对业务主管的责任心与工作态度是满意的，这表明业务主管的责任心与工作态度受到了志愿者的较高认同。②

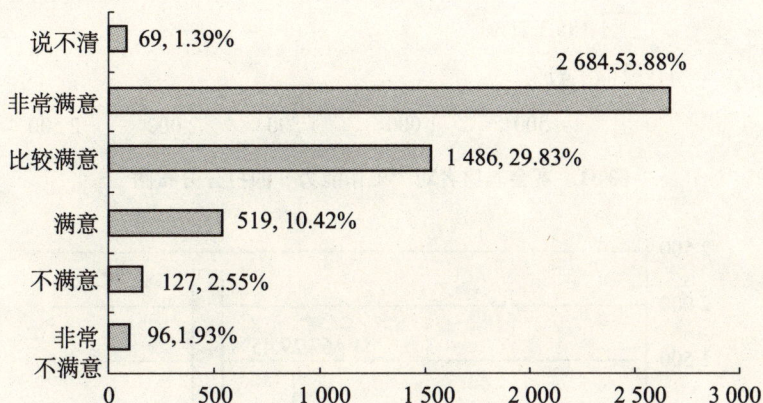

图30　赛会志愿者对"责任心与工作态度"的打分分布图

(2) 工作能力。4 981 位受访者中③，98 位（1.97%）志愿者对其业务主管的工作能力打 1 分，185 位（3.71%）志愿者打 2 分，675 位（13.55%）志愿者打 3 分，1 669 位（33.51%）志愿者打 4 分，2 270 位（45.57%）志愿者打 5 分（见图31）。可以看出，92.63%的志愿者对业务主管的工作能力是满意的，其中79.08%的志愿者满意度较高。

(3) 对志愿者的关心程度。4 981 位受访者中④，151 位（3.03%）志愿者非常不满意，251 位（5.04%）志愿者不满意，670 位（13.45%）志愿者满意，1 467 位（29.45%）志愿者比较满意，2 382 位（47.82%）志愿者非常满意（见图32）。可以看出，90.72%的志愿者认同主管对他们的关心，其中77.27%的志愿者认同度较高。

(4) 对志愿者的尊重程度。4 981 位受访者中⑤，151 位（3.03%）志愿者打1 分，192 位（3.85%）志愿者打 2 分，535 位（10.74%）志愿者打 3 分，1 455 位（29.21%）志愿者打 4 分，2 596位（52.12%）志愿者打 5 分（见图33）。这表明，92.07%的志愿者认为业务主管在日常的管理工作中是尊重他们的，其中81.33%的志

---

① 本项有 19 份无效样本。
② 在计算满意度时，我们以≥3分为"满意"标准。下文中如果没有特殊说明，计算标准同此。
③ 本项有 19 份无效样本。
④ 本项有 19 份无效样本。
⑤ 本项有 19 份无效样本。

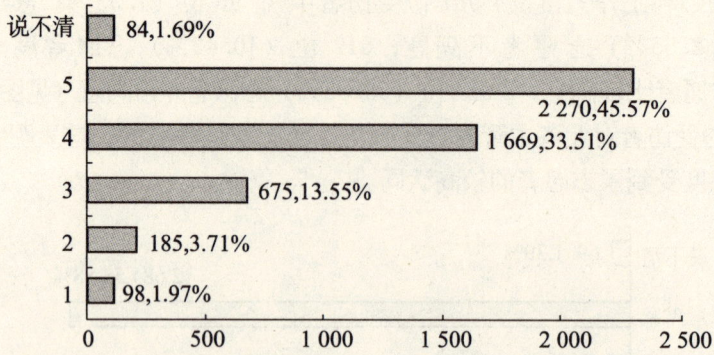

图 31　赛会志愿者对"工作能力"的打分分布图

说不清　84,1.69%
5　2 270,45.57%
4　1 669,33.51%
3　675,13.55%
2　185,3.71%
1　98,1.97%

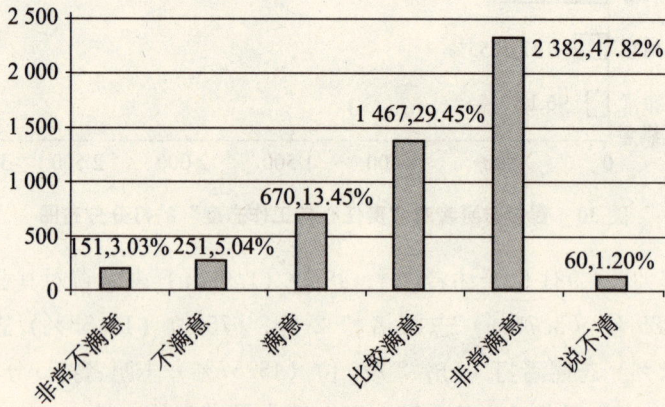

图 32　对志愿者的关心程度打分分布图

非常不满意　151,3.03%
不满意　251,5.04%
满意　670,13.45%
比较满意　1 467,29.45%
非常满意　2 382,47.82%
说不清　60,1.20%

愿者认为业务主管非常尊重他们的意见。

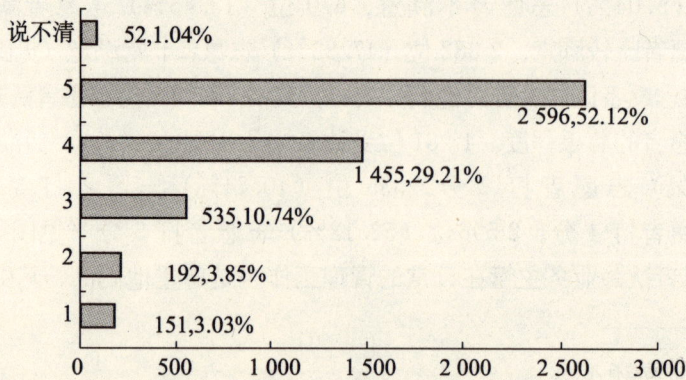

图 33　对志愿者的尊重程度打分分布图

说不清　52,1.04%
5　2 596,52.12%
4　1 455,29.21%
3　535,10.74%
2　192,3.85%
1　151,3.03%

（5）与志愿者的亲密程度。4 980 位受访者中①，183 位（3.67%）志愿者打 1 分，276 位（5.54%）志愿者打 2 分，836 位（16.79%）志愿者打 3 分，1 571 位（31.55%）志愿者打 4 分，2 046 位（41.08%）志愿者打 5 分（见图 34）。这表明，近 90% 的志愿者对其与上级间的关系是满意的，其中近 73% 的志愿者满意度较高。

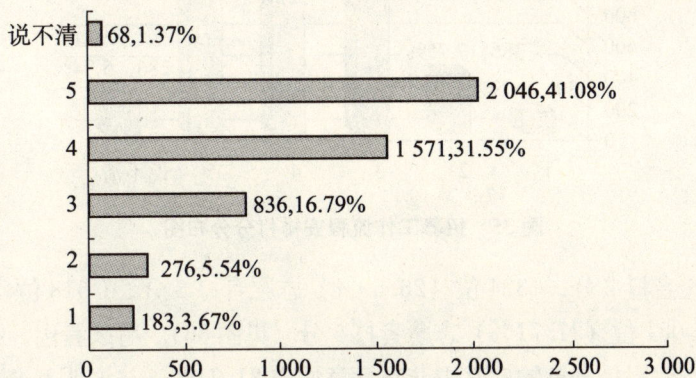

图 34　与志愿者的亲密程度打分分布图

总之，绝大多数赛会志愿者对业务主管的责任心与工作态度、工作能力是满意的，他们高度认同业务主管对自己的关心，认为业务主管在日常的管理工作中能够尊重他们的意见，并与之建立了良好的上下级关系。

2. 对招募工作的满意度

在招募工作中，我们主要从流程安排是否合理和工作效率两方面进行测评，详细内容见表 6。

表 6　　　　　　　　赛会志愿者对招募工作的满意度测评框架

测评指标	具体含义
流程安排	程序设置是否合理，是否考虑了申请者的需要，是否为申请者提供了便利。
工作效率	回应问题是否及时，招募成本是否最小，是否招聘到最优秀的志愿者。

（1）流程安排。4 980 位受访者中②，139 位（2.79%）志愿者打 1 分，386 位（7.75%）志愿者打 2 分，1 181 位（23.71%）志愿者打 3 分，1 738 位（34.90%）志愿者打 4 分，1 250 位（25.10%）志愿者打 5 分（见图 35）。可以看出，83.71% 的志愿者对招募工作的流程安排是满意的，其中约 1/4 的志愿者非常满意。

（2）工作效率。4 979 位受访者中③，233 位（4.68%）志愿者打 1 分，627 位

---

① 本项有 20 份无效样本。
② 本项有 20 份无效样本。
③ 本项有 21 份无效样本。

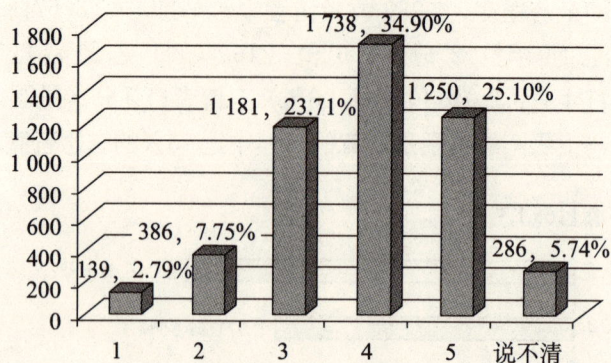

图35 招募工作流程安排打分分布图

(12.59%) 志愿者打 2 分，1324 位 (26.59%) 志愿者打 3 分，1 518 位 (30.49%) 志愿者打 4 分，1 081 位 (21.71%) 志愿者打 5 分（见图 36）。可以看出，约 78.8% 的志愿者对招募工作效率是满意的，其中非常满意的占 21.71%，这说明赛会志愿者对招募工作效率的满意度较高。

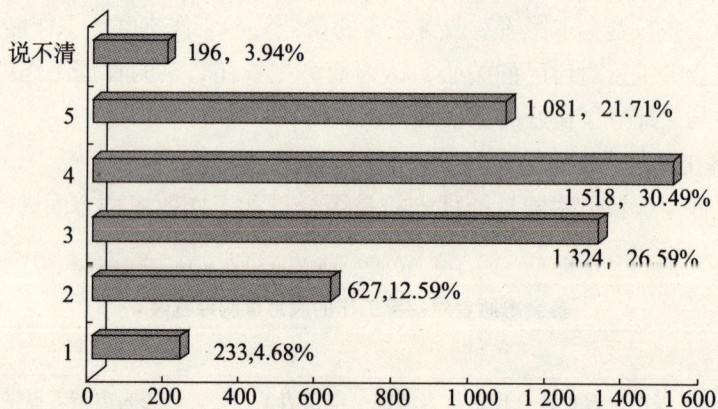

图36 招募工作效率打分分布图

总之，无论是招募的流程安排还是工作效率，80% 左右的志愿者都比较满意。相比而言，招募工作效率的满意度更低，这是今后需要改进的地方。

3. **对培训工作的满意度**

在培训工作中，我们从培训内容和培训质量两方面进行测评，其中，培训内容包括：学校组织的通用知识培训，奥组委相关部门组织的专项业务培训，场馆统一组织的场馆知识、专业知识培训和场馆业务主管组织的训练辅导；培训质量包括培训教材、培训师资、培训形式、培训时间、培训内容的实用性和有效性。其具体含义见表 7。

表7   **赛会志愿者对培训工作的满意度测评框架表**

测评指标		具体含义
培训内容	学校组织的通用知识培训	是否符合实际需要，培训效果如何
	奥组委相关部门组织的专项业务培训	是否符合实际需要，培训效果如何
	场馆统一组织的场馆知识、专业知识培训	是否符合实际需要，培训效果如何
	场馆业务主管组织的训练辅导	是否符合实际需要，培训效果如何
培训质量	课程教材	是否权威，是否符合实际需要
	师资	学历、职称、结构、授课水平
	形式	多样化，符合受众特点
	时间	长短、安排是否合理
	内容的实用性	是否符合相关岗位的工作需要
	内容的有效性	培训后志愿者是否受益

(1) 培训内容。

1) 学校组织的通用知识培训。

调查显示，4 981 位受访者中①，126 位打 1 分，占总数的 2.53%；356 位打 2 分，占总数的 7.15%；1 300 位打 3 分，占总数的 26.10%；1 511 位打 4 分，占总数的 30.34%；958 位打 5 分，占总数的 19.23%（见图 37）。可以看出，75.67%的志愿者对"学校组织的通用知识培训"是满意的，其中 19.23%的志愿者非常满意。

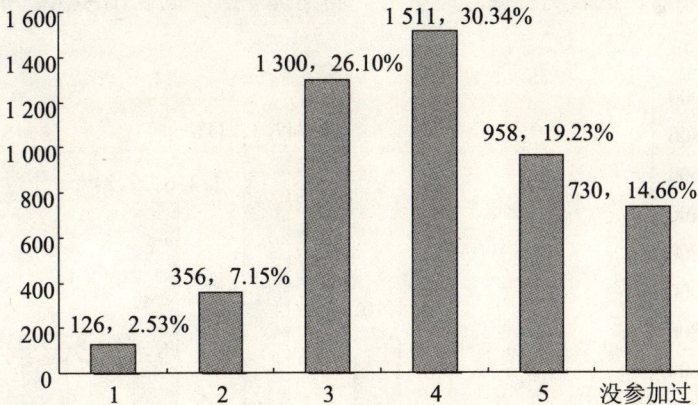

图37 学校组织的通用知识培训满意度分布图

2) 奥组委相关部门组织的专项业务培训。

4 982 位受访者中②，88 位志愿者打 1 分，228 位志愿者打 2 分，948 位志愿者打 3

---

① 本项有 19 份无效样本。

② 本项有 18 份无效样本。

分，1 805 位志愿者打 4 分，1 520 位志愿者打 5 分（见图 38）。可以看出，约 2/3 的志愿者打分在 4 分及以上，表明赛会志愿者对"奥组委相关部门组织的专项业务培训"的满意度较高。

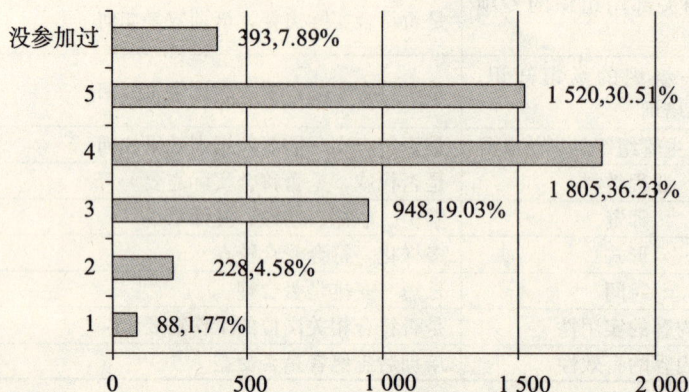

图38 奥组委相关部门组织的专项业务培训满意度分布图

3）场馆统一组织的场馆知识、专业知识培训。

在 4 981 位受访志愿者中[①]，94 位志愿者打 1 分，209 位志愿者打 2 分，814 位志愿者打 3 分，1 749 位志愿者打 4 分，1 456 位志愿者打 5 分，各分值的比例依次是 1.89%、4.20%、16.34%、35.11%、29.23%（见图 39）。可以看出，不满意的比例仅占总数的 6.09%，这表明赛会志愿者对"场馆统一组织的场馆知识、专业知识培训"的满意度非常高。

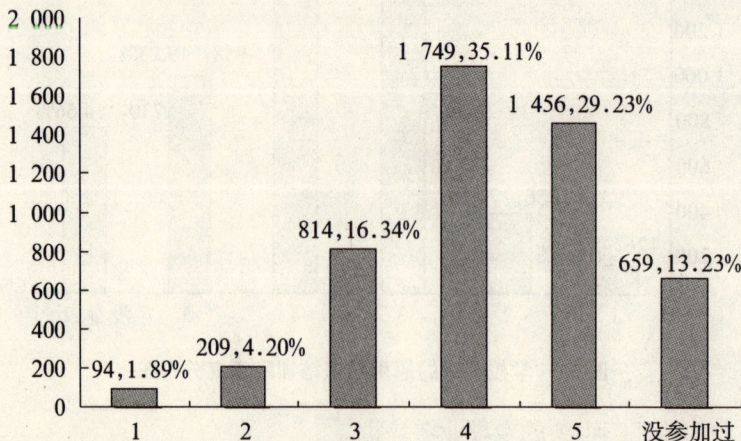

图39 场馆统一组织的场馆知识、专业知识培训满意度分布图

---

① 本项有 19 份无效样本。

4）场馆业务主管组织的训练和辅导。

在 4 981 位受访志愿者中①，有 93 位打 1 分，表示其对该项培训非常不满意，有 185 位志愿者打 2 分，有 769 位志愿者打 3 分，有 1 614 位志愿者打 4 分，另外还有 1 665 位志愿者打 5 分（见图 40）。可以看出，81.27％的志愿者对"场馆业务主管组织的训练和辅导"是满意的。

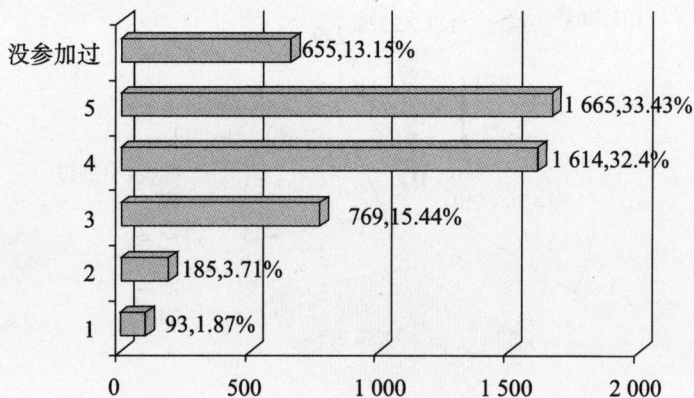

图 40　场馆业务主管组织的训练和辅导满意度分布图

（2）培训质量。

1）课程教材。

在 4 971 位受访志愿者中②，有 110 位打 1 分，295 位打 2 分，1 037 位打 3 分，1 700 位打 4 分，1 691 位打 5 分（见图 41）。可以看出，89.08％的志愿者对"课程教材"是满意的。

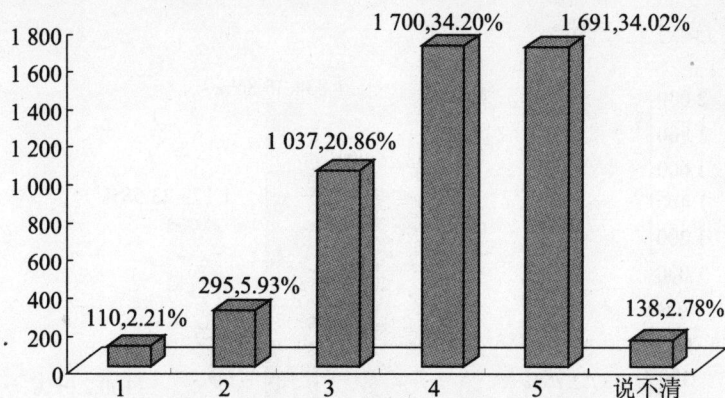

图 41　课程教材满意度分布图

---

① 本项有 19 份无效样本。
② 本项有 29 份无效样本。

2）培训师资。

在 4 975 位受访志愿者中①，有 111 位（2.23%）志愿者打 1 分，249 位（5.01%）志愿者打 2 分，1 040 位（20.90%）志愿者打 3 分，有 1 894 位（38.07%）志愿者打 4 分，1 530 位（30.75%）志愿者打 5 分（见图 42）。可以看出，不满意的比例仅为 7.24%，这表明大多数志愿者对"培训师资"的满意度较高。

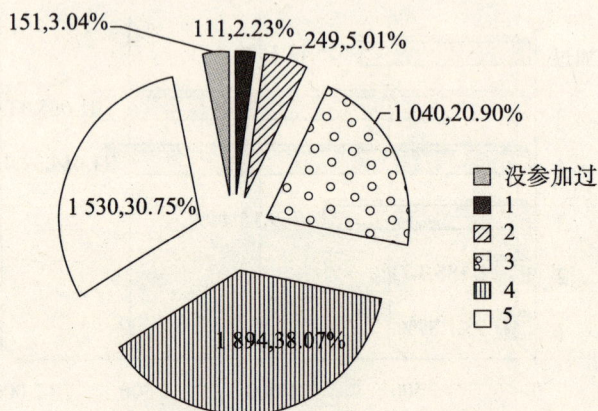

图 42　培训师资满意度分布图

3）培训形式。

在 4 975 位受访志愿者中②，有 137 位（2.75%）志愿者打 1 分，388 位（7.80%）志愿者打 2 分，1 343 位（26.99%）志愿者打 3 分，1 834 位（36.86%）志愿者打 4 分，1 173 位（23.58%）志愿者打 5 分（见图 43）。可以看出，87.43% 的志愿者对"培训形式"的满意度较高。

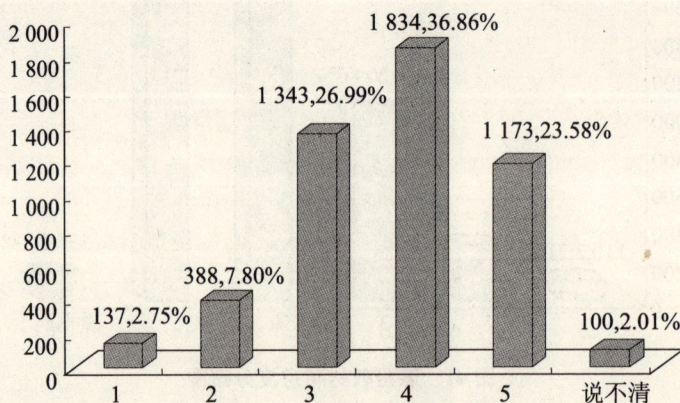

图 43　培训形式满意度分布图

---

① 本项有 25 份无效样本。
② 本项有 25 份无效样本。

4）培训时间。

在 4 974 位受访志愿者中[1]，有 171 位（3.44％）志愿者打 1 分，425 位（8.54％）志愿者打 2 分，1 383 位（27.80％）志愿者打 3 分，1 785 位（35.89％）志愿者打 4 分，1 112 位（22.36％）志愿者打 5 分（见图 44），可以看出，86.05％的志愿者对"培训时间"的满意度较高。

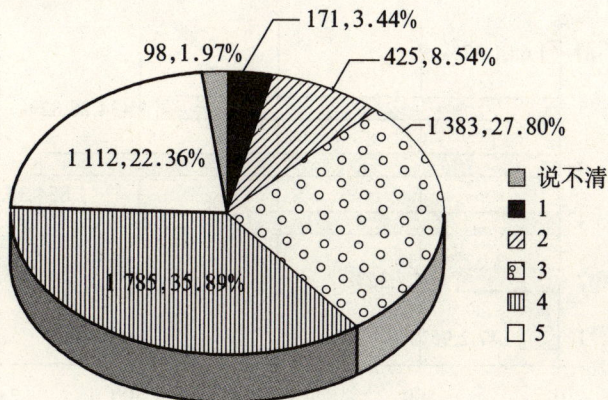

图 44 培训时间满意度分布图

5）培训内容的实用性。

在 4 975 位受访志愿者中[2]，有 156 位（3.14％）志愿者打 1 分，414 位（8.32％）志愿者打 2 分，1 071 位（21.53％）志愿者打 3 分，1 814 位（36.46％）志愿者打 4 分，1 452 位（29.19％）志愿者打 5 分（见图 45）。可以看出，仅 11.46％的志愿者对培训内容的实用性不满意，这表明赛会志愿者对"培训内容的实用性"满意度较高。

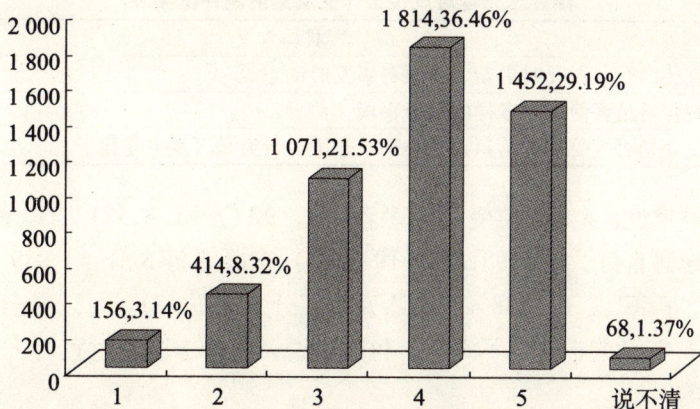

图 45 培训内容的实用性满意度分布图

---

① 本项有 26 份无效样本。
② 本项有 25 份无效样本。

6）培训内容的有效性。

在 4 975 位受访志愿者中①，有 147 位（2.95％）志愿者打 1 分，364 位（7.32％）志愿者打 2 分，1 108 位（22.27％）志愿者打 3 分，1 854 位（37.27％）志愿者打 4 分，1 434 位（28.82％）志愿者打 5 分（见图 46）。可以看出，88.36％的志愿者对"培训内容的有效性"满意度较高。

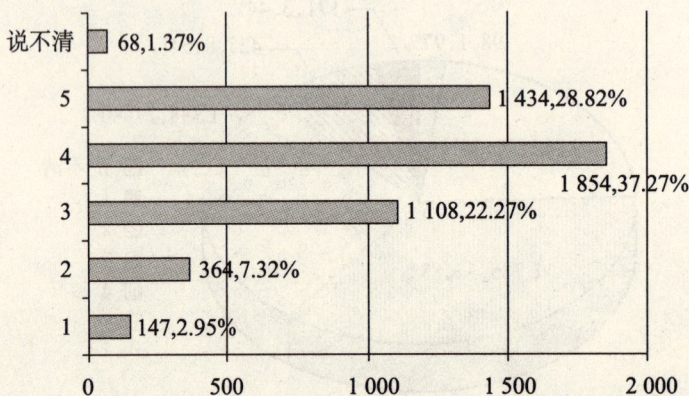

图46　培训内容的有效性满意度分布图

总之，无论是培训内容还是培训质量，超过七成的受访志愿者打分在 3 分及以上，也就是说，绝大多数志愿者对其参加的相关培训是满意的。

4. 对宣传工作的满意度

在宣传工作中，我们构建了三项测评指标：内容时效性、媒介多样性和宣传效果，其详细内容见表 8。

表8　　　　　赛会志愿者对宣传工作的满意度测评框架表

测评指标	具体含义
内容时效性	宣传内容是否及时更新，紧跟赛事发展动态
媒介多样性	宣传时是否使用了多样的媒介手段
宣传效果	受众是否接受相关信息，其心理、态度、行为是否发生变化

（1）内容时效性。4 975 位受访志愿者中②，92 位（1.85％）志愿者打 1 分，219 位（4.40％）志愿者打 2 分，981 位（19.72％）志愿者打 3 分，1 989 位（39.98％）志愿者打 4 分，1 561 位（31.38％）志愿者打 5 分（见图 47）。可以看出，在内容时效性方面，仅有 6.25％的志愿者不满意，也就是说，赛会志愿者对宣传工作的内容时效性是非常满意的。

---

① 本项有 25 份无效样本。
② 本项有 25 份无效样本。

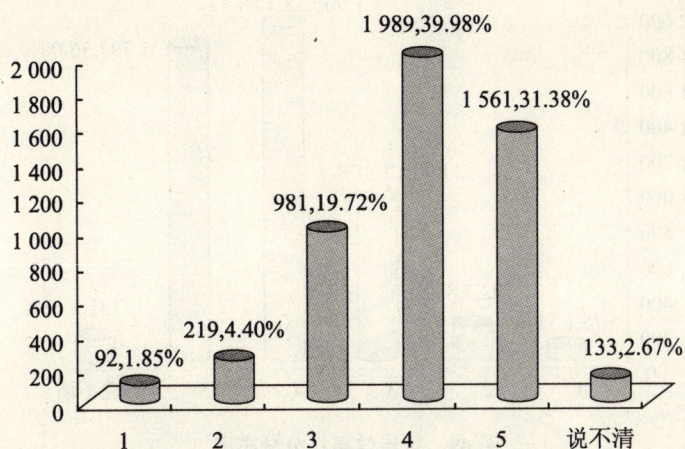

图 47　内容时效性打分分布图

（2）媒介多样性。4 977 位受访志愿者中[1]，78 位（1.57%）志愿者打 1 分，232 位（4.66%）志愿者打 2 分，857 位（17.22%）志愿者打 3 分，1 730 位（34.76%）志愿者打 4 分，1 965位（39.48%）志愿者打 5 分（见图 48）。总体上看，受访志愿者对媒介多样性的满意度非常高。

（3）宣传效果。4 981 位受访志愿者中[2]，75 位（1.51%）志愿者打 1 分，192 位（3.85%）志愿者打 2 分，890 位（17.87%）志愿者打 3 分，1 900 位（38.14%）志愿者打 4 分，1 793 位（36.00%）志愿者打 5 分（见图 49）。可以看出，92.01%的志愿者对宣传效果是满意的，其中近 3/4 的志愿者比较满意，因而赛会志愿者对宣传效果的满意度较高。

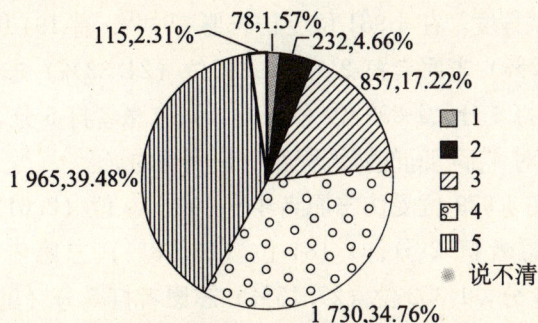

图 48　媒介多样性打分分布图

总之，在宣传工作的内容时效性、媒介多样性和宣传效果方面，大多数受访者是

---

① 本项有 23 份无效样本。

② 本项有 19 份无效样本。

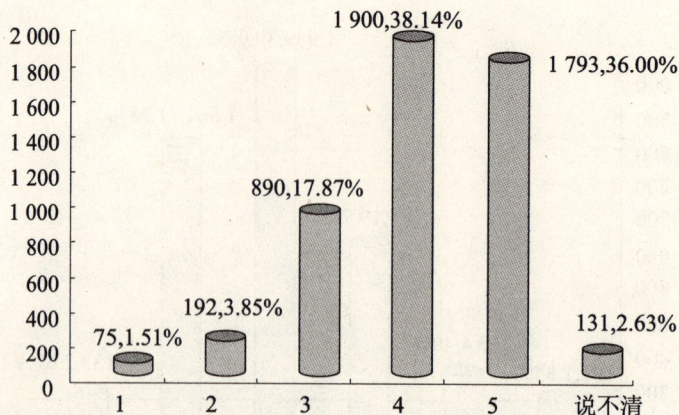

图49　宣传效果打分分布图

满意的，也就是说，赛会志愿者对奥组委的宣传工作满意度较高。

5. 对运营管理的满意度

在运营管理中，我们构建了三项测评指标：部门间的协调程度、信息传播、管理人员的巡视与督导，其详细含义见表9。

表9　　　　　　　　　赛会志愿者对运营管理的满意度测评框架表

测评指标	具体含义
部门间的协调程度	奥组委各职能部门是否相互配合
信息传播	信息传播的渠道是否畅通，传播效果如何
管理人员的巡视与督导	是否及时，对解决问题有无帮助，有没有干扰正常的运营秩序

（1）部门间的协调程度。在4 981位受访志愿者中[①]，有194位（3.89%）志愿者打1分，432位（8.67%）志愿者打2分，1 212位（24.33%）志愿者打3分，1 766位（35.45%）志愿者打4分，1 299位（26.08%）志愿者打5分（见图50）。可以看出，85.86%的志愿者对"部门间的协调程度"是满意的。

（2）信息传播。在4 979位受访志愿者中[②]，有130位（2.61%）志愿者打1分，320位（6.43%）志愿者打2分，1 184位（23.78%）志愿者打3分，1 878位（37.72%）志愿者打4分，1 352位（27.15%）志愿者打5分（见图51）。可以看出，仅有9.04%的志愿者对信息传播不满意，也就是说，大多数赛会志愿者对奥组委的信息传播工作是满意的。

---

① 本项有19份无效样本。

② 本项有21份无效样本。

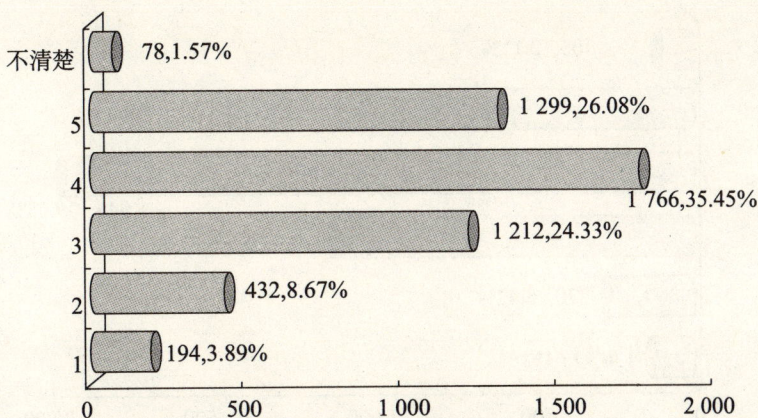

图 50　部门间的协调程度打分分布图

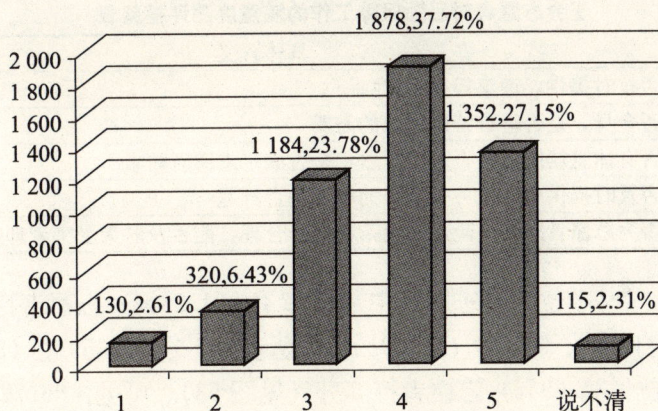

图 51　信息传播打分分布图

（3）管理人员的巡视与督导。在 4 980 位受访志愿者中[1]，有 130 位（2.61%）志愿者打 1 分，270 位（5.42%）志愿者打 2 分，1 111 位（22.31%）志愿者打 3 分，1 946 位（39.08%）志愿者打 4 分，1 418 位（28.47%）志愿者打 5 分（见图 52）。可以看出，不满意的比例仅为 8.03%，大多数志愿者对管理人员的巡视与督导是满意的。

总之，大多数受访者对部门间的协调程度、信息传播和管理人员的巡视与督导是满意的，这表明奥组委的运营工作得到了赛会志愿者的高度认同。

6. 对后勤保障工作的满意度

在后勤保障工作中，我们选取餐饮、服装设施、休息场所、交通、保险作为测评指标，其具体含义见表 10。

---

① 本项有 20 份无效样本。

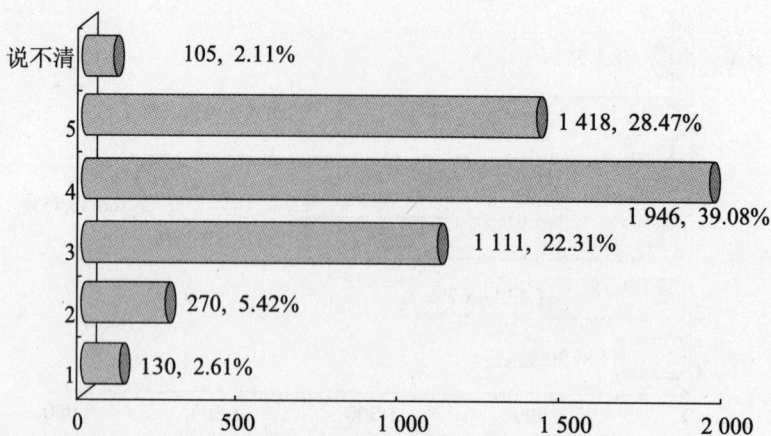

图 52　管理人员的巡视与督导打分分布图

表 10　　　　　　　　赛会志愿者对后勤保障工作的满意度测评框架表

测评指标	具体含义
餐饮	是否按时提供，饭菜等是否可口
服装设施	是否合身，是否符合特殊岗位的需要
休息场所	是否有休息场所，是否宽敞舒适，是否满足志愿者需求
交通	是否及时提供相关服务，是否拥堵，是否舒适
保险	是否为志愿者购买保险，保险条款是否合理，能否及时为受害者理赔

（1）餐饮。在 4 981 位受访志愿者中[①]，212 位（4.26%）志愿者打 1 分，397 位（7.97%）志愿者打 2 分，926 位（18.59%）志愿者打 3 分，1 659 位（33.31%）志愿者打 4 分，1 738 位（34.89%）志愿者打 5 分（见图 53）。可见，86.79% 的志愿者对奥组委提供的餐饮服务是满意的。

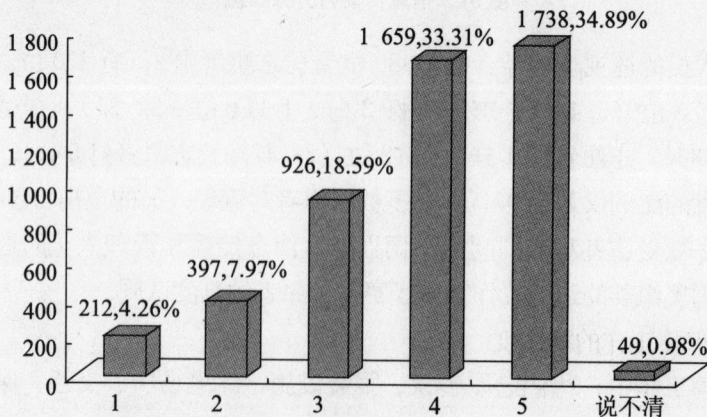

图 53　餐饮打分分布图

---

① 本项有 19 份无效样本。

（2）服装设施。在 4 979 位受访志愿者中[1]，有 130 位（2.61%）志愿者打 1 分，188 位（3.78%）志愿者打 2 分，483 位（9.7%）志愿者打 3 分，1 599 位（32.11%）志愿者打 4 分，2 499位（50.19%）志愿者打 5 分（见图 54）。可见，约 92%的志愿者对服装设施是满意的。

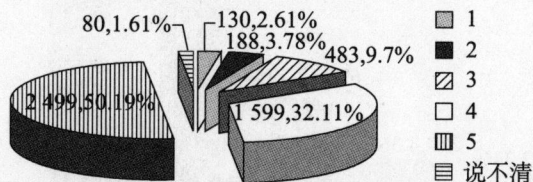

80,1.61%　130,2.61%
188,3.78%　483,9.7%
2 499,50.19%　1 599,32.11%

1
2
3
4
5
说不清

图 54　服装及相关设施打分分布图

（3）休息场所。在 4 980 位受访志愿者中[2]，有 249 位（5.00%）志愿者打 1 分，472 位（9.48%）志愿者打 2 分，1 112 位（22.33%）志愿者打 3 分，1 682 位（33.78%）志愿者打 4 分，1 410 位（28.31%）志愿者打 5 分（见图 55）。可见，84.42%的志愿者对休息场所是满意的。

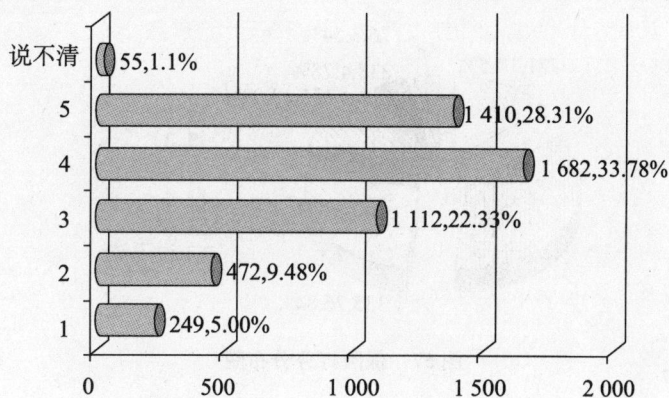

说不清　55,1.1%
5　1 410,28.31%
4　1 682,33.78%
3　1 112,22.33%
2　472,9.48%
1　249,5.00%

0　　500　　1 000　　1 500　　2 000

图 55　休息场所打分分布图

（4）交通。在 4 980 位受访志愿者中[3]，116 位（2.33%）志愿者打 1 分，217 位（4.36%）志愿者打 2 分，622 位（12.49%）志愿者打 3 分，1 548 位（31.08%）志愿者打 4 分，2 381位（47.81%）志愿者打 5 分（见图 56）。可见，仅有 6.69%的志愿者对交通工作不满意，绝大多数志愿者都是满意的。

（5）保险。在 4 974 位受访志愿者中[4]，176 位（3.54%）志愿者打 1 分，238 位

---

[1]　本项有 21 份无效样本。
[2]　本项有 20 份无效样本。
[3]　本项有 20 份无效样本。
[4]　本项有 26 份无效样本。

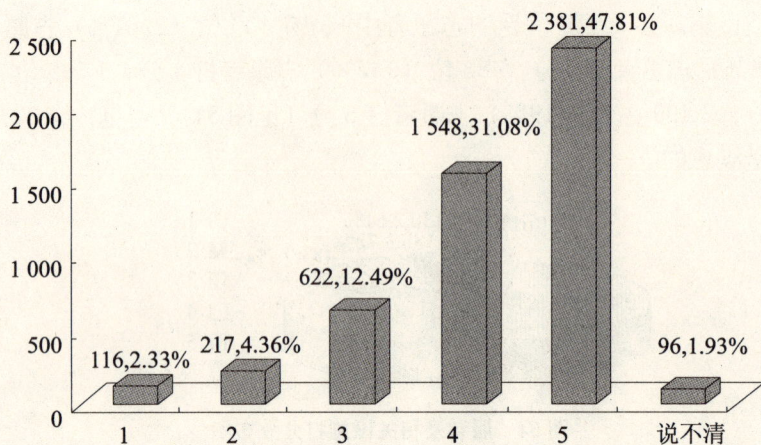

图56　交通打分分布图

（4.78%）志愿者打2分，651位（13.09%）志愿者打3分，1 335位（26.84%）志愿者打4分，1 853位（37.25%）志愿者打5分（见图57）。可见，77.18%的志愿者对保险工作是满意的。

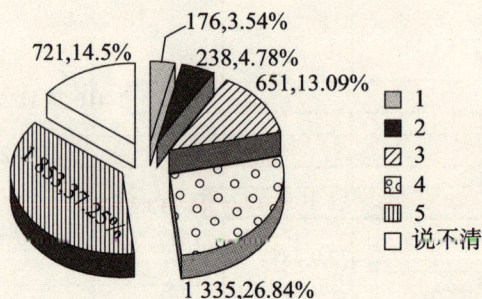

图57　保险打分分布图

　　总之，大多数志愿者对餐饮、服装设施、休息场所、交通、保险是满意的，也就是说，赛会志愿者对奥组委的后勤保障工作认同度较高。

二、影响因素分析

　　那么，性别、年龄、职业、教育水平等因素对志愿者的满意度有无显著影响？这是本部分第二块要回答的主要问题。在分析时，我们主要计算各个影响因素对相关志愿服务的满意度均值，然后推导出相应的结论。

1. 性别

　　男性志愿者和女性志愿者在满意度上差别显著吗？我们以主管与志愿者的亲密程度、招募工作效率、场馆统一组织的场馆知识/专业知识培训、培训形式和服装设施为例进行说明，其满意度均值见图58。

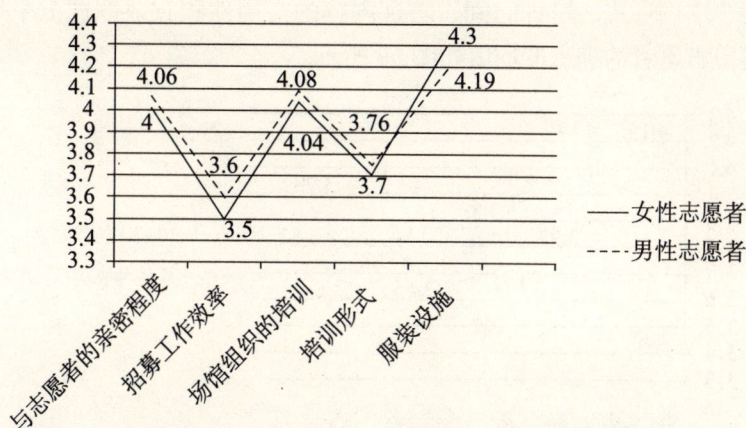

图 58 男性志愿者、女性志愿者的满意度均值图

由图 58 可以看出，男性志愿者在与志愿者的亲密程度、招募工作效率、场馆组织的培训、培训形式上的满意度高于女性志愿者，而在服装设施上的满意度低于女性志愿者，这表明奥组委相关部门更加重视对男性志愿者进行精神激励，而不太重视其服装设施等物质因素，因而男性志愿者对此不太满意。相反，由于奥组委比较重视女性志愿者的外在形象，忽视对其进行精神激励，因而她们对后勤保障的满意度较高，对业务主管、招募、培训的满意度较低。

2. 年龄

我们将志愿者分为 20～30 岁群体和其他年龄段群体两类，分别分析他们对招募工作、培训工作和保障工作的满意度差异，分析框架如表 11。

表 11 年龄—志愿服务满意度交叉列联分析框架

	20～30 岁志愿者/其他年龄段志愿者
招募工作	(1)
培训工作	(2)
保障工作	(3)

（1）招募工作。

招募工作有两个具体指标：流程安排和工作效率。在流程安排中，20～30 岁志愿者满意度均值为 3.75，其他年龄段志愿者的满意度均值为 3.97，前者低于后者。在工作效率中，20～30 岁志愿者满意度均值为 3.53，其他年龄段志愿者满意度均值为 3.79，前者仍然低于后者。可以看出，20～30 岁志愿者群体对招募工作的满意度比其他年龄段志愿者群体低。

（2）培训工作。

我们分别从场馆统一组织的场馆知识/专业知识培训、场馆业务主管组织的训练辅导、培训师资、培训形式、培训时间、培训内容的实用性和有效性这 7 个维度进行分析。两个年龄段志愿者的满意度均值如图 59 所示。

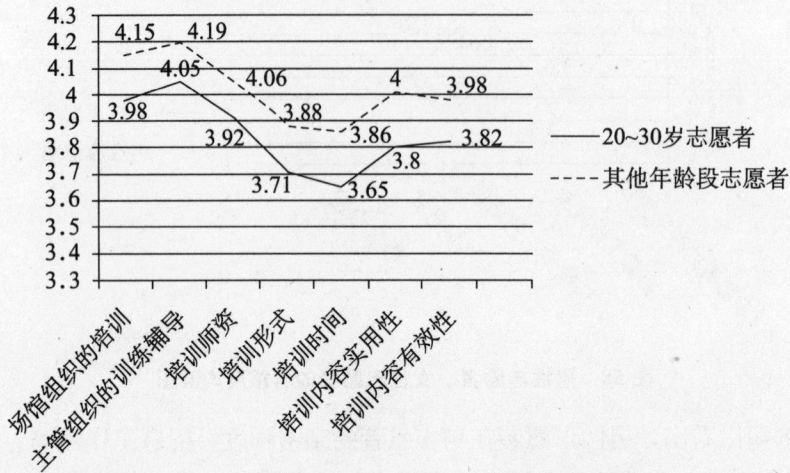

图 59　不同年龄段志愿者对培训工作的满意度均值图

从图 59 可以看出，在这 7 个维度中，20～30 岁志愿者的满意度均值都比其他年龄段志愿者的满意度均值低，也就是说，20～30 岁志愿者对培训工作的满意度低于其他年龄段志愿者。

（3）后勤保障工作。

主要有餐饮、休息场所、交通、保险四个分析指标，其满意度均值如图 60 所示。

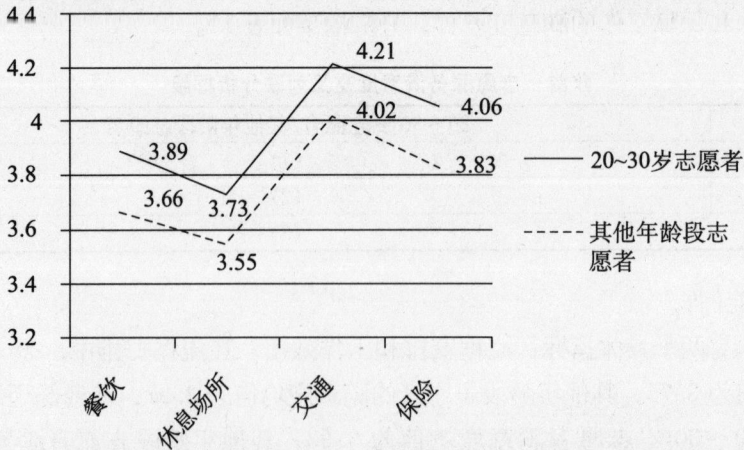

图 60　不同年龄段志愿者对后勤保障工作的满意度均值图

由图 60 可以看出，20～30 岁志愿者对餐饮、休息场所、交通和保险的满意度高于其他年龄段的志愿者，也就是说，20～30 岁志愿者对奥运会的后勤保障工作更加满意。

总之，在招募和培训中，20～30岁志愿者群体的满意度低于其他年龄段的志愿者，而在后勤保障工作中，20～30岁志愿者群体的满意度高于其他年龄段的志愿者。

3. 是否为独生子女

独生子女和非独生子女对志愿服务的满意度相同吗？我们以业务主管、招聘工作效率、培训师资、管理人员的巡视与督导、服装设施和休息场所等为例进行说明，各个分析指标的满意度均值见图 61。

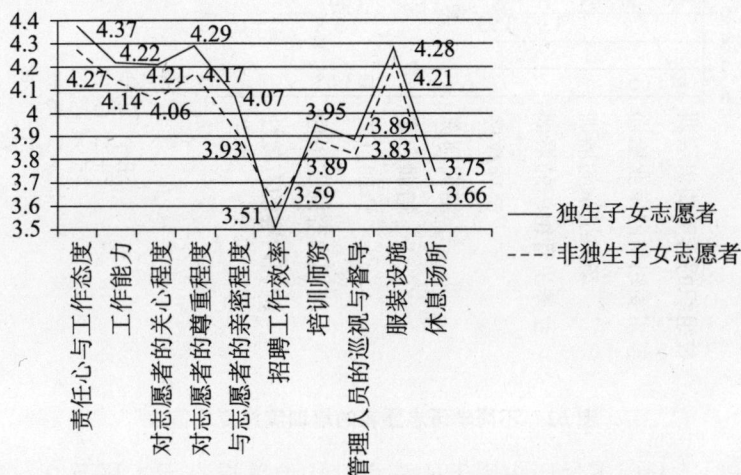

图 61　独生子女与非独生子女志愿者志愿服务满意度均值图

由图 61 可以看出，除了招聘工作效率，在其他所有分析维度中，独生子女志愿者的均值都高于非独生子女志愿者，也就是说，独生子女志愿者对业务主管、培训工作、运营管理、保障工作的满意度高于非独生子女志愿者，但在招聘工作上，其满意度低于非独生子女志愿者。

4. 教育水平

在教育水平中，我们仍然将志愿者分为本科以下学历和本科及以上学历两类，依次分析他们在招募工作、培训工作、宣传工作、运营管理工作、后勤保障工作上的满意度。

（1）招募工作。

先看流程安排，本科以下学历志愿者满意度均值为 4.08，本科及以上学历志愿者满意度均值为 3.75，前者高于后者。再看招募工作效率，本科以下学历志愿者满意度均值为 4.07，本科及以上学历志愿者满意度均值为 3.51，仍然是前者高于后者。这表明，本科以下学历志愿者对招募工作更加满意。

（2）培训工作。

两类志愿者在学校组织的通用知识培训、奥组委相关部门组织的专项业务培训、场馆业务主管组织的训练和辅导、场馆统一组织的场馆知识/专业知识培训、课程教材、培训师资、培训形式、培训时间以及培训内容的实用性和有效性等方面的满意度均值如图 62 所示。

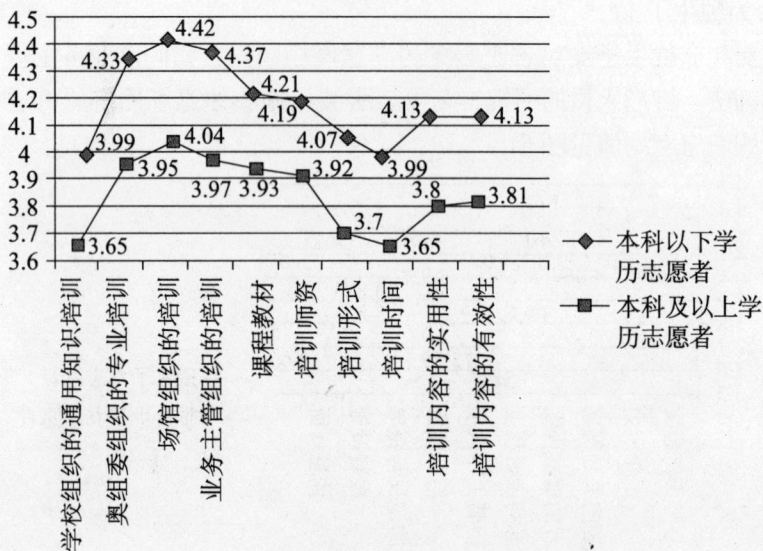

图62　不同学历志愿者的培训满意度均值表

可以看出，本科以下学历志愿者的满意度均值普遍高于本科及以上学历志愿者，也就是说，本科以下学历的志愿者对奥组委培训工作的满意度更高。

（3）宣传工作。

宣传工作有内容时效性、媒介多样性和宣传效果三个测评指标，本科以下学历志愿者和本科及以上学历志愿者的满意度均值见图63。

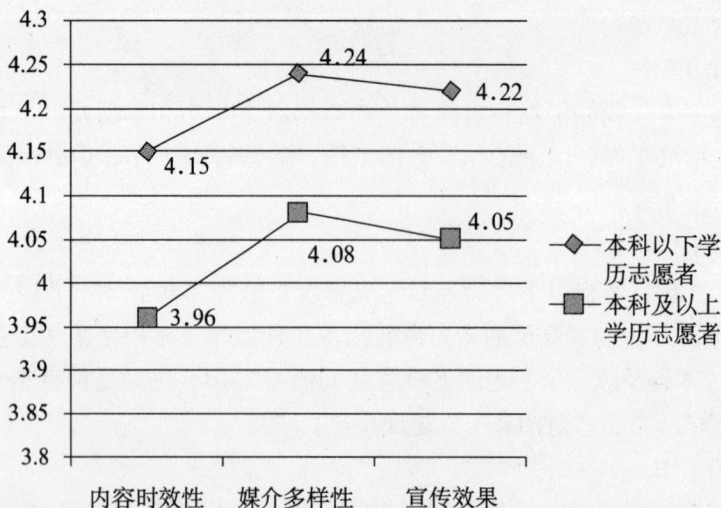

图63　宣传工作满意度均值图

可以看出，在内容时效性、媒介多样性和宣传效果中，本科以下学历志愿者的满意度均值都高于本科及以上学历志愿者，也就是说，本科以下学历志愿者对宣传工作的满意度更高。

（4）运营管理工作。

运营管理工作有三个测评指标：部门间的协调程度、信息传播、管理人员的巡视与督导，不同学历志愿者的满意度均值见图64。

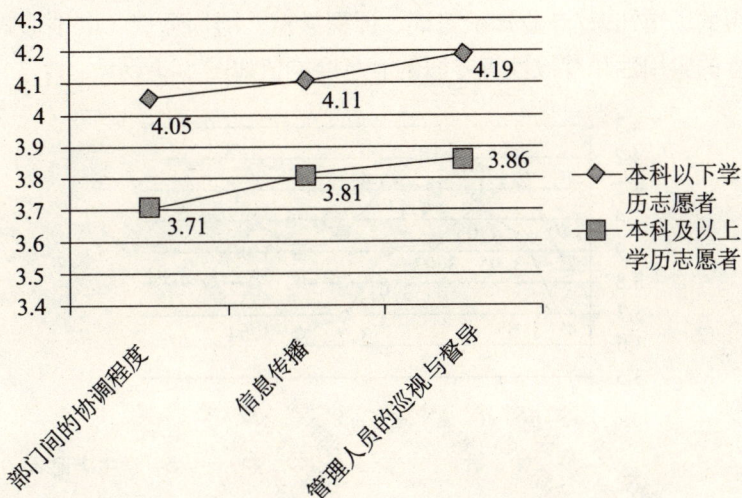

图64 运营管理工作满意度均值图

可以看出，在部门间的协调程度、信息传播和管理人员的巡视与督导中，本科以下学历志愿者的满意度均值都比本科及以上学历志愿者高，这表明，本科以下学历志愿者对运营管理工作的满意度更高。

（5）后勤保障工作。

以休息场所为例进行说明，本科以下学历志愿者满意度均值为3.90，本科及以上学历志愿者满意度均值为3.71，本科以下学历志愿者的总体满意度高于本科及以上学历的志愿者。

简而言之，在招募工作、培训工作、宣传工作、运营管理工作和后勤保障工作中，本科以下学历志愿者的满意度均值都高于本科及以上学历志愿者，由此我们可以得出以下结论：本科以下学历志愿者对招募工作、培训工作、宣传工作、运营管理和后勤保障工作的满意度更高。

5. 职业身份

在职业身份中，我们将志愿者分为学生和非学生两类，分别计算他们在招募工作、培训工作、宣传工作、后勤保障工作上的满意度均值，然后得出相应的结论。

（1）招募工作。

先看流程安排，学生志愿者满意度均值为 3.73，非学生志愿者满意度均值为 4.18，学生志愿者的总体满意度低于非学生志愿者。再看招募工作效率，学生志愿者满意度均值为 3.50，非学生志愿者满意度均值为 4.04，学生志愿者的总体满意度低于非学生志愿者。也就是说，非学生志愿者对招募工作更加满意。

（2）培训工作。

两类志愿者在学校组织的通用知识培训、奥组委相关部门组织的专项业务培训、场馆统一组织的场馆知识/专业知识培训、课程教材、培训师资、培训形式、培训时间以及培训内容的实用性和有效性等方面的满意度均值如图 65 所示。

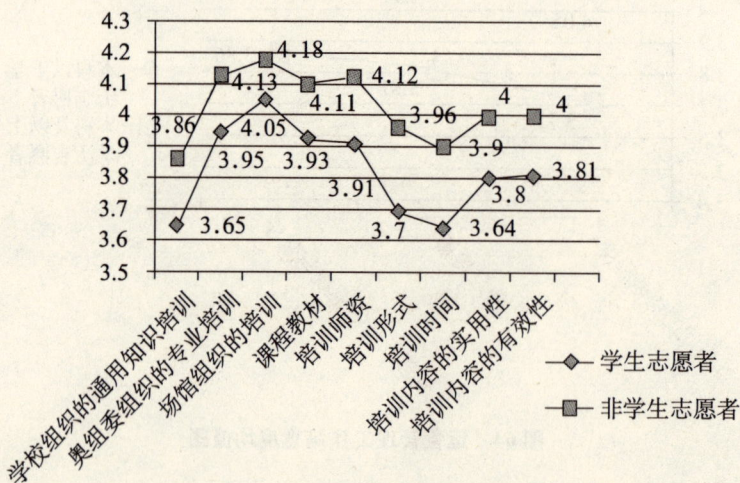

图65 培训工作满意度均值图

可以看出，非学生志愿者的满意度均值普遍高于学生志愿者，这说明非学生志愿者对奥组委的培训工作更加满意。

（3）宣传工作。

主要有内容时效性、媒介多样性和宣传效果三个具体指标，学生志愿者和非学生志愿者的满意度均值见图 66。

可以看出，不管是内容时效性、媒介多样性还是宣传效果，学生志愿者的总体满意度均低于非学生志愿者，这表明非学生志愿者对奥组委的宣传工作更加满意。

（4）后勤保障工作。

主要有五个分析变量：餐饮、服装设施、休息场所、交通和保险。学生志愿者和非学生志愿者的满意度均值见图 67。

可以看出，在后勤保障工作的五个测量指标上，学生志愿者的满意度均高于非学生志愿者，这表明学生志愿者对奥组委的后勤保障工作更加满意。

综上所述，在招募、培训、宣传工作中，非学生志愿者的满意度均值都高于学生

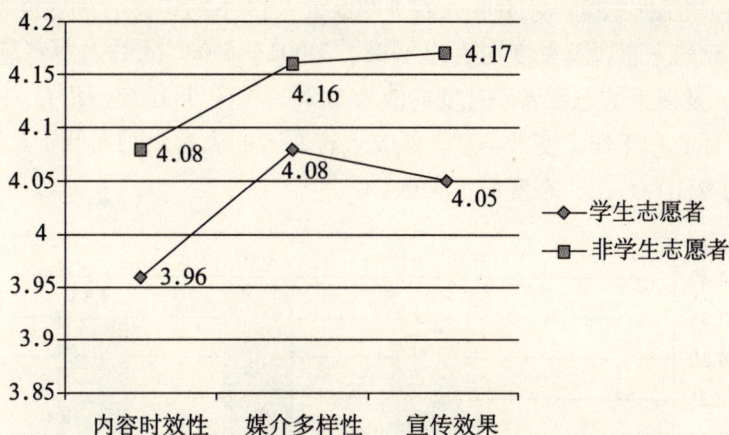

图 66　宣传工作满意度均值图

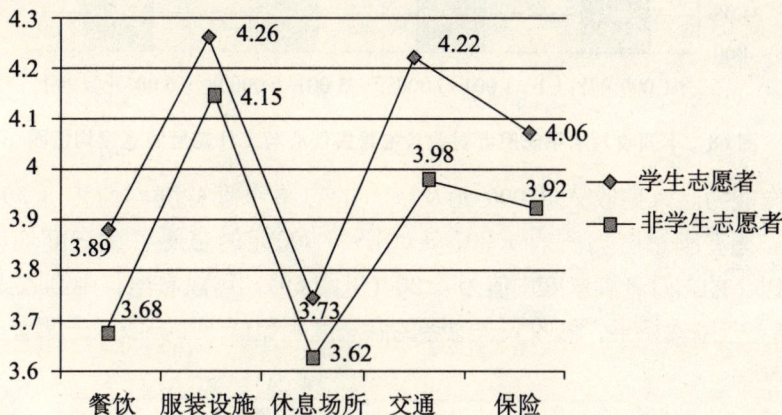

图 67　后勤保障工作满意度均值图

志愿者，而在后勤保障工作上，非学生志愿者的满意度均值低于学生志愿者，由此我们可以得出以下结论：非学生志愿者对招募工作、培训工作和宣传工作更加满意，对后勤保障工作不太满意，而学生志愿者对后勤保障工作却更加满意。

6. 家庭收入水平

不同收入水平的志愿者对奥组委管理工作的满意度是否相同，这也是我们关注的主要问题之一，因而本部分主要从业务主管、培训、宣传、运营、后勤保障这五个方面进行阐释。

（1）业务主管。

主要包括以下五个分析测评指标：责任心与工作态度、工作能力、对志愿者的关心程度、对志愿者的尊重程度、与志愿者的亲密程度。

1）责任心与工作态度。家庭收入在 1 000 元及以下的志愿者满意度均值为 4.13，1 001～3 000 元的志愿者满意度均值为 4.32，3 001～6 000 元的志愿者满意度均值为 4.39，6 001 元及以上的志愿者满意度均值为 4.35（见图 68）。这表明，中高收入志愿者对主管的责任心和工作态度最满意，低收入志愿者的满意度明显低于其他收入群体，他们对主管的责任心、工作态度最不满意。

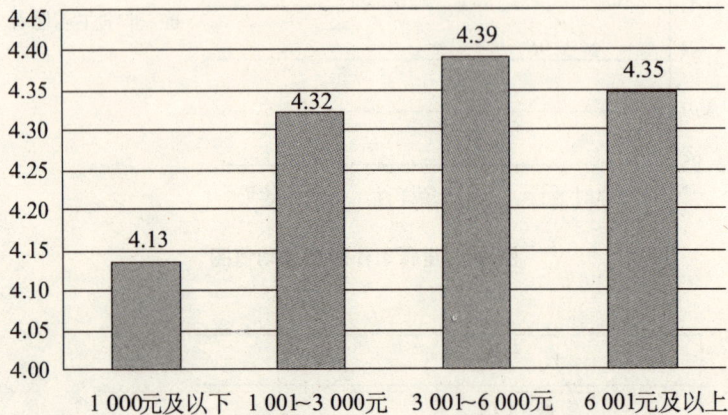

图 68 不同收入水平志愿者对业务主管责任心与工作态度满意度均值图

2）工作能力。家庭收入 1 000 元及以下的志愿者满意度均值为 3.96，1 001～3 000 元的志愿者满意度均值为 4.20，3 001～6 000 元的志愿者满意度均值为 4.24，6 001 元及以上的志愿者满意度均值为 4.20（见图 69）。可以看出，中高收入志愿者的满意度较高，且基本持平，低收入志愿者的满意度明显低于中高收入志愿者。

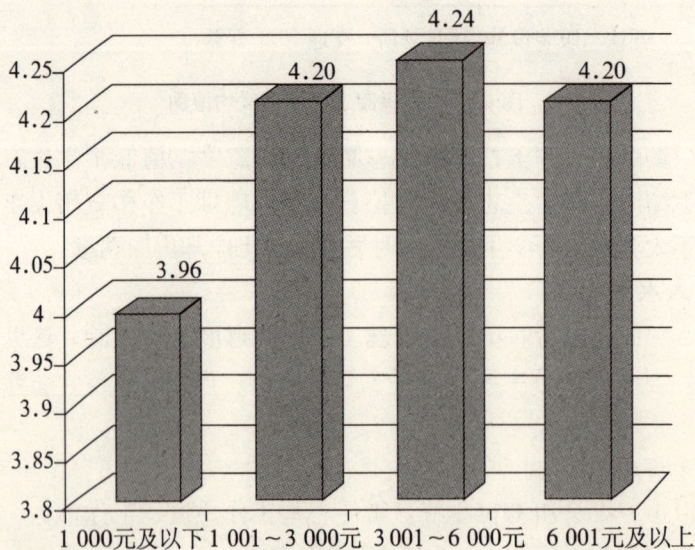

图 69 不同收入水平志愿者对业务主管工作能力满意度均值图

3）对志愿者的关心程度。家庭收入 1 000 元及以下的志愿者满意度均值为 3.91，1 001～3 000 元的志愿者满意度均值为 4.15，3 001～6 000 元的志愿者满意度均值为 4.22，6 001 元及以上的志愿者满意度均值为 4.17（见图 70）。可以看出，中高收入志愿者的满意度较高，1 000 元及以下的低收入志愿者的满意度明显低于其他收入水平的志愿者。

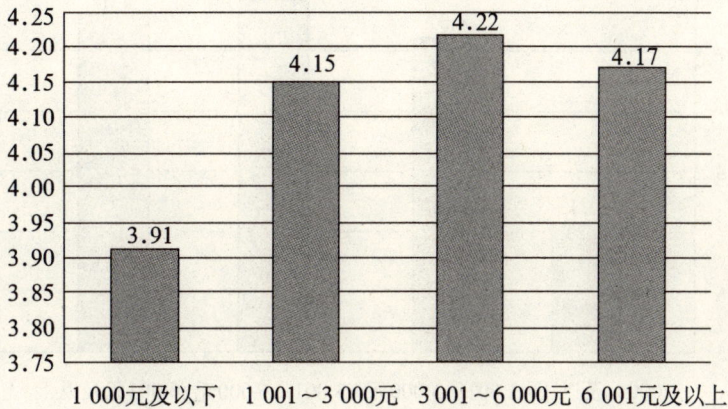

图 70　不同收入水平志愿者对业务主管对志愿者的关心程度满意度均值图

4）对志愿者的尊重程度。家庭收入 1 000 元及以下的志愿者满意度均值为 3.95，1 001～3 000 元的志愿者满意度均值为 4.25，3 001～6 000 元的志愿者满意度均值为 4.32，6 001 元及以上的志愿者满意度均值为 4.25（见图 71）。可以看出，中高收入水平志愿者的满意度较高，且基本持平，1 000 元及以下的低收入志愿者的满意度明显低于其他收入水平的志愿者。

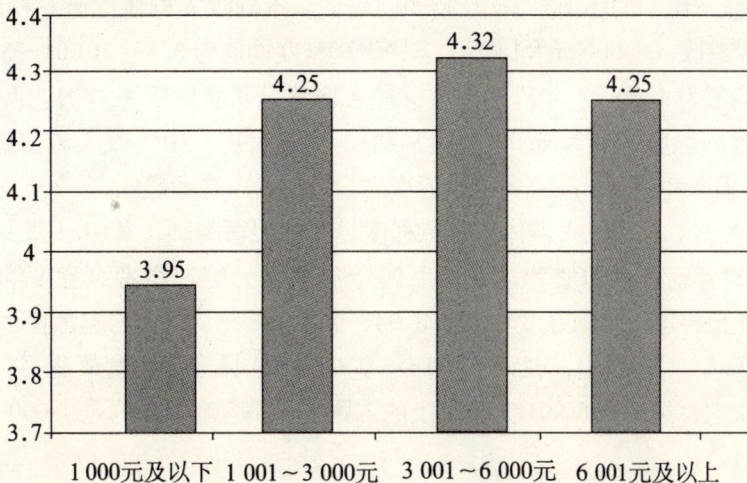

图 71　不同收入水平志愿者对业务主管对志愿者的
尊重程度满意度均值图

5）与志愿者的亲密程度。家庭收入为 1 000 元及以下的志愿者满意度均值为 3.71，1 001～3 000 元的志愿者满意度均值为 4.02，3 001～6 000 元的志愿者满意度均值为 4.09，6 001 元及以上的志愿者满意度均值为 4.07（见图 72）。可以看出，中高收入水平志愿者的满意度较高，低收入志愿者的满意度明显低于其他收入水平的志愿者。

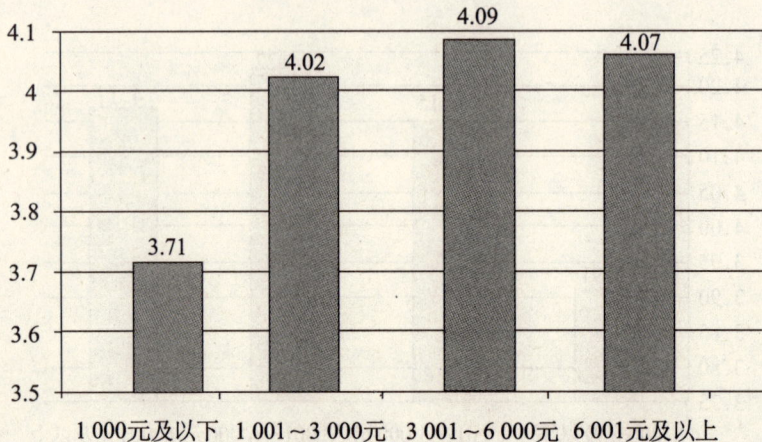

图 72　不同收入水平志愿者对业务主管与志愿者的亲密程度满意度均值图

总之，在业务主管方面，月收入 3 001～6 000 元的志愿者满意度最高，1 001～3 000 元和 6 001 元及以上的志愿者次之，且这三类收入水平志愿者的满意度明显高于 1 000 元及以下的低收入志愿者。也就是说，中高收入水平的志愿者对业务主管非常满意，而低收入志愿者则对之不太满意。

（2）培训。

1）场馆统一组织的场馆知识/专业知识培训。不同收入群体的满意程度存在显著差别，其中家庭收入 1 000 元及以下的志愿者满意度均值为 3.89，1 001～3 000 元的志愿者满意度均值为 4.00，3 001～6 000 元的志愿者满意度均值为 4.01，而 6 001 元及以上的志愿者满意度均值为 3.96（见图 73）。可以看出，中等收入志愿者（1 001～6 000 元）的满意度最高，高收入志愿者次之，低收入志愿者最低。

2）课程教材。不同收入群体的满意程度也存在显著差别，其中家庭收入 1 000 元及以下的志愿者满意度均值为 3.84，1 001～3 000 元的志愿者满意度均值为 3.99，3 001～6 000 元的志愿者满意度均值为 3.94，而 6 001 元及以上的志愿者满意度均值为 3.91（见图 74）。可以看出，收入 1 001～3 000 元的志愿者满意度最高，3 001～6 000 元的志愿者次之，然后是 6 001 元及以上的志愿者，满意度最低的是 1 000 元及以下的低收入志愿者。

3）培训师资。不同收入群体的满意程度仍然存在一定的差别，其中家庭收入 1 000 元及以下的志愿者满意度均值为 3.81，1 001～3 000 元的志愿者满意度均值为

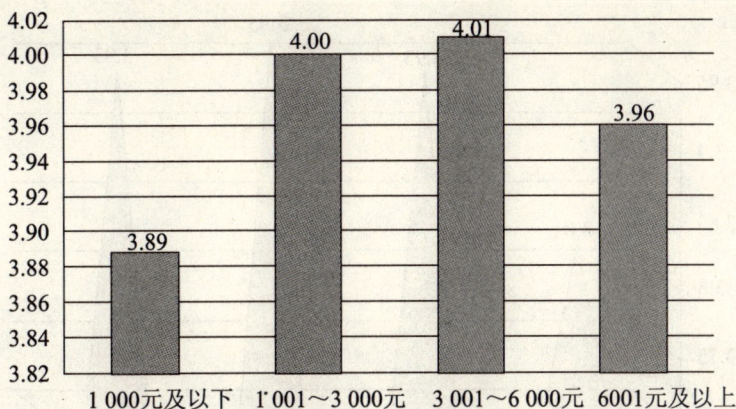

图73 不同收入水平志愿者对"场馆统一组织的场馆知识/专业
知识培训"满意度均值图

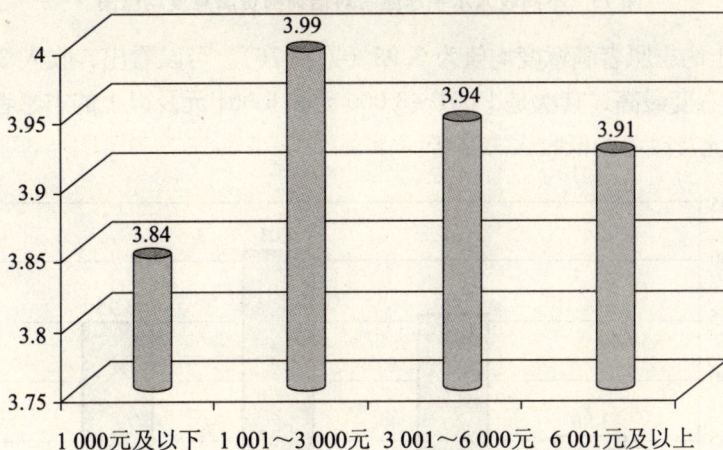

图74 不同收入水平志愿者对课程教材满意度均值图

3.93，3 001～6 000 元的志愿者满意度均值为 3.95，而 6 001 元及以上的志愿者满意度均值为 3.93（见图75）。可以看出，满意度最高的是收入为 3 001～6 000 元的志愿者，低收入志愿者的满意度最低。

总之，在培训工作中，中等收入志愿者的满意度最高，高收入志愿者次之，满意度最低的是低收入志愿者。这说明奥组委的培训工作更适合中高收入志愿者，不符合低收入志愿者的需要。

（3）宣传。

主要包括三个测评指标：内容时效性、媒介多样性和宣传效果。

1）内容时效性。家庭收入 1 000 元及以下的志愿者满意度均值为 3.86，1 001～3 000 元的志愿者满意度均值为 3.96，3 001～6 000 元的志愿者满意度均值为 4.01，

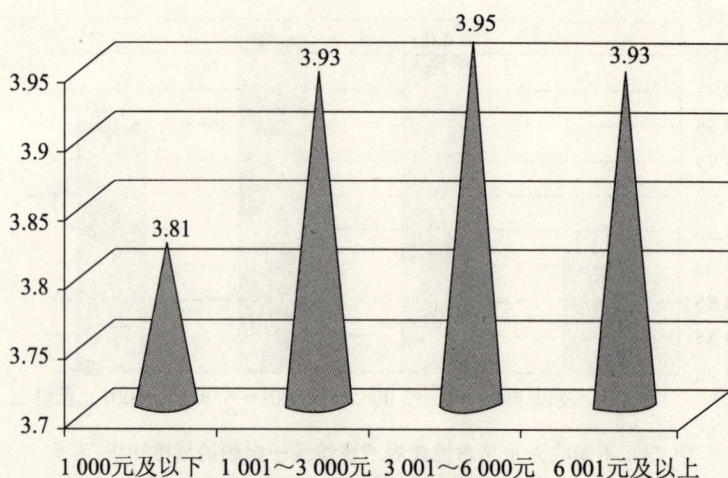

图75 不同收入水平志愿者对培训师资满意度均值图

6 001 元及以上的志愿者满意度均值为 3.95（见图 76）。可以看出，收入 3 001～6 000 元的志愿者满意度最高，其次是 1 001～3 000 元和 6 001 元及以上的志愿者，满意度最低的是 1 000 元及以下的低收入志愿者。

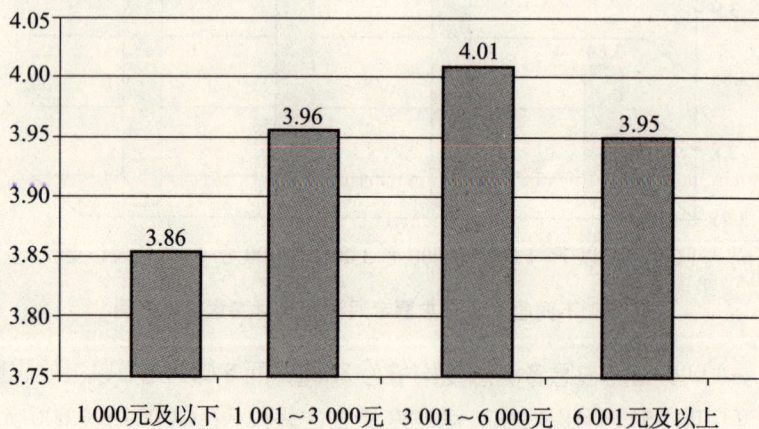

图76 不同收入水平志愿者对内容时效性的满意度均值图

2）媒介多样性。家庭收入 1 000 元及以下的志愿者满意度均值为 3.99，1 001～3 000 元的志愿者满意度均值为 4.05，3 001～6 000 元的志愿者满意度均值为 4.13，6 001 元及以上的志愿者满意度均值为 4.11（见图 77）。可以看出，收入 3 001～6 000 元的志愿者的满意度最高，其次是 6 001 元及以上和 1 001～3 000 元的志愿者，满意度最低的是 1 000 元及以下的低收入志愿者。

3）宣传效果。家庭收入 1 000 元及以下的志愿者满意度均值为 3.96，1 001～3 000 元的志愿者满意度均值为 4.05，3 001～6 000 元的志愿者满意度均值为 4.10，

6 001 元及以上的志愿者满意度均值为 4.05（见图 78）。可以看出，收入在 3 001～6 000 元的志愿者满意度最高，其次是 1 001～3 000 元和 6 001 元及以上的志愿者，满意度最低的是 1 000 元及以下的低收入志愿者。

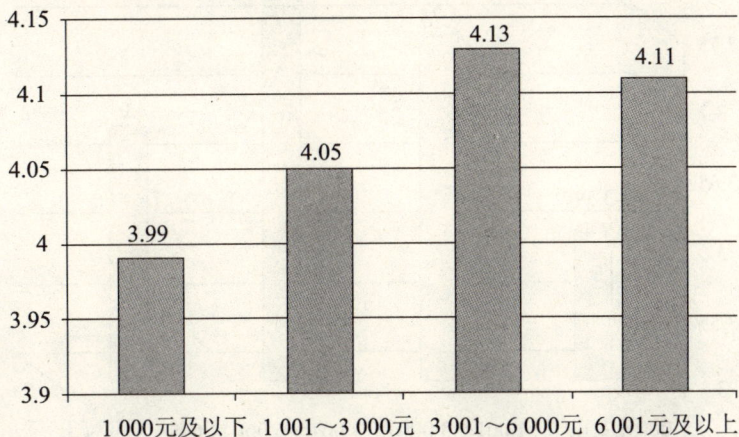

图 77　不同收入水平志愿者对媒介多样性的满意度均值图

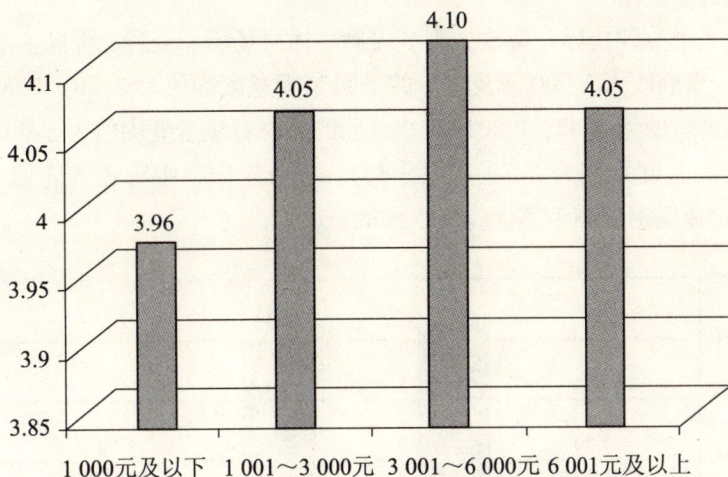

图 78　不同收入水平志愿者对宣传效果的满意度均值图

总之，我们可以得出以下结论：在宣传工作方面，家庭收入水平在 3 001～6 000 元之间的志愿者满意度最高，1 001～3 000 元和 6 001 元及以上的志愿者次之，满意度最低的是 1 000 元及以下的低收入志愿者。

（4）运营。

以部门间的协调程度为例进行说明，家庭收入 1 000 元及以下的志愿者满意度均值为 3.59，1 001～3 000 元的志愿者满意度均值为 3.74，3 001～6 000 元的志愿者满意度均值为 3.75，6 001 元及以上的志愿者满意度均值为 3.67（见图 79）。可以看出，中等收入志愿者（1 001～6 000 元）的总体满意度高于其他收入水平的志愿者，低收入志愿者的满意度最低。

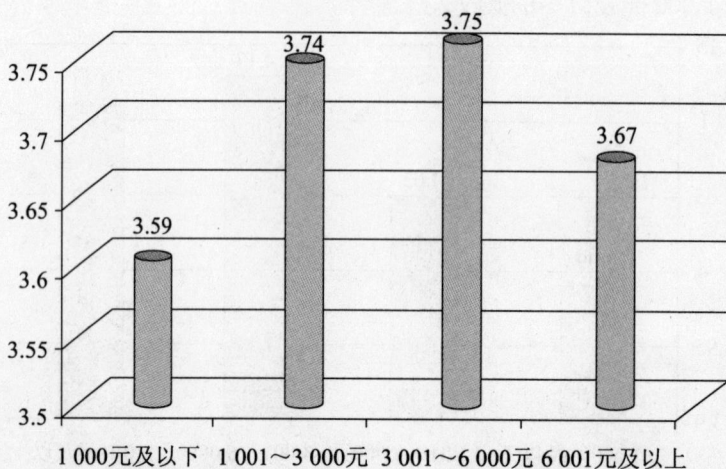

图79　不同收入水平志愿者对部门间的协调程度满意度均值图

（5）后勤保障。

主要包括五个测评指标：餐饮、服装设施、休息场所、交通、保险。

1）餐饮。家庭收入 1 000 元及以下的志愿者满意度均值为 3.79，1 001～3 000 元的志愿者满意度均值为 3.92，3 001～6 000 元的志愿者满意度均值为 3.90，6 001 元及以上的志愿者满意度均值为 3.79（见图 80）。可以看出，中等收入志愿者（1 001～6 000 元）的总体满意度高于其他收入水平的志愿者。

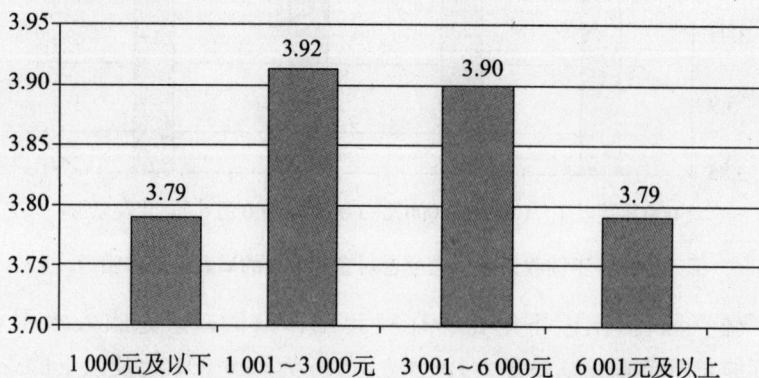

图80　不同收入水平志愿者对餐饮的满意度均值图

2）服装设施。家庭收入 1 000 元及以下的志愿者满意度均值为 4.10，1 001～3 000 元的志愿者满意度均值为 4.26，3 001～6 000 元的志愿者满意度均值为 4.32，6 001 元及以上的志愿者满意度均值为 4.21（见图 81）。可以看出，中等收入志愿者（1 001～6 000 元）的满意度最高，其次是高收入志愿者，满意度最低的是低收入志愿者。

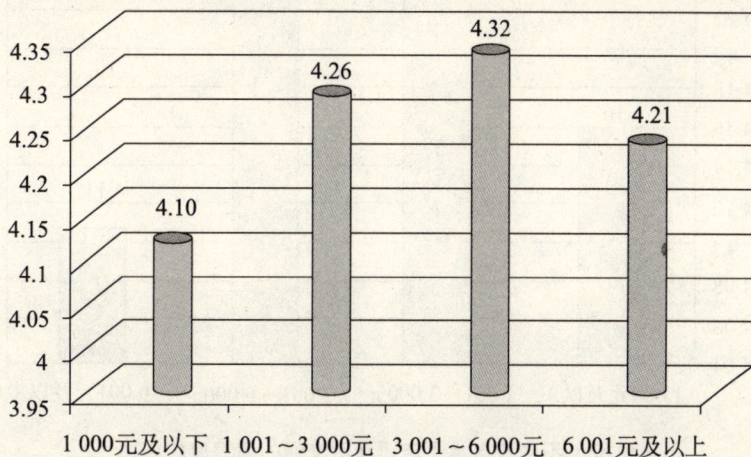

图 81　不同收入水平志愿者对服装设施的满意度均值图

3）休息场所。家庭收入 1 000 元及以下的志愿者满意度均值为 3.49，1 001～
3 000 元的志愿者满意度均值为 3.75，3 001～6 000 元的志愿者满意度均值为 3.75，
6 001 元及以上的志愿者满意度均值为 3.72（见图 82）。这表明，中等收入志愿者
（1 001～6 000 元）的满意度最高，其次是高收入志愿者，满意度最低的是低收入志
愿者。

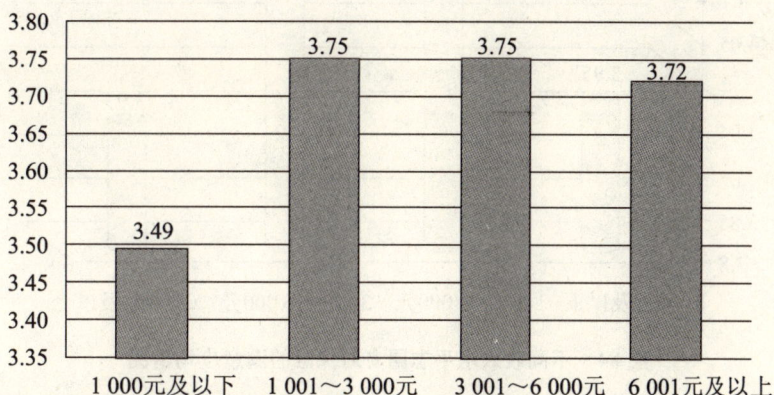

图 82　不同收入水平志愿者对休息场所的满意度均值图

4）交通。家庭收入为 1 000 元及以下的志愿者满意度均值为 4.16，1 001～3 000
元的志愿者满意度均值为 4.23，3 001～6 000 元的志愿者满意度均值为 4.23，6 001 元
及以上的志愿者满意度均值为 4.11（见图 83）。这表明，中等收入志愿者（1 001～
6 000 元）的满意度最高，低收入志愿者次之，满意度最低的是高收入志愿者。

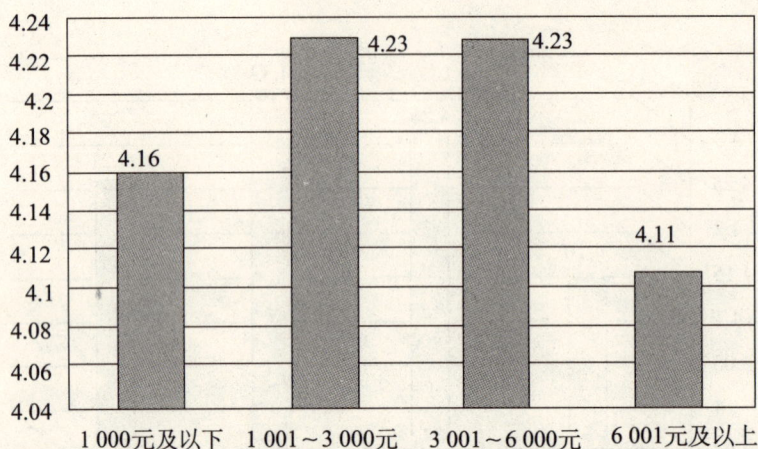

图83　不同收入水平志愿者对交通的满意度均值图

5）保险。家庭收入为 1 000 元及以下的志愿者满意度均值为 3.95，1 001～3 000 元的志愿者满意度均值为 4.06，3 001～6 000 元的志愿者满意度均值为 4.11，6 001 元及以上的志愿者满意度均值为 3.93（见图 84）。这表明，中等收入志愿者（1 001～6 000 元）的满意度最高，低收入志愿者次之，满意度最低的是高收入志愿者。

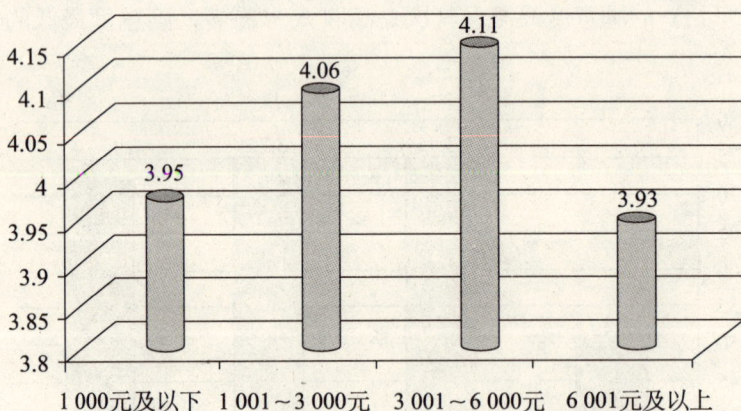

图84　不同收入水平志愿者对保险的满意度均值图

总之，在后勤保障工作上，中等收入志愿者的满意度最高，高收入志愿者和低收入志愿者次之，不过具体情况有所区别。在餐饮、服装、休息场所上，高收入志愿者的满意度较高；而在交通、保险上，低收入志愿者的满意度较高。

三、赛会志愿者的综合满意度

如前所述，赛会志愿者对业务主管、招募、培训、宣传、运营管理、后勤保障等工作都十分满意，那么，他们的总体满意度如何？为了回答这一问题，我们根据赛会志愿者对管理工作的满意度结构图构建了偏最小二乘结构方程模型[①]，然后赋予每个维度不同的权重值（见表12），并用公式 $Score = \dfrac{mean\,(y_i)\,-min\,(y_i)}{Std\,(y_i)} \times 100$ 计算志愿者的综合满意度。

表12 赛会志愿者对管理工作的综合满意度权重表

测评维度	具体内容	权重值	综合满意度
招募工作满意度	流程安排	1.11	0.52
	工作效率	1.12	
培训工作满意度	课程教材	0.34	0.62
	师资培训	0.41	
	培训形式	0.48	
	培训时间	0.46	
	内容实用性	0.47	
	内容有效性	0.47	
宣传工作满意度	内容时效性	0.68	0.58
	媒介多样性	0.98	
	宣传效果	0.91	
运营工作满意度	配合程度	0.79	0.58
	信息传播	0.83	
	巡视与督导	0.77	
保障工作满意度	餐饮	0.46	0.57
	服装设施	0.63	
	休息场所	0.55	
	交通	0.67	
	保险	0.62	

经过计算，赛会志愿者对奥组委的管理工作的综合满意度为87.7分，这表明赛会志愿者对奥组委的各项管理工作是非常满意的，其努力得到了志愿者的普遍认可和高度赞扬。

四、小结

本章分析了赛会志愿者对奥组委管理工作的满意度。研究发现，尽管各类志愿者的满意度水平和满意内容有所差异，但从总体上看，绝大多数赛会志愿者对业务主管的责任心与工作态度、工作能力是满意的；奥组委的业务主管、招募、培训、宣传、运营管理、后勤保障工作也得到了赛会志愿者的普遍认可和高度赞扬，他们对这些工作的满意度非常高。

---

① 关于该模型的具体内容，可参见图29，这里不再详细叙述。

第五部分　赛会志愿服务的影响

　　赛会志愿服务对志愿者和社会发展产生了哪些影响？本章主要分析这两大问题，分析思路是先介绍奥运志愿服务对志愿者和社会发展的影响，再考察性别、年龄、职业、收入等因素与服务意愿的逻辑关联性。

一、对志愿者的影响

1. 调查发现

　　奥运志愿服务对赛会志愿者产生了哪些影响？我们从服务意愿、服务主体和服务类型三方面详细阐释。

　　（1）服务意愿。

　　服务意愿是指奥运结束后赛会志愿者是否愿意继续从事与志愿服务相关的活动，如宣传志愿理念、参与志愿活动。调查显示，4 976 名受访者中[1]，3 427 人（68.9%）表示奥运结束后会继续参加环保、社会服务等志愿活动，2 663 人（53.5%）表示奥运结束后会注意提高自身道德素养和礼仪水平，还有 2 201 人（44.2%）表示会宣传志愿服务理念，动员更多的人参与志愿服务，仅有极少数志愿者（119 人，2.4%）表示不愿意继续从事志愿服务活动（见图 85）。

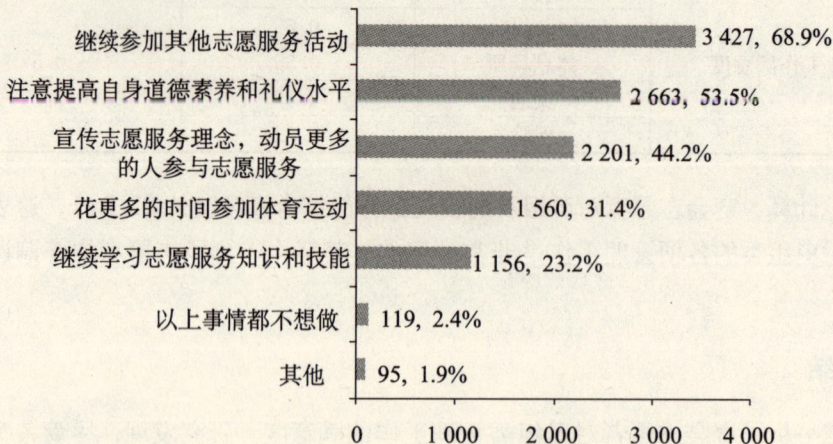

图 85　志愿者服务意愿分布图

　　（2）服务主体。

　　当问到愿意参加谁组织的志愿服务活动时，接受调查的3 982名[2]志愿者中，2 931

---

[1]　有 24 名被访者未回答此题。
[2]　此题仅来自网络问卷，不包括电话调查问卷，因此样本是 4 000 份。在调查中，有 18 人未作选择。

人（73.6%）表示愿意参加国际机构组织的志愿服务，2 445 人（61.4%）表示愿意参加国内官方机构组织的志愿服务，1 233 人（31.0%）表示愿意参加国内民间机构组织的志愿服务。另外，26.1%的志愿者（1 039 人）表示不管谁组织的活动都愿意参加，仅有极少数志愿者（9 人，占总数的 0.2%）表示不想参加任何相关的志愿服务活动（见图 86）。可以看出，大多数志愿者更愿意参加国际机构和国内官方机构组织的志愿活动。

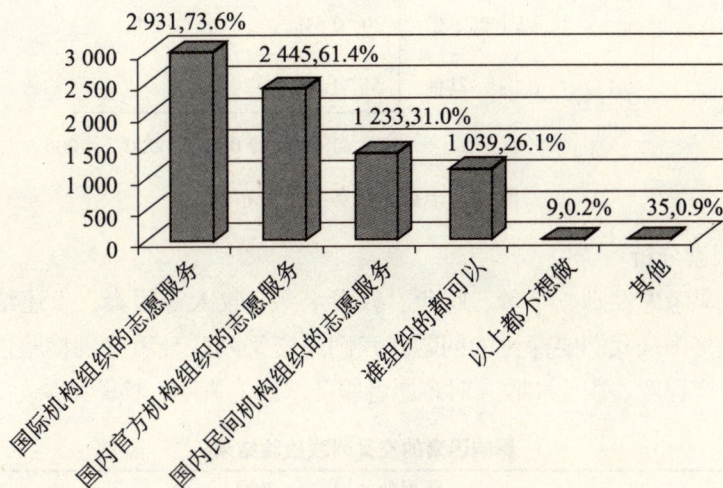

图86　志愿者服务主体分布图

（3）服务类型。

那么，志愿者愿意参加什么类型的志愿服务活动呢？接受调查的 3 982 名①志愿者中，3 477 人（87.3%）表示愿意参加类似奥运会、世博会这样的大型志愿服务活动，2 162 人（54.3%）表示愿意参加日常公益服务，1 909 人（47.9%）表示愿意参加环境保护类志愿服务活动。此外，46.8%的志愿者（1 862 人）表示愿意从事普通大型活动中的志愿服务工作，仅有极少数志愿者（20 人，0.5%）表示不想参加任何志愿服务活动（见图 87）。这表明，绝大多数志愿者更倾向于参加世博会、奥运会等重大活动中的志愿服务活动。

总之，奥运志愿服务经历对赛会志愿者产生了极大影响，大多数志愿者愿意继续宣传志愿理念，从事其他志愿服务工作，提高自身道德素养。由于经历了奥运这样的大型活动，因而他们更愿意参加国际机构和国内官方机构组织的志愿服务活动，世博会、奥运会等大型赛事是他们的首要选择。当然，日常公益服务、环境保护类活动、一般大型活动也在他们的考虑范围之内。

---

① 此题来自网络问卷，共计 4 000 份，有 18 人未作选择。

类似奥运会、世博会的重大活动　　　　　　　　　　3 477, 87.3%

日常公益服务（社区、支教、扶助弱势群体等）　　2 162, 54.3%

环境保护类活动　　1 909, 47.9%

普通大型活动（运动会、音乐会、庆典等）　　1 862, 46.8%

以上都不做　20, 0.5%

其他　58, 1.5%

0　1 000　2 000　3 000　4 000

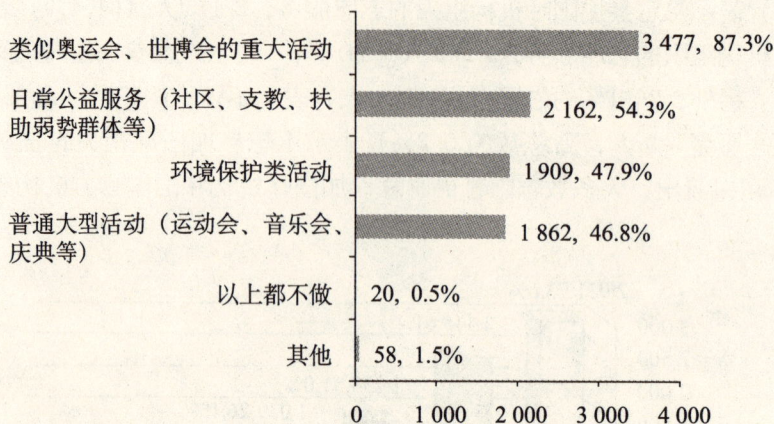

图87　志愿者服务类型分布图

2. 影响因素分析

那么，如果考虑性别、年龄、职业、教育水平、收入等因素，上述结果会发生改变吗？这就是接下来我们要探讨的问题。我们用交叉列联分析分别检验性别、是否为独生子女、教育程度、职业和收入对志愿者服务意愿的影响，检验结果见表13。

表13　　　　　　　　　　**影响因素的交叉列联检验结果**

影响是否显著	性别	是否独生子女	教育程度	职业	收入
志愿者服务意愿	是	是	—	是	是
志愿者服务主体	是	—	—	是	是
志愿者服务类型	是	是	是	是	是

注："—"表示影响不显著。

可以看出，性别、职业、收入对志愿者服务意愿、服务主体和服务类型有显著影响，是否为独生子女对志愿者服务意愿、服务类型影响显著，教育程度对志愿者服务类型影响显著，下面逐一进行分析。

（1）**性别**。

1）与志愿者服务意愿的关系。结果表明，不管是男性志愿者还是女性志愿者，都表示奥运结束后首要选择是继续参加志愿活动，并提高自身道德素养和礼仪水平。区别在于，女性志愿者(2 064人，72.7%)继续参加志愿活动的意愿更加强烈，比男性志愿者（1 363，63.8%）多8.9个百分点。不过，男性志愿者更愿意将时间花在体育活动上（详见图88）。

2）与志愿者服务主体的关系。调查显示，男性志愿者和女性志愿者都倾向于优先参加国际机构组织的活动，其次参加国内官方组织的志愿活动，最后参加国内民间组织的志愿活动。不过，二者的比例稍微有所差别，女性志愿者在国际机构组织的志愿

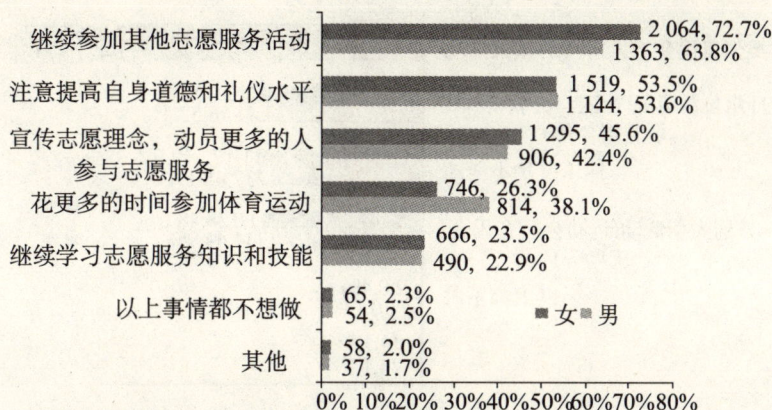

图 88　不同性别志愿者奥运结束后的志愿服务意愿分布图

服务和国内民间组织的志愿服务上分别比男性志愿者多出 4.6 个百分点、少 4 个百分点，而在国内官方组织的志愿服务方面，男性志愿者参与的比例略高于女性志愿者[①]（详见图 89）。

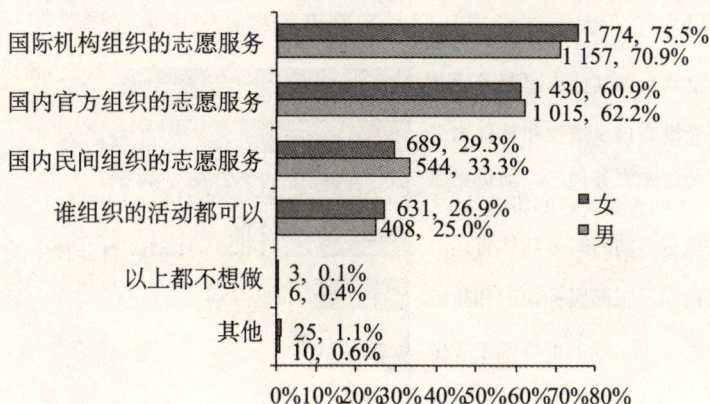

图 89　不同性别志愿者奥运会后的志愿服务主体分布图

3）与志愿者服务类型的关系。调查显示，男性志愿者和女性志愿者都愿意优先参加奥运会、世博会这样的大型志愿服务活动，其比例差异也比较趋同。但在日常公益服务、环境保护类志愿服务活动中，女性志愿者的参与意愿比例分别比男性志愿者高出 3.2 个百分点、4.8 个百分点（详见图 90）。

总之，女性志愿者继续参加志愿活动的意愿比男性志愿者更加强烈。两类志愿者都愿意优先参加国际机构、国内官方、国内民间组织的大型志愿活动，不过在日常公益服务和环境保护类志愿活动中，女性志愿者的参与意愿比男性高。

---

① 由于样本原因，仅比较百分比。

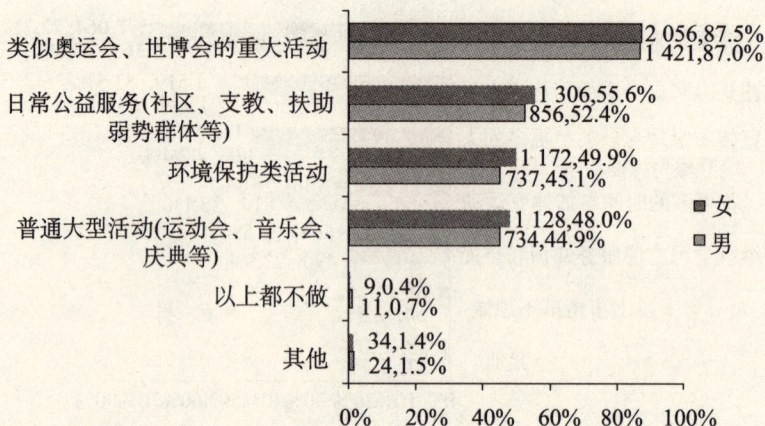

图90 不同性别志愿者奥运会后志愿服务类型分布图

（2）是否为独生子女。

1）与志愿者服务意愿的关系。检验结果表明，独生子女与非独生子女都愿意在奥运结束后继续从事志愿服务活动，不过独生子女的参与比例比非独生子女高 1.2%。然而，更多的非独生子女表示愿意提高自身道德素养和礼仪水平（详见图 91）。

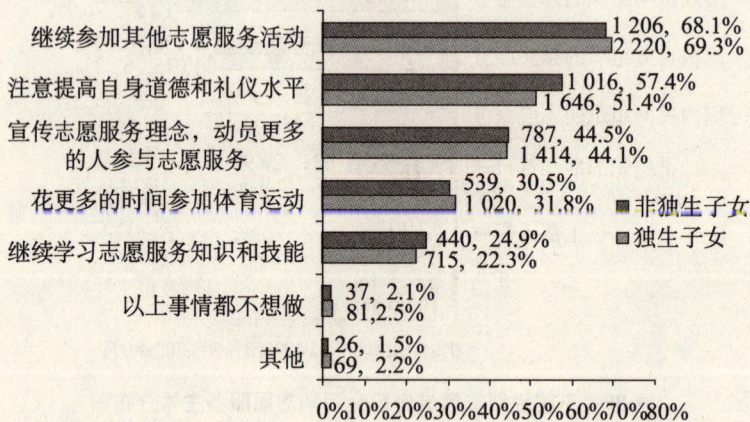

图91 独生子女/非独生子女志愿者奥运结束后志愿服务意愿分布图

2）与志愿者服务类型的关系。调查显示，出生于独生子女家庭的志愿者更愿意参加世博会、奥运会这样的大型志愿服务活动和普通大型志愿服务活动。不过，在日常公益服务和环境保护类活动方面，非独生子女志愿者表现出了更强烈的参加意愿。在日常公益服务活动上，非独生子女志愿者的参与比例比独生子女志愿者高 7.4 个百分点（详见图 92）。

总之，独生子女参与志愿服务活动的总体愿望比非独生子女强烈，他们更愿意参加大型志愿服务活动。非独生子女则比较注重提高自身道德修养和礼仪水平，更愿意参加日常公益服务和环境保护类活动。

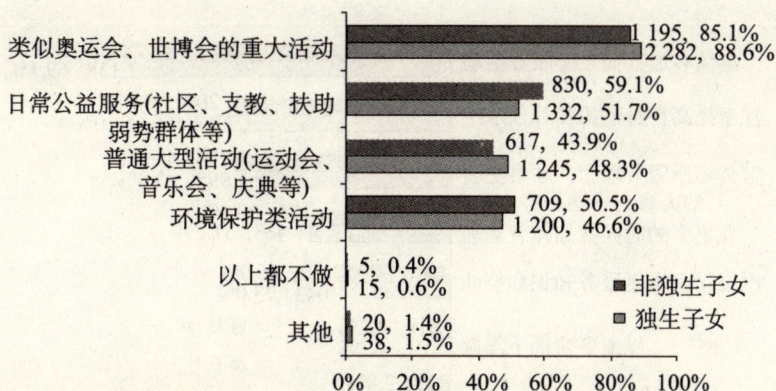

图 92　独生子女/非独生子女志愿者奥运会后志愿服务类型分布图

（3）教育程度。

以志愿者服务类型为例进行说明。调查显示，本科及以上学历志愿者在奥运会、世博会这样的大型活动和日常公益服务上的参与比例明显高于本科以下学历的志愿者，而且他们将日常公益服务作为未来参与意愿类型的第二选择。不过，在环境保护类活动和普通大型活动中，本科以下学历的志愿者表现出了更加强烈的参与意愿（详见图 93）。

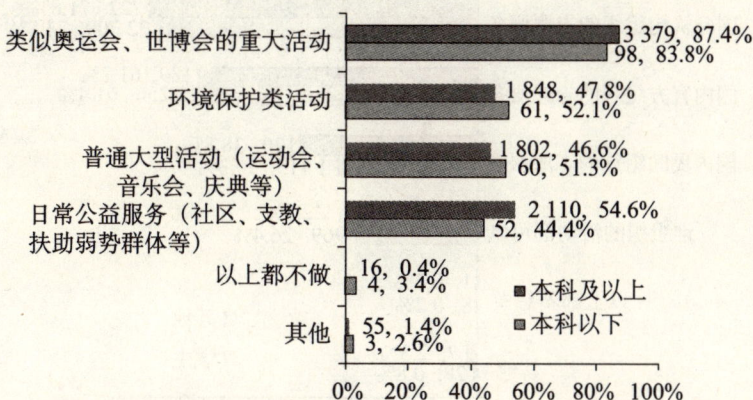

图 93　不同教育程度志愿者奥运会后志愿服务类型分布图

（4）职业。

1）与志愿者服务意愿的关系。调查显示，在奥运结束后的志愿服务意愿方面，不同职业身份的志愿者表现出较大的差异。虽然学生志愿者和非学生志愿者都愿意继续参加其他志愿服务活动，但学生志愿者将"注意提高自身道德和礼仪水平"作为第二选择，这比非学生志愿者高出 6 个百分点。同样，非学生志愿者的第二选择是"宣传志愿服务理念，动员更多的人参与志愿服务"，这又比学生志愿者高出 4.7 个百分点（详见图 94）。

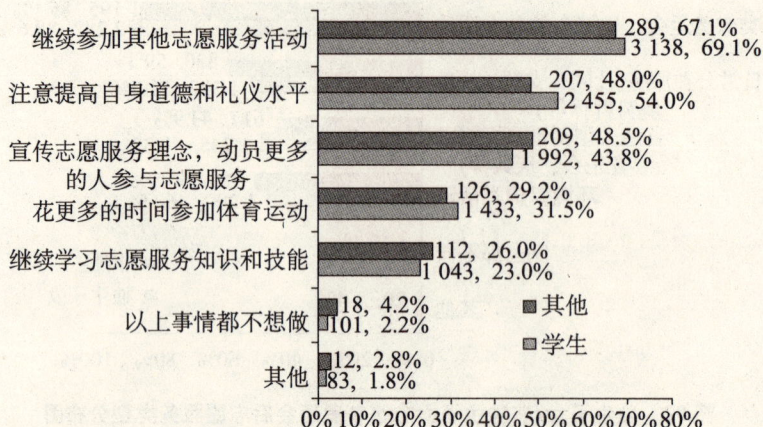

图 94　不同职业志愿者奥运会后志愿服务意愿分布图

2）与志愿者服务主体的关系。在志愿服务主体方面，学生志愿者和非学生志愿者在参与国内机构组织的志愿服务方面没有较大差异，不过学生志愿者更愿意参加国际机构组织的志愿服务，而非学生志愿者（120 人，38.8%）更愿意参加国内民间组织的志愿服务，其比例高出学生志愿者 8.5 个百分点（详见图 95）。

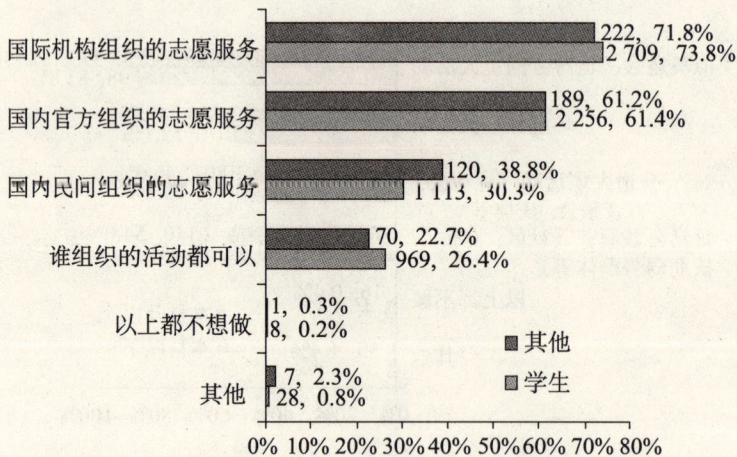

图 95　不同职业志愿者奥运会后志愿服务主体分布图

3）与志愿者服务类型的关系。调查显示，对于类似奥运会和世博会这样的重大志愿活动，学生（3 231 人，88.0%）的参加意愿要远远大于其他职业的志愿者（246 人，79.6%），在普通大型活动方面也是如此。不过也有例外，在日常社会服务方面，其他职业志愿者的参与意愿比例（180，58.3%）高出学生志愿者（1 982 人，54.0%）4.3个百分点；在环境保护类活动上更是如此，其他职业志愿者的参与意愿比例（181 人，58.6%）高出学生志愿者（1 728 人，47.0%）11.6 个百分点（详见图 96）。

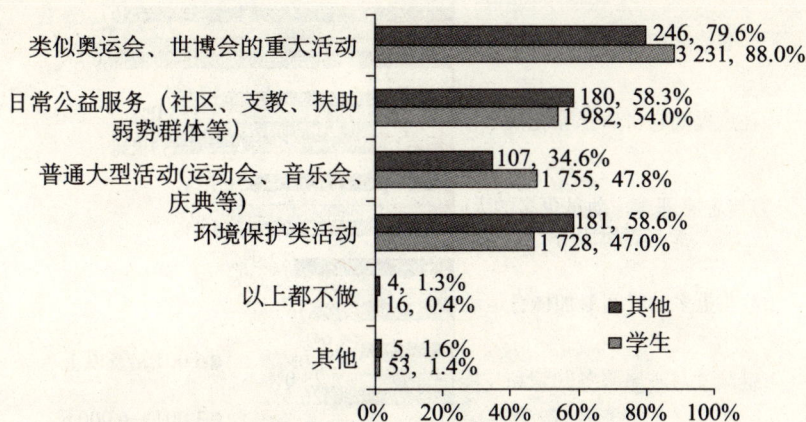

图96 不同职业志愿者奥运会后志愿服务类型分布图

（图表内容）

类似奥运会、世博会的重大活动 246, 79.6% / 3 231, 88.0%
日常公益服务（社区、支教、扶助弱势群体等）180, 58.3% / 1 982, 54.0%
普通大型活动(运动会、音乐会、庆典等) 107, 34.6% / 1 755, 47.8%
环境保护类活动 181, 58.6% / 1 728, 47.0%
以上都不做 4, 1.3% / 16, 0.4%
其他 5, 1.6% / 53, 1.4%

■ 其他
■ 学生

0% 20% 40% 60% 80% 100%

总之，学生志愿者和非学生志愿者都愿意继续参加其他志愿服务活动，但学生志愿者将"注意提高自身道德和礼仪水平"作为第二选择，更愿意参加国际机构组织的大型志愿服务。非学生的志愿者的第二选择是"宣传志愿服务理念，动员更多的人参与志愿服务"，他们更愿意参加国内民间组织的志愿服务，且以日常公益服务、环境保护类活动为主要领域。

（5）收入。

1）与志愿服务意愿的关系。调查显示，对于不同收入水平的志愿者，其奥运结束后的志愿服务意愿排序基本一致。不过，收入越低的志愿者越希望奥运结束后"注意提高自身道德和礼仪水平"，其中月收入为1 000元及以下的志愿者在这方面的比例达57.8%（329人），月收入为1 001～3 000元的比例是56.7%（904人），月收入为3 001～6 000元的比例为53.0%（912人），而月收入高于6 000元的志愿者的比例则为47.6%（470人）。可以看出，随着收入水平的提高，选择"注意提高自身道德和礼仪水平"的比例越低。另外，我们发现，收入越高，越愿意"花更多的时间参加体育运动"，例如，月收入6 001元及以上的志愿者在这方面的比例是32.9%（325人），而月收入为1 000元及以下的比例仅为29.7%（169人）（详见图97）。

2）与志愿服务主体的关系。调查显示，不同家庭收入的志愿者在总体上选择的顺序是一致的，但一些特殊现象值得关注。首先，家庭收入越高，越愿意参加国际机构组织的志愿服务活动。例如，家庭收入为1 000元及以下的志愿者在这方面的选择比例为70.3%（355人），收入为1 001～3 000元的志愿者在这方面的比例为73.2%（947人），收入为3 001～6 000元的比例为74.3%（1 019人），收入为6 001元及以上的比例为75.0%（610人）。然而，在国内民间组织的志愿服务上却表现出了相反的趋势，即：收入越高的志愿者，参加此类志愿服务的意愿越低。如家庭月收入在1 000元及以下的志愿者在这方面的比例为34.1%（172人），1 001～3 000元的志愿者比例为33.8%

继续参加其他志愿服务活动
67.6%
69.7%
69.0%
69.6%

注意提高自身道德和礼仪水平
47.6%
53.0%
56.7%
57.8%

宣传志愿理念，动员更多的人参与志愿服务
42.5%
44.1%
45.6%
44.6%

花更多的时间参加体育运动
32.9%
32.6%
29.9%
29.7%

继续学习志愿服务知识和技能
18.9%
21.0%
23.0%
26.5%

以上事情都不想做
3.5%
2.0%
2.0%
2.1%

其他
1.7%
2.4%
1.8%
1.6%

■ 6 001元及以上
□ 3 001～6 000元
■ 1 001～3 000元
■ 1 000元及以下

0% 10% 20% 30% 40% 50% 60% 70% 80%

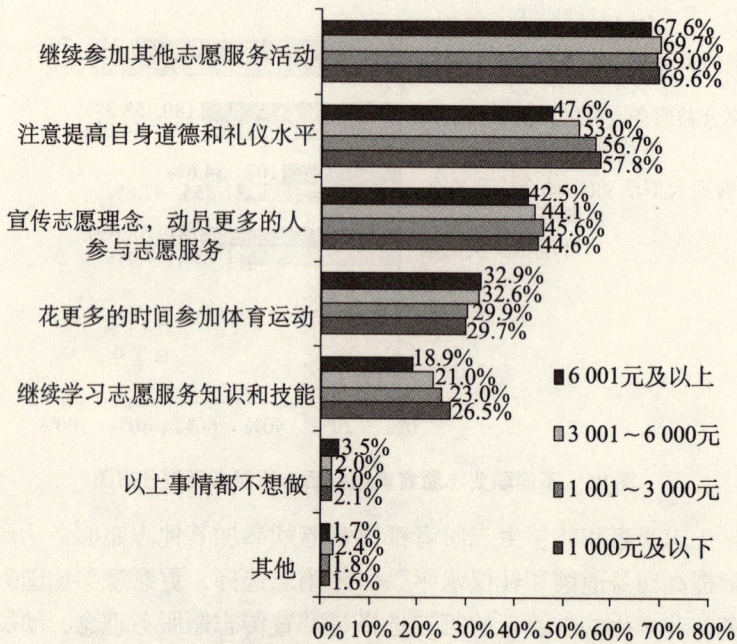

图 97　不同收入水平志愿者奥运会后志愿服务意愿分布图

（437 人），3 001～6 000 元的志愿者比例为 29.2%（401 人），而 6 001 元及以上的志愿者比例仅为 27.4%（223 人），比最低收入群体志愿者低近 7 个百分点（详见图 98）。

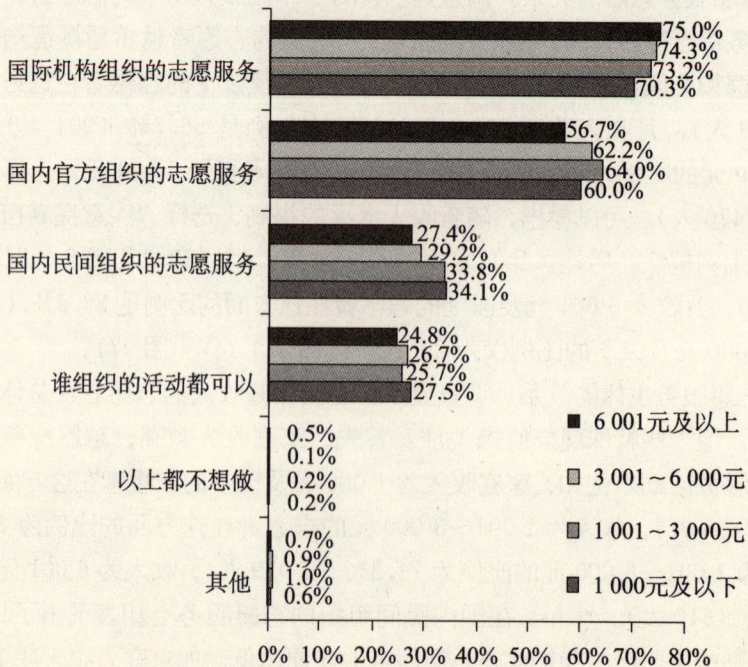

国际机构组织的志愿服务
75.0%
74.3%
73.2%
70.3%

国内官方组织的志愿服务
56.7%
62.2%
64.0%
60.0%

国内民间组织的志愿服务
27.4%
29.2%
33.8%
34.1%

谁组织的活动都可以
24.8%
26.7%
25.7%
27.5%

以上都不想做
0.5%
0.1%
0.2%
0.2%

其他
0.7%
0.9%
1.0%
0.6%

■ 6 001元及以上
□ 3 001～6 000元
■ 1 001～3 000元
■ 1 000元及以下

0% 10% 20% 30% 40% 50% 60% 70% 80%

图 98　不同收入水平志愿者奥运会后志愿服务主体分布图

3）与志愿服务类型的关系。调查显示，不管收入水平如何，各类志愿者都倾向于优先选择奥运会、世博会这样的大型志愿服务活动。例如，家庭月收入1 000元及以下的志愿者选择这一类型的比例为83.4%（421人），月收入1 001~3 000元的志愿者选择的比例为89.5%（1 157人），月收入3 001~6 000元的志愿者选择的比例为87.8%（1 204人），月收入6 001元及以上的志愿者选择的比例为85.5%（695人）。不过也有例外，日常公益服务活动对月收入1 000元及以下的志愿者最有吸引力，比例高达59.2%（299人），远高于其他收入水平的志愿者53.7%的平均水平（详见图99）。

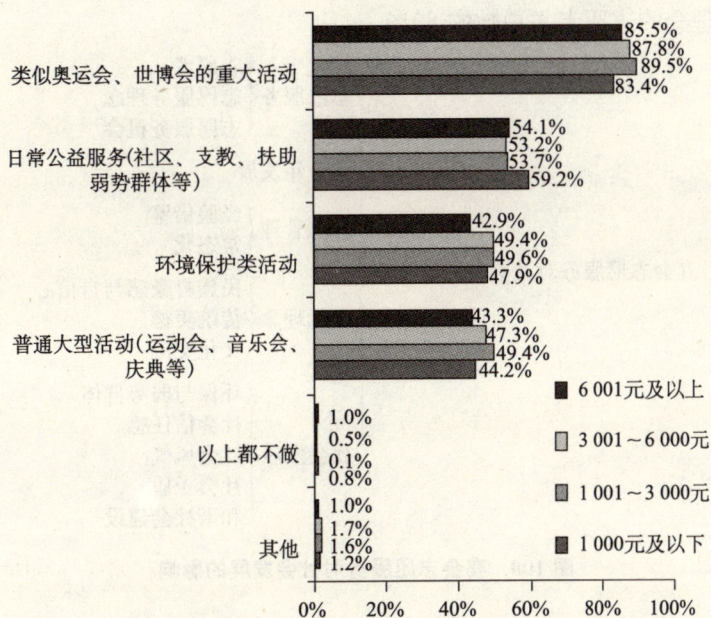

图99　不同收入水平志愿者奥运会后志愿服务类型分布图

总之，随着收入水平的提高，选择"注意提高自身道德和礼仪水平"的比例越低，他们更愿意参加体育运动和国际机构组织的志愿服务活动，对国内民间组织的志愿服务没有多大兴趣。此外，各类收入水平的志愿者都优先选择大型志愿服务活动，不过低收入群体对日常公益服务的兴趣也很高。

二、对社会发展的影响

奥运志愿服务经历对我国社会发展产生了哪些影响？我们分别从志愿服务、青少年发展、志愿管理、文化理念、社会发展等方面进行研究（见图100），研究思路是让受访者根据自己的判断给调查问题打分（分值在1~10之间，1分表示非常不同意，10分表示非常同意），然后汇总每项指标的支持率，推导出相应的结论，以下是详细调查结果。

1. 调查发现

（1）对志愿服务的影响。

在志愿服务中，我们设置了三个测评指标：志愿者、志愿服务理念、志愿服务机会。研究结果如下：

1）让志愿者家喻户晓。

受访志愿者中①，半数志愿者（2 503 人，50.3％）打 10 分，即完全赞同该评语，13％的志愿者（649 人）打 9 分，17.1％的志愿者（853 人）打 8 分（详见图 101）。可见，认同这一理念的志愿者占总数的 80％。

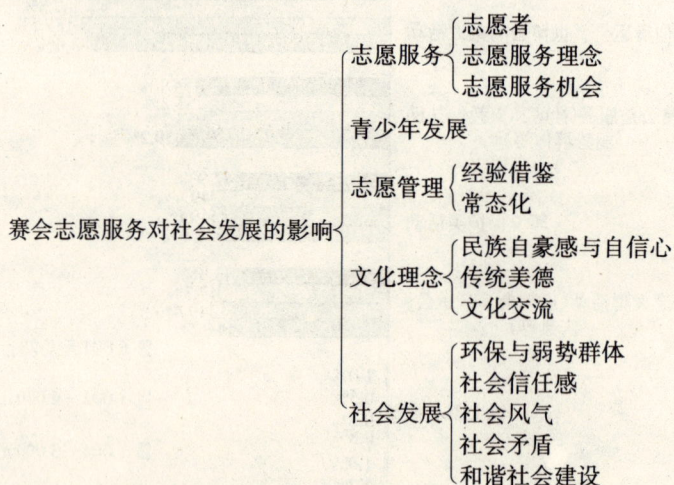

图 100 赛会志愿服务对社会发展的影响

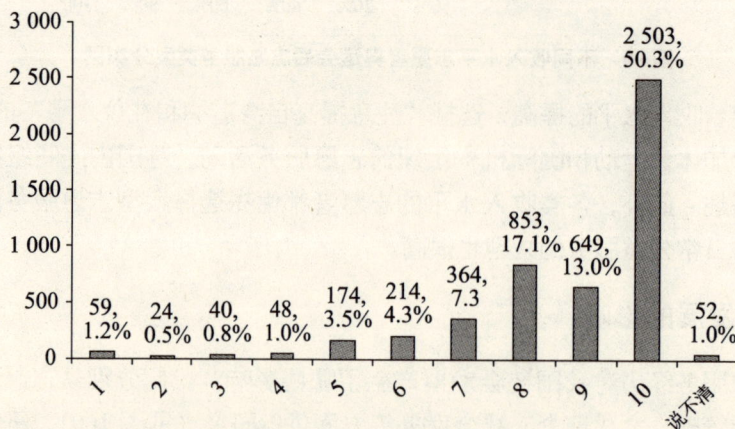

图 101 让志愿者变得家喻户晓测评图

---

① 有 20 人未回答此题。

2）使志愿服务理念逐渐深入人心。

受访者中①，37.9%的志愿者（1 886 人）打 10 分，即表示完全赞同，14.2%的志愿者（705 人）打 9 分，20.7%的志愿者（1 031 人）打 8 分（详见图 102）。可见，超过七成的受访者认同这一说法。

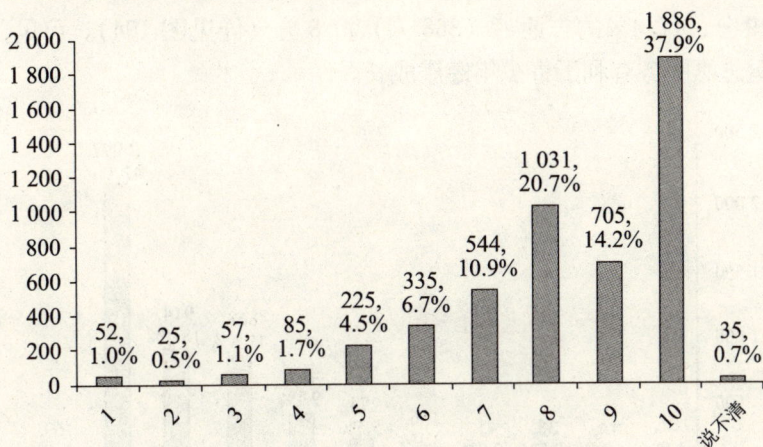

图 102　使志愿服务理念深入人心测评图

3）志愿服务机会增加。

3 982 名网络受访者中②，51.1%的志愿者（2 033 人）认为奥运结束后志愿服务的机会比以前更多了，18.5%的志愿者（735 人）表示跟奥运会前没有区别，只有 2.8% 的志愿者（112 人）认为志愿服务机会比奥运会前更少，另有 2.3%的志愿者（91 人）表示从未关注过这类问题（详见图 103）。

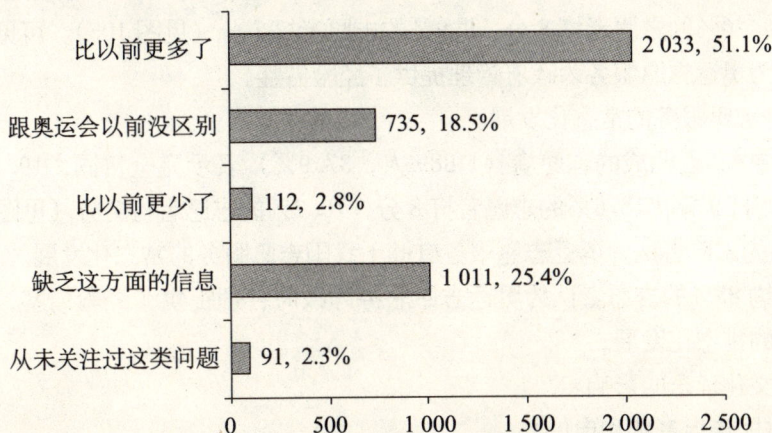

图 103　奥运会后志愿服务机会是否增多测评图

---

①　有 20 人未回答此题。
②　此题来自网络问卷，共计 4 000 份，有 18 名受访者未作回答。

总之，超过七成的志愿者认为奥运志愿服务让志愿者家喻户晓，使志愿服务理念深入人心，而且，半数志愿者认为奥运结束后志愿服务机会将增多。

（2）奥运志愿服务有利于青少年成长。

被访者中[①]，四成志愿者（2 097 人，42.1%）表示完全赞同，18.4%的志愿者（914 人）打 9 分，17.4%的志愿者（868 人）打 8 分（详见图 104）。可见，近八成志愿者认为奥运志愿服务有利于青少年健康成长。

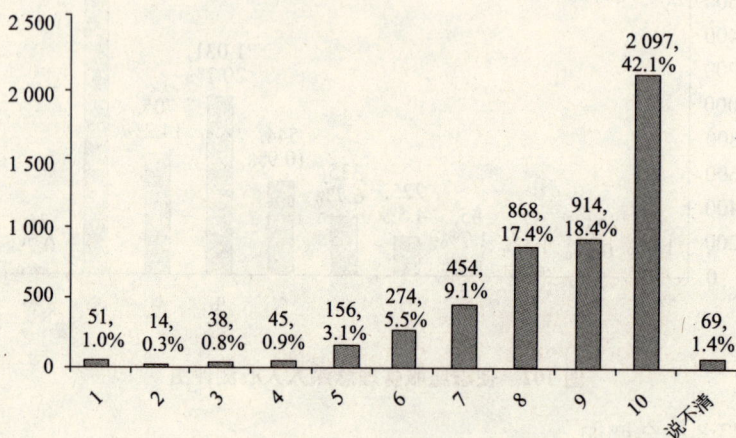

图 104　对青少年成长的影响测评图

（3）对志愿管理的影响。

1）为政府管理提供经验。

受访者中[②]，34.9%的志愿者（1 736 人）表示完全赞同，20.6%的志愿者（1 026 人）打 9 分，20%的志愿者打 8 分，9.9%的志愿者打 7 分（见图 105）。可见，约 85% 的志愿者认为奥运志愿服务为政府管理提供了经验借鉴。

2）促进志愿服务的常态化发展。

受访者中[③]，近四成的志愿者（1 889 人，37.9%）表示完全赞同，19.4%的志愿者（966 人）打 9 分，18.6%的志愿者打 8 分，10.2%的志愿者打 7 分（见图 106）。可见，约 85%的志愿者认为奥运志愿服务有助于我国志愿服务的常态化发展。

总之，约 85%的志愿者认为奥运志愿服务为政府管理提供了经验借鉴，有助于我国志愿服务的常态化发展。

（4）对文化理念的影响。

1）增进民族自豪感和自信心。

---

①　有 20 人未回答此题。
②　有 20 人未回答此题。
③　有 20 人未回答此题。

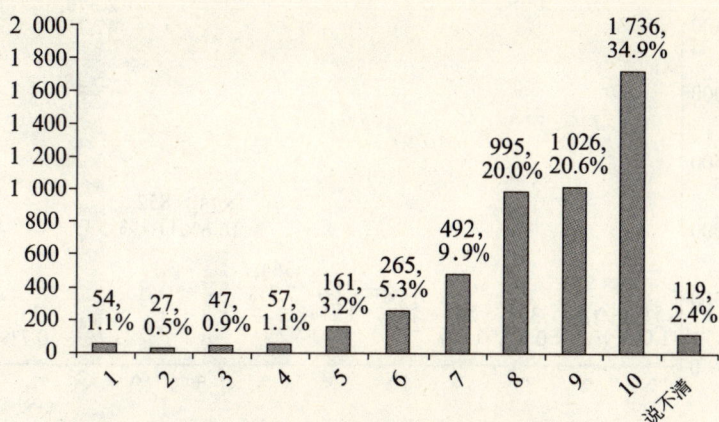

图 105 为政府管理提供经验测评图

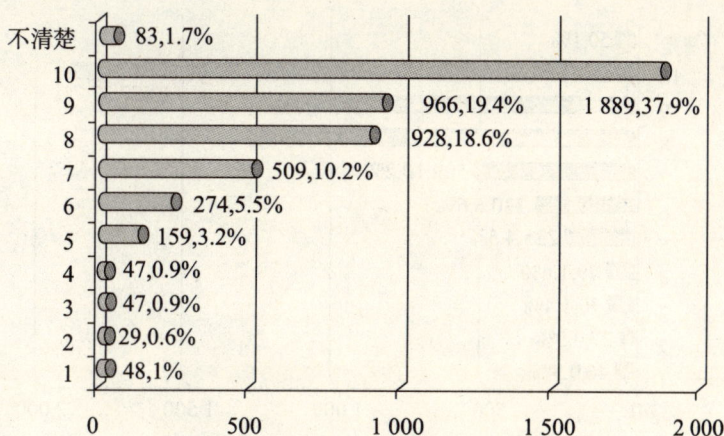

图 106 促进志愿服务的常态化发展测评图

被访者中①, 47.7%的志愿者 (2 376 人) 打 10 分, 17.1%的志愿者 (852 人) 打 9 分, 16.6%的志愿者打 8 分, 7.3%的志愿者打 7 分。这表明, 约 88%的志愿者非常认同奥运志愿服务增进了民族自豪感和自信心 (详见图 107)。

2) 弘扬中华民族的传统美德。

受访者中②, 37.7%的志愿者 (1 877 人) 表示完全赞同, 16.9%的志愿者 (839 人) 打 9 分, 18.6%的志愿者 (927 人) 打 8 分, 10.2%的志愿者打 7 分 (详见图 108)。可见, 超过八成的志愿者认为奥运志愿服务理念弘扬了中华民族的传统美德。

---

① 有 20 人未回答此题。

② 有 20 人未回答此题。

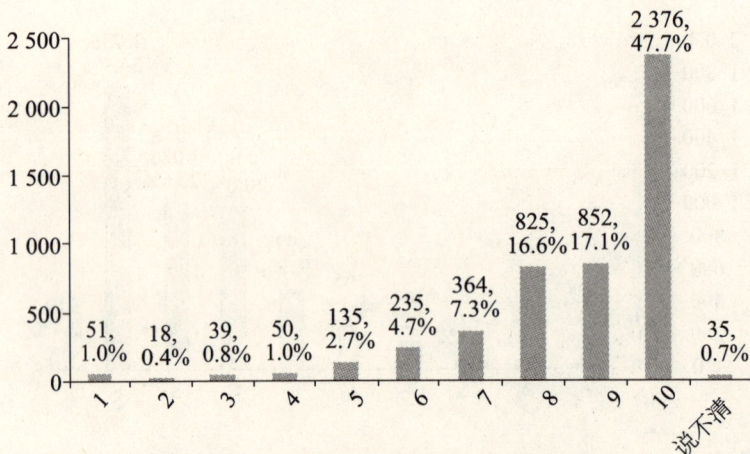

图 107　增进民族自豪感和自信心测评图

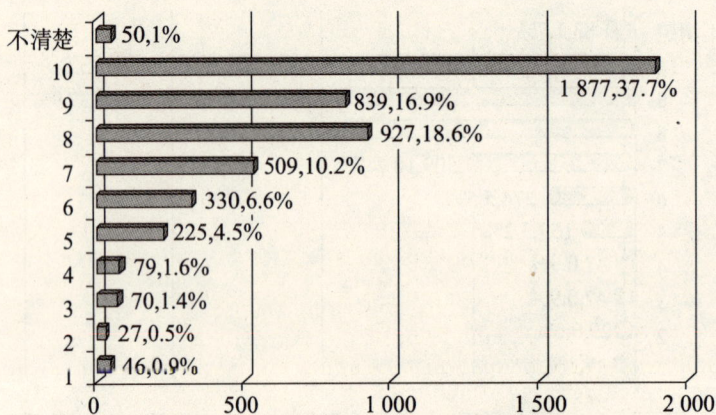

图 108　弘扬中华民族传统美德测评图

3) 增进不同文化与社会间的相互了解。

受访者中①，近四成的志愿者（1 951 人，39.2%）表示完全赞同，19.9% 的志愿者（993 人）打 9 分，18.3% 的志愿者打 8 分，10.1% 的志愿者打 7 分（详见图 109）。可见，近九成的志愿者认为奥运志愿服务增进了文化交流与合作，促进了不同文化与社会间的相互了解。

总之，接近九成的志愿者认为奥运志愿服务增进了民族自豪感和自信心，弘扬了中华民族的传统美德，增进了文化交流与合作，促进了不同文化与社会间的相互了解。

（5）对社会发展的影响。

1) 激发更多人关注环保、弱势群体。

---

① 有 20 人未回答此题。

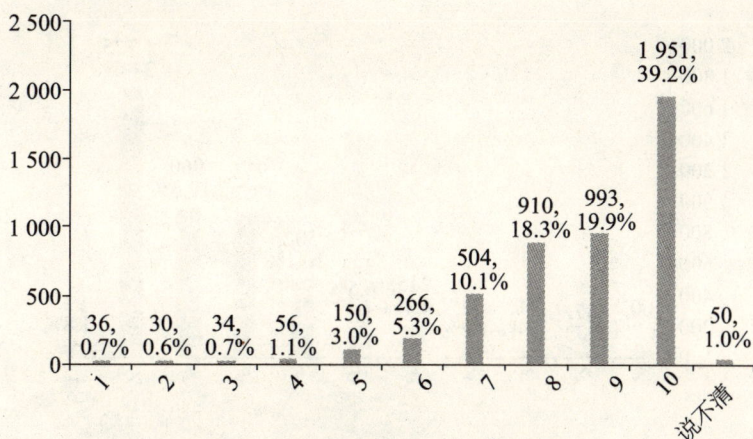

图 109　增进文化交流与社会了解测评图

受访者中①，29％的志愿者（1 445 人）表示完全赞同，15.4％的志愿者（767人）打 9 分，17.9％的志愿者（891 人）打 8 分，12.4％的志愿者打 7 分（详见图110）。可见，超过七成的志愿者认为奥运志愿服务促进了更多人关注环境保护和弱势群体。

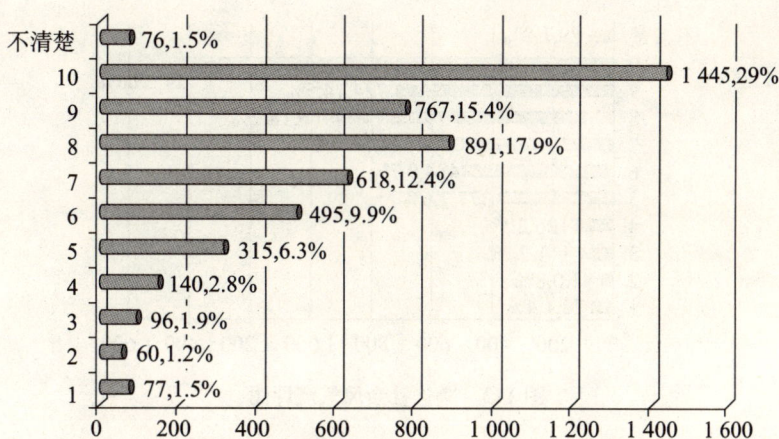

图 110　激发更多人关注环保与弱势群体测评图

2）增强社会信任感。

受访者中②，34.6％的志愿者（1 725 人）表示完全赞同，19.3％的志愿者（960人）打 9 分，18.7％的志愿者（932 人）打 8 分，10.1％的志愿者打 7 分（详见图111）。可见，超过八成的志愿者认为奥运志愿服务有利于增强社会信任感。

①　有 20 人未回答此题。

②　有 20 人未回答此题。

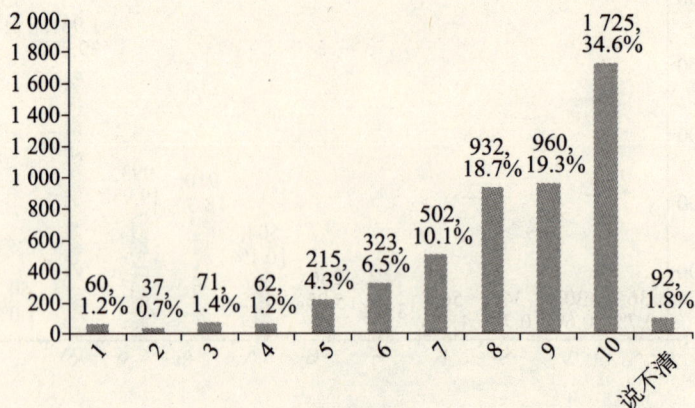

图 111　有利于增强社会信任感测评图

3）净化了社会风气。

受访者中①，28.6％的志愿者（1 424 人）表示完全赞同，14.5％的志愿者（724人）打 9 分，18.2％的志愿者（906 人）打 8 分，12.6％的志愿者打 7 分（详见图112）。可见，超过七成的志愿者认为奥运志愿服务净化了社会风气。

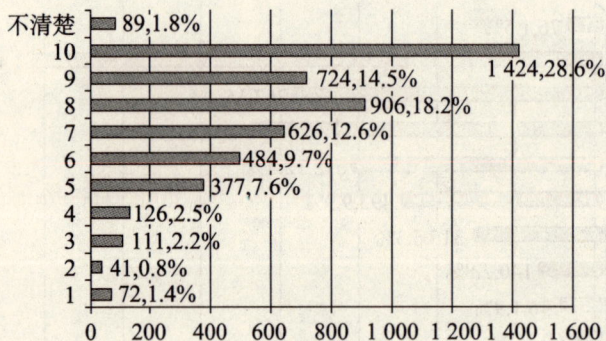

图 112　净化社会风气测评图

4）有利于缓和社会矛盾。

受访者中②，20.7％的志愿者（1 033 人）表示完全赞同，11.7％的志愿者（582 人）打 9 分，16.7％的志愿者（831 人）打 8 分，13.2％的志愿者打 7 分（详见图113）。可见，超过六成的志愿者认为奥运志愿服务有利于缓和日益紧张的社会矛盾。

---

①　有 20 人未回答此题。
②　有 20 人未回答此题。

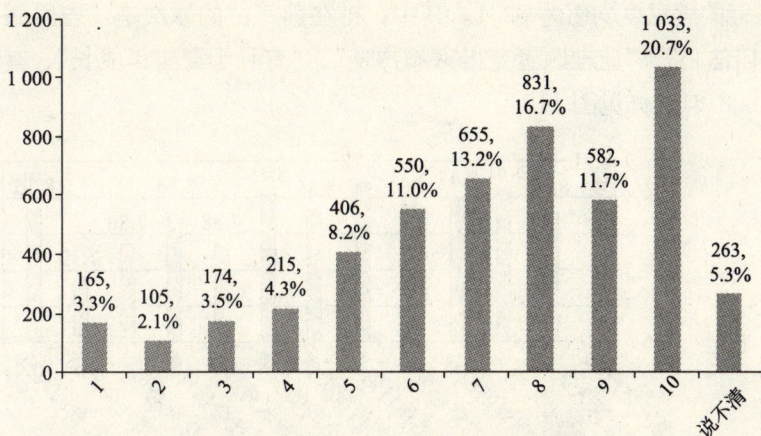

图 113　有利于缓和社会矛盾测评图

5）是构建和谐社会的契机。

受访者中[1]，36.7％的志愿者（1 825 人）表示完全赞同，18.9％的志愿者（939人）打 9 分，16.2％的志愿者打 8 分，9.4％的志愿者打 7 分（详见图 114）。可见，超过八成的志愿者认为奥运志愿服务是构建和谐社会的有利契机。

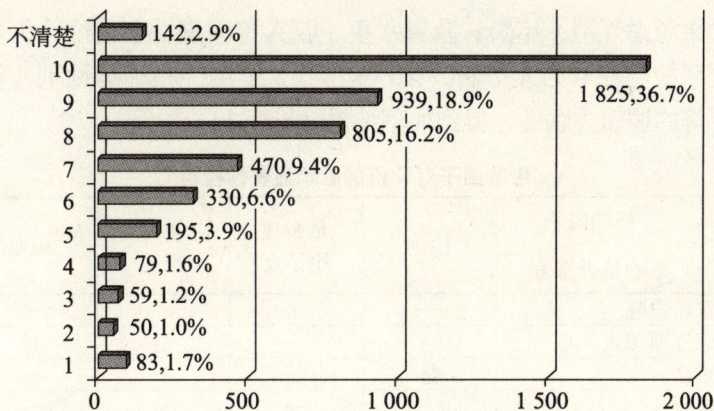

图 114　成为构建和谐社会的契机测评图

总之，超过七成的志愿者认为奥运志愿服务促进了更多人关注环境保护和弱势群体，净化了我国的社会风气；超过八成的志愿者认为奥运志愿服务有利于增强社会信任感，是构建和谐社会的有利契机。另有超过六成的志愿者认为奥运志愿服务有利于缓和我国日益紧张的社会矛盾。

如果考虑每个测评指标的满意度均值，我们可以发现，除志愿服务机会外，下述

———————————

[1]　有 20 人未回答此题。

13 个测评指标的满意度均值为 8.31。其中，排在前三位的依次是"志愿服务增进了民族自豪感和自信心"、"让志愿者变得家喻户晓"、"有利于青少年成长"，其均值依次为 8.72、8.71、8.61（详见图 115）。

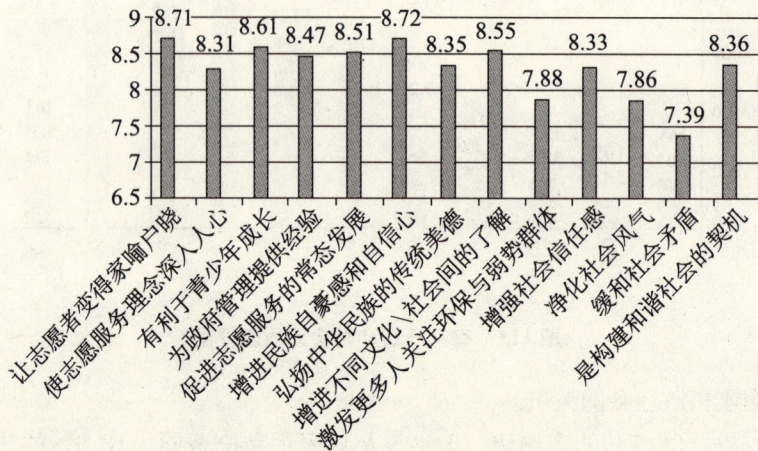

图 115　奥运志愿服务对社会发展的影响

2. 影响因素分析

那么，如果考虑性别、年龄、教育水平、收入等因素，上述结论仍然成立吗？我们运用交叉列联检验法和方差分析，依次检测 13 个测评指标与性别、年龄、教育程度、收入水平等的逻辑关联性，得到如下结果（见表 14）：

表 14　　　　　　　　　　影响因子对评价的影响显著性检验

分析维度　　　影响因子　　影响是否显著	性别	是否独生子女	教育程度	职业	收入
让志愿者变得家喻户晓	—	是	—	—	是
使志愿服务理念逐渐深入人心	—	—	是	是	是
志愿服务机会增多	是	是	—	—	是
有利于青少年成长	—	—	是	—	—
为政府管理提供经验	是	—	—	—	是
促进志愿服务的常态化发展	—	—	—	—	是
增进了民族自豪感和自信心	是	—	是	—	是
弘扬了中华民族传统美德	—	是	是	是	—
激发了更多人关注环保、弱势群体	—	—	是	是	—
有利于增强社会信任感	—	—	—	—	—
净化了社会风气	—	是	是	是	—
有利于缓和社会群体矛盾	是	—	是	是	—
成为构建和谐社会的契机	是	是	是	—	是

注：p 值小于 0.05 则为显著。"—"表示影响不显著。

从表 14 可以看出，性别、是否独生子女、教育程度、职业和收入这五个因子对志愿者的评价影响显著，下面进行详细说明。

（1）性别。

显著性检验结果表明，男性志愿者和女性志愿者对"志愿服务机会增多"、"为政府管理提供经验"、"增进了民族自豪感和自信心"、"有利于缓和社会群体矛盾"、"成为构建和谐社会的契机"这五个维度的影响是显著的。

1）志愿服务机会增多。

结果表明，认为志愿服务机会增多的女性志愿者比男性志愿者略高，认为志愿服务机会不变和减少的女性志愿者比男性志愿者少，这说明女性志愿者对奥运会后志愿服务机会增多更加乐观（详见图116）。

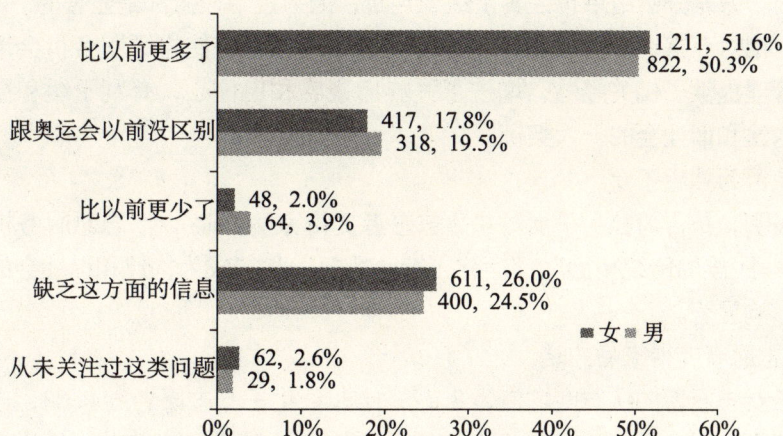

图116 不同性别志愿者对奥运会后志愿服务机会的判断

2）为政府管理提供经验。

女性志愿者的认同度均值为 8.45，比男性志愿者的均值 8.36 高 0.09，这表明女性志愿者更加赞同奥运志愿服务为政府管理提供了相关经验。为了进一步了解性别因素是否对"为政府管理提供经验"有显著影响，我们运用单因素方差分析对二者的关系进行检验。首先，假设男性志愿者和女性志愿者没有对"为政府管理提供经验"产生显著影响（即不同性别对"为政府管理提供经验"的效应同时为 0），然后用 SPSS 软件进行分析，分析结果见表 15。

表 15   "为政府管理提供经验"的方差分析结果

		Sum of Squares	df	Mean Square	F	Sig.
为政府管理提供经验	Between Groups	14.791	1	14.791	4.299	0.038
	Within Groups	17 152.586	4 986	3.440		
	Total	17 167.377	4 987			

如表15所示，为政府提供管理经验的离差平方总和为17 167.377；如果仅考虑性别单个因素的影响，则为政府提供管理经验总变差中，不同性别可解释的变差为14.791，抽样误差引起的变差为17 152.586，它们对方差分别为14.791和3.440，相除所得的F统计量的观测值为4.299，对应的概率p值为0.038。如果显著性水平α为0.05，由于概率p值小于显著性水平α，则应拒绝零假设，认为不同性别对"为政府管理提供经验"产生了显著影响，其效应不全为0。

同样，在"增进了民族自豪感和自信心"、"有利于缓和社会群体矛盾"、"成为构建和谐社会的契机"这三个分析维度中，女性志愿者的认同度均值依次是8.76、7.25、8.36，分别比男性志愿者高0.13、0.15、0.17，也就是说，女性志愿者对上述三项观点更加认同。方差分析结果也证实了这一判断，因为三个检验都是显著的。[①]

总之，相对而言，女性志愿者更加认同奥运志愿服务使志愿服务机会增多，为我国的政府管理提供了相关经验，增进了民族自豪感和自信心，有利于缓和社会群体矛盾，成为构建和谐社会的一大契机。

(2) 是否为独生子女。

结果表明，是否为独生子女对"让志愿者变得家喻户晓"、"志愿服务机会增多"、"弘扬了中华民族的传统美德"、"净化了社会风气"和"成为构建和谐社会的契机"这五个维度影响显著。

1) 让志愿者变得家喻户晓。

独生子女志愿者的认同度均值为8.77，比非独生子女志愿者高0.23，这表明独生子女志愿者更认同奥运志愿服务"让志愿者变得家喻户晓"。方差分析结果表明，是否为独生子女对"让志愿者变得家喻户晓"的影响是显著的（见表16）。

表16　　　　　　　　　　　　"让志愿者变得家喻户晓"的方差分析结果

		Sum of Squares	df	Mean Square	F	Sig.
让志愿者变得家喻户晓	Between Groups	56.175	1	56.175	16.157	0.000
	Within Groups	17 321.977	4 982	3.477		
	Total	17 378.152	4 983			

2) 志愿服务机会增多。

结果表明，认为志愿服务机会比以前更多的独生子女志愿者比非独生子女志愿者多，认为志愿服务机会没有区别的独生子女志愿者也比非独生子女志愿者多。为什么

---

① 概率p值分别是0.028、0.012、0.022，小于显著性水平0.05，因而是显著的。由于原理相同，因此这里不一一列出分析结果并详细说明。下同。

会有相互矛盾的结论呢？一个可能的解释是非独生子女缺乏这方面的信息，这在进一步的分析中也得到了验证，29.0％的非独生子女（408人）表示缺乏相关信息，这比独生子女高出5.6个百分点（详见图117）。

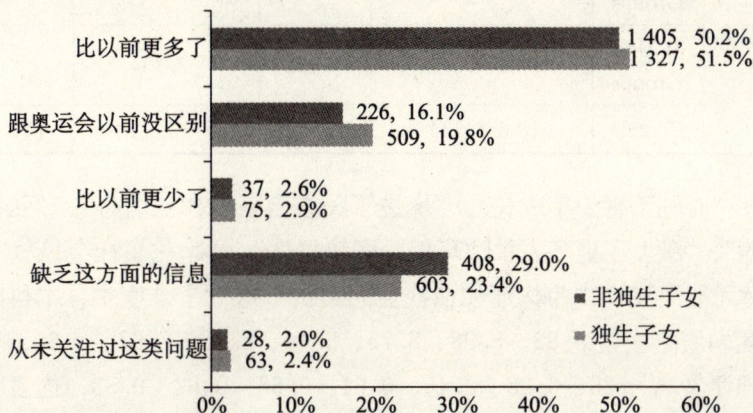

图117 独生子女/非独生子女志愿者对奥运会后志愿服务机会的判断

同样，在"弘扬了中华民族的传统美德"、"净化了社会风气"和"成为构建和谐社会的契机"这三个分析维度中，非独生子女志愿者的认同度均值依次是8.43、7.91、8.39，分别比独生子女志愿者高0.16、0.17、0.16，也就是说，非独生子女志愿者对上述三个维度更加认同。方差分析结果也证实了这一判断，因为三个检验都是显著的。①

总之，独生子女志愿者更认同奥运志愿服务"让志愿者变得家喻户晓"、奥运结束后志愿服务机会比以前更多，不过，在"弘扬了中华民族传统美德"、"净化了社会风气"和"成为构建和谐社会的契机"上，其认同度比非独生子女低。

（3）教育程度。

检验结果表明，不同教育程度的奥运志愿者对"使志愿服务理念逐渐深入人心"、"有利于青少年成长"、"增进了民族自豪感和自信心"、"弘扬了中华民族的传统美德"、"激发了更多人关注环保、弱势群体"、"净化了社会风气"、"有利于缓和社会群体矛盾"和"成为构建和谐社会的契机"这八个维度的影响是显著的。

首先看"使志愿服务理念逐渐深入人心"，本科以下学历志愿者的认同度均值为8.70，比本科及以上学历志愿者高0.43，这表明本科以下学历志愿者更加认同志愿服务"使志愿服务理念逐渐深入人心"。用方差分析进行检验，结果是显著的（见表17）。

---

① 概率 p 值分别是0.003、0.009、0.016，这里不一一列出。

表17   "使志愿服务理念逐渐深入人心"的方差分析结果

		Sum of Squares	df	Mean Square	F	Sig.
使志愿服务理念逐渐深入人心	Between Groups	45.599	1	45.599	12.213	0.000
	Within Groups	18 600.545	4 982	3.734		
	Total	18 646.144	4 983			

同样，在"有利于青少年成长"、"增进了民族自豪感和自信心"、"弘扬了中华民族的传统美德"、"激发了更多人关注环保、弱势群体"、"净化了社会风气"、"有利于缓和社会群体矛盾"和"成为构建和谐社会的契机"这七个维度中，本科以下学历志愿者的认同度均值依次是8.82、8.98、8.75、8.44、8.45、7.97、8.60，分别比本科及以上学历志愿者高0.26、0.28、0.45、0.64、0.68、0.82、0.33，这表明本科以下学历志愿者更加认同这些维度。用方差分析依次进行检验，结果都是显著的。[1]

总之，本科以下学历志愿者更加认同奥运志愿服务让志愿理念逐渐深入人心，增进了民族自豪感和自信心，弘扬了中华民族的传统美德，且有利于青少年的成长，激发了更多人关注环保与弱势群体，净化了社会风气，有利于缓和社会矛盾，是构建和谐社会的良好契机。

(4) 职业。

显著性检验结果表明，学生志愿者和非学生志愿者对"让志愿服务理念逐渐深入人心"、"弘扬了中华民族的传统美德"、"激发了更多人关注环保、弱势群体"、"净化了社会风气"和"有利于缓和社会群体矛盾"这五个维度的影响是显著的。

首先看"使志愿服务理念逐渐深入人心"，非学生志愿者的认同度均值为8.50，比学生志愿者高0.23，这说明非学生志愿者更加认同奥运志愿服务"使志愿服务理念逐渐深入人心"。方差分析结果表明，职业因素对"使志愿服务理念逐渐深入人心"的影响是显著的（见表18）。

表18   "使志愿服务理念逐渐深入人心"的方差分析结果

		Sum of Squares	df	Mean Square	F	Sig.
使志愿服务理念逐渐深入人心	Between Groups	22.562	1	22.562	6.016	0.014
	Within Groups	18 690.573	4 984	3.750		
	Total	18 713.135	4 985			

---

[1] 概率 p 值分别是 0.026、0.012、0.000、0.000、0.000、0.000、0.013，这里不一一列出。

同样，在"弘扬了中华民族的传统美德"、"激发了更多人关注环保、弱势群体"、"净化了社会风气"和"有利于缓和社会群体矛盾"这四个维度中，非学生志愿者的认同度均值依次为 8.51、8.21、8.18、7.50，比学生志愿者分别高 0.20、0.42、0.41、0.35，这表明非学生志愿者更加认同这些维度。用方差分析依次进行检验，结果都是显著的。[①]

总之，非学生志愿者更加认同奥运志愿服务让志愿理念深入人心，弘扬了中华民族的传统美德，且激发了更多人关注环境保护与弱势群体，净化了社会风气，有利于缓和社会群体矛盾。

(5) 收入。

显著性检验结果表明，不同收入水平的志愿者对"让志愿者变得家喻户晓"、"使志愿服务理念逐渐深入人心"、"志愿服务机会增多"、"为政府管理提供经验"、"促进志愿服务的常态化发展"、"增进了民族自豪感和自信心"、"弘扬了中华民族的传统美德"、"激发了更多人关注环保、弱势群体"、"有利于增强社会信任感"、"净化了社会风气"、"有利于缓和社会群体矛盾"和"成为构建和谐社会的契机"这 12 个维度的影响是显著的。

1) 让志愿者变得家喻户晓。

结果表明，高收入志愿者比低收入志愿者表示出了更大的赞同度，其中收入在 3 001~6 000 元的志愿者（均值为 8.79）最认同这一观点（详见图 118）。

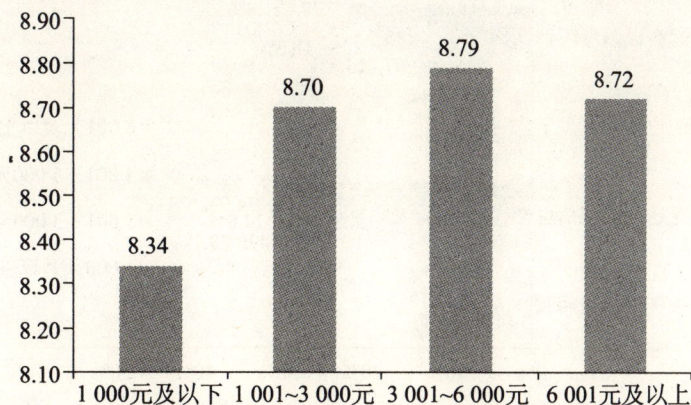

图 118　分家庭收入交叉均值图——让志愿者变得家喻户晓

方差分析结果表明，收入因素对"让志愿者变得家喻户晓"的影响是显著的（见表 19）。

---

① 概率 p 值分别是 0.017、0.000、0.000、0.011，这里不一一列出。

表 19 收入因素方差分析—让志愿者变得家喻户晓

		Sum of Squares	df	Mean Square	F	Sig.
让志愿者变得家喻户晓	Between Groups	73.838	3	24.613	7.108	0.000
	Within Groups	16 891.498	4 878	3.463		
	Total	16 965.336	4 881			

2）志愿服务机会增多。

结果表明，在志愿服务机会是否增多上，其认同度高低大致与收入水平成反比，即收入越低，认为志愿服务机会增加的比例越高，例如，52.3%（264 人）的收入在 1 000 元及以下的志愿者认为奥运会后志愿服务机会增加，3 001～6 000 元的认同比例为 51.3%（703 人），而家庭月收入在 6 001 元及以上的志愿者的认同比例仅为 45.9%。同时，收入越高，认为与奥运时没有区别的比例越高，例如，月收入 6 001 元及以上的志愿者在这方面的比例为 21.8%（177 人），而月收入 1 000 元及以下的志愿者在这方面的比例仅为 13.3%（67 人）（详见图 119）。

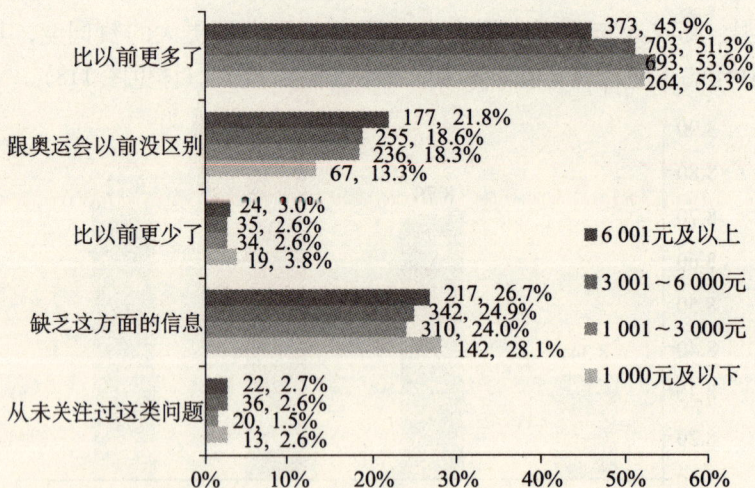

图 119 不同收入水平志愿者对奥运会后志愿服务机会的判断

3）对"使志愿服务理念逐渐深入人心"等的分析。

在"使志愿服务理念逐渐深入人心"、"增进了民族自豪感和自信心"、"促进志愿服务的常态化发展"和"为政府管理提供经验"这四个维度中，中等收入志愿者的认同度最高，且均值比较接近，其次是 6 001 元及以上的高收入志愿者，最不认同的是 1 000 元及以下的低收入志愿者（详见图 120、121、122、123）。

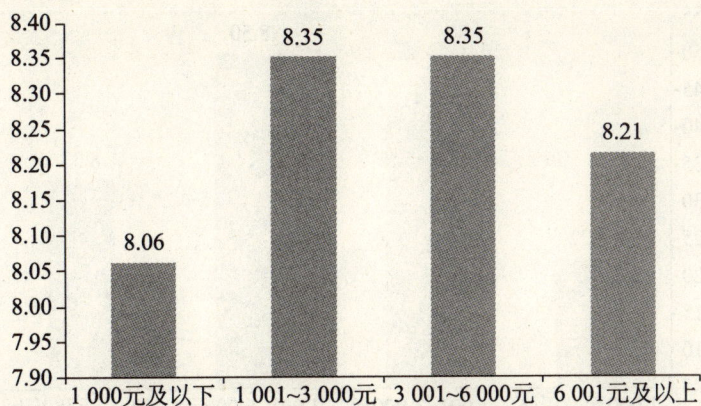

图 120 不同收入水平志愿者对"使志愿服务理念逐渐深入人心"的判断

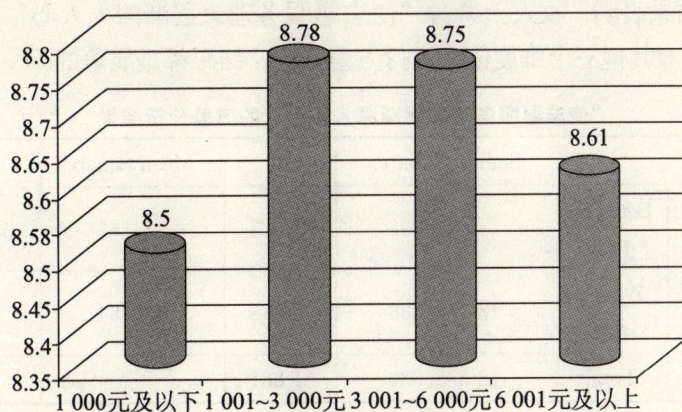

图 121 不同收入水平志愿者对"增进了民族自豪感和自信心"的判断

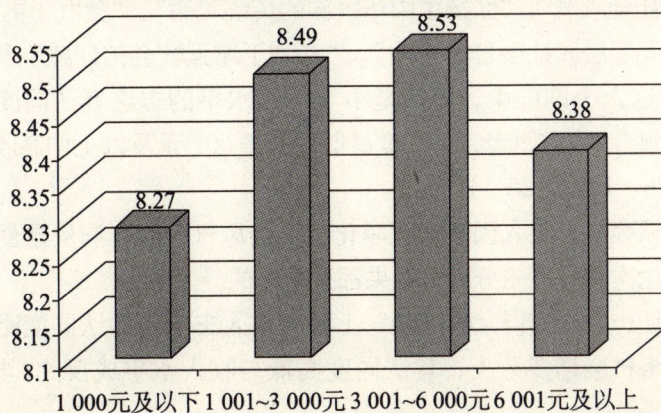

图 122 不同收入水平志愿者对"促进志愿服务的常态化发展"的判断

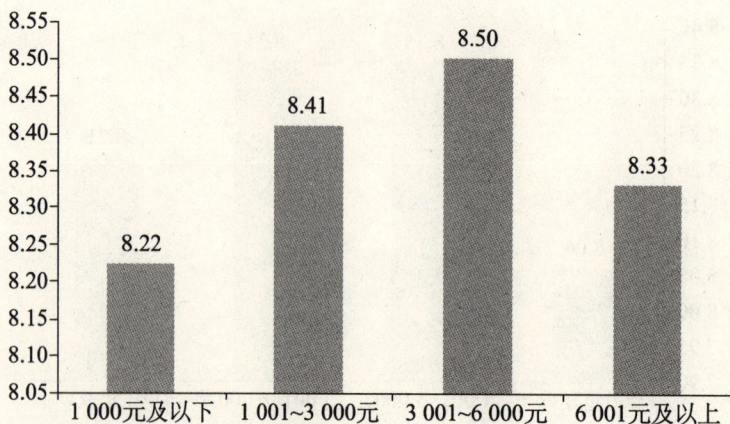

图 123   不同收入水平志愿者对"为政府管理提供经验"的判断

方差分析结果表明，收入因素对"使志愿服务理念逐渐深入人心"的影响是显著的（见表 20）。对其他三个维度依次进行方差分析，结果都是显著的。[①]

表 20   **"使志愿服务理念逐渐深入人心"的方差分析结果**

		Sum of Squares	df	Mean Square	F	Sig.
使志愿服务理念逐渐深入人心	Between Groups	40.095	3	13.365	3.551	0.014
	Within Groups	18 358.836	4 878	3.764		
	Total	18 398.930	4 881			

4）对"净化了社会风气"等的分析。

在"净化了社会风气"、"弘扬了中华民族的传统美德"、"激发了更多人关注环保、弱势群体"、"有利于缓和社会群体矛盾"、"有利于增强社会信任感"和"成为构建和谐社会的契机"这六个维度中，仍然是中等收入水平的志愿者认同度最高，其次是1 000 元及以下的低收入志愿者，认同度最低的是 6 001 元及以上的高收入群体（详见图 124、125、126、127、128、129）。

方差分析结果表明，收入因素对"净化了社会风气"的影响是显著的（见表 21）。对其他五个维度依次进行方差分析，结果都是显著的。[②]

总之，在"让志愿者变得家喻户晓"上，高收入志愿者的认同度比低收入志愿者高。在"志愿服务机会增多"上，其认同度高低与收入水平成反比，即：收入越低，

---

① 概率 p 值分别是 0.005、0.038、0.024，这里不一一列出。

② 概率 p 依次是 0.002、0.015、0.003、0.024、0.001，这里不一一列出。

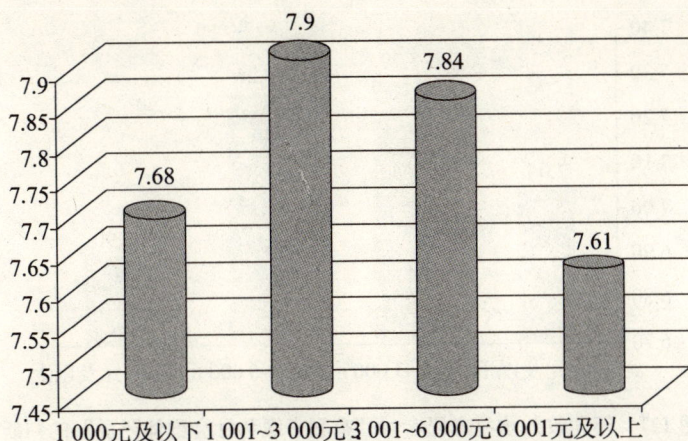

图 124   不同收入水平志愿者对"净化了社会风气"的判断

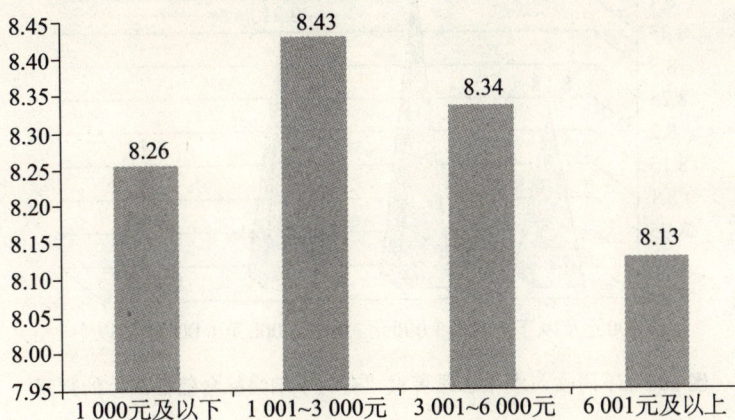

图 125   不同收入水平志愿者对"弘扬了中华民族的传统美德"的判断

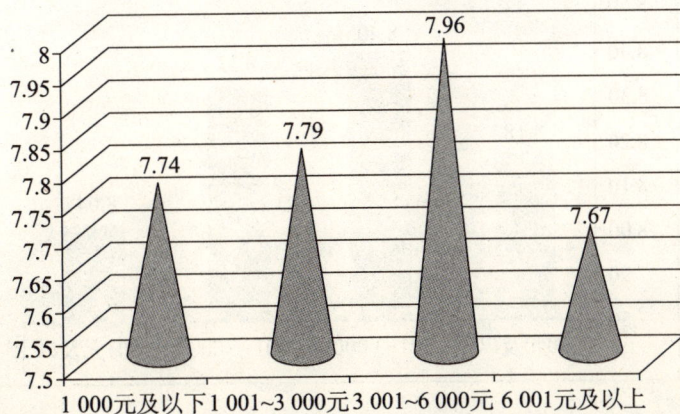

图 126   不同收入水平志愿者对"激发了更多人关注环保、弱势群体"的判断

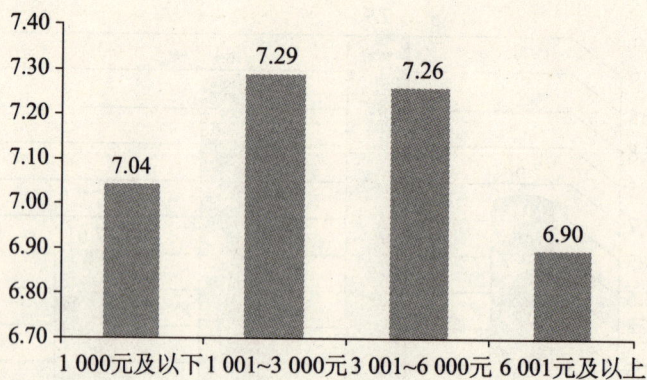

图 127　不同收入水平志愿者对"有利于缓和社会群体矛盾"的判断

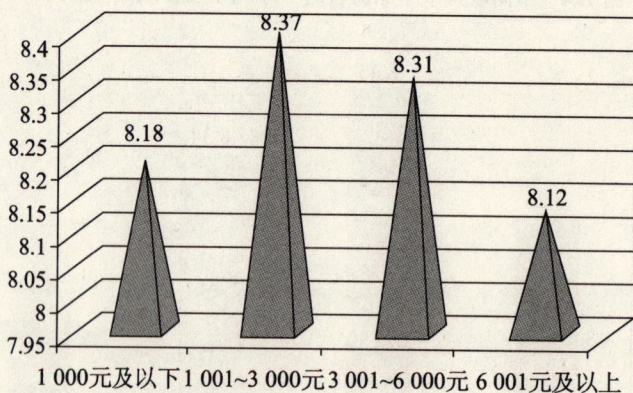

图 128　不同收入水平志愿者对"有利于增强社会信任感"的判断

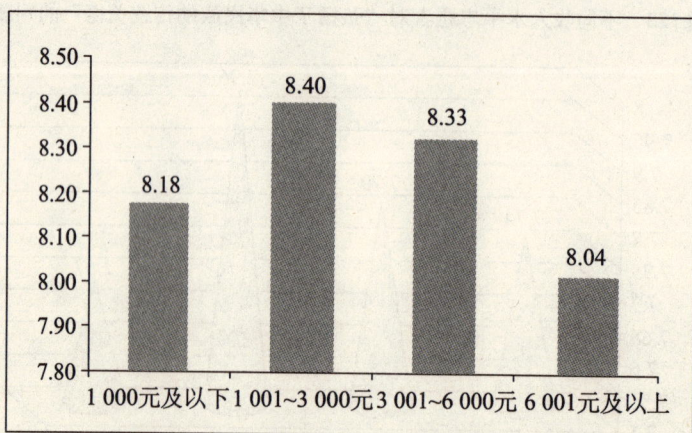

图 129　不同收入水平志愿者对"成为构建和谐社会的契机"的判断

认为志愿服务机会增加的比例越高；收入越高，认为志愿服务机会增加的比例越低，而认为与奥运时没有区别的比例越高。

表 21　　　　　　　　　"净化了社会风气"的方差分析结果

		Sum of Squares	df	Mean Square	F	Sig.
净化了社会风气	Between Groups	58.967	3	19.656	4.186	0.006
	Within Groups	22 905.920	4 878	4.696		
	Total	22 964.888	4 881			

中等收入志愿者对"使志愿服务理念逐渐深入人心"、"增进了民族自豪感和自信心"、"促进志愿服务的常态化发展"和"为政府管理提供经验"的认同度最高，且均值比较接近，高收入志愿者次之，低收入志愿者最低。而在"净化了社会风气"、"弘扬了中华民族的传统美德"、"激发了更多人关注环保、弱势群体"、"有利于缓和社会群体矛盾"、"有利于增强社会信任感"和"成为构建和谐社会的契机"上，仍然是中等收入水平的志愿者认同度最高，低收入志愿者的认同度次之，高收入志愿者的认同度最低。

三、小结

本章主要研究了赛会志愿服务对赛会志愿者和社会发展的影响。研究发现：奥运志愿服务经历对赛会志愿者产生了极大影响，大多数志愿者愿意继续宣传志愿理念，从事其他志愿服务工作，提高自身道德素养，参加各类公益活动。同时，赛会志愿服务对社会发展影响巨大，它增进了民族自豪感，让志愿者家喻户晓，有利于青少年的健康成长，且能够促进不同文化间的相互交融，提高政府志愿管理的制度化水平。对于弘扬我国的传统美德、增强社会信任、净化社会风气、缓和社会矛盾，赛会志愿服务也有一定的促进作用。

第六部分　研究结论

本报告主要探讨了赛会志愿者参与奥运志愿服务的情况，调查了他们对奥运期间的自我表现和对管理工作的满意度，分析了奥运志愿服务的影响，研究得出以下结论：

一、赛会志愿者的参与情况

1. 奥运之前的参与情况

近八成志愿者奥运之前就参与过志愿服务，其中女生、青年人、非独生子女、本科以上学历者、学生和低收入者参与较多，而没有参与志愿服务的原因主要是缺乏参与渠道、不了解相关信息、没有合适的项目和没有时间。也就是说，奥运前志愿服务传统在我国已有深厚的群众基础，但由于某些客观条件的限制，一些有志于从事志愿服务的人无法实现自己的梦想。

2. 奥运期间的参与情况

奥运期间，志愿者参与奥运志愿活动的主要动机是"亲身参与奥运，留下宝贵的人生经历"、"作为一次宝贵的社会实践，锻炼自己"、"希望能为国家和社会尽一份力量"。其中，通用志愿者的参与领域是观众服务、交通、场馆运行等，专业志愿者的参与领域是贵宾陪同、语言支持、媒体运行、竞赛组织、技术支持、医疗住宿、安检交通等，二者的服务对象差别较大。

二、赛会志愿者的自我评价

1. 总体印象

赛会志愿者对其志愿服务工作的自我评价较高。接近一半的志愿者对自己奥运期间的工作很满意；超过七成的志愿者认为最能激励其努力工作的因素是服务对象的表扬尊重和志愿者自我形成的团队精神；超过七成的志愿者认为自己在奥运会中的服务质量较高，不过还有提升空间；超过七成的志愿者认为本届奥运会志愿者服务评价较高得益于奥运志愿者的较高素质和良好服务。

2. 具体评价

(1) 独生子女对自己在奥运期间的表现更加满意，他们认为工作内容并非单一枯燥，工作质量也较高，不过工作强度较大。而非独生子女对自己奥运期间的表现满意度较低，他们认为工作强度不大，但内容单一枯燥，因而自己的表现还有较大的改善空间。

(2) 独生子女和非独生子女都将奥运志愿服务评价较高归因于志愿者的高素养和高质量服务，但非独生子女的比例更高。不过，更多的独生子女认为奥组委的强大宣传攻势是社会评价较高的重要原因。

(3) 本科以下学历志愿者对工作的满意度更高，他们认为工作强度不大，内容并非单一枯燥，并且知道自己的工作职责，能尽力完成相关工作任务；在工作激励因素上，他们更看重自发形成的团队精神。而本科及以上学历志愿者对工作的满意度较低，他们认为工作强度太大，内容单一枯燥，且不知道该做什么；在工作激励因素上，他们更看重服务对象的表扬与尊重。

(4) 学生志愿者认为自身的表现存在继续改善的空间，因而对工作的感受普遍较差；在工作过程中，他们看重服务对象的表扬和尊重对自己的激励作用。而非学生志愿者对自身的服务评价较高，其工作感受高于学生志愿者；在工作过程中，他们更看重自发形成的团队精神对自己的激励作用。

（5）通用志愿者和专业志愿者在工作强度和职责是否明确上没有较大差异，但在工作满意度上差别较大：通用志愿者认为工作内容单一枯燥，因而满意度较低；专业志愿者认为工作内容并非单一枯燥，因而工作满意度较高。在工作激励因素上，两类志愿者都看重服务对象的表扬尊重和团队精神对自己的激励作用，但通用志愿者选择的比例更高。相反，更多的专业志愿者重视工作本身带来的激励作用。

三、赛会志愿者对管理工作的满意度

1. 总体评价

研究发现，奥组委的业务主管、招募、培训、宣传、运营管理、后勤保障工作得到了赛会志愿者的普遍认可和高度赞扬，他们对这些工作的满意度非常高。

（1）绝大多数赛会志愿者对业务主管的责任心与工作态度、工作能力是满意的，他们高度认同业务主管对自己的关心，认为业务主管在日常的管理工作中能够尊重他们的意见，并与之建立了良好的上下级关系。

（2）无论是招募的流程安排还是工作效率，80％的志愿者都比较满意。相比而言，招募工作效率的满意度更低，这是今后开展类似活动时需要改进的地方。

（3）无论是培训内容还是培训质量，超过七成的受访志愿者打分在 3 分及以上，也就是说，绝大多数志愿者对其参加的相关培训是满意的。

（4）在内容时效性、媒介多样性和宣传效果方面，大多数受访者是满意的，也就是说，赛会志愿者对奥组委的宣传工作满意度较高。

（5）大多数受访者对部门间的协调程度、信息传播和管理人员的巡视与督导是满意的，这表明奥组委的运营管理工作得到了赛会志愿者的高度认同。

（6）大多数志愿者对餐饮、服装设施、休息场所、交通、保险是满意的，也就是说，赛会志愿者对奥组委的后勤保障工作认同度较高。

2. 具体结论

（1）男生对管理工作的精神激励更加满意，而女生则更多地关注物质激励，因而对服装及相关设施的满意度更高。

（2）20～30 岁志愿者群体对后勤保障工作的满意度高于其他年龄段的志愿者，而对招募和培训工作的满意度低于其他年龄段的志愿者。

（3）独生子女志愿者对业务主管、培训、运营管理、后勤保障工作的满意度高于非独生子女志愿者，但在招聘工作上，其满意度低于非独生子女志愿者。

（4）本科以下学历志愿者对招募、培训、宣传、运营管理和后勤保障工作的满意度高于本科及以上学历志愿者。

（5）非学生志愿者对招募工作、培训工作和宣传工作更加满意，对后勤保障工作不太满意，而学生志愿者对此却更加满意。

（6）总体而言，中高收入志愿者对业务主管、培训、宣传、运营管理、后勤保障的满意度高于低收入志愿者，低收入志愿者的满意度最低。

四、赛会志愿服务的影响

1. 赛会志愿服务对志愿者的影响

（1）奥运志愿服务经历对赛会志愿者产生了极大影响。大多数志愿者愿意继续宣传志愿理念，从事其他志愿服务工作，提高自身道德素养。由于经历了奥运这样的大型活动，因而他们更愿意参加国际机构和国内官方机构组织的志愿服务活动，世博会、奥运会等大型赛事是他们的首要选择。当然，日常公益服务、环境保护、普通大型活动也在他们的考虑范围之内。

（2）女性志愿者继续参加志愿活动的意愿比男性志愿者更加强烈。两类志愿者都愿意优先参加国际机构、国内官方机构、国内民间机构组织的大型志愿活动，不过在日常公益服务和环境保护类志愿活动中，女性志愿者的参与意愿比男性高。

（3）独生子女参与志愿服务活动的总体愿望比非独生子女高，他们更愿意参加大型志愿服务活动。非独生子女则比较注重提高自身道德修养和礼仪水平，更愿意参加日常公益服务和环境保护类活动。

（4）本科及以上学历志愿者在奥运会、世博会这样的大型活动和日常公益服务上的参与比例明显高于本科以下学历志愿者，而且他们将日常公益服务作为未来参与意愿类型的第二选择。不过，在环境保护类活动和普通大型活动中，本科以下学历的志愿者表现出了更加强烈的参与意愿。

（5）学生志愿者和非学生志愿者都愿意继续参加其他志愿服务活动，但学生志愿者将"注意提高自身道德和礼仪水平"作为第二选择，更愿意参加国际机构组织的大型志愿服务。非学生志愿者的第二选择是"宣传志愿服务理念"，他们更愿意参加国内民间机构组织的志愿服务，且以日常公益服务、环境保护类活动为主要领域。

（6）随着收入水平的提高，选择提高道德和礼仪水平的比例降低，高收入水平的志愿者更愿意参加体育运动和国际机构组织的志愿服务活动，对国内民间机构组织的志愿服务没有多大兴趣。此外，各类收入水平的志愿者都优先选择大型志愿服务活动，不过低收入群体对日常公益活动的兴趣也很高。

2. 赛会志愿服务对社会发展的影响

（1）赛会志愿服务对社会发展影响巨大，它增进了民族自豪感，让志愿者变得家喻户晓，有利于青少年的健康成长，且能够促进不同文化间的相互了解，提高了志愿管理的制度化水平。对于弘扬我国的传统美德、增强社会信任、净化社会风气、缓和社会矛盾，赛会志愿服务也有一定的促进作用。

(2) 女性志愿者更加认同奥运志愿服务使"志愿服务机会增多"，"为政府管理提供经验"，"增进了民族自豪感和自信心"，"有利于缓和社会群体矛盾"，"成为构建和谐社会的契机"。

(3) 独生子女志愿者更认同奥运志愿服务"让志愿者变得家喻户晓"，奥运结束后"志愿服务机会增多"。不过，在"弘扬了中华民族的传统美德"、"净化了社会风气"和"成为构建和谐社会的契机"上，其认同度比非独生子女低。

(4) 本科以下学历志愿者更加认同奥运志愿服务"使志愿服务理念逐渐深入人心"，"增进了民族自豪感和自信心"，"弘扬了中华民族的传统美德"，且"有利于青少年成长"，"激发了更多人关注环保、弱势群体"，"净化了社会风气"，"有利于缓和社会群体矛盾"，"成为构建和谐社会的契机"。

(5) 非学生志愿者更加认同奥运志愿服务"使志愿服务理念深入人心"，"弘扬了中华民族传统美德"，且"激发了更多人关注环保、弱势群体"，"净化了社会风气"，"有利于缓和社会群体矛盾"。

(6) 高收入志愿者更加认同志愿服务"让志愿者变得家喻户晓"，但不认同奥运会后"志愿服务机会增多"。中等收入志愿者对"使志愿服务理念逐渐深入人心"、"增进了民族自豪感和自信心"、"促进志愿服务的常态化发展"和"为政府管理提供经验"的认同度最高，高收入志愿者次之，低收入志愿者最低。而在"净化了社会风气"、"弘扬了中华民族的传统美德"、"激发了更多人关注环保、弱势群体"、"有利于缓和社会群体矛盾"、"有利于增强社会信任感"和"成为构建和谐社会的契机"上，仍然是中等收入水平的志愿者认同度最高，低收入志愿者的认同度次之，高收入志愿者的认同度最低。

附：赛后志愿者调查问卷

亲爱的志愿者朋友：

您好，我们是"北京奥运会志愿者工作成果转化研究"课题研究人员，首先感谢您在奥运志愿服务中的无私奉献。为了今后更好地完成相关志愿者工作，我们想了解您在经历了奥运志愿服务工作之后对志愿服务的认识和看法。您的观点非常重要，希望得到您的支持与配合。本次调查采用不记名方式填答，我们将按照《统计法》对您的回答予以保密。衷心感谢您的合作与支持！

北京奥运会志愿者工作成果转化研究课题组

2009 年 7 月

****

填答说明

1. 题目若非特别说明，均为单选题。

2. 多选题限选答案数量请参照题干后括号内的提示。

3. 若无特别提示时，请在所选答案之前的字母或数字

上打"√"号。

****

1. 在奥运志愿者招募之前，您是否参加过志愿服务活动（包括社会服务、环保、大型赛事及大型活动等)?

(1) 参加过（请跳答第 3 题)(2) 没有参加过（继续答题)

2. 奥运会之前，您没有参加志愿服务活动的主要原因有哪些？（多选题，至多选三项)

(1) 没时间　　　(2) 缺乏信息　　　(3) 身体原因

(4) 缺乏参与渠道　(5) 不感兴趣　　　(6) 经济状况不允许

(7) 没有合适项目　(8) 其他_____ （请注明)

3. 请问您参与过以下哪个阶段的奥运志愿服务工作？（多选题，至多选三项)

(1) 迎奥运阶段（包括好运北京测试赛)

(2) 奥运会比赛阶段

(3) 残奥会比赛阶段

4. 您在奥运会志愿服务的岗位属于哪一类志愿者?

(1) 专业志愿者（继续答题)

（2）通用志愿者（请跳答第 6 题）

5. 您的服务岗位属于以下哪个领域？（专业志愿者填答此题，完成后跳答第 7 题）

（1）贵宾陪同及语言支持　（2）媒体运行　（3）安全检查

（4）医疗服务　　　　　　　（5）住宿服务　（6）宗教服务

（7）技术支持　　　　　　　（8）车辆驾驶　（9）体育展示

（10）颁奖礼仪　　　　　　　（11）竞赛组织

（12）其他＿＿＿＿＿＿（请注明）

6. 您的服务岗位属于以下哪个领域？（通用志愿者填答此题）

（1）交通　　　　（2）观众服务　（3）场馆运行

（4）餐饮　　　　（5）环境　　　（6）竞赛

（7）人事　　　　（8）注册　　　（9）物流

（10）市场开发　（11）形象景观　（12）票务

（13）志愿者保障（14）新闻运行　（15）其他＿＿＿＿（请注明）

7. 最初促使您报名参加奥运会志愿服务的主要原因是什么？（多选题，至多选四项）

（1）亲身参与奥运，留下宝贵的人生经历

（2）希望能为国家和社会尽一份力量

（3）希望有机会观看比赛，或与各国代表团运动员、媒体及国外来宾接触

（4）一直都在做志愿服务，有志愿服务意识

（5）受到志愿者招募宣传的感召

（6）作为一次宝贵的社会实践，锻炼自己

（7）周围同学和朋友都报名，跟着大家一起参加

（8）其他＿＿＿＿＿＿（请注明）

8. 奥运志愿服务经历让您收获了什么？（多选题，至多选三项）

（1）丰富阅历，增长才干

（2）增强了对志愿服务的理解，学习道德规范

（3）拓展了社会交往范围

（4）赢得社会尊重，增强自信

（5）获得相应的物质回报

（6）其他＿＿＿＿＿＿（请注明）

9. 请根据您的感受，对以下的您参加过的志愿者培训打分，1 分表示"非常不满意"，5 分表示"非常满意"。（如果没有参加此项培训请勾选"没参加过"）

由学校组织的通用知识培训　　　　　1——2——3——4——5——没参加过

由奥组委相关部门组织的专项业务培训　1——2——3——4——5——没参加过

由场馆统一组织的场馆知识、专业知识培训 1——2——3——4——5——没参加过

由场馆业务主管组织的训练和辅导　　　　1——2——3——4——5——没参加过

10. 请根据您的感受，对以下的志愿者工作相关内容打分，1 分表示"非常不满意"，5 分表示"非常满意"。(如果无法评价请勾选"说不清")

招募	招募工作的流程安排	1——2——3——4——5——说不清
	招募工作的效率	1——2——3——4——5——说不清
培训	课程教材	1——2——3——4——5——说不清
	培训师资	1——2——3——4——5——说不清
	培训形式	1——2——3——4——5——说不清
	培训时间	1——2——3——4——5——说不清
	培训内容的实用性	1——2——3——4——5——说不清
	培训内容的有效性	1——2——3——4——5——说不清
宣传	内容的时效性	1——2——3——4——5——说不清
	媒介的多样性（电视、刊物、海报等）	1——2——3——4——5——说不清
	宣传效果的有效性	1——2——3——4——5——说不清
运营	各部门之间的协调程度	1——2——3——4——5——说不清
	信息传播	1——2——3——4——5——说不清
	管理人员巡视与督导	1——2——3——4——5——说不清
保障	餐饮	1——2——3——4——5——说不清
	服装及相关装备	1——2——3——4——5——说不清
	休息场所	1——2——3——4——5——说不清
	交通	1——2——3——4——5——说不清
	保险	1——2——3——4——5——说不清

11. 以下是一组关于工作感受的表述，您认为哪些符合您的情况？(多选题，至多选三项)

(1) 自己的能力难以达到岗位需要

(2) 工作强度大

(3) 工作内容单一、枯燥

(4) 工作职责不明确，不知该干什么

(5) 以上都不符合，我对工作的各方面都很满意

(6) 其他_____ (请注明)

12. 以下哪种情境最能激发您去努力工作？(多选题,至多选三项)

(1) 服务对象对我的表扬和尊重

(2) 管理部门发放更多的装备、纪念品等

(3) 志愿者自我形成的团队精神

(4) 工作本身就是对我最大的褒奖

(5) 上级主管的表扬

(6) 其他_____（请注明）

13. 你认为自己在奥运中的服务质量如何？

(1) 非常高，得到了各界的好评

(2) 比较高，尽到了最大努力去工作，但还有提升空间

(3) 一般，没有达到最好服务状态

(4) 比较低，工作效率不高

14. 您认为社会各界对本届奥运会志愿服务评价颇高的原因有哪些？（多选题，至多选三项）

(1) 得益于奥组委强大的宣传攻势

(2) 奥运志愿者的数量庞大

(3) 奥运志愿者的自身素养较高

(4) 奥运志愿者的服务质量高

(5) 其他_____（请注明）

15. 请根据您的印象对业务主管打分，1 分表示"最低"，5 分表示"最高"，如果无法评价请勾选"说不清"。

责任心与工作态度	1——2——3——4——5——说不清
工作能力	1——2——3——4——5——说不清
对志愿者的关心程度	1——2——3——4——5——说不清
对志愿者的尊重程度	1——2——3——4——5——说不清
与志愿者的亲密程度	1——2——3——4——5——说不清

16. 请问您在奥运会结束后有哪些想做的事？（多选题，至多选三项）

(1) 再学习一下与志愿服务相关的专业知识和技能

(2) 参加其他志愿服务活动（环保、社会服务等）

(3) 注意提高自身道德和礼仪水平

(4) 宣传志愿服务理念，动员更多的人参与志愿服务

(5) 花更多的时间参加体育运动

(6) 以上事情都不想做

(7) 其他_____（请注明）

17. 以下是一组关于奥运志愿服务对中国社会影响的说法，请根据您的认同程度打分，1 分表示"非常不同意"，10 分表示"非常同意"，如果无法评价请勾选"说不清"。

奥运志愿服务的影响	同意程度
让志愿者变得家喻户晓	1——2——3——4——5——6——7——8——9——10—说不清
使志愿服务理念逐渐深入人心	1——2——3——4——5——6——7——8——9——10—说不清
增进了民族自豪感和自信心	1——2——3——4——5——6——7——8——9——10—说不清
净化了社会风气	1——2——3——4——5——6——7——8——9——10—说不清
弘扬了中华传统美德	1——2——3——4——5——6——7——8——9——10—说不清
增进不同文化、社会之间的相互了解	1——2——3——4——5——6——7——8——9——10—说不清
激发了更多人关注环保、弱势群体	1——2——3——4——5——6——7——8——9——10—说不清
有利于青少年成长	1——2——3——4——5——6——7——8——9——10—说不清
促进志愿服务的常态化发展	1——2——3——4——5——6——7——8——9——10—说不清
为政府提供了相关管理经验	1——2——3——4——5——6——7——8——9——10—说不清
有利于缓和社会群体矛盾	1——2——3——4——5——6——7——8——9——10—说不清
有利于增强社会信任感	1——2——3——4——5——6——7——8——9——10—说不清
成为构建和谐社会的契机	1——2——3——4——5——6——7——8——9——10—说不清

18. 今后如果您还会做志愿者，您更愿意参加谁组织的活动？（多选题，至多选三项）

(1) 国内官方组织的志愿服务

(2) 国内民间组织的志愿服务

(3) 国际机构组织的志愿服务

(4) 谁组织的活动都可以，没有特别的偏好

(5) 以上都不想做

(6) 其他_____ （请注明）

19. 奥运会后，您更愿意参加以下哪类志愿服务活动？（多选题，至多选三项）

(1) 类似奥运会、世博会的重大活动

(2) 普通大型活动（运动会、音乐会、庆典等）

(3) 日常公益服务（社区、支教、扶助弱势群体等）

(4) 环境保护类的活动

（5）以上都不做

（6）其他_____（请注明）

20. 奥运会之后，您感觉社会是否为公众提供了更多志愿服务的机会？

（1）比以前更多了

（2）跟奥运会以前没区别

（3）比以前更少了

（4）缺乏这方面的信息

（5）从未关注过这类问题

背景信息

为了使本研究的数据能够进行周密、可靠的分析，我们需要您个人的一些背景信息，我们将为您保密，请您如实填写，谢谢。

1. 您的性别是：

（1）男　　（2）女

2. 请问您的年龄是

（1）19 岁及以下　　（2）20～30 岁　　（3）31～40 岁

（4）41～50 岁　　　（5）51～60 岁　　（6）61 岁及以上

3. 请问您是独生子女吗？

（1）是　　（2）不是

4. 请问您的教育程度是：

（1）初中及以下　　（2）高中、职高　　（3）大专

（4）本科　　　　　（5）硕士　　　　　（6）博士及以上

5. 请问您参加奥运志愿服务时的职业身份是：

（1）政府工作人员　　　　（2）企业工作人员

（3）事业单位工作人员　　（4）离退休人员

（5）学生　　　　　　　　（6）自由职业者

（7）其他_____（请注明）

6. 请问您的家庭月收入大约为：

（1）1 000 元及以下　　（2）1 001～3 000 元

（3）3 001～6 000 元　　（4）6 001 元及以上

本次问卷调查结束，再次对您在奥运期间的卓越表现

以及对本项研究活动的支持表示衷心的感谢！

志愿者组织发展调研报告

志愿者组织是指招募或使用志愿者的组织，它既包括正规的社会团体、民办非企业单位和基金会，也包括政府机关、企事业单位、社区、高校等机构设立的内部团体，还包括以企业身份从事公益事业的非营利组织和民间草根组织。志愿者组织是志愿服务的载体，它为志愿活动的开展提供人力、财力、物力及制度保障，因而在志愿服务发展中不可替代，意义重大。

在中国，随着北京奥运会、残奥会的成功举行，志愿服务理念深入人心，志愿者组织也如雨后春笋般不断涌现，极大地促进了我国志愿服务事业的发展。尤其在北京这样政治、经济、文化、社会高度发达的城市，志愿者组织数量众多，其活动领域早已与公民的日常生活融为一体，为和谐平安首善之区的建设立下了汗马功劳。然而，目前北京市志愿者组织的基本情况如何？它们是在奥运会志愿者工作的推动下出现的吗？如果是，奥运志愿者工作对它有多大影响？为了回答上述问题，北京奥运会志愿者工作成果转化研究课题组对北京市志愿者组织进行了调研。

一、调查概述

（一）调查目的

此次调查的核心目标是了解北京奥运会志愿者工作对北京市志愿者组织发展的总体影响。为了便于分析，我们将研究目标细分为以下三个方面：

（1）了解北京市志愿者组织参与奥运会志愿者工作的基本情况；

（2）了解北京市志愿者组织对奥运会志愿者工作的总体评价；

（3）从主观评价、价值理念、制度建设、动员能力、筹资能力等方面了解并分析奥运会志愿者工作对北京市志愿者组织发展的影响。

（二）调查对象

为了了解北京市志愿者组织的详细情况，我们以北京市志愿者联合会的所有团体会员，以及有过联系的志愿者组织为调查样本，通过电子邮件发出调查问卷 300 份，最终回收有效问卷 203 份，问卷回收率达 67.7%。

（三）问卷设计

为了达到上述目标，北京大学公民社会研究中心袁瑞军副教授设计了问卷初稿，课题组在此基础上进行了修改完善。该问卷包括 4 大调查维度、17 个分析指标，其具体内容如表 1 所示。

表 1　　　　　　　　　　　　　　　　问卷设计框架

调查维度	分析指标	具体内容
组织基本情况	合法性	是否登记注册，登记方式
	组织历史	成立时间
	活动领域	教科文卫体等具体领域
奥运关联度	参与次数	——
	参与类型	赛会志愿活动、城市志愿活动等
	参与深度	派出的志愿者数量，有无外部支持
主观评价	总体评价	态度（好、坏）及原因
	社会功能	大、小等程度描述
	对本组织的总体影响	影响大小，具体启发
对组织价值与组织管理的影响	奥运理念	人文、科技、环保等
	管理及制度建设	项目是否保留，内部管理有无改善
	资金募集能力	资金募集量
	社会动员能力	志愿者数量
	国际交往能力	有无国际交往合作
	公关与营销能力	媒体报道率，网站建设情况
	政策学习能力	是否熟悉《北京市志愿服务促进条例》
	政策执行能力	是否与志愿者签订用工协议，是否为其购买保险

二、调查发现

（一）组织基本情况

1. 成立时间

调查发现，在作出回答的 197 份问卷中，15.7％的志愿者组织成立于 2008 年以后，45.7％的志愿者组织成立于 2004—2007 年之间，27.4％的志愿者组织成立时间于 1999—2003 年之间。另外，1998 年以前成立的志愿者组织约占 11.2％（详见表 2），其中 1999 年以后成立的志愿者组织占总数的 88.8％，2004 年以后成立的志愿者组织占总数的 61.4％，这表明随着社会管理体制改革的不断推进，志愿者组织大量涌现，尤其是奥运会、残奥会的成功举办，催生了大量的志愿者组织，为北京市志愿服务事业的发展提供了雄厚的组织基础。

表 2   志愿组织成立时间分布表

成立时间	组织数目	百分比（%）
1987 年以前	7	3.6
1988—1998 年	15	7.6
1999—2003 年	54	27.4
2004—2007 年	90	45.7
2008 年以后	31	15.7
合计	197	100

2. 主要服务领域

在 201 个作出回答的志愿者组织中，活动领域覆盖了教育科研、卫生健康、文化艺术、慈善关爱、社区服务、体育休闲、环境保护、法律援助、应急救援、科技服务、国际交流、大型活动等所有的志愿服务领域，其中，社区服务、卫生健康、慈善关爱、环境保护、教育科研、文化艺术、大型活动等是受访志愿者组织最主要的活动领域，分别占总数的 56.7%、41.3%、34.8%、30.3%、19.9%、19.9%、18.4%（详见图 1）。

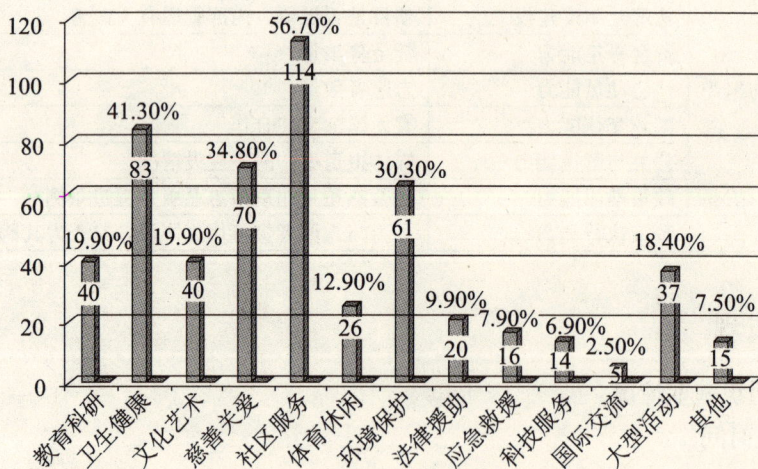

图 1 志愿组织活动领域分布图

3. 组织登记情况

志愿者组织如何通过登记注册取得合法身份？调查发现，2.1% 的组织经民政部登记注册成立，6.7% 的组织经北京市社团办登记注册成立，5.2% 的志愿者组织在区级民政局登记注册，57.5% 的志愿者组织在单位内部登记备案，4.7% 的志愿者组织在工商管理部门以企业方式注册成立，还有 16.6% 的组织尚未登记注册，另有 7.3% 的机构采取其他方式注册（详见表3）。可见，在北京市的志愿者组织中，能够通过社会团体登记取得合法身份的仅占总数的很少一部分，绝大部分志愿者组织只能通过机关、社区、企事业单位等途径取得合法身份，甚至还有一些志愿者组织尚未取得合法身份。

表3　　　　　　　　　　　　　　组织注册方式分布表

	组织数目	百分比（％）
民政部注册	4	2.1
北京市社团办注册	13	6.7
区级民政局注册	10	5.2
单位内部登记备案	111	57.5
工商局注册	9	4.7
尚未注册	32	16.6
其他	14	7.3
合计	193	约100①

总之，在北京市志愿者组织中，近九成组织的历史小于10年。

近十年志愿者组织大量出现的原因有两个：一是1998年我国社会管理体制改革后，志愿者组织发展的外部限制逐渐放松，整体环境趋于和缓。二是奥运会、残奥会直接促进了我国志愿服务事业的发展，超过六成的志愿者组织是在这个时候成立的。志愿者组织的活动领域较为广泛，但主要集中在社区服务、卫生健康、慈善关爱、环境保护、教育科研、文化艺术等方面。从其身份看，绝大多数志愿者组织没有通过社团登记途径取得合法身份，而是选择挂靠在政府机构、社区、企事业单位名下，甚至还有16.6％的志愿者组织没有注册，处于非法状态。这表明在公益组织的准入机制上还需要进一步放开限制，激发社会活力。

（二）参与奥运会志愿者工作情况

数据显示，91.5％的受访组织在奥运会申办、筹办或举办过程中参与或举办过与奥运会、残奥会有关的志愿服务活动，那么其参与项目是什么？参与规模如何？在参与过程中是否接受过其他组织的帮助？本报告接下来将详述这些问题。

1. 参与项目

在奥运过程中，为方便社会各界参与志愿服务活动，北京奥组委志愿者部、北京团市委和志愿者协会将志愿服务活动概括为"6＋1"模式，其中"6"是指赛会志愿者、城市志愿者、社会志愿者、迎奥运志愿者、奥组委前期志愿者以及奥运会志愿者

---

①　由于表中各项的百分比经四舍五入后只取小数点后的1位，因此合计百分比为100.1％，实际应为100％，特此说明。

成果转化6个项目，"1"是指"微笑北京"主题活动，因而志愿者组织的参与也是围绕这7个方面进行的。调查显示，志愿者组织参与最多的活动依次是自我组织的志愿活动、社会志愿者活动、培训活动和城市志愿者活动，其比例分别是84.2%、83.6%、74.9%、70.8%。此外，"微笑北京"主题活动、赛会志愿者活动、北京奥运火炬传递活动的参与比例也较高，分别占总数的48.6%、42.3%、30.6%（详见图2）。

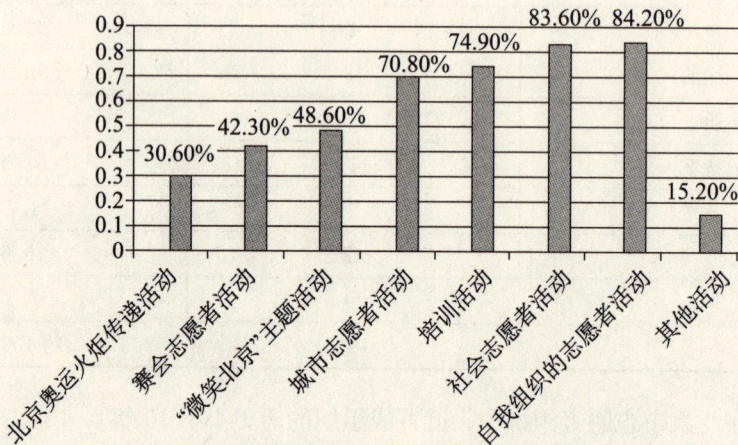

图2　北京市志愿者组织参与奥运志愿项目分布图

2. 参与规模和动员能力

参与次数、参与人数往往能衡量组织参与奥运会志愿者工作的程度。调查发现，奥运会筹办期间，各级各类志愿者组织对奥运会志愿者工作的参与较为积极，体现出较强的社会动员能力。

从举办活动的次数看，超过70%的志愿者组织举办过5次以上与奥运会、残奥会有关的志愿服务活动，约24%的组织举办过1次以上、5次以下的活动，从来没有举办过相关活动的仅占总数的1.6%（详见表4）。

表4　　　　　　　　　　　　　　举办活动数分布表

	频次	百分比（%）
从来没有	3	1.6
1次	6	3.3
2～5次	44	24
5次以上	130	71.1
合计	183	100

从参与人数看，在184个作出回答的志愿者组织中，2.72%的志愿者组织参与人数小于10人，30.43%的志愿者组织参与人数在10～50人之间，17.39%的志愿者组

织参与人数在 50～100 人之间，15.22％的志愿者组织参与人数在 100～200 人之间，11.41％的志愿者组织参与人数在 200～500 人之间，13.59％的志愿者组织参与人数在 500～1 000 人之间，3.80％的志愿者组织参与人数在 1 000～2 000 人之间，5.44％的志愿者组织参与人数在 2 000 人以上（详见图 3）。

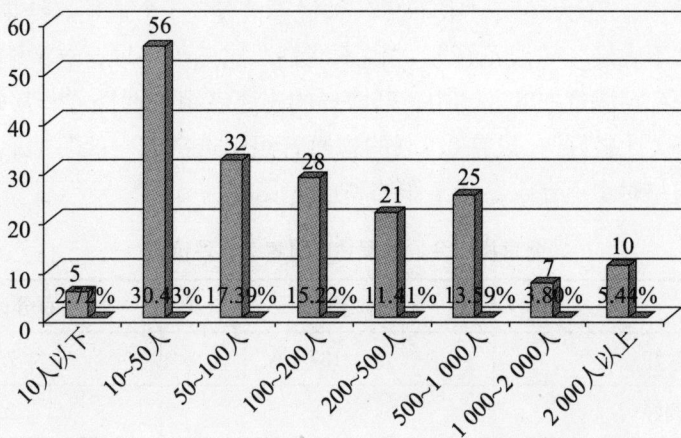

图3　北京市志愿者组织参与奥运志愿项目规模分布图

此外，当问到"贵组织是否印刷或出版与北京奥运会志愿者工作相关的出版物或宣传品"时，36％的志愿者组织作了肯定回答，64％的志愿者组织作了否定回答。可见大多数志愿者组织没有出版与奥运相关的宣传品。

3. 受支持情况

在举办奥运会、残奥会有关志愿服务活动的过程中，志愿者组织是否得到过奥组委、北京市委市政府、北京志愿者协会等部门的支持，是否通过媒体进行过宣传报道，在一定程度上体现了志愿者组织争取社会支持、获得社会资源方面的能力，因而我们也对此进行了调查。

对"贵组织在举行与奥运会、残奥会有关的志愿服务活动时，是否得到过奥组委、政府部门或者北京志愿者协会的支持"的调查结果显示，86％的志愿者组织曾经获得过此类的支持，只有 14％的志愿者组织未获得过此类的支持，可见大多数志愿者组织得到过官方机构的扶持。而在新闻媒体方面，情况刚好相反。调查发现，只有 47％的志愿者组织得到过媒体的报道，其余 53％的志愿者组织没有获得过其帮助，这说明志愿者组织在获得新闻媒体的支持方面差别较大。

总之，绝大多数志愿者组织参与过奥运志愿服务活动，其参与项目集中在社会志愿者、城市志愿者、培训、赛会志愿者等方面，参与频次也较高，大多数组织都在 5 次以上，参与规模则比较分散，不过主要集中在 50～1 000 人之间。在参与过程中，大多数志愿者组织没有出版与奥运有关的宣传物品，也没有获得媒体的帮助，不过在奥组委等官方机构的扶持方面，支持比率却很高，达86％。这表明志愿者组织的活动以官方安排为主，较少受新闻媒体的影响。

（三）对奥运会志愿者工作及自身作用的评价

在调查志愿者组织对奥运会志愿者工作的总体评价时，我们设计了"非常好"、"比较好"、"一般"、"不太好"、"很不好"、"说不清楚"6个选项。结果表明，没有志愿者组织选择"不太好"、"很不好"、"说不清楚"这三个选项，这说明志愿者组织对奥运志愿者工作都持满意态度。其中，75.7％的志愿者组织选择"非常好"，23.8％的志愿者组织选择"比较好"，只有0.5％的志愿者组织选择"一般"（详见表5）。也就是说，志愿者组织对奥运会志愿者工作的满意度很高。

表5 北京奥运会、残奥会志愿者工作评价表

	频次	百分比（％）
非常好	137	75.7
比较好	43	23.8
一般	1	0.5
合计	181	100

（四）对志愿者组织的宏观影响

在调查过程中，我们希望了解志愿者组织对奥运会志愿者工作影响的主观评价。结果显示，绝大部分志愿者组织都认为奥运会、残奥会志愿者工作对组织发展产生了较大影响。

1. 总体评价

调查发现，33.2％的志愿者组织认为奥运会、残奥会对组织发展影响非常大，49.5％的志愿者组织认为奥运会、残奥会对组织发展影响比较大，15.2％的志愿者组织认为影响一般，认为影响比较小或者非常小的仅占总数的2.1％（详见图4）。这说明，大多数志愿者组织负责人认为奥运会、残奥会志愿者工作对北京志愿者组织的发展产生了较大影响。

2. 对组织理念的影响

那么在价值和理念层面，奥运会志愿者工作对志愿者组织的发展有哪些影响呢？在问卷中我们设计了人文、科技、环保、爱国、志愿、平等、法治、民主、宽容、诚信、和平等指标，以供受访者选择。结果显示，人文、爱国、志愿等因素排名比较靠前，科技、环保、民主等次之，选择平等、法治、宽容、和平等因素的受访者相对较少（详见表6）。可见，志愿者组织在人文、科技、环保、国家认同等理念上受奥运会志愿者工作的影响较大。

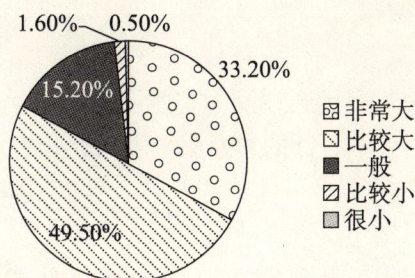

图4　奥运会、残奥会志愿者工作对志愿者组织发展的影响程度

表6 奥运会对组织发展影响理念排名表

	第一位	第二位	第三位	第四位	第五位	合计
人文	78	23	40	16	12	169
科技	2	34	19	27	20	102
环保	6	18	29	21	25	99
爱国	49	21	30	23	26	149
志愿	54	65	25	28	9	181
平等	2	16	10	13	12	53
法治	1	1	6	9	16	33
民主	0	1	14	26	23	64
宽容	0	3	5	16	14	38
诚信	2	11	14	11	18	56
和平	6	6	6	9	21	48
其他	0	0	1	0	2	3

3. 对组织建设的影响

在组织建设方面，78％的志愿者组织认为，奥运前后志愿者组织的制度建设和内部管理"变得更好了"，另有22％的志愿者组织认为"没有太大的变化"。这表明，大多数志愿者组织受到奥运会志愿者工作的积极影响，其制度建设和内部管理更加完善。

总之，绝大多数志愿者组织认为奥运会、残奥会志愿者工作对自身产生了较大影响。第一，奥运志愿理念受到志愿者组织的高度认同，尤其是人文、爱国、志愿、科技、环保等观念对志愿者组织的服务理念、发展宗旨影响较大。第二，大多数志愿者组织认为，奥运志愿工作促使其内部制度更加健全，管理更加完善。

（五）对志愿者组织发展的具体影响

奥运会志愿者工作对北京市志愿者组织的影响到底体现在哪些方面呢？在问卷中，我们从内部管理、动员能力、资金筹集能力、政策了解情况、宣传公关能力以及国际交际能力等方面进行了设计。调查结果显示，在奥运会志愿者工作的推动下，北京市志愿者组织的社会动员能力有所增强，但资金筹集能力、宣传公关能力和内部规范化程度仍有待提高。

1. 奥运项目保留情况

调查显示,志愿者组织对奥运会期间的志愿服务项目保留情况较好,77%的志愿者组织保留了奥运会筹办过程中设计的志愿服务项目,只有23%的志愿者组织未保留原有的项目。

2. 志愿者动员情况

调查显示,奥运会结束后,绝大多数志愿者组织所能招募到的志愿者比原来增多了,在调查中这类组织占65%;此外,33%的志愿者组织的志愿者数量没有变化,只有2%的志愿者组织志愿者数量有所减少(见图5)。这说明奥运会结束后,公民的志愿意识进一步增强,参与热情持续高涨,且志愿者组织的社会动员能力不断提高。

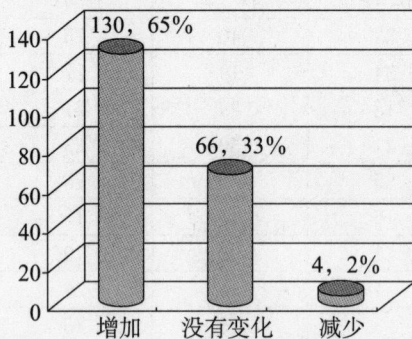

图5 奥运前后志愿者组织报名人数变化图

3. 资金筹集情况

调查显示,20.9%的志愿者组织奥运会后所能筹集到的资金更多了,71.9%的志愿者组织没有变化,仅有7.1%的志愿者组织筹集到的资金减少了。这说明,奥运会之后,由于志愿服务外部环境的改善以及志愿者组织筹资能力的增强,志愿者组织的筹资状况有所改善。

4. 宣传及公关情况

调查显示,奥运会前后,28.8%(57个)的志愿者组织受到媒体报道的次数增加,63.6%(126个)的志愿者组织没有变化,只有7.6%(15个)的志愿者组织被媒体报道的次数减少。奥运会结束后,在媒体对志愿者工作总体关注度下降的情况下,仍有28.8%的志愿者组织被报道的次数有所增加,这说明志愿者组织的宣传公关能力有所增强。

在公关情况中,我们以志愿者组织拥有的网站为例进行说明。调查显示,26.2%的志愿者组织在奥运会前就建有自己的网站,5.4%的志愿者组织在奥运会结束后建立了自己的网站,不过仍有68.4%的志愿者组织目前仍没有自己的网站。这表明,志愿者组织的网络建设情况较为滞后。

5. 国际交往情况

调查显示，13.9%的志愿者组织在奥运会之前就有国际合作，3%的志愿者在奥运会期间才找到自己的国际合作伙伴，不过仍有 83.1%的志愿者组织迄今为止仍没有进行过国际合作。可见大多数志愿者组织仅在国内开展活动，国际交往情况非常滞后。

6. 政策学习及执行情况

2007 年出台的《北京市志愿服务促进条例》是指导、促进及规范北京行政区域内志愿者组织开展志愿活动的地方性法规，它对志愿服务过程中的协议签订、员工保险等作出了明确规定，因而从志愿者组织签订志愿服务协议和为志愿者购买保险的情况可以了解其对政策的理解与执行情况。

调查结果表明，目前北京市各级各类志愿者组织对《北京市志愿服务促进条例》的了解、执行情况不容乐观。在问到"是否了解《北京市志愿服务促进条例》"时，26.73%的志愿者组织回答"是，仔细研究过"，47.52%的志愿者组织回答"是，看到过"，17.33%的志愿者组织回答"听说过"，8.42%的志愿者组织回答"没听说过"（详见表 7）。可见，近七成志愿者组织并没有详细研读《北京市志愿服务促进条例》，更不用说认真执行了。

表 7 　　　　　　　　　　**《北京市志愿服务促进条例》了解程度表**

了解程度	频次	百分比（%）
是，仔细研究过	54	26.73
是，看到过	96	47.52
听说过	35	17.33
没听说过	17	8.42
合计	202	100

在问到"贵组织是否与志愿者签订协议"时，50%的志愿者组织回答"在奥运会前就签订了协议"，5.5%的志愿者组织回答"奥运会后开始签订协议"，另有 44.5%的志愿者组织回答"没有签订协议"。可见，将近一半的志愿者组织没有与志愿者签订正式的用工合同，处于不规范状态。

在问到"贵组织是否为志愿者购买保险"时，39.2%的志愿者组织表示"奥运会前就开始购买保险"，3.5%的志愿者组织"奥运会后才开始购买保险"，另有 57.3%的志愿者组织表示从没有给志愿者购买过保险。可见，超过一半的志愿者组织没有为志愿者买保险，后者正当的劳动权利无法得到保障。总之，不管是对政策的了解程度还是执行程度，志愿者组织都处于不正规状态，这有待今后进一步改善。

总之，奥运会后，77%的志愿者组织保留了奥运期间开发的志愿服务项目，65%的志愿者组织志愿者数量有所增加，20.9%的志愿者组织筹资数量增多，28.8%的志愿者组织被媒体报道的次数有所增加，也就是说，奥运会后志愿者组织的动员情况、筹资能力、公关宣传能力有所提高。不过，在国际交往、政策学习及政策执行方面，形势却不容乐观，大多数志愿者组织没有国际交流与合作，也没有认真学习相关法律法规，在运行过程中既没有与志愿者签订用工协议，也没有为其购买保险。

三、研究结论

综上所述，本研究得出以下结论：

（1）在北京市志愿者组织中，近九成组织的历史小于10年。为什么近十年志愿者组织大量出现？原因有两个：一是1998年我国进行了社会管理体制改革，志愿者组织发展的外部限制逐渐放松，整体环境趋于和缓。二是奥运会、残奥会直接促进了我国志愿服务事业的发展，超过六成的志愿者组织是在这个时候成立的。

目前，北京市志愿者组织的活动领域较为广泛，但主要集中在社区服务、卫生健康、慈善关爱、环境保护、教育科研、文化艺术等方面。不过，绝大多数志愿者组织没有通过社团登记途径取得合法身份，而是选择挂靠在政府机构、社区、企事业单位下面，甚至还有16.6％的志愿者组织没有注册，处于非法状态。这表明在公益组织的准入机制上还需要进一步放开限制，激发社会活力。

（2）奥运期间，绝大多数志愿者组织参与过奥运志愿服务活动，其参与项目集中在社会志愿者、城市志愿者、培训、赛会志愿者等方面。志愿者组织的参与频次也较高，大多数组织都在5次以上，参与规模则比较分散，不过主要集中在50～1 000人之间。在参与过程中，大多数志愿者组织没有出版与奥运有关的宣传物品，也没有获得媒体的帮助，不过在奥组委等官方机构的扶持方面，支持比率却很高，达86％。这表明志愿者组织的活动以官方安排为主，较少受新闻媒体的影响。

（3）绝大多数志愿者组织对奥运志愿者工作的评价较高，出现这种高评价的原因有三个：举国体制的优势、人民群众的参与热情和强大的政府动员能力。

（4）绝大多数志愿者组织认为奥运会、残奥会志愿者工作对自身发展产生了较大影响，这主要体现在两个方面：第一，奥运志愿理念受到志愿者组织的高度认同，尤其是人文、爱国、志愿、科技、环保等观念对志愿者组织的服务理念、发展宗旨影响较大。第二，大多数志愿者组织认为，奥运志愿工作促使其内部制度更加健全，管理更加完善。

（5）奥运会后，77％的志愿者组织保留了奥运期间开发的志愿服务项目，65％的志愿者组织志愿者的数量有所增加，20.9％的志愿者组织筹资数量增多，28.8％的志愿者组织被媒体报道的次数有所增加，也就是说，奥运会后志愿者组织的动员情况、筹资能力、公关宣传能力有所提高。不过，在国际交往、政策学习及政策执行方面，形势却不容乐观，大多数志愿者组织没有国际交流与合作，也没有认真学习相关法律法规，在运行过程中既没有与志愿者签订用工协议，也没有为其购买保险。

附： 志愿者组织调查问卷

1. 在奥运会的申办、筹办和举办过程中，贵组织是否参与或组织过与奥运会、残奥会有关的志愿服务活动？

(1) 是

(2) 否（请直接跳到第 10 题）

2. 贵组织参与或组织过哪些与北京奥运会、残奥会有关的志愿服务活动？（可多选）

(1) 北京奥运火炬传递接力活动

(2) 北京奥运会赛会志愿者活动

(3) 北京奥运会城市志愿者活动（在蓝立方提供语言服务、信息咨询等服务）

(4) 北京奥运会社会志愿者活动（社区"平安奥运"活动、观众拉拉队等）

(5) "微笑北京"主题活动

(6) 奥运会志愿者培训活动

(7) 自己举办的与奥运会、残奥会相关的志愿者活动

(8) 其他，请注明＿＿＿＿＿＿＿＿＿＿＿＿＿＿＿＿＿＿＿

3. 贵组织大约有多少名志愿者参与过与北京奥运会、残奥会有关的志愿服务活动？

(1) 10 人以下

(2) 10～50 人

(3) 50～100 人

(4) 100～200 人

(5) 200～500 人

(6) 500～1 000 人

(7) 1 000～2 000 人

(8) 2 000 人以上

4. 贵组织自己大约举办了多少次与北京奥运会、残奥会有关的志愿者活动？

(1) 从来没有

(2) 1 次

(3) 2～5 次

(4) 5 次以上

5. 贵组织在举行与奥运会、残奥会有关的志愿服务活动时，是否得到过奥组委、政府部门或者北京志愿者协会的支持？

(1) 得到过

（2）没有

6. 贵组织在举行与奥运会、残奥会有关的志愿服务活动时，是否得到过媒体的报道？

（1）得到过

（2）没有

7. 贵组织是否印刷或出版与北京奥运会志愿者工作相关的出版物或宣传品？

（1）是

（2）否

8. 总体而言，您认为北京奥运会、残奥会志愿者工作开展得怎么样？

（1）非常好

（2）比较好

（3）一般

（4）不太好

（5）很不好

（6）说不清楚

9. 总体而言，您认为北京奥运会、残奥会的成功举办对贵组织的发展影响大吗？

（1）非常大

（2）比较大

（3）一般

（4）比较小

（5）非常小

（6）说不清楚

10. 奥运会传播和强化了某些理念在公众中的影响。请在下列各种理念中，选出您认为对贵组织影响最大的五种理念，按其重要性填写在下边的空格中。

第一位	第二位	第三位	第四位	第五位

（1）人文　（2）科技　（3）环保　（4）爱国

（5）志愿　（6）平等　（7）法治　（8）民主

（9）宽容　（10）诚信（11）和平　（12）其他，请注明____

11. 奥运会、残奥会结束后，贵组织在筹备、举办北京奥运会、残奥会过程中所举办的志愿服务项目或者活动是否有所保留？

（1）有

（2）没有

12. 您认为，与奥运会举办前相比，贵组织的内部管理与制度建设有什么变化？

(1) 变得更好了

(2) 没有太大的变化

(3) 变得更差了

(4) 不太清楚

13. 与奥运会举办前相比,报名参加贵组织各项志愿服务活动的志愿者人数有何变化?

(1) 更多了

(2) 没有变化

(3) 更少了

14. 与奥运会举办前相比,贵组织筹集到的志愿服务资金有何变化?

(1) 更多了

(2) 没有变化

(3) 更少了

15. 与奥运会举办前相比,贵组织被报纸、电视、网络等各种媒体报道的次数有何变化?

(1) 更多了

(2) 没有变化

(3) 更少了

16. 贵组织是否有自己的网站?

(1) 有,奥运会前就建好了

(2) 有,奥运会后建好的

(3) 没有

17. 贵组织是否与国际志愿者组织有交流合作?

(1) 有,奥运会前就有了

(2) 有,奥运会才有的

(3) 没有

18. 贵组织是否与志愿者签订协议?

(1) 是,奥运会前就已经签订协议

(2) 是,奥运会后才开始签订协议

(3) 否

19. 贵组织是否为志愿者购买保险?

(1) 是,奥运会前就已经购买保险

(2) 是,奥运会后才开始购买保险

(3) 否

20. 您是否了解《北京市志愿服务促进条例》?

(1) 是,仔细研究过

(2) 是,看到过

(3) 听说过

(4) 没听说过

21. 您认为,从奥运会成功举办的经验中,对贵组织发展启发意义比较大的有哪些?(可多选)

(1) 志愿者招募与管理

(2) 广告营销与媒体合作方式

(3) 大型活动的组织与协调

(4) 资金募集方式

(5) 项目设计

(6) 国际合作

(7) 其他,请注明＿＿＿＿＿＿＿＿＿＿＿＿＿＿＿＿＿

22. 请您对北京奥运会、残奥会志愿者工作取得成功的原因进行排序。

第一位	第二位	第三位	第四位	第五位

(1) 举国体制的优势

(2) 人民群众巨大的参与热情

(3) 政府强有力的宣传动员

(4) 中国人助人为乐的文化传统

(5) 强烈的爱国主义

(6) 强烈的民族自豪感和自信心

(7) 其他,请注明＿＿＿＿＿＿＿＿＿＿＿＿＿＿＿＿＿

23. 总体而言,您认为我国的志愿者组织对社会发展所发挥的作用怎么样?

(1) 非常大

(2) 比较大

(3) 一般

(4) 比较小

(5) 非常小

(6) 说不清楚

最后,请您简单介绍一下贵组织的背景信息。

24. 贵组织以何种方式登记注册的?

(1) 民政部注册

（2）北京市社团办注册

（3）区级民政局注册

（4）单位内部登记备案

（5）工商局注册

（6）尚未注册

（7）其他，请注明＿＿＿＿＿＿＿＿＿＿＿＿＿＿＿

25. 贵组织成立于什么时候？＿＿＿＿年＿＿＿＿月

26. 贵组织开展的主要活动属于下列哪一领域？

（1）教育科研　　（2）卫生健康　　（3）文化艺术

（4）慈善关爱　　（5）社区服务　　（6）体育休闲

（7）环境保护　　（8）法律援助　　（9）应急救援

（10）科技服务　　（11）国际交流　　（12）大型活动

（13）其他，请注明＿＿＿＿＿＿＿＿＿＿＿＿＿＿＿

问卷结束，再一次衷心感谢您的支持与帮助！

社会公众调研报告

一、研究概论

为全面了解北京奥运志愿者工作对社会公众和社区发展的影响，进一步总结传承北京奥运志愿者工作成果，形成可供借鉴的志愿者工作管理经验和管理模式，北京奥运会志愿者工作成果转化研究课题组与北京惠泽人咨询服务中心合作组成社会公众调查小组，就北京奥运志愿者工作对社会公众和社区发展的影响进行了调查研究，形成了此报告。

（一）研究目的

本研究的核心目标是了解奥运会志愿者工作对社会公众及社区发展的影响。为了达到此目的，我们细分出以下四个子目标：

1. 描述奥运志愿者工作结束后，社会公众对志愿精神的了解程度和认知水平。

2. 了解北京奥运志愿者工作对社会公众的思想观念、社会责任感、公共参与意识的影响。

3. 了解奥运志愿服务活动对个人行为、生活方式的影响，尤其是公民在社会服务、公共参与、社区发展、人文关怀和生活方式等方面的变化。

4. 了解北京奥运志愿者工作对社区服务与社区发展的直接影响和间接影响，重点关注助老助残、消除歧视、艾滋病防治、青少年发展、基础教育、生育保健、性别平等、劳工保障、促进就业等领域。

（二）研究方法

1. 文献分析法

通过收集与奥运志愿者工作相关的政府文件和官方出版物、媒体报道、社会评议、互联网论坛、社区工作资料等文献，间接了解社会对奥运志愿工作的宣传报道与理解情况，为进一步研究打下基础。

2. 问卷调查法

为了获得一手资料，本研究采用问卷调查法，收集社区居民关于奥运志愿工作的信息。2009年7月8日，我们完成了问卷和访谈提纲的初稿，9~10日在两个社区进行了试调查，并根据反馈意见对问卷进行了修订。最终确定的问卷包括以下四方面内容：（1）公众对奥运志愿者工作的认知度；（2）公众思想观念的转变；（3）公众行为及生活方式的变化；（4）社区发展。其详细内容见表1。

本次调查共发放问卷600份，回收554份，回收率92.3％，经研究小组筛选认定，最终确定有效问卷500份。因此，若无特别说明，本研究的分析基数均是这500份有效问卷。

表1   **奥运会志愿者工作社会公众影响问卷表**

调查维度	分析指标	具体内容
认知水平	知晓度	对奥运志愿者工作内容的了解程度
	理解度	对奥运志愿者工作意义、管理等的理解程度
	参与度	参与类型、参与水平
观念影响	公众志愿精神	自愿、不为报酬、利他、关怀弱势等
	公众权利与责任	法律意识、纳税意识、爱岗敬业等
	公众服务意识	尊重平等、礼貌谦让、专业化服务等
	公众爱国意识	民族自豪感、维护国家利益等
	公众国际视野	认同奥林匹克精神、尊重多元文化等
行为影响	公众社会公德	自觉排队、不随地吐痰、尊老爱幼等
	公众家庭生活	节约用水、孝敬老人等
	参与志愿服务	参与领域
	公众社会参与	参与领域、参与程度、参与能力等
社区影响	社区治理	居委会建设、社会组织发展等
	社区服务	医疗保健、公共交通、社区服务等
	政府职能	服务意识、公共服务供给水平等
	社区环境	硬件设施和环境质量
	社区发展	助老助残、健康环保、邻里关系等

3. 深度访谈法

由于深度访谈能够获得更真实的信息，因此，除了问卷调查外，本研究还采用深度访谈法。访谈工作由董强、娜拉和翟雁负责实施，志愿者调研小组协助进行。7月15~30日，我们共组织了6次公众深度访谈，涉及98名社区居民和社会公众。

（三）调查对象

本研究选取海淀区北科大社区，朝阳区惠新里社区、体东社区，西城区双旗杆社区、汽南社区，东城区民安社区这6个社区为调查对象，共有580多位社区居民参与了问卷调查。以下是情况简介。

1. 社区简介

调查的 6 个社区中，既有老旧社区、单位住宅区，也有回迁小区、一般社区，还有商品房小区和开放式混合社区，其住户规模平均 2 200 户，最多的民安社区有 3 500 多户，最小的汽南社区仅 1 600 户。与此对应，社区人口数量也不相同，最多的惠新里社区有 21 648 人，最小的汽南社区仅 4 000 人，平均人口为 9 300 人。社区居民中，单位职工、退休人士、原有居民、流动人口各占一定比例，不过各有特色，如汽南社区多为退休老人，双旗杆社区多为驻地单位职工，而民安社区流动人口居多。在收入水平上，6 个社区也参差不齐，体东社区高收入者较多，汽南社区、双旗杆社区、惠新里社区中等收入者较多，北科大社区中等偏下收入者较多，民安社区则多为收入较低的底层民众。

奥运期间，受访社区的志愿服务主要由驻地单位、居委会、社区服务站和个人组织，其中社区居委会组织的较多，主要围绕奥运会的顺利开展，从事呐喊助威、治安巡逻、道路咨询、义务翻译、环境保护、文艺宣传、特殊群体关照等活动。大多数社区参与人数约为 500 人，参与比例较高，且以此为契机建立社区志愿者队伍和社区志愿者管理网络。参与者中，大多数是本社区内的党员、退休人士、楼门长、积极分子和老人，也有少数社区与周边其他团体共同组织活动，如民安社区与东直门中学的学生合作宣传环保理念。

奥运结束后，大多数社区的呐喊助威、道路咨询、文艺宣传等活动停止了，但治安巡逻和环保活动仍在社区的支持下继续进行，只是参与比例普遍降低，人数降至 200 人左右，仅部分积极分子和老党员还在坚守岗位，继续为社区的发展贡献自己的力量。

2. 社区居民描述

在填写问卷的社区居民中，女性 341 人，占总数的 68.2%，男性 147 人，占总数的 29.4%。[①] 从年龄结构看，64 岁以上的占 26%，50~64 岁的占 33.8%，其余的是中青年居民（详见图 1）。也就是说，调查对象中，女性多于男性，老人多于中青年人。

在社区中，参加社区活动最积极的群体是党员，他们多为离退休人员，在安享晚年的同时，希望奉献余热，为社会作贡献。调查显示，在社区居民中，群众占 49.2%，党员占 34.8%（见图 2）。不难看出，此次调查的主体是群众、党员和共青团员。

从教育程度看，受访者中，初中学历的占 32.8%，高中或中专的占 22.6%，大学本科的占 20.4%（详见图 3）。[②] 可以看出，调查对象以初中、高中或中专和本科学历为主。

---

① 有 12 人信息缺失，占总数的 2.4%。

② 有 7 人未作回答。

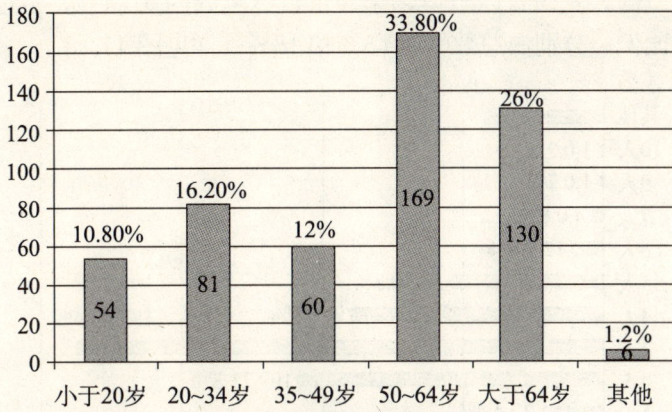

图 1　社区居民的年龄分布图

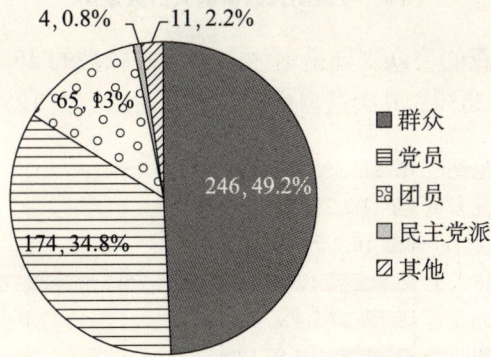

图 2　社区居民政治面貌分布图

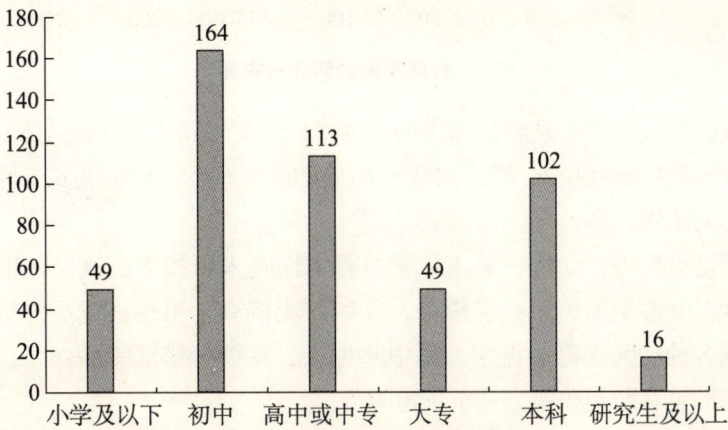

图 3　社区居民的教育水平分布图

在家庭规模方面，受访者以三口之家为主，占总数的 37.4%，不过 2 口之家和 4 口之家也有一定比例，分别占总数的 21.8% 和 18%（详见图 4）。

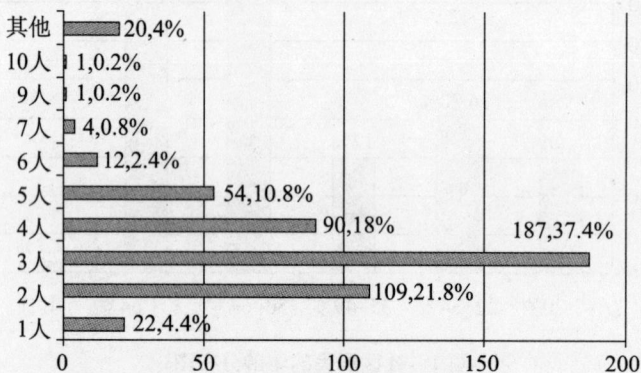

图 4　社区居民的家庭人口数量图

从职业看，接受调查的公众主要是退休人员，占总数的 46.6%。其他职业类型的比例也较高，占总数的 25%。其次是自由职业者，占总数的 12%（详见图 5）。

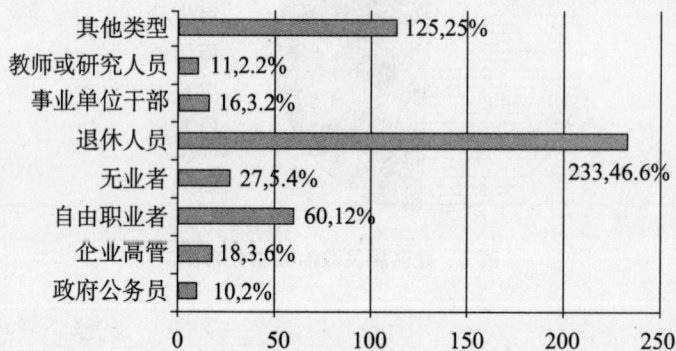

图 5　社区居民的职业分布图

调查对象的收入水平也是我们考虑的重要指标。受访者中，年收入 5 000 元以下的占 22%，1 万～3 万元的占 26.8%，3 万～8 万元的占 25%（详见图 6）。可以看出，中低收入者所占的比例较高。

总之，调查对象中，女性、老人、党员和中低收入者较多，这反映出基层社区志愿服务的现状：女性更加关注社区事务，其参与比例高于男性；党员以组织动员或个人形式参与到各种社区志愿服务中，是中坚力量，发挥着模范带头作用；志愿者中老年人居多，他们更有时间和精力从事志愿服务。

（四）调查实施

此次调查由中国人民大学"北京奥运会志愿者工作成果转化研究课题组"负责，

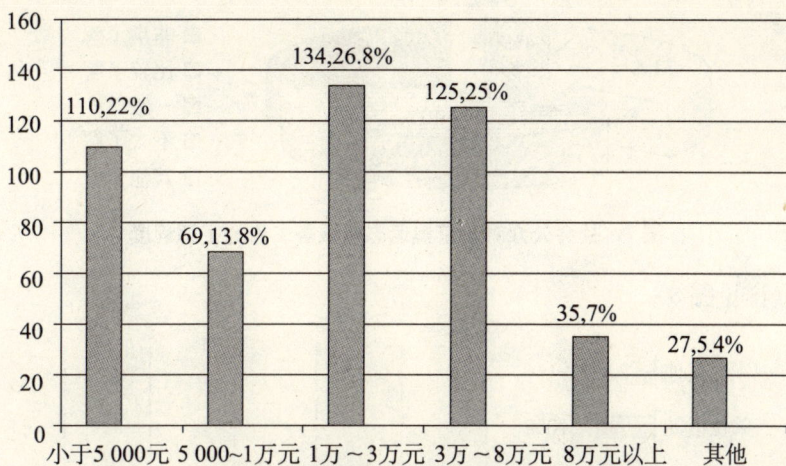

图6 社区居民的收入分布图

北京惠泽人咨询服务中心具体实施。2009 年 6 月 24 日,课题组成立社区调研小组。调研小组的主要成员是:课题组组长魏娜教授、惠泽人咨询服务中心主任翟雁、中国人民大学公共管理学院教师娜拉博士、中国农业大学人文与发展学院董强博士、惠泽人社区项目主管栾志方,其中魏娜负责统筹协调,翟雁负责调研的组织、监测与评估,娜拉和董强负责设计问卷、撰写调研报告,栾志方负责具体实施和协调管理。

为了保证调查质量,2009 年 6 月底,调研小组招募了项目助理,通过公开招聘录取了 13 名志愿者,以此为基础组建志愿者团队,负责调研的具体实施。2009 年 7 月 4 日和 8 日,调研小组对志愿者进行了系统培训,使其掌握了志愿服务和社会调查的基本知识,明确了调研任务、工作计划和职责分工。

2009 年 7 月 13~21 日,调研志愿者在栾志方带领下,分三个小组同时到达六个目标社区,在取得街道办、居委会同意后,由居委会协助召集社区居民分批填写问卷。调研志愿者负责说明、监测、指导和纠正,以确保问卷填写的客观性和规范性。

二、数据分析与调查发现

(一)社会公众对北京奥运志愿服务的认知情况

1. 认知水平与认知途径

调查显示,受访者中表示对志愿服务非常了解的占 24%,比较了解的占 40%,了解程度一般的占 31%,只有 4% 的居民表示不太了解奥运志愿者的情况(详见图7)。

为什么公众对奥运志愿服务有如此高的认知度呢?调查发现,最主要的原因是社会公众的亲身参与,选择这一原因的占受访者的 63.8%。他们认为,通过参与志愿服务,自己理解了志愿服务的确切含义,认识到志愿精神的重要意义。此外,社区活动和奥组委的强大宣传攻势也是促使公众认知度较高的重要原因,其比例分别是 39.5%

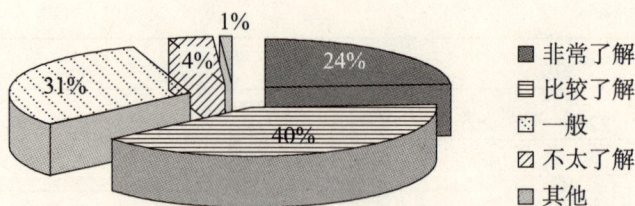

图7　社会公众对北京奥运志愿服务工作的了解程度

和 48.4％（详见图 8）。

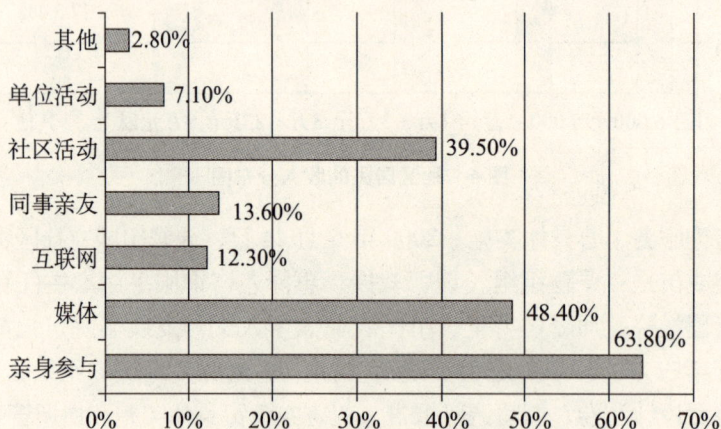

图8　社会公众了解志愿服务的途径

2. 对志愿服务的评价

通常，对事物的评价建立在自己亲身参与的基础上，因而本部分首先描述奥运期间社会公众接受志愿服务的情况，然后展现其满意度水平。调查显示，奥运期间公众接受志愿服务的比例非常高，占总数的 76％；仅有 22.4％的居民表示没有接受过志愿服务。而且，公众接受志愿服务的地点主要是社区、街道、公交车站和比赛场馆，分别占总数的 26.10％、23.20％、18.10％、16.50％（详见图 9）。

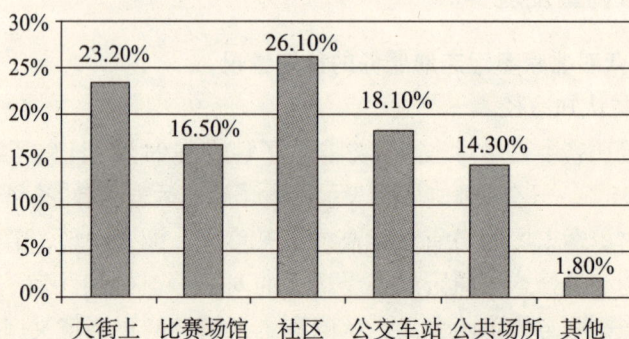

图9　社会公众接受奥运志愿服务的地点分布图

社会公众对北京奥运志愿工作总体评价非常高，大多数受访者的评价是"非常满意"和"比较满意"。虽然公众对志愿服务的技能、经验和能力没有明确的认知，但在接受志愿服务时仍能感受到前者相对于热情和礼貌的差距，因而他们对志愿服务的态度和礼仪的满意度高于技能、经验和能力（详见图10）。

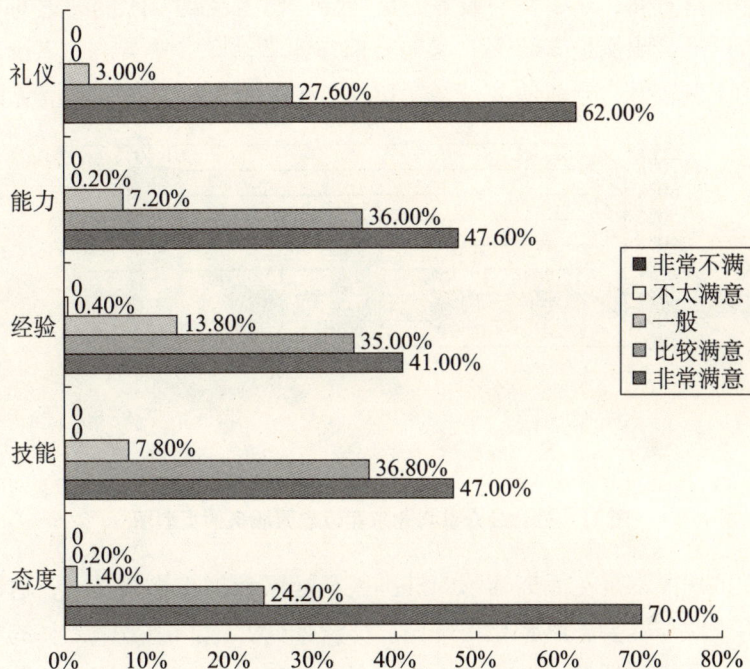

图10　社会公众对北京奥运志愿服务工作的满意程度

调查过程中，"雷锋精神"多次被提到。许多年纪较大的志愿者都认为"志愿精神"是"雷锋精神"的延伸或新时代下的新名称，他们认为自己受到更多的"无私奉献"精神教育，对于社区更有归属感和认同感。一位受访者表示说："我们受党教育多年，积极性一直都很高，奥运会关系到国家的荣誉，我们有力的就出力，单位、社区对此也很重视。作为老年人，参与志愿服务有深刻的历史根源，所以我一直都积极参与其中。"此外，社区基层党建工作通常会把为人民服务作为一项重要的工作内容，党员在服务人民、号召群众上具有明显的优势，因而党员在志愿者中比例较高是很正常的。

总之，通过亲身参与、媒体报道和社区活动等途径，社会公众对北京奥运志愿服务的了解较为深刻，加上互联网、同事亲友以及单位活动等途径，公众在志愿服务认知途径上呈现出多元重叠的特点。正是由于这个原因，近六成居民对奥运志愿服务非常了解。此外，受访者中，近八成居民接受过志愿服务，不过接受地点遍布大街、比赛场馆、社区、公交车站、公共场所等，较为分散。也就是说，奥运志愿服务已与社会公众的日常生活紧密结合，他们随时随地均可接触到奥运志愿服务。

（二）社会公众参与志愿服务状况

1. 奥运期间的参与情况

调查显示，所有受访者中有 63% 的居民参与过奥运志愿工作，其服务类型涵盖奥运志愿服务的所有方面，其中参与最多的是社会志愿者活动，比例高达 61.4%，其次是城市志愿者活动，比例是 33.9%，参与赛前志愿者活动、赛会志愿者活动和拉拉队志愿者活动的比例较低，分别是 12.7%、12.7% 和 13.6%，具体分布情况见图 11。

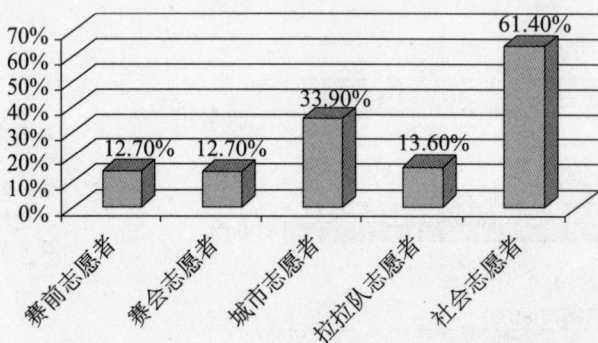

图 11　社会公众参与北京奥运志愿服务的类型图

60% 以上的居民都是在远离赛场的外围甚至社区参加志愿服务的，这决定了他们的福利待遇等无法与赛会志愿者相提并论。尽管如此，他们还是以无私的奉献精神和极大的热情完成了相关任务。在访谈中，很多志愿者表示，他们连一瓶免费的矿泉水都没喝上，不过他们没有怨言：既然参与进来了，就要认真完成任务，这是一种责任。

2. 奥运之后的参与状况

受访者是否继续从事志愿服务是检验奥运志愿服务工作社会影响力的最重要指标之一，因而我们希望通过调查了解奥运结束后社区志愿者和社区组织从事志愿服务的状况。结果表明，76% 的受访者在奥运结束后从事过志愿服务，主要类型如图 12 所示。这个结果令人振奋，因为社区志愿者的数量和比例不但没有因为奥运会的结束而减少，反而逐渐增加，其服务内容也覆盖了社会公益活动、助老助残服务、救灾救援、文化教育、青少年服务、外来人口服务等社区服务的大多数领域。

调查显示，有 24% 的社会公众没有参加过志愿服务，当问到为什么没有参加志愿服务时，他们认为原因有两个：一是个人时间有限或经济原因导致无法参与志愿服务，这类人占 59.4%；二是不知道去哪里做志愿服务，这类人占 41.4%（详见图 13）。

访问中有志愿者表示，一些年青的、有本职工作的志愿者奥运结束后不再从事志愿服务是可以理解的。确实，虽然有从事志愿服务的内在动力，但外在志愿服务环境也很重要。不过，部分受访居民表示，受奥运会良好社区氛围的带动，人们参与社区

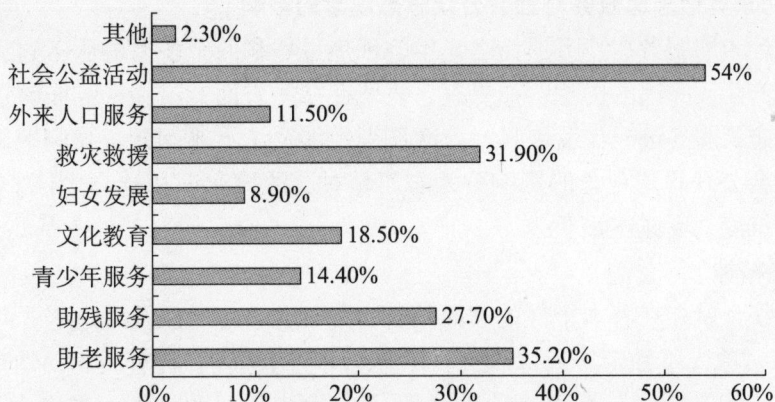

图 12　社会公众在后奥运期间参与志愿服务统计（单位:%）

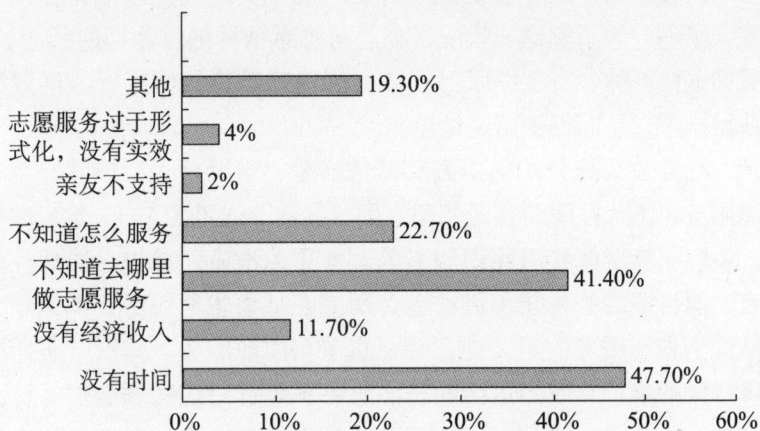

图 13　社会公众在后奥运期间未参与志愿服务原因统计

管理和社区活动的比例大幅提高，是奥运会提高了社区居民的凝聚力，带动人们关心国家大事、参与社区事务。因而，虽然目前社区志愿服务的影响力有限，但奥运激发的居民高度参与为志愿服务事业的发展提供了一定的基础。如何凝聚这些力量，使其更好地为社区提供志愿服务，是一个亟须深入研究的问题。

　　总之，奥运期间，六成受访居民参与过赛前志愿服务、赛会志愿服务、城市志愿服务、社会志愿服务等奥运志愿服务工作，其中参与最多的是社会志愿服务和城市志愿服务，真正参与到赛会志愿服务的很少。奥运结束后，76％的社会公众仍在社会公益活动、救灾救援、助老助残服务、文化教育、外来人口服务等领域继续从事志愿服务工作，而且参与人数有所增加。为什么超过两成的居民奥运结束后没有参与志愿服务呢？调查发现，主要原因有两个，一是个人时间精力有限，二是不知道去哪里做慈善，这说明除个人条件限制外，参与途径仍是制约我国志愿服务事业发展的较大障碍。

（三）北京奥运志愿服务对社会公众思想观念的影响

北京奥运志愿服务在经历了长达 2 年的预热过程和 6 个多月的服务过程后，是否对社会公众产生了深远的影响？如果有，表现在哪些方面？这些影响能够在后奥运时代促进北京志愿服务进一步发展吗？此次调查也涉及了上述问题。我们把北京奥运志愿服务对社会公众思想观念的影响分为志愿精神、法律意识和社会责任、服务意识、爱国意识等维度，现详述如下：

1. 志愿精神

中国传统上就存在着本土性的志愿精神，如"老吾老，以及人之老；幼吾幼，以及人之幼"、"故人不独亲其亲，不独子其子，使老有所终，壮有所用，幼有所长，矜寡孤独废疾者皆有所养"等都形象地说明了古代社会帮助他人、志愿奉献的理念。1949 年新中国成立后，在原有的扶贫济弱精神之外，我国加入了社会主义阶级友爱的精神，这成为中国志愿精神最重要的两个渊源。然而奥运会结束后，公众对志愿精神的认识更加深入了吗？为了解这一状况，我们将志愿精神细分为自愿行为、不为报酬、帮助他人、关怀弱势群体、有组织服务、社区邻里互助等具体指标，通过调查对象对其进行打分获得排序，从而得出研究结论。

调查显示，社会公众打分均值由高到低依次是：帮助他人、自愿行为、关怀弱势群体、有组织服务、不为报酬、社区邻里互助、其他（详见图 14），这反映出社会民众对自愿行为、关怀弱势群体和有组织服务的理解更为准确。首先，虽然在奥运会前就存在着志愿者，但更多的是思想积极的退休居民在从事志愿服务，奥运结束后，普通社会民众才认识到志愿服务的重要性，并愿意参与志愿服务。其次，志愿服务的目的是为弱势群体排忧解难，北京奥运会的志愿服务正是针对这些弱势群体，尤其是残障人士展开的，它让社会民众看到了志愿服务的社会价值。最后，正是政府部门的集中动员和统一组织，使得北京奥运会成为奥运历史上志愿服务最为成功的一届奥运会。这些因素都有助于加深社会公众对志愿精神的认知和理解。

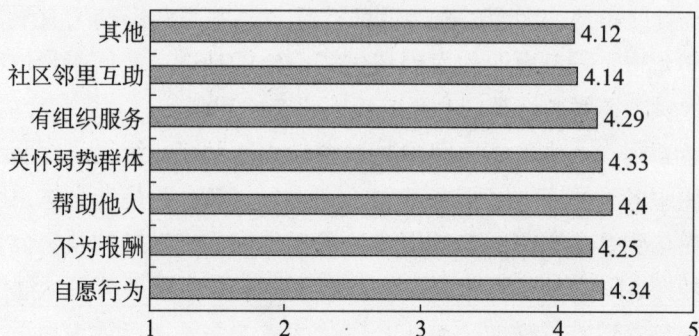

图 14　北京奥运志愿服务对社会公众志愿精神的影响

2. 法律意识和社会责任

北京奥运志愿服务不仅让参与志愿服务的公众认识到了责任的重要性，也让接受志愿服务的公众体验到了责任带来的关心与帮助。调查显示，在法律意识与社会责任影响方面，5 个指标的打分排序由高到低分别是：社会责任、遵纪守法、环境保护、爱岗敬业、其他（详见图 15）。

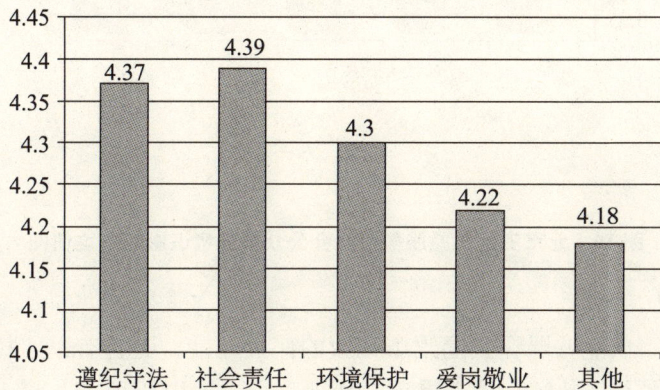

图 15　北京奥运志愿服务对社会公众法律意识与社会责任的影响

奥运期间，志愿者工作繁杂而细微，而且很多远离比赛中心，如果没有强烈的责任感，是无法胜任这样的工作的。从我们的访谈和调查结果看，奥运会期间及后奥运时期，基层社区治安状况得到了较大改善，这一方面来自公众守法意识的增强，另一方面来自公众监督意识的提升。中国人民大学社区居委会干部告诉我们，截至目前，社区犯罪事件大幅下降，尤其是小偷小摸很少发生。大家一致认为，以北京奥运志愿服务为契机发动社区居民成为环境美化志愿者，极大地改善了社区的绿化环境，使社区更加整洁与美观。可以看出，北京奥运志愿服务对社会责任的影响是最大的。

3. 服务意识

从某种程度上讲，奥运志愿服务就是一次服务的盛会，各种服务理念和服务方式频繁亮相、竞相登场，因而无论是服务提供者还是服务接受者，都体会到了服务带来的尊严、舒适，这有助于社会公众理解志愿服务不计回报、默默奉献的本质。调查表明，北京奥运志愿服务对社会公众服务意识的影响排序由高到低依次为：礼仪谦让、随时随地帮助他人、尊重平等、其他、专业服务能力（详见图 16）。可以看出，相对于服务态度和礼仪认知，人们普遍认为志愿服务对"专业服务能力"影响较小，一个可能的解释是绝大多数志愿者没有接受过任何相关的培训或者学习，因此多数时候是凭借个人的经验完成志愿服务的。另外，志愿活动的组织者没有认识到志愿服务对专业化服务能力的高要求也是一个重要原因。

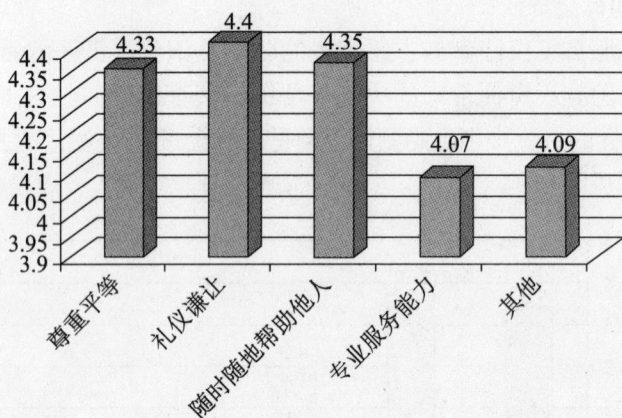

图 16 北京奥运志愿服务对社会公众服务意识影响的均值图

4. 爱国意识

举办奥运会不仅能够展现我国改革开放的伟大成就，而且有助于树立和平崛起的形象，激发民众的爱国热情。调查显示，社会公众之所以积极参与奥运志愿服务，爱国精神的感召发挥了巨大作用，志愿服务对公众爱国意识的影响排序由高到低分别为：国家强大的自豪感、维护国家利益、理解国家政策、其他（详见图17）。几乎每一位受访者都会提到"自豪"这个词；从申奥成功到奥运会如期举行，"百年一遇"是很多人对奥运会的共识。对普通市民来说，能够以志愿者的身份参与其中，是一件自豪的事情，因而他们自觉舍弃个人利益，尽职尽责地维护国家形象，甚至将责任感传递给自己的亲人，形成全家老小同为奥运作贡献的壮观场面。

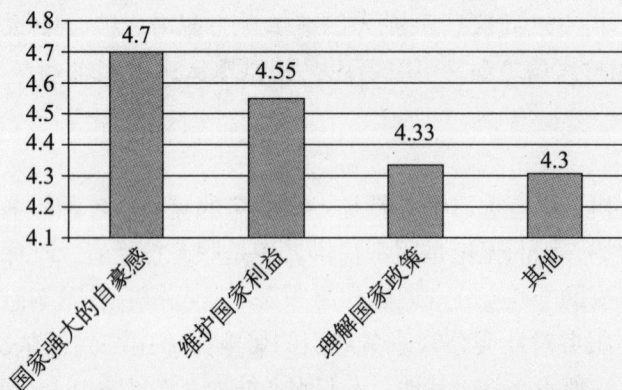

图 17 北京奥运志愿服务对社会公众爱国意识影响的均值图

总之，北京奥运志愿服务对社会公众的影响主要表现在四个方面：第一，志愿精神得到发扬。第二，公众的社会责任感增强。第三，文明理念深入人心。第四，社会公众的民族自豪感和爱国热情增强。

三、研究结论

（一）主要发现

1. 奥运志愿工作对社会公众影响巨大

（1）社会公众对志愿服务认知度明显提高。

奥运志愿服务工作启动以来，通过新闻媒体等传播途径，以及参与志愿服务、接受志愿服务等途径，社会公众对志愿服务的认知度明显提高。首先，新闻媒体、互联网、同事亲友、社区活动、单位活动等传播渠道不断强化着公众对志愿服务的理解，因而近六成社会公众对奥运志愿服务非常了解。其次，六成社会公众参与过赛前志愿者、赛会志愿者、城市志愿者、社会志愿者等奥运志愿服务工作，而且奥运结束后，仍有76％的社会公众活跃在公益活动、救灾救援、助老助残、文化教育、外来人口等领域，这进一步提高了公众对志愿服务的认知水平。而那些奥运结束后没有继续参与志愿服务的社会公众，主要受个人时间、精力、经济状况的限制和志愿服务参与途径的制约，而不是主观上不愿意继续从事志愿服务工作。最后，近八成社会公众在大街上、比赛场馆、社区、公交车站等场所接受过志愿服务，这让他们深切感受到"志愿社会"带来的关爱与尊重，为传承志愿精神、继续从事志愿服务打下了坚实的基础。

（2）对社会公众的思想观念产生了深远影响。

由于志愿服务整体社会氛围的推动和公众的亲身参与，社会公众的思想认识发生了深刻变化。第一，志愿精神得到发扬。由于志愿服务所蕴涵的人文关怀和社会价值，加之中国政府的集中动员和精心组织，并借助奥运契机，社会公众真正认识到志愿服务的重要性，对帮助他人、关怀弱势群体、有组织服务和自愿行为的理解也更加深刻。第二，借助奥运志愿服务，公众的法律意识和社会责任感增强，更加认同遵纪守法、爱岗敬业、保护环境、履行社会责任等理念。第三，通过奥运志愿服务，公众体会到服务所展现出来的平等、尊重，礼仪谦让、乐于助人等理念深入人心。第四，奥运志愿服务增强了社会公众的民族自豪感和爱国热情，促使他们更加认同国家的各项政策措施，自觉维护国家利益。

（3）社会公德全面提升。

从奥运志愿者报名的第一天起，志愿者不但自觉扮演了发扬爱国主义、环境保护、弘扬奥运理念、志愿奉献的角色，还将这种影响扩展至其家人、邻里及生活圈中的其他人。调查显示，奥运会后，公众的社会公德水平大幅提升，礼仪谦让观念有所增强，随地吐痰、破坏环境等行为明显减少，自觉排队、为老人让座等文明行为增多（详见图18）。因而奥运志愿服务不仅为奥运会的顺利召开奉献了力量，而且提升了社会公众的公共意识和社会公德。

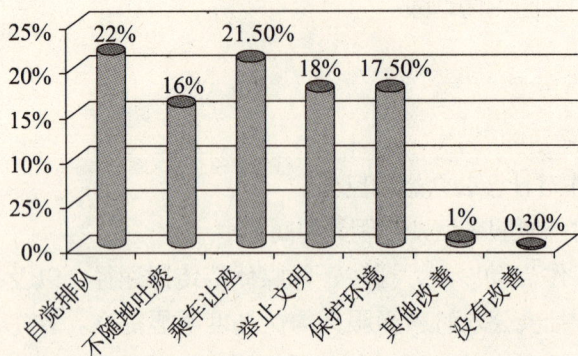

图18　奥运会后公众行为变化图

2. 奥运志愿工作有效促进了社区发展

(1) 促进了公民社区参与。

首先，奥运会的志愿服务宣传和社会志愿者的积极参与调动了广大居民参与社区公益服务的积极性，许多老人走出家门，开始参与到治安巡逻、环境保护、义务指路等社区服务中来，如奥运会以前西城区体东社区的治安志愿者只有100人左右，但奥运会后人数已经增至300人，是奥运会前的3倍。其次，奥运会结束后社区自治能力得到提升，如在养狗问题、车位问题中，社区居民自我协商，制定相关规范，并监督其执行，使问题得到圆满解决。

(2) 社区兴趣活动小组增加。

奥运会不但提升了中华民族的爱国主义精神，弘扬了志愿服务理念，也增进了人们对体育运动的兴趣和对健康概念的理解。调查发现，奥运结束后几乎所有社区的兴趣小组都在增加，参与比例也在提高。除了乒乓球、羽毛球、篮球等球类活动外，健身操、太极拳、交际舞等健身文艺活动和美术、电脑、绣花等兴趣小组也不断涌现，这增进了邻里交往和相互了解，使居民找到了归属感和乐趣，提高了生活质量。

(3) 改善了公众生活方式。

调查发现，奥运结束后，人与人的交往频率提高，相互关心程度提高，对空巢老人的关怀帮助也有所改善，这不仅促进了人际关系的改善和信息交流，加深了居民间的了解程度，也提高了社会公众的生活质量。同时，奥运志愿服务增强了人们的环保意识，促进了社会公众生活方式的改变。首先，许多居民不但在自己家里节水节电，使用环保产品，还将这种行为带到社会中去，积极监督破坏环境的现象，义务为小区修理花坛、清除小广告、保护社区环境。其次，奥运会提升了人们的健康意识，空闲时间锻炼身体的人数逐渐增多。而最大的变化莫过于社区延续奥运期间的治安服务项目，建立起常态化的社区治安管理制度，使社区治安状况明显改善，物品丢失现象大大减少，为居民生活创造了安全和谐的外部环境（详见图19）。

图19

25% ┐
20% ┤ 19%   21%   20%
15% ┤   15.50% 15.50%
10% ┤
5% ┤
0% ┤   0.20% 1%
    节约水电 使用环保袋 家庭和睦 孝敬老人 锻炼身体 其他影响 没有影响

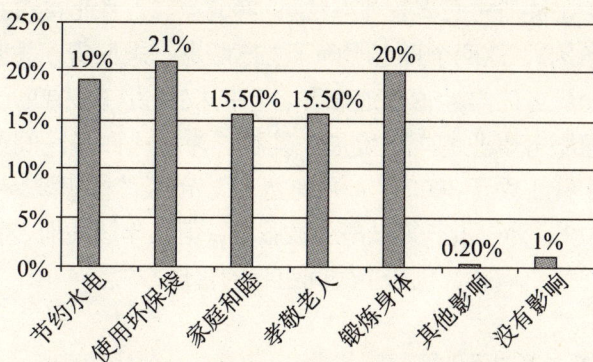

图19　奥运会后居民生活方式的改善

3. 奥运志愿工作提升了政府治理水平

（1）创新了社会动员模式。

长期以来，我国的公共服务职能由政府独家承担，第三部门在逐渐萎缩，志愿服务理念被共产主义教育下的"学雷锋"活动所代替。改革开放后，虽然市场经济的发展促进了草根非营利组织的兴起，但与西方相比，我国的公民社会尚未成熟，第三部门仍然比较弱小，志愿者服务也缺乏健全的法律体系和管理机制。在这样的背景下如何激励社会公众参与奥运志愿服务，是对政府动员能力的巨大考验。

因此，从2005年开始，相关部门开展了多项动员活动，创新了新时期我国的社会动员模式。第一，通过新闻发布会、志愿者频道、《志愿者》杂志、电视、报刊、电台、志愿者宣传材料等途径引导舆论，传递志愿者信息，弘扬奥林匹克精神，营造"人人都是志愿者"的良好社会氛围，促进了志愿者招募工作的顺利进行。第二，启动北京奥运志愿者工作项目，开展志愿者招募、培训、上岗测试等一系列工作，成功整合170万志愿者在1 631个重要路口、143个重要旅游景区和检查站、29 000多个社区开展信息咨询、应急救助、交通秩序维护、治安巡逻、医疗卫生、扶残助困、生态环保等志愿服务，实现了新时期最大规模的社会动员。

（2）政府治理能力提高。

奥运志愿服务提升了政府的治理能力。首先，通过志愿者动员、招募、选拔、激励、管理等环节，不仅使社区负责人深刻理解了志愿者的含义，而且提高了他们管理志愿者的能力。其次，志愿服务工作促使政府机构更加关注居民需要，为其提供力所能及的服务，这极大地提高了社区服务水平。调查显示，奥运会结束后，居民对政府提供的扶贫济困、外来人口管理、助老助残、妇女儿童、文化教育、社区服务、社区环境绿化等服务都比较满意，这表明奥运会后我国的服务型政府建设取得了较大成绩。

（3）志愿服务制度建设步伐加快。

奥运志愿服务加快了我国志愿服务相关法律制度建设的步伐。首先，2006年中国志愿者协会颁布《中国注册志愿者管理办法》，2007 年 12 月北京志愿者协会出台《北京市志愿服务促进条例》，这两个规定明确了志愿服务、志愿者、志愿者组织的含义及其关系，确立了志愿服务的柔性管理理念和各自的权利责任，有助于提升志愿服务的法制水平，促进志愿服务事业的规范发展。其次，为解决许多民间组织没有主管挂靠单位的难题，北京市社工委于 2009 年 4 月确立 10 家市级"枢纽型"社会组织担任相关民间社团的主管单位①，为一批长期从事公益服务，但又无法注册登记为企业法人的非营利组织解决了身份危机问题，创新了民间组织的管理方式。

（二）主要问题

1. 志愿精神缺乏长久动力

奥运期间，社会公众通过国家引导、亲身参与等途径传递志愿热情，践行志愿精神，使志愿者创下历届奥运会参与人数之最。然而，奥运结束后，我们发现，由于相关部门没有进行科学的规划，在项目开发和能力建设上也存在障碍，因此基层社区公众参与志愿服务的热情存在不同程度的下降。如何转化志愿服务遗产，使志愿服务精神得以传承，是亟待解决的第一个难题。

2. 社区志愿者自组织能力低下，政府干预较多

调查和访谈表明，在民间草根公益组织的运转过程中，政府不但出政策、出资、出人，甚至亲自操刀直接参与其日常运作，这不仅导致干预结果不理想，恶化双方关系，而且打击公益组织的积极性，降低其自我生存、自我管理能力。同时，奥运结束后，除各种兴趣小组仍比较积极外，受访社区的公民自治活动情况不容乐观，无法离开社区的扶持、指导单独进行。也就是说，在社区管理上，我国仍属于政府主导的格局。在市场经济已经充分发展、第三部门逐渐成熟的今天，如何培育社会组织的自我管理、自我服务能力，进而改变政府干预太多、社会尚未真正自治的局面，是我们需要面对的第二个挑战。

3. 助残理念改变甚微

"超越·融合·共享"，这是北京残奥会的理念，也是中国向全球人道主义事业所作出的承诺与贡献。虽然北京残奥会促使社会各界关注残疾人的权利需求，推动了我国残疾人事业的发展，但调查显示，奥运结束后，许多已经建立起来的无障碍设施被拆除，相应的志愿服务也取消了，这让残疾人感觉政府在做面子工程，日常生活中他们仍不能自由出行、享受应有的各项权利。而且，残疾人事业的发展关系到每一个人的自觉努力，仅靠政府的力量是无法真正解决的，而奥运会并没有使助残理念深入人心，成为社会的广泛自觉共识，因此，如何普及推广助残理念，进而推动我国残疾人

---

① 这十家单位分别是：市总工会、团市委、市妇联、市科协、市残联、市侨联、市文联、市社科联、市红十字会、市法学会，它们分别负责职工类、青少年类、妇女儿童类、科学技术类、残障服务类、涉侨类、文学艺术类、社会科学类、医疗救助类、法学类社会组织的联系、服务和管理。

事业的健康发展，是后奥运时代面临的第三个难题。

4. 主流社会群体参与志愿服务的程度较低

在奥运志愿服务中，志愿者呈现两极分化格局，主要以高校学生和老人为主，中青年人群虽然也参加了部分志愿服务，但没有成为志愿服务的主力，尤其在社区志愿服务中，很难见到中青年人群的身影。事实上，中青年群体更有能力为社会作贡献。那么，如何激发主流社会群体参与志愿服务，是后奥运时代不得不深思的第四个问题。

5. 志愿服务缺少日常生活基础，参与机制不足

众所周知，我等皆凡人，大多数时候我们只是在普通平凡的日子中演绎着悲欢离合，从事着志愿服务，传承着志愿精神。而调查发现，绝大多数志愿者的志愿参与建立在爱国主义和民族自豪感的基础上，这种情感只有在重大活动或特殊时刻才能作为社会动员的有效手段，日常生活中是很难发挥作用的。不仅如此，41.4%的受访者表示，由于不知道在哪里从事志愿服务，因而奥运结束后他们没有继续参加公益活动，还有4%的受访者认为志愿服务过于形式化，没有实效。这些都表明，如何激发公众日常参与热情，将其与居民需要和社区发展有机结合起来，开发有益的公益项目，并拓宽公众参与渠道，完善相关的管理制度，是奥运结束后政府面临的第五个挑战。

四、政策建议

1. 改革民间组织管理制度

长期以来，"双重管理"机制极大地限制了非营利组织的发展，北京市"枢纽型"组织的建立虽然对其进行了创新，但政府的管制思维并未发生根本改变。因此，要想在社会传承志愿服务精神，首先应去除管制思维，树立服务理念，建立多元的志愿服务平台，实现真正意义上的社区民主，只有这样，才能调动公民、社会的积极性，促进志愿精神的长期繁荣。

2. 让草根 NGO 充当孵化器

北京市"枢纽型"组织设立了 10 个社会团体扶持草根 NGO 的发展，这在一定程度上有助于民间组织的发展。不过，如前所述，草根 NGO 的真正成长建立在其自我管理能力提高的基础上，在此过程中政府扮演规则制定者、问题解决者和仲裁者的角色，不可过多干预其日常运作。因而，应规范政府管理，让草根 NGO 成为社会组织的孵化器，带动更多的民间组织蓬勃发展，这才是弘扬志愿精神的正确选择。

3. 建立社区公益基金，引入竞争机制

政府应该建立社区公益基金，完善其建立、管理、评估机制，为公益组织的发展提供坚强的资金保障和制度基础。同时，应引入竞争机制，改善公益组织的生存生态，

增强其发展动力，为社区居民提供优质、高效的志愿服务。

4. **让企业成为社区公益组织的伙伴**

众所周知，企业是以营利为目的的，然而越来越多的企业开始注重自身的社会责任，参与志愿服务的提供。因此，政府应完善制度机制，建立企业与志愿服务间的连接体系，发挥其优势，为社区发展注入新的活力，促进二者的良性互动。

附：社会公众调查问卷

尊敬的北京居民：

您好！

为全面了解北京奥运志愿者工作对社会公众和社区发展的影响，进一步总结并传承北京奥运志愿者工作成果，形成可供国际和国内社会借鉴的志愿者工作管理经验和管理模式，北京志愿者协会开展"北京奥运会志愿者工作成果转化研究"，并成立本课题组向北京居民征求意见。请您提出对北京奥运志愿者工作的认识和意见，自从奥运会以来您所感受到的您个人及周围社区和社会的变化。您的意见非常重要，也是为北京市志愿服务事业的发展贡献您积极的力量。

本次调查采用不记名方式填答，所收集信息及数据仅为北京奥运志愿者工作成果转化研究使用，我们将按照《统计法》对您所提供的相关信息予以保密。谢谢您的支持与合作！

北京奥运会志愿者工作成果转化研究课题组

2009 年 7 月

****

填答说明：

1. 请在问卷所列问题中选择您认为合适的选项，并将其选项填在相应的题目后（可多选），如选项中没有您认同的答案，请您将您认为的答案填在"其他"选项的横线上。
2. 若问卷题目为填空题，请在空格处填上贵社区的相关准确信息。
3. 请在所选答案序列号下面画"√"。

****

1. 北京奥运会赛会志愿者工作包括以下哪些服务？（多项选择）

A. 礼宾接待　　　　　　　　B. 语言翻译

C. 交通服务　　　　　　　　D. 安全保卫

E. 医疗卫生　　　　　　　　F. 观众服务

G. 沟通联络　　　　　　　　H. 竞赛组织支持

I. 场馆运行支持　　　　　　J. 新闻运行支持

K. 文化活动组织支持　　　　L. 其他_____（请注明）

2. 北京奥运会社会志愿者工作包括以下哪些服务？（多项选择）

A. 服务交通秩序维护 B. 服务城市交通运行

C. 服务大型公共场所秩序维护 D. 服务城市治安秩序

E. 服务社区医疗卫生 F. 社区扶残助困

G. 环境保护志愿服务 H. 公园志愿服务

I. 加油站志愿服务 J. 邮政志愿服务

K. 语言和信息服务 L. 其他_____（请注明）

3. 您认为北京奥运会志愿者工作有什么意义？（多项选择）

A. 能够传播奥林匹克精神和志愿服务理念

B. 促进形成赛事志愿服务的管理模式

C. 有助于建立首都志愿服务事业的长效机制

D. 传播志愿精神

E. 其他_____（请注明）

4. 您自己或者您知道在北京奥运会之后，下面各类型志愿者或者居民参与了哪些相关的志愿服务活动？（5分＝参与很多；3分＝一般参与；0分＝没有参与）

	社区服务活动	单位组织的服务活动	其他社会服务
奥运会前期志愿者	5分—3分—0分	5分—3分—0分	5分—3分—0分
赛会志愿者	5分—3分—0分	5分—3分—0分	5分—3分—0分
城市志愿者	5分—3分—0分	5分—3分—0分	5分—3分—0分
拉拉队志愿者	5分—3分—0分	5分—3分—0分	5分—3分—0分
微笑志愿者	5分—3分—0分	5分—3分—0分	5分—3分—0分
社会志愿者	5分—3分—0分	5分—3分—0分	5分—3分—0分
普通居民	5分—3分—0分	5分—3分—0分	5分—3分—0分

备注：如果您对此题有其他补充意见，请写在这里：

_____

5. 您认为北京奥运会志愿者工作对社会公众志愿精神的影响程度如何？

自愿行为	影响很大 5——4——3——2——1——0 没有影响
不为报酬	影响很大 5——4——3——2——1——0 没有影响
帮助他人	影响很大 5——4——3——2——1——0 没有影响
关怀弱势群体	影响很大 5——4——3——2——1——0 没有影响
有组织服务	影响很大 5——4——3——2——1——0 没有影响
社区邻里互助	影响很大 5——4——3——2——1——0 没有影响
其他_____	影响很大 5——4——3——2——1——0 没有影响

6. 通过北京奥运会志愿者工作，您认为在公民权利与社会责任方面的影响程度如何？

普及权利和法律意识	影响很大 5——4——3——2——1——0 没有影响
遵纪守法	影响很大 5——4——3——2——1——0 没有影响
纳税意识	影响很大 5——4——3——2——1——0 没有影响
主动承担应尽的责任	影响很大 5——4——3——2——1——0 没有影响
爱岗敬业	影响很大 5——4——3——2——1——0 没有影响
其他_____	影响很大 5——4——3——2——1——0 没有影响

7. 您认为北京奥运会志愿者工作对社会公众和社会组织的服务意识影响程度如何？

尊重平等	影响很大 5——4——3——2——1——0 没有影响
礼仪谦让	影响很大 5——4——3——2——1——0 没有影响
随时随地帮助他人	影响很大 5——4——3——2——1——0 没有影响
具有专业化的服务能力	影响很大 5——4——3——2——1——0 没有影响
其他_____	影响很大 5——4——3——2——1——0 没有影响

8. 您认为北京奥运会志愿者工作对社会公众爱国意识的影响程度如何？

国家强大的自豪感	影响很大 5——4——3——2——1——0 没有影响
维护国家利益	影响很大 5——4——3——2——1——0 没有影响
更加喜欢国旗和国歌	影响很大 5——4——3——2——1——0 没有影响
理解国家政策	影响很大 5——4——3——2——1——0 没有影响
其他_____	影响很大 5——4——3——2——1——0 没有影响

9. 您认为北京奥运会志愿者工作对社会公众的国际视野影响程度如何？

奥林匹克精神	影响很大 5——4——3——2——1——0 没有影响
多元文化的交融	影响很大 5——4——3——2——1——0 没有影响
国际社会对和平的渴望	影响很大 5——4——3——2——1——0 没有影响
中国与国际关系	影响很大 5——4——3——2——1——0 没有影响
其他_____	影响很大 5——4——3——2——1——0 没有影响

10. 您认为北京奥运会后，在社会公德方面有了哪些改善？（多项选择）

A. 自觉排队　　　　　　　B. 不随地吐痰

C. 乘车让座　　　　　　　D. 举止文明

E. 保持公共环境　　　　　F. 其他_____（请注明）

11. 北京奥运会后，您的家庭生活方式有了哪些改善？（多项选择）

A. 节约水电   B. 使用环保袋

C. 家庭和睦   D. 孝敬老人

E. 其他_____ （请注明）

12. 您认为北京奥运会后，社区和社会服务方面有了哪些改善？

医疗保健服务	改善很大 5——4——3——2——1——0 没有改善
城市交通服务	改善很大 5——4——3——2——1——0 没有改善
扶贫济困救灾	改善很大 5——4——3——2——1——0 没有改善
外来人口服务	改善很大 5——4——3——2——1——0 没有改善
助老助残服务	改善很大 5——4——3——2——1——0 没有改善
妇女儿童服务	改善很大 5——4——3——2——1——0 没有改善
文化教育服务	改善很大 5——4——3——2——1——0 没有改善
社区服务设施	改善很大 5——4——3——2——1——0 没有改善
城市无障碍	改善很大 5——4——3——2——1——0 没有改善
其他_____	改善很大 5——4——3——2——1——0 没有改善

13. 您认为在北京奥运会后，社会公众在参与社会服务方面有了哪些改善？

参与人数增多	改善很大 5——4——3——2——1——0 没有改善
参与服务的领域扩大	改善很大 5——4——3——2——1——0 没有改善
参与服务时间增加	改善很大 5——4——3——2——1——0 没有改善
服务能力增强	改善很大 5——4——3——2——1——0 没有改善
参与的途径和方式更多	改善很大 5——4——3——2——1——0 没有改善
社会服务质量	改善很大 5——4——3——2——1——0 没有改善
其他_____	改善很大 5——4——3——2——1——0 没有改善

14. 您在北京奥运会后是否还在从事志愿服务？

A. 还在继续从事志愿服务：

□社区服务 □助老 □助残 □青少年服务 □文化教育 □妇女发展 □救灾救援 □外来人口服务 □社会公益活动 □其他_____ （请注明）

B. 没有从事志愿服务

15. 您认为北京奥运会志愿者工作对社区组织建设和发展有哪些影响？（多项选择）

A. 居委会能力提升   B. 社区组织的数量增加

C. 社区公共活动增多   D. 居民能够参与社区工作的决策

E. 社区志愿服务项目增多   F. 社区志愿者数量增加

G. 其他_____ （请注明）

16. 您认为北京奥运会志愿者工作对政府有关部门职能有哪些影响？

A. 政府服务意识增加

B. 社区公共服务提供的多样化

C. 政府决策更多地考虑居民需求

D. 其他_____（请注明）

17. 您认为北京奥运会志愿者工作对社区环境有哪些影响？

A. 社区硬件设施　　　　　B. 社区环境质量

C. 社区环保意识　　　　　D. 公共服务质量

E. 志愿者管理　　　　　　F. 社区文化

G. 邻里关系　　　　　　　H. 其他_____（请注明）

18. 您认为北京奥运会志愿服务在社区服务方面的影响主要体现在哪些方面？（多项选择）

A. 助老助残　　　　　　　B. 艾滋病防治

C. 青少年发展　　　　　　D. 医疗保健

E. 文艺娱乐　　　　　　　F. 环境保护

G. 文化教育　　　　　　　H. 治安巡逻

I. 医疗服务　　　　　　　J. 居民纠纷调解

K. 促进就业　　　　　　　L. 其他_____（请注明）

为了使本研究的数据能够进行周密、可靠的分析，我们需要您个人的一些背景信息，我们将为您保密，请您如实填写，谢谢。

1. 您的性别：A. 男　　　B. 女

2. 您的年龄：_____（周岁）

3. 您的政治面貌：

A. 中共党员（含预备党员）B. 共青团员

C. 民主党派人士　　　　　D. 群众

4. 您的文化程度（若正在就读未毕业，文化程度也请填正在就读的程度）：

A. 小学及以下　　　　　　B. 初中

C. 高中或中专（职高）　　D. 大专（高职）

E. 本科　　　　　　　　　F. 研究生及以上

5. 您的婚姻状况：

A. 未婚　　　　　　　　　B. 已婚

C. 离婚或丧偶　　　　　　D. 其他

6. 您家的常住人口数：_____人

7. 您的职业：

A. 政府公务员　　　　　B. 企业干部

C. 高管/领导者　　　　　D. 自由职业

E. 无业　　　　　　　　F. 退休人员

G. 事业单位干部　　　　H. 教师/研究者

I. 其他_____（请注明）

8. 您家每年的收入金额：

A. 5 000 元以下　　　　B. 5 000～1 万元

C. 1 万～3 万元　　　　D. 3 万～8 万元

E. 8 万元以上

9. 您在北京奥运会召开期间，是否参加了志愿服务？

A. 是　　　　　　　　　B. 否

10. 如果参加的话，是哪种志愿者类型？

A. 赛会志愿者　　　　　B. 城市志愿者

C. 社会志愿者　　　　　D. 赛前志愿者

E. 拉拉队志愿者　　　　F. 其他_____（请注明）

感谢语：

感谢您能够参与此项调查，该项调查结果将汇总并经过认真分析形成研究报告。您宝贵的建议和意见必定会在未来的社区志愿服务工作中得到体现。再次感谢您抽出宝贵时间完成此份问卷调查！

北京奥运会志愿者工作成果转化研究课题组

2009 年 7 月

访谈摘要

访谈一

采访时间：2009 年 6 月 19 日
采访对象：奥组委志愿者部观众服务处处长黄可瀛
采 访 人：魏娜、张晓红
录音整理：刘倩倩
文字整理：周丽娟、陈顺昌、潘春玲、王冰

问：奥运会结束了，我们成立了北京奥运会志愿者工作成果转化研究课题组。研究的侧重点应该是下面三个方面：第一是志愿者工作对奥运本身的重要性；第二是在奥运会志愿者管理方面我们有哪些经验；第三是奥运会成果的转化。你能不能从这些方面做一些介绍？

黄可瀛（下面简称黄）：我是负责观众服务工作的，可以就我做过的工作来谈一下。请你提一些具体的问题，我来回答。

问：各场馆对志愿者的数量需求是怎么确定的？

黄：志愿者的总数是 7.5 万人。我当时负责的是观众服务志愿者，这部分是 2 万人。我们是这么定的：第一步是先定岗，根据整体工作的安排，先规划志愿者的岗位。定了岗以后，第二步就是定体系，要建立组织机构体系，这个组织机构体系要能够做到每下一个命令都会特别快地传达到所有的场馆。第三步是确定人员配备的标准和确立人员数量预测的原则。比如说检票员，这个场馆派 25 个，那个场馆派 50 个，这就要有标准。我们做规划时有一个特别的工作方式，叫"点计划"，在公众服务和安保方面是表现得最突出的。我们拿着图纸标注，比如门口站一个人就在图上画一个点，就这样一个一个地全都摆好具体位置。

奥运会 7.5 万名志愿者的确定，过程很复杂。一开始是让各业务部门报，后来各个场馆团队成立以后，又按场馆报，这就从条条变为块块了。报上来的数很大，组委会的志愿者部就逐个地谈，比如说你报了 1.98 万，我觉得太多，可能给你 1.5 万。这也是一个博弈的过程。我们观众服务志愿者的人数虽然很多，但让我们特别骄傲的是，我们 2004 年确定的第一批的需求和最终使用的没差几个人。能够这样准确就大大地提高了工作效率。

问："竞赛为中心、场馆为基础、属地为保障"，这个原则在你的具体工作中是怎样落实的？

黄：在以往的大型体育比赛中，都是以竞赛管理人员为最高管理者，竞赛主任就是场馆的"一把手"。在国内是这样，国外（除奥运会以外）也是这样。在这种情况下，常常会出现的一个问题就是，竞赛工作人员只考虑跟比赛有关的事，不去考虑参与人员的感受。但是奥运会需要特别重视参与人员的感受，否则就会影响奥运会的整体形象。在我的印象中，从悉尼奥运会才开始实行场馆运行模式。这样就变成了竞赛的第一负责人成为场馆团队副职中的 NO.1，但是他上面还有一个人，这个人是场馆真正的"老大"，其职责是整合竞赛和其他各方面的需求。

北京奥运会研究场馆运行模式的时候，组委会内部分歧很大，但还是在组委会领导和奥委会的坚持下通过了。现在反观这个体制，绝对是一个特别大的成功。奥运会之后，很多大型活动，包括国庆游园活动，都是采用场馆运行的模式来解决问题的，这是一个很大的变化。

在往届奥运会中，国外有一个很重要的教训，就是由于所有的观众服务执行人员都是外包给公司，看上去是组委会的人，但是给他发薪的是公司，所以当这些人来到场馆中，尽管是双重的指挥模式，但他只听从付给他工资的那个公司，这样规范性就保证不了。在观众服务不外包这个事情上，北京奥运会是做了一个特别重大的改变，而且带来了很多实实在在的好处。

问：服务外包和不外包在经济上相差多少？

黄：北京奥运会中我们一共花了 2 000 多万人民币，雅典奥运会可能花了 840 万欧元，当时相当于 8 400 万人民币，而且他们干的所有的活儿都是只集中在场馆内的服务，我们干的是场馆服务加覆盖全套的信息服务。除此之外，我们这 2 000 多万人民币中，还有一些钱不完全花在这上面。

问：北京奥运会和雅典奥运会，有一个不同之处是雅典的志愿者是向社会招募，而北京实行的是馆校对接。请你从这方面谈一谈。

黄：从招募说起，组委会在志愿者动员方面就搞点和面上的宣传，真正的动员全在学校。志愿者报名都是通过学校来组织，经过初步的筛选才交过来。往届奥运会因为没有这种体制优势，往往面临大量的志愿者流失问题，比如说今天来上岗的有 50 个志愿者，明天就只剩 40 个了。这问题就非常大了，因为这些流失的人是不跟你打任何招呼的。流失的主要原因是工作压力过大、很累，还包括上下班很远、路上很费时间、生病等各方面，总之都是保障不好所致。在这方面，我们的情况就不一样了。所有这些学生，学校会统一安排车接送。他们回到学校以后，不管几点，学校给他们准备夜宵，而且吃的比平时还好。学校在校园里还组织给志愿者服务的志愿者，比如本来学校澡堂应该晚上八点钟关门，但为了方便他们，后半夜两点钟还开着。这样等于是组委会和高校两边一起在做保障和激励工作，力度当然很大。因此，根本不存在流失问题，反而出现很多人想做志愿者却排不上号的问题。

问：观众服务志愿者的反响如何？

黄：观众服务是最辛苦的。2006 年的垒球测试赛是我们的第一场测试赛，当时所有的志愿者都来自首都经贸大学。一开始大家报名时，第一志愿都不报观众服务，通常都是别的部门都录完了，没录取上的才到这儿来，把观众服务当成第四、第五志愿。在工作过程中，其他的志愿者被所在部门照顾得特别好，不仅有空调，还有饮料和食品。而观众服务的志愿者每天要在外边暴晒，长时间地站着，很累。但是，对于北京奥运会，志愿者的热情空前高涨，观众服务也不缺少报名的志愿者。北京奥运会之后，观众服务志愿者得到了很高的评价，其中最重要的原因是观众服务志愿者都是在能够被看得见的地方。因为这个原因，苦点累点大家也乐意。有人说，对志愿者不能要求太严，因为他是做没有报酬的工作，但是经验表明，你管得越严，他越乐意，因为这让他感觉到自己很重要，他来做志愿服务是希望有所成就。

问：观众服务志愿者在夏季奥运会结束以后，有多少人继续做残奥会志愿者？

黄：夏季奥运会的观众服务志愿者，确切地说是 19 880 人，残奥会的志愿者将近15 000 人。我们自己招募和使用的都留下来了，但是有一小部分特殊的志愿者，例如来自境外的等等，奥运会是一拨，残奥会是另一拨，这是组委会统一安排的。我们的专家一开始特别不赞成让孩子们服务两个奥运会。从管理的角度看，志愿者一干两个月确实是很疲劳的。因此，要求残奥会的志愿者 75％以上不是夏季奥运会的志愿者。

但是，志愿者的热情却特别高。经过长期训练，只做了两周，还没过瘾，还想再做一次志愿服务。他们认为机会难得，做两个奥运会的志愿者比做一个更光荣，因为这将成为他们一生的荣耀。

但另一方面，不动用奥运会的志愿者也给我们带来很大的麻烦。首先是培训工作的任务太重，2 万名志愿者的培训已经让人感到不堪重负，如果是 3.5 万名，就更困难了。其次，雅典以前的夏奥会和残奥会原来是由不同国家举办，后来是同一国家在相隔较长时间举办，并且在不同的城市举办，而北京奥运会和残奥会之间转换期很短，根本没有培训的时间。最后是培训不仅占用时间，还要占用场馆，这会影响到场馆的建设、维护和使用。而使用原来的志愿者，他们已经有了经验，对场馆各方面情况都熟悉，兵是熟兵，将是老将，成本也低。再加上大家都愿意干，何乐而不为呢？因为有很多人不能接着干，出现走的人恋恋不舍，留下来的觉得很光荣的情况。

问：奥运会的后期效应如何？

黄：后奥运的效果很好。首先说管理方面，场馆经理已经被借到广州组织亚运会去了，还有一些人到世博会去做管理，都形成团队了。现在哈萨克斯坦还让我们去呢！

其次是志愿者本身。我在海淀区做了一个调查，就是原来做过奥运会志愿者的人，有多少现在还在从事志愿服务？结果表明，过去做过志愿者的和报名继续参加志愿服务的是成正比的。原来做过的，现在绝大多数还在做。但是现在也存在一个问题，奥运会时，保障、激励各方面做得都很好、很规范，现在再做志愿服务就不一样了，落差很大，容易影响积极性。我想我们应该改变这个观念，志愿者虽然是志愿的，但是我们作为志愿服务的管理部门，要为他们提供基本的保障。

再次是社会资源。奥运会借助高校很多的优势和资源，同时也促进了学校所在地区志愿工作的发展，比如说北太平庄街道，要让他们自己搞一台节目很难，跟师大一块搞社区文化月，就把社区的很多事带动起来了。把高校的知识资源带到社区里，满足社区老百姓的需求，同时借助社区的资源，为青年人提供接触社会的机会。缺少社会经验是现在大学生最突出的弱点，很多学校通过奥运这个机会，跟社区建立了实习的关系，可以送人到那儿去当居委会的干事。这是我原来没想到的。城市志愿服务最后能留下这么大一笔宝贵的财富，这个太重要了。

又次是青少年的教育问题。在青少年的成长和思想政治教育中，很多传统的手段已经初步发挥作用了，因为有了志愿的机制以后，又多了一个新的载体。八一中学有一些孩子，高一就兼职很长时间了，家里有宝马车也不让家长送，自己骑自行车去。

最后是唤起了企业社会责任。比如说，奥运会期间，曾经有一个项目，是给来自全世界各国的观众提供37种语言的服务。真要从社会上去招这37种语言的服务者，那需要花很多钱！但我们完全依靠企业的社会责任感解决了这个问题。而这些企业与其花钱做广告，还不如用这种方式树立企业公众形象。这是一个双赢的结果。

此外，还有很多方面，难以尽述。但总的来看，北京奥运会留给我们的，不仅仅是一块块辉煌的运动奖牌，志愿者精神更是一笔宝贵的无形财富。

访谈二

采访时间：2009 年 6 月 26 日

采访对象：奥组委志愿者部招募处处长刘蓉

采 访 人：魏娜、张晓红

录音整理：吴乐勇

文字梳理：陈顺昌

问：这次访谈是"北京奥运会志愿者工作成果转化"研究的需要，也是为了更加系统、更加深入地梳理北京奥运会志愿服务成果。通过总结，提炼出北京奥运会志愿服务的经验、价值以及影响。请您介绍一下北京奥运会志愿者需求的情况。

刘蓉（下面简称刘）：具体的志愿者需求统计是志愿者招募的第一步。志愿者需求统计主要是通过前期各部门进行统计与后期计划相结合进行的。后期计划主要是由用人单位，场馆，运行单元，竞赛、非竞赛、训练、服务等部门提出的。前期各部门的统计主要依据以往奥运会的经验，其中借鉴意义最大的是岗位的设置，而往届奥运会具体岗位人数对我们来讲意义不是很大。招募中有三个难点：第一是需求的复杂；第二是志愿者申请人热情的保护，或者是说从海量的志愿者申请人中挑选出合格的人选；第三就是志愿者申请人信息采集技术难以满足申请人员的信息处理需要。

问：北京奥运会志愿者需求的数量是如何计算的？

刘：雅典奥运会志愿者为 6 万人左右，北京奥运会赛会志愿者为 10 万人。这个数字的产生是通过最基础的测算和对比往届的数字，然后按照一个相关的比例，最终确定下来的。其中估算的成分要大些。

问：这个测算是如何进行的？

刘：从 2007 年 8 月份开始的 40 多场测试赛，几乎所有的竞赛场馆全都经历了一遍测试。测试赛之前的人员计划更多的是凭想象、凭估计，经过测试赛之后测算就更加合理了。因为每一个志愿者都有一系列的保障，国际奥委会对保障是有条件的，最终在总量控制的前提下得到一个相对合理的人数。但也不是十分均衡，有的地方志愿者偏多一点，有的地方偏紧一些。

问：当时外籍志愿者顾问大卫反映，有的岗位设置的志愿者太多，志愿者没有事做。这种情况最后是如何解决的？

刘：当时志愿者除了工作时间，其他时间没有地方休息，这时候就会显得懒散一些、人员多一些。有的岗位由于面对的情况复杂，有时需要补充大量的志愿者，因此需求这部分也在不停地调整，这个过程是一个动态的调整、磨合过程，比如说公共区的人员需求就是一个不断调整的过程，像北土城 8 号安检口，最后决定由赛会志愿者来做，这就需要追加人员，这是一个动态调整的过程。

问：事先是否预料到报名人数如此之多？在技术支持上是如何实现志愿者信息管理的？

刘：赛会志愿者的招募实际上包括三个大的体系，第一是招募，第二是运行支持，第三是技术支持。招募从具体体系来讲，一共有 9 个招募体系，每个体系下面有小的体系，这个复杂的体系必须依靠我们的组织体系来实现。从志愿者的类别来讲，包括高校的、区县的、京外的、境外的、部队的、专业的和残疾人志愿者以及京外赛区的志愿者与中央部委的志愿者，大概一共 9 类。招募本身不是一个阶段性的，它是贯穿的一个程序，直到赛会开始了这个过程才结束。招募处联系志愿者经理，志愿者经理联系场馆志愿者运行，实际整个过程都处在招募这个流程上，包括保障政策、交通与激励等，所以招募是一个大的概念。

事先已经预料到有这么多报名人数。大家最初对于奥运志愿者这个概念不太清晰，公众最初对志愿者的期望值并不高。另外，从报名的角度来讲，报名是没有门槛的，只要是身体健康、有这种愿望就可以，因此再多也是意料之中。

按照国际奥委会惯例，在技术支持方面，连续几届都是用源讯公司的员工管理系统，这个系统最大的优势在于安全，但同时最大的缺点就是比较笨。奥运会所有系统最重要的考虑是安全方面。该系统非常完善，经过很多大型赛事的检验，但这个系统并不适合北京奥运会当时的情况。比如说，它达不到我们所需要的报名能力要求，也没有办法跟我们的招募衔接。报名分为几块，高校、京内、京外、港澳台、外籍等。高校的报名数据库专门接受高校的报名，搜狐的数据库作为后台接受其他类型报名。搜狐的数据库实现不了跟员工管理系统的对接，它必须通过采集链重新采集数据。高校的数据库能够实现两个数据库的对接。信息采集工作相当繁重，只要错一个身份证号就过不去，这个人就得重新走一遍程序，所以这既得益于这个系统，又受制于这个系统，也说明我们用的系统具有规范性、实用性。

问：对于没有入选的报名者是如何进行解释的？

刘：第一是给他们讲清楚选拔流程，让他们理解我们的客观工作是按照客观程序来进行的。第二是采取以人为本的接待理念，对于来的人我们都会很热情地接待，给徽章这样的纪念品，并进行沟通解释。有些特别执著的，会通过考察、面试等程序，合适的话会推荐到场馆，场馆认为合适的话就用。每个环节混杂在一起，实际上特别复杂。

问：学校的志愿者具体是怎样选拔、安排的？

刘：高校报名有专门的数据平台，也有收取报名表的，测试也是由学校来做，面试很多也是在学校。学校在一开始就分配了任务，具体到场馆以及岗位，实际上这是馆校对接，后来叫场馆对接，也就是说场馆所需要的志愿者就在有限范围内产生，很大程度上解决了通用志愿者的问题。馆校对接就是这个场馆的通用志愿者都是由某几个学校提供。专业志愿者也是来自几个学校，比如北大提供了媒体运行、竞赛组织的语言服务。在总数量控制的条件下，要调和场馆专业志愿者和通用志愿者需求量之间的矛盾。

问： 对于京外志愿者如何安排？

刘： 我们采取省校对接的方式。国家场是5个京外省市参与志愿服务的，包括：上海、天津、辽宁、山东、河北。其他场馆基本上一个场馆对一个省。省校对接，是指这些人的服务保障工作由对应的学校承接。假如说北大对接国家体育场，它接收的京外志愿者也应该是服务于国家体育场的。其实还是以馆校对接为主，省校对接是配套。

问： 那馆组对接又是什么？

刘： 组针对港、澳、台同胞，外国人，华侨五类对象，这五类实际上归为4个招募工作组，港澳归一个组，外籍归外办的工作组，华人华侨归侨办，台湾归台办。这个馆组对接是在校组对接之外的，它实际上是一个暗含的东西，因为馆组不是完全对应的，它要体现代表性，不满足只到一个场馆。比如说香港这个组不是完全对应到北大，打散后分到各个地方，但它的服务都在北大。

问： 国外的奥运会采取场馆对接这样的方式吗？

刘： 我觉得我们可能不是第一个，但这肯定是我们的特色，因为我们是全范围的、覆盖性的。

问： 我们向社会海招是如何开展的？以往奥运会是如何开展这方面工作的？

刘： 我们在海招的同时辅以了组织上的优势。青岛奥帆的测试赛就采取了这样一种方式，先是系统里海招，又从驻青岛的高校里面选。以往奥运会对这方面的招募采取一种比较开放的、国际化的方式，完全是走公开、公正、透明的一种方式，我们有些方式他们接受起来可能比较困难。大一点的奥运会举办城市，肯定是通过网络的方式，通过系统报名从网络里面挑，采取一种没有具体指向的方式。

问： 志愿者经理是怎样选拔、培训的？

刘： 场馆和行政单位设置部门一样，场馆的部门就是业务口，通用的业务口通常是26个，包含观众服务、交通、餐饮、媒体、保障、电力设施等，马拉松等战线比较长的或者特殊服务领域的可能有一些单独的业务口。每个业务口都有经理，经理的产生一是由部门推荐、选送，还有一种是从各个区县或者高校里临时抽调，都是作为奥组委的借调人员，按照每天定额补贴180元这种方式来实现他们的待遇，赛时为每天210元。从志愿者经理产生过程来看，2007年4月份市委教育工委、奥组委志愿者部、团市委联合发了一个向各个高校征集借调人员的通知，同时做了会议启动。那时馆校对接方案已经形成，场馆志愿者经理和观众服务经理由他们来推选。随后在大兴的一个培训中心进行 4 天的集中培训，最后与奥组委构成借调关系的有 110 人。志愿者经理最早是 5 月份下到场馆——它们是 8 月份有测试赛的 8 个场馆，因此由于工作的需要就下去了。最晚下去的是公共区、奥运村等。再晚就是马拉松运行团队。没有下到场馆之前，基本上是场馆有事随时调配，非常艰苦。

问：场馆的领导结构是如何建构的？

刘：场馆主任是第一领导、第一负责人，场馆副主任有五六个不等，竞赛主任、属地主任、保障主任、媒体主任是必须要有的。再者是业务口经理，如负责观众服务的志愿者经理。主任这个层面基本上是副局级以上的领导，从各个区县抽调。校内馆这块就是学校的领导。从志愿者架构上来讲，是志愿者经理、志愿者副经理、主管、助理和志愿者。

问：请您总结北京奥运会志愿者招募工作的主要经验与不足。

刘：经验有以下几点：第一点是组织体制的优势，从报名的组织到技术平台的支持，从面试到录用，高校发挥了很大作用，充分体现出组织体制的优势。第二点是国民对于奥运会的热情。这就是为什么志愿者那么能坚持的原因。奥运会对于年轻人来讲是一件非常神圣的事，这也就是新时期的爱国主义吧。从奥运会的结果来看，很多人通过志愿者的表现扭转了对"80 后"和"90 后"的看法。这种关键时刻爆发出来的能量是巨大的。第三点是运行体制、机制、框架是正确的，如专业项目组的建制。组织体制解决了志愿者的来源、保障、运行问题，专业项目组保证了它在场馆运行中重要领域、重要岗位上的质量的问题。

存在问题的方面有以下几点：第一是人员计划核定，前期的标准和规范应该制定得更好一些，使每个岗位需要志愿者能够做到合理的标配。第二是专业志愿者的专业能力可以再进一步提升，尤其是外语水平，接待一些外宾运动员都是需要外语支持的。第三个问题是各个相关业务口相关岗位的设定整合不足，比如说交通服务，后期每个车上都要求配交通服务助理，主要就是在车上交接运动员、给运动员做咨询和指导，我觉得这个配备完全是驾驶员和运动员语言的问题。这也反映了一个问题：在专业技能上不能兼顾多方面。还有交叉设置，比如在住宿饭店，既有咨询的志愿者，也有交通服务的志愿者，这两个其实可以整合在一起的。

访谈三

采访时间：2009 年 6 月 27 日
采访对象：奥组委志愿者部宣传处处长易帅东
采 访 人：魏娜、张晓红、辛华、陈炳具
录音整理：孙玲
文字梳理：陈顺昌、潘春玲、王冰

问：今天主要希望您从宣传工作的角度，介绍一下志愿者部宣传处发挥的作用。

易帅东（下面简称易）：从综合方面说一下志愿者部宣传处发挥的作用：第一是宣传动员。在奥运开始之前，在社会上营造一种关注奥运、参与奥运、志愿服务的氛围，在全社会宣传动员"我参与、我奉献、我快乐"，如通过号召参与"好运北京"自行车赛等日常志愿服务等工作，调动全社会的热情和积极性。第二是具体信息的发布。要配合志愿者中心的工作，对招募、宣传、培训、赛前准备筹备等信息进行发布，及时把社会层面和志愿者想了解的信息发布出去。第三是精神激励。通过宣传介绍志愿者工作、团队、志愿者等，激励志愿者更好地工作，让社会了解志愿者承担的任务和他们的精神面貌。

宣传的手段和平台包括宣传品、电视广告、宣传画、宣传志愿者的杂志等，让奥运志愿者的理念等内容渗透到老百姓的心中，渗透到社会的每个角落。宣传动员这些事情并不完全是由我们宣传部门单独完成的，比如志愿者协会就在此期间开展了许多主题宣传活动，像奥运志愿者旗帜上太空、登珠峰等。北京奥运会在宣传动员上比以往奥运会做得更多、更丰富、更有创新性。信息发布是每届奥运会都要做的工作，但我们在宣传动员方面有一定影响，能够扎根下去，这可以说是本次奥运宣传工作的一个亮点。宣传动员宏观、宽泛，注重理念、精神层面，而信息发布更具体、实用、及时、准确。

问：信息发布是如何进行的？

易：我们的信息发布取得比较好的效果，原因一方面是小组把关比较好，另一方面是科学领导、统筹发布信息。"志愿北京"网站和奥组委网站的志愿者频道，都是权威发布信息的地方。我们信息发布的平台是"一刊两网三报"。一刊是《志愿者》杂志，三报是大报、中报和小报。大报是指有很多社会报刊开设了与志愿者合作的版面，如专栏、专刊等。我们和《北京青年报》、《人民日报》都有合作，进行定期的信息发布。中报是志愿者部做的"志愿者快报"，从 2007 年开始一直到奥运会结束，总共做了 100 多期。小报是每个场馆里，志愿者团队内部做的宣传报道的小报纸，将场馆里每天发生的事情，如每日的志愿者之星、志愿者生日等内容发表出来。这些都是国外没有的。

问：根据您掌握的资料，悉尼奥运会、雅典奥运会有没有专门负责志愿者宣传的部门？

易：我们查了一些资料，悉尼奥运会、雅典奥运会基本上没有这样的宣传部门。但他们也有体现这些职能的一些东西，比如悉尼奥运会有一本志愿者名册，所有志愿者的名字上面都有，还建造了很多刻有志愿者名字的柱子，还有围绕志愿者招募工作的宣传画。我们成立专门的宣传部门，使宣传动员工作做得更深入、更广泛。

问：宣传中是否存在让媒体误解的情况？

易：这个是存在的，比如中外文化差异的问题。在培训教材中，为了让志愿者更好地为残疾人服务，对他们做了一些特别提示，但这在外国人眼里可能成为对残疾人的歧视。我们把这些注意事项加进去是为了让志愿者更好地为他们服务，我们理解这不存在任何歧视问题。也曾有媒体提出过：志愿者人数是不是太多？因为我们说的志愿者人数包括城市志愿者、社会志愿者和赛会志愿者等，而国外没有城市志愿者和社会志愿者。还有外国媒体说境外志愿者和国内志愿者的待遇不一样，包括国内媒体也关心过这个问题。志愿者待遇都是统一的，只是有的部门会考虑自身情况采取一些个别措施。新华社对这个问题专门进行过澄清。

问：对志愿者工作成果转化，尤其对今后志愿服务的开展，有何建议？

易：从成果转化来看，主要有这三个方面：第一，对志愿服务进行常态化宣传，要长期宣传。每年要拍一两个宣传片，对志愿者进行常态化宣传，就像对青少年的权益维护、希望工程等公益事业一样。信息发布的常态化，如我们的"志愿北京"网站就一直保留下来了。第二，定期组织召开志愿者服务大会。奥运会期间的志愿者骨干因工作需要，常聚在一起开会，从工作机制、思路角度，沟通工作，交流经验。美国也有志愿者服务大会，主要参与者是志愿组织核心和领导人员，负责人之间互相交流，扩大志愿服务影响，既宣传又交流。希望我们能有类似这样更加民间化的志愿者服务大会。第三，注重对志愿服务的激励、宣传等方面的成果转化。在美国的志愿者协会行业，每个团队都有自己的品牌、定位、服务功能介绍、网站推广等。我们也应该给志愿服务团队更多常态化展示的机会。

问：志愿者成本是多少？

易：奥运会志愿者花费1亿多。志愿者分为三类。赛会志愿者由奥组委出钱，城市志愿者与社会志愿者由北京市出钱，公布的数字不含城市志愿者与社会志愿者的费用。志愿者服务了2亿个小时，这个价值很大。我们如此多的志愿者花费并不高，但我们的志愿者为奥运会创造了巨大价值，节约了不少成本。

问：在宣传中，对优秀志愿者的宣传是怎样进行的？

　　易：在奥运会之前，我们就开始准备，由各团队、各场馆、各个城市志愿者区县推荐人员，成立了志愿者典型人物库，有 500 人左右，基本资料较齐全，涵盖不同类别、种类和岗位。奥运会后对优秀志愿者进行了表彰。

　　问：北京奥运会志愿者部在宣传方面有没有留下文献汇编等资料？

　　易：宣传方面的文献汇编有很多，奥组委相关部门曾收集各方面宣传资料，每样要求 15 份，最后由北京档案馆收藏。但由于多次搬迁，资料丢失很严重，资料不是很全面。

访谈四

采访时间：2009 年 6 月 30 日

采访对象：场馆志愿者经理吴俊、许海峰、吕良、刘怡桐、阴医文

采 访 人：魏娜、张晓红、娜拉

录音整理：袁博

文字梳理：陈顺昌、潘春玲、王冰

问：请大家来这里座谈主要是围绕奥运会志愿者工作成果转化这个议题。各位场馆经理在奥运会期间从事了大量志愿者管理、服务工作，为志愿者工作作了大量贡献。借此机会大家可以对志愿者管理等内容进行交流。

志愿者经理 A：我就志愿者经理的工作总结了四点：第一点是组织模式。组织模式体现了中国模式，它所具有的高度组织纪律性的组织体系体现在"馆校对接"的方式上，这是一个创新，避免了历届奥运会出现的大量志愿者流失和培训困难的问题。我们不仅有"馆校对接"，还有各业务口与专业志愿者的对接，两方面相互补充。第二点是运行模式。奥组委在开会时就说 95％以上的问题都要在场馆内部解决，5％是各部门协调的问题，由奥组委解决，这种模式非常好。奥组委制定大的方针政策，在这个框架下，你觉得怎样做更有利于发挥志愿者的积极性，怎样做更有利于开展工作，就去做。第三点是激励模式。以精神激励为主、物质激励为辅。钱很少，测试赛时每人40～50 块钱，奥运会时是 100 块钱，包括培训和激励开支。有的场馆买电话卡、邮票等送给志愿者，有的场馆设计证书发给志愿者，帮志愿者留下宝贵的资料和回忆。第四点是保障模式。奥组委、场馆、学校等方面为志愿者提供了大量的保障工作。

志愿者经理 B：针对访谈提纲要求，我想谈谈五棵松场馆群的一些特点。我们场馆群人数多、任务重、来源散，包括 18 个学校、21 家单位，包括京外、境外人员，共3 926 人。第一，在赛时，志愿者承担的上传下达的工作量非常大。在这项工作上，我们采取了集团短信、手台、场馆广播等应急性发布的通知方式。有时辅以我们自己的传达方式，如人工骑车传递等。第二，赛时激励志愿者。场馆在物质、精神方面做了大量工作，例如赛时给志愿者买了爱心礼包，每天给志愿者分发小食品、小礼物等。我们建立志愿者之家，志愿者在志愿者之家除了学习、休息、观看比赛等外，在没有赛事运行时，玩竞赛类的游戏。我们做了腕表、笔、本、手帕等带有五棵松特殊标志的东西作为一种纪念和激励。第三，保障方面，我们充分利用"馆校对接"、外来省市单位对接、外来团省委对接的工作方式，在工作中及时、高效地处理了相关问题。

志愿者经理 C：我所负责的场馆志愿者有 1 300 人，负责老山自行车场、老山自行

车馆、小轮车场。志愿者中女性占 57.2%，男性占 42.8%，平均年龄 21.3 岁，最大的 74 岁，最小的 18 岁。我对工作运行情况最大的体会是：赛前筹办"好运北京"测试赛对奥运会非常重要，创造出来好多经验做法，比如说志愿者临时团组织，做徽章、纪念章等。测试赛出的一些问题，可以及时总结，在奥运会时避免。在测试赛志愿者的动员、招募、培训、上岗这一系列活动中积累的经验为后面工作打下坚实的基础。宣传工作侧重于内部宣传，主要方式是编辑志愿者快报和图片报，它们为单张、对折、A3 的版型，重点报道某个业务口、某个业务骨干，这样激励的作用很大。我们一共做了 100 多期，每天 2 000 份，起到非常好的作用。对外宣传则负责向媒体推荐优秀志愿者事迹报道，包括接待媒体采访等。

我觉得工作经验主要有：第一，团队建设。场馆成立了由场馆主任牵头的志愿者工作领导小组，建立了志愿者临时团组织以及行政、运行、宣传等部门。团支部设支部书记、宣传委员、组织委员，正好和业务口一一对应。这个在测试赛时最早建立的团组织，后期取得非常好的效果。有了明确的责任分工，保证了从上到下的信息传达顺畅。第二，把志愿服务从大的层次定位为培养人、教育人、成就人的平台。在服务中强调态度端正、工作认真、服务热情，让他们保持以服务为荣的心态，这对志愿者观念的培养非常有意义。第三，重视志愿者的思想教育和精神激励。通过动员大会、表彰大会等激发斗志、培养大局观和自豪感，通过座谈会等发现问题、解决问题，这些方法都在思想教育方面取得较大收益。第四，做好人文关怀和保障。成立志愿者之家，注重赛程提示、失物招领、女生用品的准备、小药箱等细节，让志愿者感受到组织温暖。还派人进行巡查慰问，为过生日的志愿者送纪念品等，让志愿者心情舒畅，无后顾之忧，更好地投入。

问：你认为学生的素质能力和他的岗位的匹配度有多高？服务时间有多少？流失情况怎样？

志愿者经理 A：他们是经过层层选拔的，应该说有 80%~90% 的匹配度。至于工作强度，一天最长的在 14 小时左右。骨干提前一个月到岗，骨干最长的有三个月左右。流失问题，奥运会时没有，残奥会时个别存在。从测试赛到残奥会结束一直都在的人占 40% 左右。

志愿者经理 D：我是志愿者业务口副经理，具体负责整个奥体中心的志愿者宣传工作，奥运会期间在奥林匹克中心场馆群志愿者业务口工作。奥体中心是国家体育总局直属场馆，包括英东游泳馆、体育馆、体育场三个分场馆，志愿者人数达 4 000 多人。奥体中心三个场馆的志愿者管理模式可以说是"一式三份"，每个分场馆的志愿者业务口都设置运行组、考勤组、维权组、督查组、宣传组、保障组六个组。

在保障方面我们积累了很多经验，尤其是在车辆保障方面，除奥组委统一安排的车辆以外，联合北京车友会发起了一个送志愿者回家的活动，车友会为志愿者服务、为奥运会服务。我们每天发布信息，问问当天有哪些志愿者回去得晚、回哪去等，然后把信息提供给他们，车友们在指定地点等志愿者。总体的服务数量我们场馆就达到100多人次。

志愿者经理 E：我们是马拉松场馆，是最后一个成立的，人员组成时间晚。由于马拉松比赛的特殊性，我们的团队小而精，主责单位只有一家，奥运会赛时的志愿者人数是185人，其中有103人来自国际关系学院，剩下的都是专业志愿者。我们建立的"马拉松博客"是奥组委第一批博客，奥运期间充分利用博客，用小团队带大团队。另外，主责高校非常配合。因为我们凌晨两点上岗，第二天十点上岗。非主责高校的几个人怎么办？于是国关的招待所给他们每人开间房，"志愿者平方"负责叫志愿者上岗。"志愿者平方"是服务志愿者的志愿者。医疗志愿者是首都医科大学的学生，由急救车开到校门口，统一完成上岗、服务。

奥运会之后，竞赛中心还举办了国际自盟比赛，全部用我们的马拉松原班人马，并且承诺今后所有的国际自盟比赛全部让我们做。我觉得这个成果转化一方面是精神上的转化，另一方面要落到实体上。我们的志愿者很自豪，虽然奥运会结束了，但是国际赛事中依然有我们的身影。我们的总结是为了更好地传承。

问：志愿者本身对工作是什么态度？有些志愿者感觉志愿者是有等级的，穿蓝衣服的是被领导层，穿红衣服的是领导层，怎么看这个问题？

志愿者经理 A：我觉得您说的有等级，在场馆内不会发生，因为志愿者知道自己的岗位是什么。此外，我们有反馈渠道，一是运行组负责反馈，目的就是为了了解情况；二是设立慰问巡查小组，主动去了解情况；三是主动跟志愿者沟通，及时掌握动态。

问：有没有出现观众对志愿者的投诉？"80后"志愿者的动力从哪里来？在服务中是否存在心理落差？

志愿者经理 A：没有，基本上都是对志愿者的表扬，如扶老太太、帮助找小孩等。他们觉得做奥运会志愿者是件特别自豪的事情，有一种荣誉感，"80后"就是这样实现自我价值的。心理落差这个问题跟我们的宣传有关系。对学生来讲，我们的培训告诉志愿者要做什么事、奥运到底怎么回事、工作是什么性质。到了现场以后，发现大家都在干平凡的事情，通过现场感受理解了，心里也就平衡了。

问：我想问一下，在社会上也有人想做志愿者，但是他们根本没办法实现这个愿望，志愿者的大门是不是对所有人都是敞开的？

志愿者经理 A：中国的模式就是这样。我们对社会开放，对有些人也开放不了，这是一种体制问题，我们有自己的客观困难，比如基于对学生上课、考试、素质能力等方面的考虑，所以有些国外的经验在中国是不能实行的。

访谈五

采访时间：2009 年 7 月 1 日
采访对象：观众服务经理王术军、孙敬、王巧妹、何耐铭、田原
采 访 人：魏娜、张晓红
录音整理：许东惠
文字整理：陈顺昌、潘春玲

问：请大家围绕北京奥运志愿者工作谈一谈体会和经验，还有哪些是缺憾和困难。

观众服务经理 A：我首先介绍下我的情况。我在奥体中心场馆区，有三个场馆，四个测试赛。奥运会期间业务口志愿者总数是 1 420 人，四次测试赛共用大约 1 300 人，其中大部分都留在本口，有少部分去其他业务口了。场馆志愿者以高校学生为主，也有一些社会志愿者，尤其是外省来的。每个场馆对接两个省份。我们部门有八个副经理，也是经过测试赛选拔培训出来的。工作当中最大的体会就是要注意细节。观众服务业务口比较特殊，由于需要的志愿者量最大，和各部门接触最多，服务面最广，活动范围最广，是观众对奥运会的评价影响最大的因素，所以受到格外的重视。在保障方面，主要在于精神方面的激励。我们场馆做了一些徽章，根据比赛的项目，每天一个，大家都希望收集一整套。夜宵方面，场馆规定必须到十一点半才能开夜宵，我们就同场馆交涉，每天到九点提供奶、火腿、饼干，这样志愿者每天能在回家之前吃上一点。同时还包括需要物资的提供，像下雨穿的鞋容易湿，我们就申请买鞋套。

问：你们这个场馆群光观众服务志愿者就有 1 000 多，工作强度怎样？

观众服务经理 A：我们场馆群有三个场馆，有时三个场馆比赛同时进行，整个来说从 8 月 9 日开始，到 8 月 24 日结束。我们排班上非常细致，尽量不能工作时间太长，还照顾倒休。最长的工作时间就是从早上六点多到下午三点，连路上共九个小时左右。

观众服务经理 B：我是首都体育馆的，比赛项目有男女排球的预赛和决赛，我们当时有 1 名经理、2 名副经理、504 名志愿者，其中中国地质大学的大概占 70％～80％，北京舞蹈学院六七十个人，还有来自京外的如贵州的。赛时感觉人员编制比较吃亏，因为 2008 年 4 月份进行测试赛，时间很晚，在这之前没有经过测试，根本没有发现人员编制紧张的问题。我们共 16 天 32 个单元，每个单元从上午十点到下午一两点，从上午十点开始比赛，打到下午三四点。由于排球比赛没有标准的时间，有时打满五局，然后中间能休息一两个小时，又连上了晚上那场。晚上八点开始，七点多观众就开始入场，一直到晚上十二点，有时打到一点才结束。有时志愿者就连续工作一整天，根本就没有倒班。志愿者平均工作两天休一天，总共大概服务 150 小时，差不多十天左

右。当时首体的志愿者很缺乏，而且排球比赛上座率非常高。第一天组委会打电话来问我们场馆要不要组织观众，我说不用，因为场馆都是百分之九十六七的上座率，除了一些预留的全都坐满了。观众一共35万人，每场1万人，16天，上座率很高。当时我们志愿者工作真的很辛苦，我跟场馆无数次地争取人员，但没有解决。

问：人员紧张，要人的时候为什么没有充分估计？

观众服务经理B：一开始定了大约700，感觉比较充分，但因为那时没有测试赛，领导觉得可以将人员压缩，于是削减了一部分。

问：志愿者培训是怎样开展的？

观众服务经理B：我觉得培训和演练对志愿者非常重要。事实证明，演练是非常有效的。先是培训主管助理，然后由他们再培训志愿者。因为人太多，就分团队、分层次地带，小范围地带。最后我谈两个感受：第一，志愿者培训除了要有非常好的激励方法外，还应当同育人结合在一起。第二，有时场馆的工作人员对志愿者的态度不好，对志愿者的工作不配合。

问：大家可以继续谈对志愿者工作的有感想和建议。

观众服务经理C：我是2007年被借调到击剑馆的，我感觉现在很客观的一个问题就是好多学生的服务证书都不全。奥组委解散得太快了，很多东西该整理的都没有整理，这是巨大的损失。由于大部分人已经转岗了，很难补办。我们就想办法由学校出了一个证明给学生，至少要给一个证明证明你参加过奥运会志愿者。我觉得收尾比开头还要重要，因为你收好尾了后续的工作就有了一个好的基础。

奥运结束后，我们的志愿服务团队也保留着，但外出参加活动的压力很大，因为保险的机制建立不起来，学校不敢大批地向外输送志愿者。我们希望提供志愿服务岗位的这些单位和企业能够帮我们解决保险问题，并需要统一的机制来保障。

观众服务经理D：我接着简单谈一下关于志愿者的工作经验和个人体会。在志愿者培训方面，奥运志愿者先经过学校培训，再经过场馆培训，包括理论培训、知识培训，以及现场的模拟演练。我个人觉得在志愿者文化基础培训方面，也就是所谓的技术培训上，时间不宜过长。其实大篇幅的70多课时反不如他们到场馆23课时浏览一下。另外，我个人觉得凝聚力的培训，对他们来说是必需的。一个好的团队、一个好的服务项目，如果团队文化不存在，只是个人的自豪感在，那么会稍微差一些。

问：请详细讲一讲团队文化是怎么构建的？

观众服务经理D：我感觉构建团队文化首先需要好的领导。没有团队文化，没有好的领导，是不会有一个好的团队的。其次，要有活动做基础，除了业务之外，一定要有活动。最后，要有交流、有总结。有活动，有好的领导，有好的反馈机制，形成一个闭环的思想交流基础，这个团队一定会是一个好的团队。在这个团队当中，每个人体会到团队的优越感、自豪感，他就会把自己的利益放到一边，会为集体考虑自己的价值，这样做工作就好做得多。

问：在志愿服务过程中，就学生自身成长来讲，他们最大的收获是什么？

观众服务经理 D：我个人觉得收获最大的是团队的文化和团队工作的自豪感。这段经历很重要，奥运会结束之后，在总结会上，或者在不同的反馈场合，大家反复谈到的不是我参加了奥运，而是加入了这个团队。同时，处事更加具有灵活性，这也是一个很大的收获。

观众服务经理 A：他们成长比较多的是学会了站在对方的角度去考虑问题。以前他可能只关注自我个性，"我认为怎样就怎样"。现在通过这个活动，他学会了站在对方的立场，设身处地地为他方着想。

观众服务经理 E：我提三个"感"：感受志愿者，感谢志愿者、感动志愿者。感受志愿者，就是一方面互相感受，比如说我是坐席的，他是验证的，相互之间都有难处。如果有可能，我们就会互感。如果不能让他认识到都有难处，当时我们规定，如果遇见，不管是谁，认识不认识，都要互相打招呼，就是互相之间感受到温暖。另外，我们经理尽可能地让领导感受观众队伍的不容易，很累、很辛苦。我们两个经理、两个副经理基本上在办公室里的时间从来不超过 15 分钟，一定在场地上。因为场馆太大了，虽然是一个场馆，但有所谓的"静水"，所谓的"动水"，从这头到那头，基本是四五十分钟就没有了。我想，不光是奥运志愿服务，包括后边陆陆续续的志愿服务，我相信绝大部分情况不会像奥运志愿服务这样：下这么大的任务，有一支很强大的队伍去推出来。在其他情况下，我觉得志愿服务的工作应该更多地放在团队建设上。怎样在那个时候给一些压力，让现在做志愿者的年轻人能够把精神绷起来去做，这样的话可能会做得更好一些，或者说效果能够达到最满意。

问：关于培训，大家也可以谈谈。

观众服务经理 D：那时候培训太多，关键是对志愿者的期望太高了。就是期望志愿者对什么样的情况都可以应付。真正服务下来是不一样的。因为我们在学校培训的时候跟志愿者说的是：平时工作最难的地方在哪儿？不在于话说得多漂亮，而在于你这一天可能要说一千遍、五千遍，你能不能把这些说下来而且还能笑着把它说完。这个工作压力很大，这是工作最重要的地方。京外的志愿者我们都反复地跟他们讲这些。奥运会的时候，只要做过培训的人都有这个思想准备，但京外的志愿者没有这个思想准备。来了之后我们灌输的就是这个，但还有很多问题。

访谈六

采访时间：2009 年 7 月 1 日
采访对象：团市委信息中心主任冯志明
采 访 人：魏娜、张晓红
录音整理：刘倩倩
文字整理：陈顺昌、潘春玲、王冰

问：奥运志愿者工作得到了国际国内的广泛认可，作为遗产继承的表现，要把奥运志愿者工作成果转化，这对以后再做大型活动很有借鉴意义。招募环节主要依靠信息支持，这是非常重要的。请您介绍下志愿者信息系统方面的相关情况。

冯志明（下面简称冯）：我重点介绍下志愿者信息系统以及信息化的手段。奥运会具有组织优势，同时利用组织优势去进行社会动员。两种招募方式相配合，是一个很有意义的成果。总体上，从志愿者管理上来讲，信息化是非常必要的。从宣传、招募到管理，运用得比较成功。

奥运招募有两套系统，一套系统是通过搜狐，同时辅以外办、侨办等相关单位对海外侨胞、港澳台同胞进行招募。这部分人中最终录用一部分，但是大部分人还是被建议参与城市志愿者和社会志愿者活动。另一套招募系统指体制内招募系统，主体是北京 80 多所大学，主要对象就是大学生。搜狐志愿者报名系统比较简单，28 个字段。高校志愿者报名系统 138 个字段，这个系统还要实现政审的功能。高校学院、团委、奥组委三级审核，完成整个过程大约要半年的时间。高校志愿者报名这套系统，大学生库大概是 40 万，其中主体大概有 8 万多奥运会赛会志愿者，都是通过这个系统遴选的。奥运会后这个系统转化为"志愿北京"信息化平台。

问：志愿者信息系统数据库在开展日常志愿服务方面发挥着怎样的作用？

冯：因为有互联网和现代信息技术的支撑，所以奥运会之后我们把数据库从服务奥运转化到服务日常志愿服务中来。志愿者信息系统数据库中的人员作为北京志愿服务的基本人群，希望能参与到日常的志愿服务项目中。现在我最担心的事就是，这个库有变成"死库"的风险，因为数据库中学生的数据比例不大，但学生的数据是最完整的，而且他们志愿服务的热情也是最高的，如果不及时更新这些学生的信息，这个库很可能就变成"死库"。QQ、MSN、E-mail、电话、手机，如果不及时更新，这些资料就会慢慢失去作用。我们群发过短信，在短信里说，奥运志愿服务结束了，感谢您为奥运作出的贡献，希望您参与日常志愿服务，及时更新个人注册信息，还附上北京市志愿者联合会网站报名信息等内容。但是回应的非常少。

问：请您介绍下"志愿北京"的信息化平台的建设情况。

冯：我们在奥运之后也做了一个"志愿北京"的信息化平台，在完成奥运任务之后，我们建了"志愿北京"的网站。"志愿北京"的网站是志愿者联合会的官方网站，重点体现功能性的特点。通过这个网站可以参与志愿服务项目，为志愿者和公益机构、政府、企业之间搭建一个平台。主体有三个库，分别是志愿者的库、志愿服务组织的库和志愿服务项目的库。

问：当前信息化管理志愿服务系统的困难体现在哪方面？

冯：目前最大的困难就是信息更新非常滞后，信息库中的资料数量巨大，但是很多是无效的信息资源，失去本应有的价值。如果再不更新其中的资料，可能也就剩10％是资料全面的，其余的估计只有名字是真的，地址什么的都变了。

问：国外利用信息技术管理志愿服务是如何操作的？

冯：我们也重点了解过国外志愿服务机构是怎样通过技术手段来做志愿者信息管理工作的。UNV组织有一种在线的志愿服务，它不是通过网络报名去做现实的志愿服务，它是做远程的志愿服务。具体来说，它在线公布一个工作，比如说在线翻译一点东西，或者说一个老年人比较孤独，能不能通过MSN跟他聊聊天，或者通过电话做一个心理辅导等。它有很多可以通过网络远程进行的志愿服务项目，这是整个大系统之中的一个项目，叫远程在线志愿服务项目。我们在适当的时候也可以借鉴这样的方式。

问：对成果转化中的志愿者问卷调查有何建议？

冯：关于对志愿者的调查，我建议通过两种方式：一是通过系统来发短信，再就是通过网络在线问卷进行。网络在线问卷有两种方式，一种是不管谁都可以来填，另外一种是从库里科学合理地抽一部分样本，精准地找一些问题来设计问卷。此外，还应设计纸质问卷发放，从社会学、统计学的角度分析通过这样的方式调查的结果，会得出更有价值的结论。

访谈七

采访时间：2009 年 7 月 2 日
采访对象：奥组委志愿者部综合处处长李敬方
采 访 人：魏娜、张晓红
录音整理：刘倩倩
文字整理：陈顺昌、潘春玲、王冰

问：奥运志愿者工作在奥运中是个亮点，请您介绍下奥运志愿者工作各个阶段的情况。

李敬方（下面简称李）：志愿者工作从 2001 年申奥成功以后就开始做相关准备，也就是筹划工作。我们全程参与了大运会、APEC 的青年节，组织志愿者进行接待工作。这个阶段大概是从 2001 年到 2005 年的 6 月份。在 2005 年 6 月 5 日我们发布了志愿者行动计划。这个阶段是前期准备工作，借助一些大型活动来锻炼队伍，熟悉工作方式和工作机制。

第二个阶段是向前推进的阶段。这个阶段以发布志愿者行动计划作为开始的标志，奥运会志愿者工作开始全面向前推进。这个阶段主要是完善志愿者工作机制、制定工作政策、推进志愿者招募和培训的相关工作。这个阶段是从 2005 年 6 月份到 2007 年 7 月份，两年的时间。在这个阶段分批启动了志愿者的招募工作，包括北京地区的、京外地区的、海外的。

第三个阶段是测试和磨合阶段。从 2007 年 7 月到 2008 年 6 月，围绕北京奥运会有一系列的测试赛：2007 年有两个测试赛，2008 年年初到奥运会开幕之前一共有 40 个测试赛。这个阶段主要是磨合志愿者工作的运行机制，锻炼志愿者队伍。测试赛我们都是按奥运会的标准来做的，也算是一种演练。

第四个阶段，是从 2008 年 7 月份到 8 月份这两个月，是赛前整合阶段，对在测试赛中发现的问题进行调整、整合、补充和完善。这是重要的阶段，一是查漏补缺，二是建立赛时体制。赛时体制，包括应急、保障，方方面面的工作都要做到，为奥运会的召开做好准备和铺垫。

第五个阶段，就是赛时服务阶段。从 2008 年 8 月 8 日奥运会开幕到 9 月 17 日残奥会结束这段时间，是志愿者工作全面展开的阶段。这个阶段全面展示了几年来我们的工作成果。这个阶段是比较重要的阶段。

第六个阶段，是从奥运会结束以后到现在，是奥运会志愿者成果转化的阶段。这个阶段的任务是总结我们志愿者工作，把转化的成果在社会上推广开。

问：请您谈谈奥运志愿者工作所带来的影响。

李：志愿者的工作，我觉得有这样几方面的影响：一是圆满完成了奥运会赛时服务，这也是我们最直接、最核心的内容。如果给志愿者工作评分，满分是 100 分，那我们的志愿者得了 120 分，超了！我们圆满完成了任务。根据志愿者的人数、岗位、每天服务的时间等计算，志愿者累计服务时间超过 2 亿多小时。

第二方面的影响是奥运志愿者在服务奥运的过程中充分展示出良好的精神风貌，赢得了国内外普遍的赞誉，在世界上展示了我们国家良好的形象。包括赛会以及赛后，我们的工作赢得各方的好评，联合国秘书长、国际奥委会主席、国际残奥委会主席包括各国运动员和媒体都给予我们的工作高度的评价。

第三方面的影响体现在我们的志愿者工作在社会上产生了很大的影响，带动上千万的社会公众参与到奥运会方方面面的工作中，提高了社会素质，培养了良好的社会风尚。

第四方面的影响是对志愿者的工作有新的认识。通过志愿者服务活动，我们积累了很多关于志愿活动的比较新鲜的理论成果和实践成果。奥运志愿者活动让我们在理论上有新的认识，在实践上有新的成果，影响是比较长远的。以后我们在社会上搞一些活动，比如社会家庭建设，都是我们在奥运志愿者活动中积累的理论成果在实践中的灵活运用。这是非常好的。从市里到区里对志愿者活动这么重视，和志愿者活动对社会的影响是有联系的。当然，还有一些其他的影响。我们的队伍、我们城市志愿者的服务项目、我们保留下来的核心志愿者，这些都是我们宝贵的财富。

问：奥运志愿者工作为今后志愿者工作带来哪些启示？

李：奥运志愿者活动，给我们带来的启示有：

一是要坚持社会动员，充分发挥社会各方面的力量来参与。我们说奥运志愿者有170 万，实际上我们服务奥运的志愿者完全不止 170 万，我们的志愿者还包括社区志愿者等等这些人。我们应该全社会动员，为有志愿意向的社会公众搭设一个平台。这是我们做志愿者工作的一个方法。

二是我们在做志愿者工作时要坚持以人为本。志愿者在参与志愿活动这个过程中也要受益。志愿者为志愿组织付出了时间和精力，这是我们收获的东西；对志愿者来讲，他要收获经历、经验，还有各方面的激励和鼓舞。

三是我们做志愿者活动中始终要贯穿一个主题。一定要有一个鲜明的主题，比如，我们进行了七八年的准备，始终坚持打造"微笑北京"这个概念。通过对"微笑"这个理念的认可，大家在生活中实践微笑理念。

四是我们在做志愿者工作时，不仅仅只是做志愿者工作，还要通过志愿者活动留下一些东西，留下一些印象，留下一些改变，这些也是我们组织志愿者活动的一个出发点。留下来的都是对我们今后做志愿者工作有一些启发性的东西。

另外，组织动员和社会动员相结合，丰富了社会动员的方式。企业、社会组织、社团组织等参与到志愿服务当中，这也是很重要的一方面，这是很重要的变化，这是社会发展进步的一种体现。社会组织参与志愿服务，不是靠行政命令，这是一个主动的变化，即社会组织主动要求去参与志愿服务。这个活动是由社会组织来发动的，但社会组织成员来参加这个活动是自愿的。

问：在工作机制上，场馆对接、馆校对接是怎么提出来的？基于什么考虑？

李：志愿者工作的基本思路是广泛的社会报名，但是以北京的高校大学生为主。场馆对接、馆校对接预定目标就是发挥体制优势。在研究志愿者赛时如何管理等一系列问题时，结合实际情况，发挥体制优势，提出馆校对接的思路。最终几易其稿，形成较为完善的做法。实际上，有的是一个学校对一个场馆，有的是多个学校对一个场馆，后来确定一个主责学校。

馆校对接是咱们志愿者部提出来的做法，并且在测试赛进行了实践。实践是在2006年7月份丰台垒球馆的测试赛，第一项测试赛由首都经贸大学对接。测试赛志愿者是以首都经贸大学的志愿者为主，配合其他专业志愿者，他们也都是从其他高校来的，都参与进来了，由首都经贸大学统筹。比如外国语大学的学生到了这边，由首都经贸大学负责保障，吃住都是由首经贸来统一管理。在测试赛结束总结的时候，大家都觉得这个方式是可以的。由一个为主的学校负责一个场馆，也充分发挥了学校的作用。随后，包括外地来的，最后也是由主责学校负责。

问：城市志愿者用的小亭子，这个方案是怎样形成的？

李：城市志愿者有550个服务站点。主要考虑三个因素：一是要考虑天气，让志愿者有地方服务；二是要有统一的形象标志；三是醒目，让需要帮助的人一看到这个亭子就知道它是可以提供帮助的地方。这个创意是我们自己的。最先开始是一块大板，后来逐渐发展成亭子。

问：你觉得奥运会志愿者工作中哪些是具有特色的？

李：动员方式就很有特色。国外可能纯粹是社会动员，我们是社会动员和组织发动的有机结合，这就是一个特色。另外一个是广泛的社会发动。通过志愿者活动营造一种氛围，带领更多的人参与志愿服务活动，参与文明风尚的营造，这也是一个特色。城市志愿者也是我们的特色，伦敦奥运会就要跟我们学。

问：场馆经理具体扮演怎样的管理角色？

李：以场馆为基础，以竞赛为中心，以速率为保障，这是我们当时工作的基本原则。所有问题都是在场馆内部解决，这才体现出以场馆为基础的原则。场馆所有问题，第一时间向场馆主任汇报，突发事件双向汇报，也就是在向场馆汇报的同时也向志愿者部汇报。就是这样一种体制。

问：志愿者经费是怎样安排支出的？

李：志愿者经费根据工作量来定。从志愿者部拨到场馆的有培训经费、保障费用和激励经费。志愿者经费公布的有1.7亿，不包括志愿者的餐饮和服装。餐饮和服装是由奥组委别的部门编制预算的。

问：志愿者服务的时间以及作出的贡献是否进行了相关的总结？

李：志愿者服务的时间公布为2亿小时，如果雇工作人员，就要花钱，志愿者提供服务就节省成本了。这就是志愿者创造的价值，也就是经济价值。

问：包括测试赛的时间吗？

李：2亿小时里没有包括。测试赛的时间也是赛时服务时间。测试赛的服务时间也可以计算，可以按项目、志愿者数量、持续时间进行统计。

问：从志愿者管理来看，哪些条件是必需的？

李：一是遵守国家法律法规，二是年满18周岁，三是有一定的外语基础，四是有一定的志愿服务经历，五是保证两周以上的时间。这是咱们提出的志愿者报名条件。

问：请您谈谈赛时保障措施。

李：赛时保障措施很到位，包括五道防线。五道防线是分不同层次的，奥组委提供志愿者的保险，有的是社会保障，有的是社会保险。协调办公室也有保障，比如供应的凉茶。还有志愿者基金，用于进行医疗方面的保障。

问：请您谈谈奥运会给我们带来的影响。

李：这个影响有些是立即显现的，有些是长期的，包括对我们的思维方式、看待问题的角度、决策程序等方面的影响。奥组委有国际惯例，与我们的传统碰撞、融合，对我们有很深的影响。

访谈八

采访时间：2009 年 7 月 3 日

采访对象：志愿者代表高琦、李木子、屈欢欢、戴岩、董博、徐瑾、李明英、周慕扬、王邦仁、林科振、杜锐锐、沈园园、曹颖

采 访 人：张晓红、魏娜、娜拉

录音整理：吴乐勇

文字整理：陈顺昌、潘春玲、王冰

问：北京奥运会志愿者工作成果转化，是用规范的课题研究方式来客观地评价和总结奥运志愿者工作，是奥运会之后所总结的"6＋1"格局的重要部分。今天请大家谈谈在服务奥运的过程中你们的心理感受，包括团队建设等，一方面总结奥运志愿成果，另一方面给予一个客观的评价。

志愿者 A：我是化工大学的一名志愿者，奥运会期间服务于顺义水上公园，残奥会期间服务于鸟巢。曾经在水上公园参加过 2 次"好运北京"测试赛。从奥运会开幕式到闭幕式，一直在场馆服务。"好运北京"测试赛时是一名观众服务的普通志愿者，奥运会、残奥会时是运行助理。

在服务中，我觉得有三点特别重要：第一点是志愿者团队建设，对我有所启发是从"好运北京"测试赛开始的。那一次 7 天的集中培训以及十多天的服务，给我很大的震撼。团队建设，包括设计队名、队歌、口号等，可以为团队士气带来极大的鼓舞。

第二点就是氛围的营造。我觉得北京奥运会志愿者工作的成功一方面跟志愿者的努力分不开，另一方面与全民参与所共同营造的奥运氛围有关。有这个大的氛围，让志愿者抱有很大的热情参与到服务当中，这是志愿者工作成功的一个重要因素。

第三点是责任心与奉献精神。正是由于志愿者较强的责任心与默默的奉献，大家主动服务、主动参与，才使相应的志愿服务工作得以出色地完成。

问：团队建设是自发的还是出于什么理由？

志愿者 A：我觉得团队建设特别重要，是一个核心的东西，比如说团队名称、口号就可以起到激励作用，可以给团队一种鼓舞、一种气势，所以就自发参与团队建设。

问：可以说一说对红衣服的感受以及对你们业主的感受，你们都知道业主的概念嘛。我们后来也听到了一些大家在志愿服务当中的感受，除了自己的成长收获以外，对奥运志愿者的管理也有很多想法。你们毕竟在一起朝夕相处那么久，跟你们的老师，跟你们的团队，还会跟其他团队有合作，和其他团队的工作又有交叉，包括你们自己

的岗位。你们不仅只是观众服务志愿者，什么都可以说，想到一点就可以说一点，就是聊一聊。我们对这些很好奇，很感兴趣。

志愿者 B：我是地质大学的一名专业志愿者，叫住宿服务专业志愿者。住宿服务专业志愿者的服务地点是奥运大厦和 190 多家酒店。2007 年暑假测试赛服务 14 天，奥运会到残奥会中间没有间断，从 7 月 8 号到 9 月 16 号，加上测试赛服务时间共计 84 天。因为我们这个岗位比较特殊，是负责住宿的，所以要提前参与服务。

问：你认为志愿者的动力来自哪里？

志愿者 B：志愿者的动力有三方面：第一是民族和国家的利益处在首位，志愿者心里没有这些，就没有动力。举个例子，有些志愿者服务的外国专家所入住的四星级酒店就在鸟巢对面，在奥运开始之前有三次彩排，他们就在酒店里面坚守岗位，根本就没有看到焰火表演。这种敬业的精神让我非常感动，所以我觉得国家的利益、民族的利益绝对是第一位的。第二是团队感情。各个志愿者服务团队都有自己的名字和口号，从奥运结束到现在，这些团队一直保持着联络，毕业的时候就有群里的成员提出为一起奋斗过的兄弟姐妹们送行。我觉得通过奥运志愿服务，大家有一种归属感，有一种团队的感觉，团队感情是动力的又一个来源。第三方面是提高个人业务能力和素质。通过奥运会提高大家的交际能力，了解办事的规范与流程，还有英语口语能力，这是志愿者动力的第三方面。

问：住宿服务专业志愿者的保障情况怎样？

志愿者 B：志愿者的保障中存在一个矛盾，就是对志愿者的激励保障与让志愿者保持艰苦奋斗精神这两者之间的矛盾。作为学校住宿志愿者团队主任，我想的是必须保障志愿者的权利，保障志愿者的午餐标准、交通保障等。酒店间差别很大，有些酒店根本不重视志愿者，不愿在志愿者身上投资，奥组委也解决不了这个问题。这样就使志愿者在工作中带有情绪。

志愿者 C：我服务于老山自行车场馆，该场馆有小轮车、场地车和山地车比赛项目。我是志愿者业务口的，主要负责场馆的志愿者宣传工作，每一天出版一期场馆群内部的志愿者快报。因为要保证它的时效性，一般要到夜里两点才排版出来。

志愿者 C：我想大家的动力都是精彩奥运的目标，此外，彼此的热情感染对方，在这样的氛围中工作感觉特别好，也会激发人的潜能。

志愿者 D：我是来自老山场馆交通业务口的志愿者，主要服务内容是交通服务助理，如果观众服务是火的话，我们就是水，我们的交通就是静水流深，它需要一个人沉稳的思考力，也需要热情。我想提的一点是，我们的心理沟通做得比较好。交通志愿者战线拉得比较长，容易疲惫，经理就会让我们出去玩，一方面是放松，另一方面是缓冲。心理问题确实需要注意，交通业务口接触的对象是最多的，我们需要服务官员、媒体、运动员等，跟各大人群的交流也是一大困难。感觉这次奥运会让我们从思想上和心理上得到很大的提高，也锻炼了我们工作的能力。

问：你们属于V类，V类的分两大类，一类是专业志愿者，另一类是通用志愿者。专业志愿者在网上有明确的区分，总共10类，包括礼仪、语言、医疗等。我想知道的是，你们通用志愿者这一类，除了你们刚才说的交通服务和观众服务外，还有没有其他的？

志愿者E：我是北京工商大学的，是老山观众服务的主管，观服是志愿者最多的一个业务口，我们的一言一行直接影响到观众和工作人员对我们场馆志愿者的整体印象，所以我们的服务至关重要。

从测试赛到奥运会、残奥会，我的主要感受有以下几点：第一点是提高了自己的领导以及组织协调能力。毕竟这个经理跟普通志愿者之间有一定距离，所以普通志愿者与领导层互动的主要责任就落在了我们这些主管和助理身上。在市里，我们是受训者，是上级领导给我们讲课；在学校和场馆里，我们就是培训者，要去培训其他普通志愿者。这个过程就是一个组织协调的过程。另外，我觉得在奥运会期间，让我们提高最多的是团队服务意识。在我们这个场馆，我们这个业务口是最团结的，是一个大家庭。对于奥运会来说，我们整个志愿者更是一个大家庭，是北京最好的名片。

问：奥运结束以后你们志愿者之间有没有自发地组织些活动，或再组织参加一些活动？

志愿者A：有，我们化工大学有个志愿者服务总队与国家大剧院签订过相关的志愿服务协议。现在学校组织一些活动，好多人都会去服务。自发组织则因为没有组织保障，有时难以实现。

问：学校有没有定期组织开展志愿服务的社会实践？

志愿者A：社会实践这项志愿服务没有。有些学校要求每个志愿者必须满足一段志愿服务时间，以认定学分或其他的。这也是一个矛盾，志愿服务本来是一件公益的事情，学校想给你一些激励，到底是给你学分还是精神嘉奖抑或是物质奖励？

问：现在社会上有很多的民间组织、非营利团体，都在招志愿者，你们有没有关注过？

志愿者F：我离玉渊潭很近，那里有个社区需要志愿者，我报了名，但是没有消息。

志愿者G：我也没有报过。因为我还是比较倾向于一定的物质上的支持与保障。

志愿者H：我是想去参加一些活动，但是没有渠道。

志愿者F：有些网上报名我感觉有点虚，报完以后就感觉没信儿了。

志愿者G：我主要说几个主要的问题：第一个是欺骗性的东西比较多，有时候上网打着招志愿者的招牌，其实只想获得你的联系信息给你发些垃圾邮件；第二是现在网上招的志愿者都是做非常基础的东西，就好像志愿者是无偿劳动力一样，社会价值没有体现出来，真正能用上自己学的东西比较少。

问：志愿服务很重要的功能就是对社会保障的补充，而更多的还是那种基础的志愿服务，也希望大家在今后能更多地关注志愿服务，尤其是基础性志愿服务。

访谈九

采访时间：2009 年 7 月 13 日
采访对象：团市委组织部部长刘震
采 访 人：魏娜、张晓红、袁瑞军、娜拉、辛华
录音整理：吴乐勇
文字整理：陈顺昌、潘春玲

问：北京奥运会志愿者工作成果转化总体思路是先对奥运志愿工作进行描述、回顾、总结，然后是深层次地来谈奥运志愿服务的价值体现、影响等。另外，在奥运会工作当中也有我们一些独到的经验，我们希望能够总结和发扬这些经验。请您结合这些谈谈所在部门的工作情况以及所发挥的作用。

刘震（下面简称刘）：奥运会志愿者工作协调小组实际上是对整个奥运会志愿者工作发挥体制优势，综合各方力量完成好这个工作的一个部门。在整个奥运期间，我们主要从事几项工作，一个是组织体系的组建和相关体制资源的挖掘，另一个是承担着整体工作当中运行协调的职能。

您提到的第一个题目是关于组织体系的问题，我觉得奥运会志愿者工作的成功在于发挥我们特有的体制优势，使方方面面被纳入志愿者这个大的工程里面。协调小组这种形式实际上就是围绕着志愿者的整体运行。北京市一些主管部门以协调小组这种方式来出面，与部队、中央的有关部门比如团中央，建立一种良好的关系。我们觉得，协调小组客观上代表着北京市特别是党政系统。实际上，北京市的主管局、教育系统的相关学校、中央的有关部委，最后都进入到奥运志愿者工作当中。同时，为了保证"6＋1"的运行，各个区县党委、各个高校也相应地建立了一些协调机构。这些协调机构、协调机制都是在党政体制下，由共青团这么一个群众组织来承担日常工作的。在具体的工作形式上，因为共青团既是一个群众组织，又是一个团的纽带，所以比较灵活。这种比较完备的体系为总体统筹资源、明确责任，也为赛后转化奠定了很好的基础。这种工作的线路、职责比较清晰。这就是奥运会后共青团可以继续布这个局的主要原因。说到组织体系，志愿者这种组织形式和以往的大型活动相比，既有很大的延续性，也有很大的不同。这次奥运在资源保障上发挥了绝对优势。但是，在总体的动员上这次和历次都不一样，是组织化的动员和社会化的动员紧密结合的方式。组织化的动员就是我们依靠现有的完备的组织体系来动员，同时志愿精神的传播也进入这个项目当中来。奥运会志愿者工作应该是首次尝试了大量的社会化的动员方式，比较典型的是依托媒体，尽最大努力去宣传、倡导志愿者文化，树立典型，举办一些活动等，

始终把志愿者作为社会上的一个时尚热点。

此外，还依托了很多的社会组织，这种尝试有很大作用。比如，北京球迷协会参与强调文明赛场的活动；车友协会接送晚下班的志愿者。这些尝试是社会组织、民众和政府之间一种很好的协调和沟通。

问：协调社会组织是怎样进行的？

刘：社会组织的管理协调都是由相关部门来进行的。从某种意义上讲，社会组织的行为是挂靠单位的行为，一开始就纳入到志愿者协调统筹的体系里面。北京志愿者协会在奥运的整体筹办过程当中发挥了重要作用，作为一个窗口也被联合国等机构承认。对协会给予的荣誉既是对志愿者的承认，也是对在奥运会的背景下我们成功地进行了社会动员的承认。奥运会成果转化，我个人感觉是非常重要的一个主题，不只是在一个领域统领各块，还有对政府行为的影响，应该说有了很大的一种变化，这种变化实际上体现在我们社会治理的一种方式上，即去培育和扶持融合性的社会组织并带动其他。实际上，北京市后来的社会建设与志愿服务的发展跟奥运也是密切相关的。

问：当时提出场馆对接、馆校对接这些政策的背景是什么？

刘：场馆对接应该在志愿者部筹建的时候就开始了。它的核心思想，第一是把实战运行作为根本，就是把场馆作为中心。第二是进行资源的支持和配套。从人力资源方面来讲，保证场馆运行主要是两块：一块是属地，一块是学校。场馆运行主体包括管理人员，主要是编外人员，服务人员主要依托学校。第三个，对接制的核心是明确工作中的职责。相应的学校与相应的场馆对接以后，是一个综合性的机构。专业志愿者包括外籍志愿者有一个主要的对接单位，由对接单位提供综合的联络和保障。各类资源最终在场馆汇集，奠定了一个比较好的基础。

总的来讲，实践证明这套体制是成功的。场馆对接过程当中的问题其实就是主角单位和各个参与群体磨合与配合的问题。整体上，奥运志愿者部成立比较早，前期的宣传发动是很充分的。在北京市，高校依靠暑期的团委书记会，提前一两年就开始酝酿，整个酝酿过程是很充分的，而且中间有测试赛，有个适应期，总的来讲我觉得问题不大。

问：测试赛发挥了很大作用，一个是对咱们体制的演练，一个是对志愿者的锻炼。一开始的时候，我们好多事情都摸不清，是不是通过测试赛后才逐渐搞清楚头绪的？

刘：实际上，测试赛的核心任务是发现问题、解决问题和总结。测试赛的时候进行了现场的问卷和评估，对志愿者群体、场馆管理人员和服务对象都做了一些细分，从客观上对测试赛期间的组织培训和保障方面进行检验。这是测试赛期间的一种形式，叫第三方评估。此外，我们跟场馆建立一种信息交流、汇总机制，每天都调简报过来，确保整体运行。

问：媒体在志愿者的宣传方面以及后续的报道方面有很大作用，在媒体宣传方面我们有怎样的总体部署?

刘: 对奥运会志愿者工作的宣传和推广,一直摆在工作的首位,可能比一般的场馆运行还要排得更前面一点。应该说这种宣传、推广和策划工作贯穿于志愿服务全程。从"志愿者的微笑是北京奥运会最好的名片"主题的挖掘开始,就有很系统的推广过程。在这个过程当中,一方面也是借鉴了历届运动会通行的方法,比如口号、标志、歌曲,另一方面把志愿者和奥运会的期盼,以及筹备过程中发生的需要志愿者的重大事件联系起来,航天、珠峰、汶川等,始终有志愿者的身影。

另外,宣传方面很重要的一个特点是,比较重视宣传与增强志愿者自身荣誉感的结合。志愿者部办的大、中、小报,每人拍一分钟的视频,最终的实际效果是关注到了每一个志愿者。

还有,我觉得在宣传方面,要使一些不了解我们的人能听懂我们的语言,来进行志愿者的宣传,即宣传要通俗化。整个过程中也征求了很多媒体的意见,包括国外媒体,这是从着眼于提升国家形象的角度来考虑的。

问: 咱们当时出台城市志愿者这个政策是怎么考虑的?

刘: 在志愿者部运行初期,除了完成赛会的需要任务以外,出于对总体目标的实现的考虑,提出了城市志愿者这种形式。这是因为在场馆有赛会志愿者,而在城市则缺少为游客提供的专业化定点服务。这也是经过了反复的策划。

问: 社会志愿者是比城市志愿者还晚提出的吧?

刘: 不是,社会志愿者是在场馆内服务,社会志愿者是在场馆外服务,其实就分为场馆内服务和场馆外服务,最早叫迎奥运志愿者,形成了一种很好的氛围,全社会都动员。社会志愿者解决的是全社会都来参与的问题。社会志愿者这个篮子很大,社区里服务的老头、老太太都在统计口径里,计入 100 万。

问: 城市志愿者是社会志愿者的一部分?

刘: 也不能这么讲,城市志愿者应该是这次奥运会的一个创新,它是经过反复论证后,由人员政策、招募渠道、服务领域组成的,它和以往依托于社区的这种服务是不一样的,它是专业化服务,体现在语言、医疗、应急等方面。

问: 北京奥运会志愿者和国外的志愿者最大的不同是什么?

刘: 有一个特点,就是中国的志愿者基本上是青年志愿者。在整个过程当中,从组织者而言是希望统筹兼顾的,在宣传的时候宣传一些年纪比较大的志愿者,尽管他们在志愿者里不占主体,但是在倡导这样一种风尚。赛会志愿者以大学生为主,从教育的角度来讲是可以留下一些重要东西的。我觉得下一步成果转化还是应该倾斜于缺少组织化参与渠道的人,这是关键。

问: 我们的奥运会志愿服务中有哪些中国特色?

刘: 实际上,志愿者这个概念在奥运里面也是分层次的,我们的聚焦点可能更多地放在了场馆志愿者。从场馆志愿者来讲，我个人的观点是它的组织化程度很高，从开始的招募到后期的服务，都要确保服务到位、安全有序。同时，奥运志愿者中的社会化动员，在城市和社会志愿者中是比较突出的。在一个城市志愿服务站点，我们就了解有一家三口来参与这个站点服务。社会志愿者类别就更多了，很多是自发的。这次奥运志愿者让国外吃惊的是，我们的志愿者招募是一个比较开放的格局。

访谈十

采访时间：2009 年 7 月 16 日
采访对象：团市委社区部部长祁治国
采 访 人：魏娜、张晓红
录音整理：孙玲
文字整理：陈顺昌、潘春玲

问：今天访谈的内容有两个方面，一是对奥运会志愿者工作北京模式的提炼，二是提炼志愿服务工作的价值，包括经济、社会、教育等方面的价值及对政府、社会、志愿工作本身的影响。核心的东西主要是围绕志愿工作，包括组织架构、运行模式、特色、经验、教训与不足等方面展开。

祁治国（下面简称祁）：2005 年 7 月，"行动计划"提出了城市志愿者的概念，城市志愿者可简单概括为：北京奥运会、残奥会期间，在奥运场馆周边及其他城市重点区域设立城市志愿服务站点，依托这些城市志愿服务站点，城市志愿者主要开展"3+1"的志愿服务。城市志愿者是北京的特色，之所以设立，第一个目的是直接为奥运服务，为奥运提供出色的志愿服务，由志愿者负责场馆以外的服务，符合场馆内外服务标准一致的要求。第二个目的是促进首都志愿服务长远发展，体现在志愿者、志愿服务项目、普遍的志愿服务需求这三方面。城市志愿者来自社会，有相对的组织纪律性，有固定的岗位任务，在奥运中发挥的作用巨大。第三个目的是提升一代青少年素质，树立北京文明城市形象。奥运志愿者是手段与目标的关系，奥运志愿者完成任务只是一个手段，最终是为了提升青少年文明素质。

我们城市志愿者提出三个词：城市表情、城市形象、城市精神。通过城市志愿者有形的志愿服务来体现城市的人文精神，树立健康文明的城市形象，展示城市的表情。

城市志愿者服务地点主要集中在奥运场馆周边以及其他城市重点区域，包括重点交通枢纽、文化活动场所、商业网点、旅游景点等人比较多的地方。在实际布局时，我们一是考虑奥运需求；二是考虑奥运结束以后，要将志愿服务散布在北京各个角落，以便奥运以后更好地进行志愿服务；三是设立城市志愿服务站点，即有形站点，称之为"蓝立方"。

考虑到志愿者的个性特征，我们要让志愿者感受到志愿服务站点就是一个家、一个集体，发挥其主观能动性，以此来建设好、布置好、服务好这些站点。我们城市志愿者的宣传工作做得很成功，甚至超过了赛会志愿者，这一点可以通过查百度的搜索页面来证明。

问：请您介绍一下城市志愿者的特色。

祁：城市志愿者项目在历届奥运会中，中国是第一个，带有鲜明的中国特色。我们通过城市志愿者打造城市站点文化：第一是文化的广泛融合和包容，不管性别、年龄、民族、国籍、信仰，大家到一起来，就体现了这一点；第二是体现社会参与和社会责任，因为大家不图名、不图利，牺牲自己的时间甚至财产进行志愿服务；第三是体现以人为本、人文参与、人本意识，体现为组织者对志愿者的人文关怀、志愿者对服务对象的人文关怀和志愿者之间相互的人文关怀；第四是展示传统文化。当然，我们与赛会志愿者有很多的不同，他们每天的人和故事都有很多新的，这有很大的新闻价值，但是他们的弱点是记者进不去。我们是开放的，但是故事不多，因此我们就自造故事，不停地做活动，通过站点文化突破了宣传的瓶颈。这就是"3+1"的中"1"的宣传价值。

问：请您介绍一下城市志愿者的招募范围。

祁：我们一共有40万城市志愿者，其中很大一部分群体是高校学生。赛会志愿者只有10万，当时高校学生报名参加志愿者的很多，除了赛会志愿者之外，多出的这一部分人我们吸纳到城市志愿者中。社会志愿者做不到这一点，因为社会志愿者的组织感和参与意识不是很强烈，而且组织相对松散。城市志愿者是完整的团队，有固定的岗位和职责，还有很好的保障。这样不仅为广大大学生申请者提供了一个志愿服务参与平台，同时社会化的报名方式还可以使大量的社区居民、企业白领、公务员、中学生等以不同方式参与到城市志愿者中来。因此，城市志愿者这个队伍是非常具有代表性的。

问：请您介绍一下城市志愿者的工作方式。

祁：城市志愿者最基本的工作方式是对接。城市志愿者有40万人，在奥运的100天时间，如何管理规范化，通过何种系统保障志愿服务的正常运转，我们从以下几个方面来解决这些问题：第一是站点设置合理化，除了满足奥运需求外，还要为以后北京志愿服务考虑，要把志愿理念、精神和行为感染到北京每个角落。第二是志愿者招募规范化，国外的志愿服务专家认为要让志愿者有战斗力，必须组织化。招募方式要符合我们的特色，要体现出组织化和社会化，要有材料审核、初审、面试、实践等规范的程序来考察志愿者。第三是运行管理的信息化。建立一套城市志愿者的运行管理系统，不仅对站点进行管理，还有交流、注册、认证等一系列程序。第四是宣传发布的立体化，进行全方位、多角度的轰炸式宣传。第五是保障的社会化。40万人100天的运转需要充分的保障。第六是管理的扁平化。建成了市、区、县、街、乡、站点的管理模式。此外，还有考核的规范化、风险防范的前瞻化。在风险防范上，我们做了风险防范的预案。风险分为几类：一类是自然的，一类是人为的，一类是恐怖袭击，还有其他的。

问：最初是预想奥运之后能够把城市志愿者留下来继续发挥作用，目前的状况和原来的设想有什么差距？存在什么问题？

祁：奥运会结束以后，市领导提出城市志愿者要全部保留。根据这一要求，我们提出了"五个保留"：第一个保留就是站点保留，但更重要的是"化有形的蓝立方为心中的蓝立方"这样一个理念，让志愿服务的理念深入志愿者心里。第二个是队伍保留，即城市志愿者队伍的保留。经过奥运大赛锻炼和洗礼之后，志愿者对志愿服务、团组织和志愿者组织，以及志愿者之间都有了感情，形成了联系紧密的团队，他们除了从事志愿活动之外，还会在网上交流，一起做其他活动，这是一笔宝贵的财富。为了保留志愿者，我们提出了"三个留人"：一是机制留人，二是项目留人，三是感情留人。第三个是项目保留，这不是指单纯的志愿服务项目本身的保留，我们提出了以志愿服务项目为核心打造出志愿服务项目群，这与志愿者团队化是紧密结合的。第四个是工作机制的保留，这是最核心和基础的。把奥运期间的机制转化为日常的工作机制，真正在区县层面实现由共青团组织志愿者工作。第五个保留是理论成果的保留，评估志愿者工作，进行量化，为以后的工作提供参考。

问：对于城市志愿者的奉献，其价值怎样衡量？

祁：城市志愿者的经济价值不是由我们评估的，从服务人次、服务时间来算，应该是可以计算成本的。城市志愿者的作用除了奥运保障之外，更多的是社会影响的价值。从最初城市志愿者的设计，到招募、运行、宣传，我们在各个环节都努力实现"三个贴近"：第一是贴近时代，就是不管招募、运行方式，都要和时代紧密结合，成为潮流，成为流行方式；第二是贴近社会，用社会人的思考方式考虑问题，而不能总以习惯思维考虑问题，第二是贴近青年，他们喜欢什么方式我们就采取什么方式，比如说他们喜欢网上交流，我们就开通博客、QQ等。

问：站点对志愿者是如何保障的？

祁：基本保障分三条：第一是市区两级分级保障，市里面提供服装、证件、证书等基本装备，其他的由区里提供，比如招募、选拔、培训、后勤保障等。第二是政府拨款与社会支持相结合。基本经费由市里统一拨款，社会很多企业都给予帮助，政府支持和社会支持相结合。第三是保障的社会化，比如西城和海淀，它们的站点非常多，在100天的时间里，站点工作期间的餐饮都是委托外面的公司来做的，光靠团委自己是干不了的，所以要保障社会化，要花钱买服务。

问：站点对志愿者是如何激励的？

祁：我们通过微笑圈、徽章等方式，最后还有表彰、证书。有的可能会有一些补贴代替餐饮，但没有额外的补偿。当然，也不排除个别大学生获得其他单位的赞助。

访谈十一

采访时间：2009 年 7 月 16 日
采访对象：奥组委志愿者部招募处副处长黄克宇
采 访 人：魏娜、张晓红
录音整理：胡文静
文字整理：陈顺昌、潘春玲

问：奥运志愿者工作在整个奥运当中是个亮点，国际奥委会对这方面的评价也很高。奥运志愿者工作成果转化，主要是总结北京奥运会的经验，形成宝贵的奥运志愿者工作遗产。请您结合工作，介绍一下在招募环节中，北京奥运会志愿者在工作中是如何借鉴国际经验的。

黄克宇（下面简称黄）：我们的整个指导原则就是遵照国际惯例，再发挥我们自己的体制优势。通过观摩国际比赛，更加直观地学习国际经验，服务北京奥运会。组委会有一个规划，包括派人参与雅典、都灵等赛事，我参加了英联邦运动会。英联邦运动会是在墨尔本开的，和悉尼的模式比较像。西方模式和我们的相像之处是岗位设置以及志愿者承担的工作，这也是国际惯例。西方的工作模式是，志愿者和工作人员的工作岗位、管理模式是一样的。而我们是分开管理的，志愿者统筹于志愿者部门管理，机动性比较大一点。

他们的机构不都叫 department，有单独的 program，而且机制是暂时的、转化的。比如，最初有 work force department，中间有 volunteer program，还有 uniform program，赛时 uniform program 就进入了场馆区、制证中心。work force program 和 volunteer program 合到一起，做志愿者培训、督导。

此外，他们的招聘也和我们不同：他们是让志愿者来面试志愿者，即他们先面试一些志愿者，然后再让这些人去面试志愿者。

问：国外在管理模式方面与北京奥运会之间有何差异？

黄：国外管理模式比较精细。人力资源先测算一项任务要多少天，每天大概的工作量以及需要多少人支持，都需要每天做计划，包括工作人员和志愿者都是那样，然后结合岗位进行招聘。我们是定向招聘和公开招聘相结合，主要依托于组织机构招募，是一种集体的形式。他们是你自己选，你自己想去哪个场馆，或者以你的住址为依据，或者通过计算机进行匹配，自动生成一张列表，你可以不同意，你同意以后会给你排班，进行安排。国外总体上管理的难度比较大，但是对于个人个性化、个人实际参与、个人感受和需求的满足更好。这就是东西方差异。

问：他们存在流失情况吗？

黄：流失率是有的。根据统计标准做个表，测算有多少天没来就认为是流失了。志愿者也不是每天都上岗的，随着赛事的变化，排班计划里的工作量就越来越少。

问：国外的保障是怎样的？

黄：保障是国际惯例，都会有的。制服、公交、保险、免费乘公交的卡以及其他物品，用于向个人提供保障。赛程只有十二三天，基本每天都会有纪念品。

问：您在学习观摩后，有什么样的感受？

黄：最大的感受就是东西方文化传统的不同。我们的志愿者没有组织，感觉就不行。我们对人的认同不光是针对社会个体，还包括社会身份，我们社会动员的机制、模式还是以这个为基础的。国外志愿者报名是自愿的，时间安排和组委会没有关系，志愿服务是他们生活的一部分。他们的思想也不是我要为社会奉献出什么来，而是一种很自然的参与，或者说是志愿服务传统和习惯非常好。

问：北京奥运会志愿者运行机制和模式管理在出台的时候基于什么考虑？

黄：第一个是考虑用怎样的方式把大家组织起来。国外的那种对我们而言不太现实，传统的这种是我们比较习惯的。第二，我们办奥运不是尝试新鲜的东西，而是百分之百要办好。基于以上两点考虑，通过组织体系化这种模式进行管理，依托于尤其是教育系统的组织作用。招之能来，来之能战，战之能胜的，也只有学生，所以学校、学生是主力。我们的方法也许不是最有效、最省钱的，但是我们的模式是能够最稳妥地完成任务的。

问：在岗位设置里有没有最规范的和最完善的岗位设置？

黄：不存在最规范的岗位，所有岗位都是不断调整的。一个是领导体制确定得比较晚，一个是工作任务不断变化。工作落实到场馆，每个场馆都有几个到几十个业务口，每个业务口都有自己的计划，不断地有需求提出来。一直到奥运会开始前，我们的人员还在不断调整。我们岗位非常多。从我们志愿者以及岗位组织管理来讲，我们是做到了相对比较严密、科学。这本身也是我们将来组织大型活动的基础。国外招募的过程是对着岗位来招的，比较细致。咱们基本是对业务口进行招募。

问：是不是所有服务于同一个场馆的志愿者就组成了一个群体、一个团队？

黄：对，是这样的。培训的时候就是这样，你只要进入了场馆，就和场馆联系上了。

问：最初预测志愿者是7万人加3万人，这种预测和实际上岗情况相比，工作是否充实？

黄：不同岗位不一样。有的场馆他就要较多的人，觉得总比没人好；有的就是不要，精简一点。不同的人参与过程中有个角度的问题。人力资源部对人员计划、人员需求的控制不能深入到那么细致的程度。范围太广，点太多，不同的系统在做计划，且做计划的角度不一样，他们没有预算控制，没有内生的控制资源需求的压力。工作计划和资源计划都是人家在做，我们作为资源管理部门对你的工作又不了解，还得按照你的意图来保障你的工作。国外的不一样，国外的场馆经理没有预算的压力。

问：我们的志愿者所承担的工作量和岗位与国外是否一样？

黄：我们的志愿者承担的工作量要大于国外的。比如说颁奖仪式，我们用的是志愿者，国外用的是合同工。国外的开闭幕式演员都是志愿者。但他们的志愿者和我们志愿者的含义是不一样的。我们的人力资源计划制定得比较明确，包括奥运会中间涉及多少类人员、每类人员做什么事情。再比如双进入体制，不同的身份、角色都是后来才加入的。

问：双进入是什么？

黄：场馆和区县，区县和场馆。这和国外不一样，国外场馆的主任、经理都是社会招聘的，所以他在组委会里执行组委会的决定。我们双进入的都是区县领导。

访谈十二

采访时间：2009 年 7 月 16 日
采访对象：奥组委志愿者部副部长李世新
采 访 人：魏娜、张晓红、辛华
录音整理：孙玲
文字整理：陈顺昌、潘春玲

问：今天的谈话主要围绕北京奥运会志愿者成果转化研究，请您首先介绍下奥组委的组织架构。

李世新（下面简称李）：奥组委有组织机构图，人事部门负责组织机构建设。实际上，组织机构无非是组委会、执委会，下边是各个部门，外围有一些协调机构、协调小组。还有一个监督委员会，是并列关系的。我觉得奥组委的组织机构并不复杂，总的机构是上边定的，包括大概设多少个部门、总编制多少。若干个协调小组是我们的一个特色，负责奥组委跟政府、社会各界等进行联系。

问：奥组委组建的时候，对整个志愿者的定位和指导思想是什么？

李：这有一个形成的过程，定位主要是体现在后来志愿者战略计划和行动计划之中，这是根本性的东西。最早还是比较注意学习悉尼、雅典的经验。我认为指导思想最主要是通过奥运会志愿者工作来促进志愿服务事业发展，推动精神文明建设。这些是国外没有的。

问：在奥运会准备过程中是否向国际奥委会进行过关于志愿者工作的相关汇报？

李：有，我印象中至少有两次，如果算上观众服务可能还多一些，因为后来观众服务也作为志愿者部的一项任务。整个人力资源的工作很注重跟国际奥委会的沟通。方案出台、重要的工作实施等都要跟他们沟通，因为严格来讲奥运会所有权是国际奥委会的。

问：你觉得在奥运会志愿服务过程中是怎样体现中国特色的？

李：我没有特别系统地去思考总结过这个问题。我们的参与面特别广，真正体现了大众参与，为大众设计参与的途径、提供参与的机会。在格局设置上、项目上充分考虑了大家的热情。另外就是我们的资源比较足，就是做好志愿者工作、为奥运服务，这是一个底线、一个基础。但我们不满足于这个基础，在这基础之上，要达到更高的目的、要求，要有更好的效果。

问：出台城市志愿者政策是基于什么样的预期？

李：在设计理念上，一方面考虑大家的参与热情，另一方面现实有这个需求，因为整个城市都要动起来。此外，考虑到长远发展的问题。奥运志愿者是一个短期的任务，而城市志愿者有更多的机会去发挥自己的能力。实际上，我们也了解到，雅典也有城市志愿者，但规模很小，他们不是在场馆周围，而是在旅游景点。他们不叫城市志愿者，好像叫社会志愿者。

问：国际奥委会对北京的奥运服务，有没有一个评价性的东西？

李：2005年启动仪式上罗格评价过。闭幕式上也有。其他的要找媒体报道了。

问：一路走来，你们是怎样面对并克服各种困难的？

李：要说有多大的困难，无非就是奥运会对我们意义太重大了，不能有任何的失误和闪失。就志愿者工作来讲，无非就是怎么样能把大家的热情保护好，另外就是怎么能够把这支赛会志愿者队伍管理好。我们考虑的核心主要是赛会志愿者，实事求是地讲，它确实是核心，要考虑怎么能把这支队伍建好，能否把观众服务好，不要出什么闪失。同时还要考虑赛时志愿者保障问题、安全问题。在赛前想的更多的是在计划方案阶段不要产生任何负面影响，积极稳妥地工作等。

问：对志愿者要提供有效的服务岗位，同时还要做好保障工作。在保障方面具体有哪些做法？

李：保障要考虑到国际惯例，要考虑为志愿者提供哪些基本的保障，但也不能保障范围特别广。首先是不能比别人少什么。最后，我们是通过政策明确规定了餐饮、交通、保险等方面的保障。实际上，赛时的保障不止这些，相关的单位部门也额外地加了一些。奥组委是按照通用的惯例给的。总体上，我们的保障应该说效果还是可以的，尽可能地为志愿者提供好的保障。保障我们做得比较好，在激励上尽可能做得少，尽可能地不要物质上的，这也是出于多方面的考虑，怕物质奖励多了，影响大家精神层面的效果与感受。

问：外界包括外媒对志愿者工作有怎样的评价？

李：绝大多数都是正面的。我亲身的感觉就是，一个多年不联系的同学来北京看比赛，他知道我在做志愿者工作，临走给我打个电话，就说你们的志愿者真的非常棒。实际上，老百姓对奥运会感受更直接的是什么呢？就是志愿者的服务。个别的也是有一些误解吧，比如有人问为什么志愿者坐地铁不花钱，类似这样的疑问也是有的。这种疑问是他不理解，或者说认识得偏了一点。因为咱们志愿者的面比较大，总会有一点误解的。

问：奥运成本报告中，志愿者成本是多少？

李：财务都是由财务部控制的。审计报告中志愿者成本最终为1.7亿。这个预算是赛会志愿者的，城市志愿者等的经费都是政府支出。

问：赛事开始之后，协调小组都转到场馆，领导机构转成了在职的指挥系统，这种机制的转变也是国际惯例吗？

李：国际上有一个场馆化的概念，领导体制各有各的特点，我们的体制他们肯定是没有的。我们的体制是中央有一个奥运领导小组、一个北京奥运会总指挥部，然后逐步地搞场馆化，向场馆转移。这是一个惯例。一开始只能以部门为单位去筹办，后期就转到场馆，实行场馆运行制。

问：您认为怎样把成果转化成常态化的制度建设？

李：志愿者工作最大的成果是志愿精神在人心中扎根了，成为人的精神理念。奥运志愿工作很多方面是临时性的，我认为更多的是将理念、机制等方面借鉴到常态化过程中。要机制化、常态化，要有项目、有平台，才能便于服务老百姓的真正需求。基础是理论研究，最根本的目的还是要指导实践，能够促进实践的提高。我觉得现在想做志愿者的人还是挺多的，只是没有合适的途径。

实际上，志愿服务最起码是三方的：一个是志愿者，志愿对象是一方，组织管理者是一方。组织管理者实际上是非常关键的，他们把志愿者组织起来，要去找项目、设计项目，还要去组织人。组织管理者是非常重要的一方。

我们的工作计划里边有一点就是"以人为本"，从两个层面来考虑：一个是志愿者要为服务对象提供个性化、人性化的服务，要以他们为本；另一个是从管理者来讲，要以志愿者为本，要考虑志愿者的感受、需求等。

访谈十三

采访时间：2009 年 7 月 22 日
采访对象：奥组委志愿者部综合处韩润峰
采 访 人：魏娜、张晓红
录音整理：刘倩倩
文字整理：陈顺昌、潘春玲、王冰

问：好多志愿者参加完残奥会之后，体会到了在奥运会志愿服务中体会不到的东西，包括怎么去理解和尊重别人、应该以什么态度去对待残疾人等，这对他们的心灵是一种震撼。在残奥会的工作中，请您谈谈您在和志愿者的接触过程中获得的感受和体会。

韩润峰（下面简称韩）：我感觉奥运会、残奥会虽然说是体育比赛，但它们的内涵并不仅仅是体育，它们真正的内涵是通过这样一种方式来团结、影响全社会，促进人们的公平竞争意识、文化修养等，通过对人的教育，使这个社会更和谐、更文明。2008 年奥运会到北京来，对中国经济、社会的发展有巨大的促进作用。残奥会有两个亮点：第一，这次残奥会是我们第一次以一种规范的文本合同形式来举办的；第二，一个组委会同时举办两个奥运会。1896 年第一届奥运会，只有 14 个国家参加，而且只有男人，只有白人，只有健全人。第二届的时候开始有残疾人参与。到后来，残疾人的参与越来越多。到了 1988 年开始确定一个模式：只要有奥运会的举办，必须同时举办残奥会。残奥会虽然很不起眼，而且没有什么品牌效应，但国际奥委会支持它，因为它促进社会文明，对社会的影响重大。对社会的影响并不仅仅在于残奥会是帮助残疾人，还在于它使社会认识到，人是各种各样的，都是有价值的。奥运会的内涵不仅仅是体育，更多的是人文的东西。残奥会志愿者工作，我们的立足点并不局限于服务好赛事活动，我们更注重对人、对社会的影响。我们在最开始制订计划的时候确定了三个目标：第一是为奥运会提供优质服务，这是最低的要求；第二，我们要影响一批人、带动一批人，种下和谐、文明的种子，使他们进一步影响全社会；第三，增加残疾人在社会上的影响力，推动社会的文明与和谐，使社会更文明，人们之间的关系更和谐。我们的培训，简单地说就是传播基本的理念、基本的知识、基本的技能，在这三项中最强调基本的理念，知识与技能都是可以通过学习和操作来得到的，但是心中的理念的培养才是最重要的，要培养现代文明的残疾人观。

问：您觉得奥运会、残奥会给公众带来了怎样的改变或者影响？

韩：通过奥运会，社会公众接受了新的理念。奥运会也是一个教育公民、提高公民的眼界和素质的机会。自奥运会之后，中国人在很多事情上都不用通过过于积极的表现来试图证明我们自己的什么东西了，因为我们以前老是在试图证明什么，比如说我们万吨轮远洋归来什么的，以激励我们自己的自信心。我们为什么需要激励，就是因为自信心不足。2008年奥运会之后，老百姓就有了改变。可能我们有些项目得不了冠军，但我们大家都很坦然，因为我们连奥运会都能举办得如此成功，还有什么事情我们办不好呢？改变可以归为自信心的提升，最大的改变可以说就是自信心的提升。此外，在这个过程中也体现了中国人的成熟。中国人的成熟、沉稳是需要一个重大事件来提升的，奥运会可能是一个最好的事件。

残奥会对中国的影响反映在人们对残疾人观念的改变上。残奥会近4.5万名赛会志愿者，应该说在这方面获得了巨大的洗礼。这种理念、知识、技能的传授，为他们的人生奠定了一个很好的基础。将来他们再遇到这种情况时，一定会处理得更加人文化，我们的社会也会越来越和谐。我到欧洲去参观，发现他们的商场、道路、城市面貌跟我们并没有太大的区别，区别就在于面对残疾人那种包容的态度。比如说，你去排队，坐着轮椅、挂着拐，就可以一直走到前面，到了前面可以买残疾人的优惠票，之后从后门经过残疾人通道就可以从电梯上去。这样就在社会中形成了一种制度文明，这种制度不是文字写成的，而是无形的。这种人文的环境，我们是欠缺的。我们在宣传残奥的时候也特别重视平等参与的观念，不仅权利平等，能力也是平等的。国际上划分残疾人的标准不在于四肢是否有缺失，而是根据一个人的社会生活能力和人际交往能力，还有社会适应能力。奥运会之后，人们对残疾人以及残疾人现象的认识深刻了，社会包容度也提升了，对残疾人的认识也大大改变了。残奥会对中国社会从上到下、从中央到普通老百姓，都有深远的影响。

问：你刚才说的咱们残奥会志愿者的三个目标包括为奥运服务、影响一批人，还有推动社会文明与和谐。咱们残奥的志愿者工作，是怎样围绕这三个目标来开展的呢？

韩：一个是培训，一个是宣传。宣传和培训两者是相辅相成的。我们有一个30多人的培训专家队伍，都是来自各个高校、残联组织，包括社会各个方面的，也都是在残疾人领域比较权威的专家，我们自称2008残奥"梦之队"。我们的课程都是专家设计、专家讲解，但是主要不是讲课，而是互动、操作。

这套课程设计为几个阶段，最初设计一些团队活动，让大家相互熟悉起来，给大家灌输残疾人理念，接着进行课程的教授，最后进行助残技能的培训。技能的培训都是实践性的。在互动的过程中我们会提一些问题，大概有12类问题，例如志愿者面对疲劳、误解、伤害等问题，并针对这些设置场景类的问题。我们也特别注重与残疾人的交往、心理、礼仪方面的特殊课程。

问：培训是怎样进行的？

韩：我们原定是这样：第一，先进行一个试点。志愿者来源之一是高校推荐了二三十个志愿者，还有就是从网上随机抽取几十人，最后选了 60 人进行培训。先是老师讲课，然后大家挑毛病，完了以后试点，试点之后再改，最后把这些课程确定下来。而课程就像自助餐似的，可以抽这块、拿那块，可以自由配合。当时我们确定的是 3 万赛会志愿者、300 人左右的师资。老师先每人选一门课试讲，讲完了之后我们才发证。我们争取每一个高校、社区都有那么几个老师。第二，我们选择 3 000 名骨干。基本上是每个场馆都要选出 10％的志愿者接受骨干培训。确定这样一个比例之后，就可以利用骨干带动其他的志愿者。第三就是广泛统一的培训。这就是一靠师资，二靠街道，另外一个靠专家的巡回讲课。几万名志愿者多数都听过我们的课。讲课只是培训中很简单的一部分，我们在北京又选择了 30 多个单位作为助残实践的基地。志愿者在接受培训之后到基地去，跟残疾人一起搞体育活动或者娱乐活动，甚至带他们到公园玩，这样一来，技能、理念都能得到提升。这种模式非常成功，志愿者、残疾人还有基地都得到了提升，都受感动，都受教育，最后改变自己的态度。

问：据你了解，国外的残奥会志愿者培训也是这样的模式吗？

韩：不是。他们的志愿者事业应该说是比较成熟的，志愿者本身也比较坚定。咱们叫志愿服务，不叫志愿行为，志愿行为是自觉自发的，想到就去做，而志愿服务是有组织的，这两者不一样。咱们好像还处于"高组织、低参与"这样一种模式。所以我们志愿者工作一开始的着眼点就比较高，不是仅仅为了赛会服务，我们还要动员社会力量，促进社会和谐和文明。这个立足点从一开始就比较高，最终结果虽然没有我们期待的那么高，但是基本上也实现了最初的想法。这点我们也挺自豪。当然，也可能现在只是埋下了一个种子，等到过了 20 年以后，这些人在不断成长的同时带动了新的领域的助残事业的发展，那时候我们才能说我们真正成功了。

问：国外残奥会志愿者工作是怎样培训的？

韩：国外的志愿者培训和我们不一样，国外就是场馆培训，非常简单。来了之后告诉你的岗位、你的任务、你的领导，你做事情的程序也很简单。这是东西方的差别。我们的志愿者还要从什么是志愿者开始说起，为什么要做志愿者等，还要从岗位技能等方面来培训。国外不存在这种情况。上次我们去意大利和法国跟他们进行交流，他们就认为志愿者既然报了名参加志愿服务，本身就应该具备志愿服务技能，应该是符合要求的。国外有一个前期的测试，看你做志愿者到底是出于一种什么样的动机、为什么你愿意来做志愿者、是不是出于一些别的原因等。

问：在残奥会志愿者的激励和保障上，除了跟奥运会一样的以外，有没有其他的激励和保障？

韩：没有。主要的激励还是心理激励，像微笑圈什么的，都是一种物化了的东西，它本身的内涵还是一种心理激励。

问：针对残奥会，有无针对场馆经理进行的培训？

    韩：场馆经理作为骨干，我们都要求其接受培训。2008 年 4 月份之后，从全国残联系统紧急调了一批干部，一个场馆一个，作为场馆的副秘书长，专管残奥志愿者工作。刚开始是叫残奥经理，就是专管残奥的经理，但是如果把他们跟我们各个部门的经理定成平级，就无法协调，而主管的秘书长又没有时间顾及协调这么多事，因此最后就把他们都升级为场馆副秘书长。比如说北京理工大学，场馆经理是学校的副书记，他是一把手；秘书长是学校里的一个教授，日常的事情归他管。重大问题由场馆经理开会决定，秘书长负责日常运作，他下面有几个副手，各负责一块职责。秘书长领导几个部门，比如说人事部、志愿者部、竞赛部、景观部、媒体部等，每个部都设一个经理，这样就和残奥经理是平级的，于是就把残奥经理升级为副秘书长，那么他在协调这些经理的工作的时候就是领导对下的协调，便于开展工作。

访谈十四

采访时间：2009 年 9 月 10 日
采访对象：奥组委志愿者部副部长张红
采 访 人：魏娜、张晓红、辛华
录音整理：刘倩倩
文字整理：陈顺昌、潘春玲、王冰

问：今天跟您访谈主要是想结合您的工作，侧重了解奥运志愿者工作有关政策的形成过程、产生背景等。这些对深入总结奥运志愿者工作以及奥运志愿者成果转化有重要的作用。首先请您介绍下场馆对接模式产生的背景。

张红（下面简称张）："场馆对接"，或者说"馆校对接"的模式，这个源于最早期的战略计划，这是一个总计划，还有四个分计划，包括招募、宣传、培训和保障。

战略计划最早提出应该是在 2004 年年底到 2005 年年初。2005 年初开始制订行动计划，2005 年 6 月份启动，往下演变就是四个分方案，这些方案再往下演变就是 2006 年 8 月启动招募时的那个计划。"对接"模式跟组委会的大政策是一致的，组委会的大政策是发挥组织优势。从国际惯例来讲，悉尼也好，雅典也好，都是把招募委托给专业的公司，然后是社会招募。而我们的招募定的一个大方向就是体现体制优势，所以我们后来定的"馆校对接"政策也就是落实发挥体制优势和组织优势这个总的要求。

面向全社会招募这么一支庞大的队伍，我们的优势在于体制，我们要充分体现和利用这种优势，通过体制优势提高志愿服务在社会上的影响力和普及度。志愿服务精神在社会上的影响力和普及度一旦提高了，社会这个领域也会动起来，带动组织力量的发展和壮大。两者其实是一个相互发展、相互依存的关系。但是，就奥运会来讲，我们还是要把体现组织优势和体制优势放在首位。

这个优势进一步来讲，就是志愿者工作。志愿者队伍中大多数都是青年人，这些青年人又大多数来自高校，所以就必须发挥高校的组织优势。但是，北京高校的体制优势和场馆又是怎么衔接起来的呢？因为志愿者的派出是高校，使用在场馆，所以只有对接，一个高校负责一到两个场馆。而场馆方面除了主责高校以外，还从其他方面吸收专业志愿者。这是几个方面共同的结合。

"场馆对接"确实是中国特色的，国外不可能有，也学不了。但是我们换句话来说，有些国外经验我们也学不了，在这方面就必须发挥体制优势，结合中国国情。

问：这个体制的优势具体是怎样体现的？

张：第一，是依托高校组织、动员学生志愿者，进行招募；第二，是我们依托高校来做学生的团队建设和组织工作；第三，是高校和场馆对接了以后，派出和使用的管理、保障衔接上了，这些人都是在体制里而不是松散的；再有一个，我觉得是很大程度上解决了志愿者流失的问题，往届的社会招募、组织、管理都非常松散，而我们依托组织和体制优势解决了这个问题。依托组织和体制优势，加上完善的保障措施，我们的流失率非常低，估计是百分之零点零几。

问：在解决流失的问题上，我们采取了怎样的方式？

张：我觉得主要是保障和激励两方面相结合。第一，要使志愿者有荣誉感；第二，要让志愿者有归属感，让他觉得自己归属于这个团队。这也是与中国青年人自身的素质和情怀分不开的。

问：赛时的指挥系统是怎样运作的？

张：场馆里面的志愿者经理都是志愿者部从各个高校选派出来的，其实也是志愿者部的人，等于说是志愿者部的人派到了各个场馆，那么跟他们联系就非常紧密了。赛时，我们办公室和志愿者部的领导每个人负责几个场馆，每个人在赛时要了解自己所负责场馆的情况。另外还有一个值班制度，就是说每天都要跟所有的经理联系，了解每天的情况、遇到的问题。赛时主要是这样的指挥制度。

问：场馆的运行机制有何特点？

张：场馆里志愿者没有特殊的体制。这次从奥运会来讲，很大的一个特点就是场馆运行制。政策是由奥组委来制定的，转到场馆时就主要由场馆方面来落实和运行。所有的都服从于场馆运行制，所有的业务和权力都交给场馆，99%的问题由场馆解决。实际上，这是我们很大的一个特点。不是上面的组委会部门在运作，而主要是由场馆来进行。只有当一个场馆完成不了，需要我们协调解决时，我们才去协调解决。然后我们把很多保障措施都落实到场馆去，包括"区县双进入保障体制"。

问：请您介绍下"区县双进入保障体制"政策。

张：实际上，从中国的体制来讲，任何事都离不开区县的保障机制。从各个区县来讲，首要的职责也是服务，服务大局。什么事在区县里边都得要区县来保障，这其实也是以往的一个经验，区县一定要支持。现在基本上"双进入体制"已经成为一个定式了，国庆也是"双进入体制"。

问：当时招募城市志愿者，设立城市志愿者站点，是出于怎样的考虑？

张：从客观来讲，有这么多的客人来北京，城市必须有周到的服务，比如说指路、语言翻译。从功能上说，如果我们只是在场馆内有服务，而社会上没有的话，这个服务就显得不是很周到。我们考虑到场馆外的服务，于是建立城市志愿者队伍。还有一个考虑就是，奥运会对我们国家志愿服务事业的发展也是一个很好的机遇，可以借这个机会把志愿者队伍做强做大，让越来越多的人加入志愿者的队伍里来。这其实是两方面，一个是奥运志愿服务本身的需要，另一个是推动我国志愿服务事业发展的需要。

城市志愿者是我们的一个特色，历届奥运会都没有过。

问：请您介绍一下在奥运志愿者方面是怎样体现遵守国际惯例的？

张：大概有几个方面。志愿者的本质就是自愿，首先是自愿原则，所有参加奥运会志愿服务的人一定要自愿报名。另外一个是无偿原则，我们的志愿者都是没有经济报酬的。你来志愿服务会得到必要的保障，包括服装、工作的设备等，但是没有经济报酬，这是我们坚持的原则，也是国际通行的惯例。包括外省市的、境外的志愿者，我们为他们提供了一些条件，比如说可以住进高校，但是必须交钱。这都是与国际上的一些惯例相符的。就是说从自愿出发，还有一些东西是必须遵守的。我们借鉴了不少国际惯例，但是可借鉴的东西也不是特别多。后来需要我们自己去建立一套机制，自己去制定一套东西。必须结合自己的国情进行自创，没有一个东西是可以完完全全搬过来就能用的。我们给志愿者必要的保障，比如说餐饮、交通，这是国际惯例，但是我们又根据我们的特点，在保障的方式上更到位，更照顾我们的志愿者。

问：请您介绍一下奥运会志愿者工作的指导目标。

张：目标主要有三方面：第一个是为奥运会提供优质服务；第二是提高一代人的素质，展示中国青年一代的精神面貌；第三个目标是促进首都志愿服务事业的长远发展，为构建和谐社会作贡献。

问：在国际上奥运志愿者的构成可能仅指赛会志愿者，请您介绍一下北京奥运志愿者的构成情况。

张：170万志愿者包括1 582名奥组委前期志愿者、赛会志愿者、城市志愿者、拉拉队志愿者、社会志愿者，不包括参加"迎奥运"活动的志愿者。但是从工作项目来讲，"迎奥运"活动的志愿者也算是志愿者项目的一部分。

问：您觉得奥运会志愿者的工作给志愿服务事业的发展留下了什么启示和经验？

张：从我的工作经验来讲，很大一部分的成果就是项目和队伍，应该说现在比奥运之前是大大增加了。其中一些志愿服务项目和队伍已经常态化了，尤其是社会志愿者和城市志愿者。现在我们更希望建立一支既能够在日常为老百姓服务，又能在重大活动中出来发挥重大作用的志愿者队伍。这是一个长远的事情，虽然说奥运很好地促进了志愿服务事业的发展，但还是需要配合一些建设性的东西。

所以，我觉得最重要的两点就是：第一，怎么更好地让老百姓受益；第二，普通老百姓怎么参与。这都是需要琢磨的。

访谈十五

采访时间：2009 年 9 月 10 日

采访对象：奥组委志愿者部副部长张振良

采 访 人：魏娜、张晓红、陈廷军

录音整理：袁博

文字整理：陈顺昌、潘春玲、王冰

问：目前正在进行北京奥运会志愿者工作成果转化课题研究，课题分为奥运志愿者基本情况介绍、北京奥运志愿者模式以及北京奥运会产生的价值和影响等内容。课题的调查通过电话调查、网上问卷以及面对面的深入访谈等方式进行。请您介绍一下奥运志愿者招募的体系。

张振良（下面简称张）：志愿者招募分为九大类招募体系，具体细化可将其归为四类：一类是赛会志愿者，高校是主体；一类是专业志愿者，比如颁奖礼仪之类的，残奥会有单独的专业志愿者；一类是城市志愿者；一类是社会志愿者。团市委主要负责城市志愿者和社会志愿者招募，奥组委志愿者部主要侧重赛会志愿者招募。赛会志愿者、专业志愿者主要在各场馆服务，城市志愿者在城市服务站服务，社会志愿者在各个社区、窗口行业进行服务。

问：对北京奥运会进行总结，既要遵循国际惯例，又要有自己的特点。请谈谈在工作中必须遵循的国际惯例以及北京奥运会志愿者的特点。

张：北京奥运会志愿者的动员、招募包括培训管理，它和惯例不同，同时也是北京奥运会志愿者和国际惯例最大的不同。其他国家办奥运是由奥组委委托机构来主办、承办奥运会中的某项具体工作。北京奥运会所有都是由奥组委来办，实际就是政府来办。此外，在志愿者招募宣传上，北京奥运会完全遵循国际惯例，只要是有意愿的，都可以报名。但是在志愿者选拔和录用上，是要遵循我们内部掌握的条件的。

问：在志愿者的保障激励措施上，北京奥运会有哪些特点？

张：交通是一种特殊保障，北京奥运会专门为志愿者提供服务车辆，这种保障其他国家没有过，这是最大的不同。另外，志愿者所在单位，尤其是高校，为志愿者的保障做了大量工作，从课程调整到考试都有特殊照顾。这些国外也没有。

问：请谈一下北京奥运会观众服务方面的特色。

张：观众服务的基本工作理念，是以需求为前提、以场馆为根本、以素质为保障、以客户满意度为标准、以培训为手段。观众服务方面的培训是所有培训中最系统的，其中对专业志愿者的培训更加系统、更加专业、更加实用，培训的方式上更侧重实操性、演练性。国际奥委会负责观众服务的官员对我们的观众服务给予高度评价。观众服务的岗位比较特殊，会在第一线随时遇到各种应急问题，观众服务要表现到位，保障整体安全。

问：请您描述一下所有岗位志愿者的工作结构。

张：我们是四级管理。志愿者个体上一个层次是小组长，小组长上一个层次是分区主管，分区主管对应的就是志愿者经理（观众服务经理）。志愿者经理是和人事经理平行的一个岗位。在很多国家的奥委会没有志愿者经理，只有人事经理。人事经理既管工作人员，又管志愿者。北京奥运会比较特殊，由人事经理和志愿者经理共同负责人力资源，人事经理负责制证、证件管理等，志愿者经理负责志愿者在各个业务口之间的调配、日常的慰问、激励等。一个场馆有20多个经理，除了人事经理和志愿者经理外，其他都归属于业务口。相关的经理归场馆不同的副主任管理，按照业务对口归属管理。

问：通过北京奥运会，您在奥运志愿服务成果转化和志愿服务常态化方面有哪些建议与想法？

张：志愿者组织在北京还是比较多的，民间协会做志愿服务的人员也挺多，项目也不少。通过对北京奥运会进行经验总结，使志愿服务精神的传播和志愿服务的社会认可、社会关注度等方面取得更大的进步。

问：对城市志愿者站点的保留是如何进行的？

张：北京奥运的500个站点，有227个在国庆活动中又重新启用，说明保留的效果不错。而且，有一部分站点在北京奥运后就一直在坚持。我们将国庆志愿者分为三大类：第一类是平安行动参与者，以此形成社会安定的氛围；第二类是文明北京建设者，他们的参与对展示首都文明形象、倡导城市文明具有引导和推动作用；第三类是国家庆典的服务者。上述可以说明，北京奥运会志愿者管理经验对于形成一种志愿服务文化有着积极的作用。

问：请您谈谈北京奥运会志愿者所体现的价值？

张：价值方面有以下四点：第一是倡导公益理念，提升了对社会公益的认同；第二，通过城市志愿者和社会志愿者的工作，保障了平安奥运与和谐社会的实现；第三，为政府和社会公众搭建了交流平台；第四，促进了友爱和社会价值的实现。从人文价值角度上讲，第一是彰显以人为本的理念；第二是倡导对服务对象的尊重；第三是促进不同文化间的交流；第四是促进志愿者的身心发展。此外还有给志愿者所带来的专门的教育价值。

问：我们没有对奥运志愿者进行定位，应该对奥运志愿者进行一个怎样的定位？

张：志愿者不仅是服务者。志愿者作为中外文化交流的使者，参与的是一种体育搭台的文化聚会。志愿者也是改革开放三十年成就的展示者，展示中国人开放自信的精神状态。可以概括为：志愿者是中外交流的使者，"平安北京"、"和谐中国"的建设者，开放北京的展示者。

附 录

附录1：北京奥运会、残奥会志愿者场馆对接图表

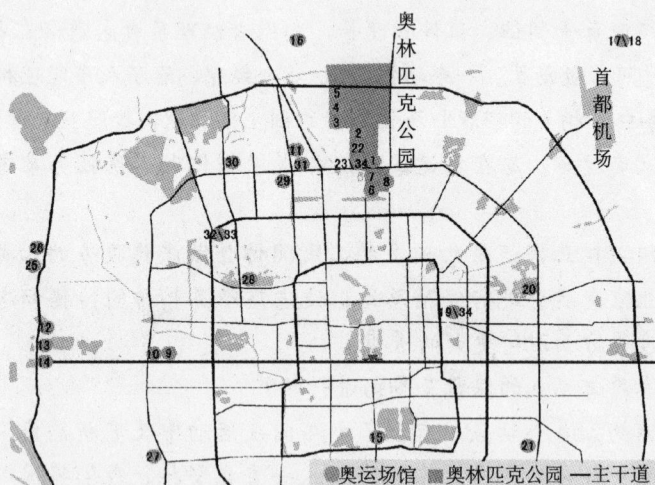

编号	场馆名称		奥运会项目	残奥会项目	测试赛项目	对接单位
1	国家体育场		田径	田径	田径	北京大学（主责）
					马拉松	中央民族大学
					竞走	北京北大方正软件职业技术学校
			足球		足球	
2	国家会议中心击剑馆		击剑	硬地滚球	击剑	北京邮电大学（主责）
			现代五项（击剑，射击）	轮椅击剑	现代五项（击剑，射击）	北京电影学院
3	奥林匹克公园北区场馆区	北京奥林匹克公园曲棍球场	曲棍球		曲棍球	北京交通大学（主责）北京林业大学
4		北京奥林匹克公园射箭场	射击		射击	北京青年政治学院
5		北京奥林匹克公园网球场	网球		网球	北京科技职业学院

续前表

编号	场馆名称		奥运会项目	残奥会项目	测试赛项目	对接单位
6	奥体中心体育场馆群	奥体中心体育场	足球		足球	北京师范大学（主责）
7	奥体中心体育场馆群	奥体中心体育馆	手球（预赛）		手球（预赛）	华北电力大学
			现代五项（马术，跑步）		现代五项（马术，跑步）	北京中医药大学
8	奥体中心体育场馆群	英东游泳馆	水球（预赛）		水球（预赛）	北京吉利大学
			现代五项（游泳）		现代五项（游泳）	
9	五棵松场馆群	五棵松棒球场	棒球		棒球	北京理工大学（主责）
						中国青年政治学院
10		五棵松篮球馆	篮球		篮球	北京电子科技职业学院
11	中国农业大学体育馆		摔跤	坐式排球	摔跤	中国农业大学（主责）
12	老山自行车场馆群	老山自行车馆	自行车	自行车	场地	北京工商大学（主责）
13		老山山地自行车场			山地	北京工业职业技术学院
14		小轮车赛场			小轮车	北京经贸职业学院
15	城市公路自行车赛场		公路自行车		公路自行车	首都师范大学（主责）
						北京建筑工程学院
						中央戏剧学院
16	铁人三项赛场		铁人三项		铁人三项	中国政法大学（主责）
						北京交通职业技术学院
17	顺义奥林匹克水上公园		赛艇	赛艇	赛艇	顺义区（主责）
			皮划艇		静水	北京化工大学

续前表

编号	场馆名称		奥运会项目	残奥会项目	测试赛项目	对接单位
18	顺义奥林匹克水上公园		皮划艇		激流	对外经贸大学
			游泳		游泳（马拉松）	北京现代职业学院
19	北京工人体育场		足球			中国化工大学（主责）
						中国矿业大学（北京）
						北京城市学院
20	朝阳公园沙滩排球场		沙滩排球		沙滩排球	北京信息科技大学（筹）（主责）
						中国音乐学院
						北京科技经营管理学院
21	北京工业大学体育馆		羽毛球 艺术体操		羽毛球 艺术体操	北京工业大学（主责）
22	国家体育馆		体操 蹦床		体操 蹦床	中国人民大学（主责）
			手球 轮椅篮球	轮椅篮球	手球决赛	中央美术学院
23	国家游泳中心		游泳		游泳	清华大学（主责）
24	国家游泳中心		游泳		花样游泳	清华大学（主责）
					跳水 水球	对外经济贸易大学
26	射击项目场馆群	北京射击馆	射击	射击	射击	北京工业大学（主责）
26		北京射击场飞碟靶场				北京农业职业学院
27	丰台体育中心垒球场		垒球		垒球	首都经济贸易大学（主责）
						中国戏曲学院
28	首都体育馆		排球		排球（决赛）	中国地质大学（北京）（主责）
						北京舞蹈学院
29	北京航空航天大学体育馆		举重	举重	举重	北京航空航天大学（主责）

续前表

编号	场馆名称	奥运会项目	残奥会项目	测试赛项目	对接单位
30	北京大学体育馆	乒乓球	乒乓球	乒乓球	北京大学（主责）
31	北京科技大学体育馆	柔道	轮椅橄榄球	柔道	北京科技大学（主责）
		跆拳道	轮椅篮球（预赛）	跆拳道	
32	北京理工大学体育馆	排球预赛		排球预赛	北京理工大学（主责）
33	北京理工大学体育馆		盲人门球	盲人门球	北京理工大学（主责）
34	北京工人体育馆	拳击	盲人柔道	拳击	北京联合大学（主责）
					北京市经济管理干部学院

附录 2：北京奥运会京外省（区、市）
志愿者场馆对接分配表①

（2008.8.8—24）

编号	场馆名称	志愿者计划数	京外省区市（各80人）	对接主责高校
1	国家体育场	3 550	天津、河北、辽宁、上海、山东	北京大学、中央民族大学
2	国家体育馆	1 267	湖北	中国人民大学
3	国家游泳中心	1 463	广东	清华大学
4	国家会议中心击剑馆	1 386	江西	北京邮电大学
5	奥林匹克公园北区场馆群	5 104	黑龙江、陕西	北京交通大学
6	奥体中心体育场馆群	3 728	湖南、甘肃	北京师范大学
7	北京大学体育馆	1 275	西藏	北京大学
8	北京航空航天大学体育馆	1 244	广西	北京航空航天大学
9	中国农业大学体育馆	1 239	内蒙古	中国农业大学
10	北京科技大学体育馆	909	新疆	北京科技大学
11	五棵松场馆群	4 435	江苏、吉林	北京理工大学
12	北京理工大学体育馆	571	—	北京理工大学
13	射击项目场馆群	783	—	北方工业大学
14	老山自行车场馆群	1 407	浙江	北京工商大学
15	公路自行车赛场	914	宁夏	首都师范大学
16	朝阳公园沙滩排球场	1 110	海南	北京信息科技大学
17	北京工业大学体育馆	1 260	重庆	北京工业大学
18	工人体育场	1 996	青海	北京化工大学
19	工人体育馆	1 245	安徽	北京联合大学
20	首都体育馆	1 470	贵州	中国地质大学（北京）
21	丰台垒球场	757	—	首都经贸大学
22	顺义奥林匹克水上公园	1 024	云南	北京化工大学
23	奥林匹克公园公共区	8 000	四川、河南	北京林业大学
24	奥运村	3 300	福建、山西	中国人民大学

---

① 参见团中央青年志愿者工作部：《2008 微笑在北京——北京奥运会残奥会京外省区市赛会志愿者风采展示与工作实务》，218～219 页，北京，中国青年出版社，2008。

附录3：北京残奥会京外省（区、市）
志愿者场馆对接分配表①

（2008.9.6—17）

编号	场馆名称	京外省区市（各20人）	对接主责高校
1	国家体育场	天津、河北、辽宁、上海、山东	北京大学
2	国家会议中心击剑馆	江西	北京邮电大学
3	奥林匹克公园北区场馆群	黑龙江、陕西、湖南、福建	北京交通大学
4	中国农业大学体育馆	内蒙古、海南	中国农业大学
5	老山自行车场馆群	浙江	北京工商大学
6	公路自行车赛场	宁夏	首都师范大学
7	顺义奥林匹克水上公园	云南	北京化工大学
8	国家体育馆	湖北、贵州	中国人民大学
9	国家游泳中心	广东、甘肃	清华大学
10	北京科技大学体育馆	重庆、新疆	北京科技大学
11	北京航空航天大学体育馆	广西、河南	北京航空航天大学
12	工人体育馆	安徽、吉林	北京联合大学
13	北京大学体育馆	江苏、西藏	北京大学
14	北京理工大学体育馆	四川、青海	北京理工大学
15	射击项目场馆群	山西	北方工业大学

---

① 参见团中央青年志愿者工作部：《2008 微笑在北京——北京奥运会残奥会京外省区市赛会志愿者风采展示与工作实务》，220 页。

附录4：比赛场馆内 18 442 名观众服务志愿者
创造的总体经济价值

序号	场馆名称	观众服务志愿者人数	日出勤人次	奥运会赛事天数	残奥会赛事天数（天）	服务天数（天）	总出勤人次	劳务价格（元/人·天）	创造经济价值（元）
1	国家体育场	1 940	缺失	10	11	27	49 467	120	5 936 004
2	国家体育馆	568	487	15	10	31	15 097	120	1 811 640
3	国家游泳中心	487	395	15	9	30	11 860	120	1 423 200
4	国家会议中心击剑馆	452	455	11	10	27	12 285	120	1 474 200
5	奥林匹克公园中心区	5 060	缺失	16	12	46	162 748	120	19 529 760
6	奥体中心场馆群	1 420	978	16	0	19	18 580	120	2 229 555
7	奥林匹克公园北区场馆群	1 608	982	16	11	33	32 394	120	3 887 235
8	北京大学体育馆	369	330	11	9	26	8 575	120	1 029 015
9	北京航空航天大学体育馆	252	317	12	7	25	7 913	120	949 500
10	中国农业大学体育馆	317	369	7	9	22	8 118	120	974 160
11	北京理工大学体育馆	167	252	10	8	24	6 048	120	725 760
12	北京科技大学体育馆	307	306	12	10	28	8 570	120	1 028 440
13	首都体育馆	500	166	16	0	19	3 146	120	377 568
14	顺义奥林匹克水上公园	436	缺失	15	3	24	28 299	120	3 395 880
15	朝阳公园沙滩排球场	409	288	14	0	17	4 898	120	587 775
16	工人体育馆	448	205	15	3	24	4 917	120	590 080
17	工人体育场	692	221	6	0	9	1 989	120	238 680
18	北京工业大学体育馆	305	343	16	0	19	6 514	120	781 736
19	铁人三项赛场	184	686	2	3	11	7 542	120	905 080
20	公路自行车赛场	207	359	3	0	6	2 153	120	258 384

续前表

序号	场馆名称	观众服务志愿者人数	日出勤人次	奥运会赛事天数	残奥会赛事天数（天）	服务天数（天）	总出勤人次	劳务价格（元/人·天）	创造经济价值（元）
21	老山自行车场馆群	324	347	8	4	15	5 206	120	624 728.571 4
22	五棵松场馆群	1 528	234	16	0	19	4 445	120	533 377.5
23	射击项目场馆群	205	207	9	6	18	3 726	120	447 120
24	丰台垒球场	257	183	10	0	13	2 379	120	285 480
	合计	18 442							50 024 358.071 4

参考文献

一、著作、期刊

1. 北京奥运会志愿者工作协调小组办公室编．志愿北京——2005 "志愿服务与人文奥运"国际论坛成果集．北京：人民出版社，2005

2. 北京奥运会志愿者工作协调小组办公室等编．奥运先锋．北京：人民出版社，2009

3. 北京奥运会志愿者工作协调小组办公室等编．微笑北京．北京：人民出版社，2009

4. 北京志愿者协会编著．走进志愿服务．北京：中国国际广播出版社，2007

5. 丁元竹，魏娜，谭建光．北京奥运会志愿服务研究．北京：北京出版社，2009

6. 李颖川．北京2008年奥运会志愿者的组织管理模式与评价体系的研究．北京：北京体育大学出版社，2007

7. 魏娜．北京奥运会志愿者读本．北京：中国人民大学出版社，2006

8. 团中央青年志愿者工作部．2008微笑在北京——北京奥运会残奥会京外省区市赛会志愿者风采展示与工作实务．北京：中国青年出版社，2008

9. 宋玉芳．奥运会志愿者的形成背景与历史演变．上海体育学院学报，2003（8）

10. Miguel de Morngas, Ana BeLen Moreno, Raul Paniatgua. *The evolution of volunteers at the Olympic Games.* Paper presented at the. Volunteers, Global Society and the Olympic Movement Conference, International Symposium, Lausanne, 1999

二、报告、规范性文件

1. 悉尼奥运会人力资源工作研究报告

2. 雅典奥运会人力资源工作研究报告

3. 北京 2008 年奥运会申办报告

4. 北京奥运会志愿者战略计划

5. 北京奥运会志愿者行动计划

6. 北京奥运会、残奥会赛会志愿者通用政策

7. 北京奥运会残奥会志愿者工作政策文件资料汇编

8. 奥帆赛志愿服务工作总结

9. 北京奥运会、残奥会上海赛区志愿者工作总结

10. 北京奥运会、残奥会天津赛区志愿者工作总结

11. 北京奥运会、残奥会沈阳赛区志愿者工作总结

12. 北京奥运会、残奥会秦皇岛赛区志愿者工作总结

后 记

　　本书的研究、写作持续了约一年半的时间，分两个阶段进行。第一阶段（从 2009 年 6 月到 2009 年 12 月），主要工作为制定研究方案，收集文献资料，进行深入访谈和实地调研，完成《经验·价值·影响——2008 北京奥运会、残奥会志愿者工作成果转化研究》的撰写工作。该研究报告于 2009 年 12 月 4 日在"鸟巢"发布，产生了广泛的社会影响。中国人民大学人文奥运研究中心副主任魏娜教授作为课题组负责人，负责设定研究目标，制定研究方案，组织项目实施。课题组其他成员包括：中国农业大学副教授张晓红、北京大学副教授袁瑞军、北京体育大学教授孙葆丽、中国人民大学公共管理学院教师娜拉、北京惠泽人咨询服务中心主任翟雁、联合国志愿服务合作项目办公室李冰洁、中国教育报社记者李凌、中国农业大学教师董强以及中国人民大学公共管理学院学生崔玉开、毛立红、袁博、刘倩倩。报告完成后，北京元培翻译中心对研究报告进行了翻译，北京外国语大学陈琳教授对研究报告英文版进行了审校。

　　第二阶段（从 2010 年 1 月到 2010 年 12 月），主要工作是按照书的编写体例对课题报告的内容进行补充和完善，对三个调研报告和访谈记录进行修订和整理，确保整个课题的研究成果能客观、完整地展现在读者面前，供更多的机构和个人参考、使用。考虑到研究的国际影响力，我们还对全书内容进行了英文翻译。这一阶段的文字工作主要由课题组负责人魏娜教授、中国农业大学副教授张晓红、中国人民大学博士生崔玉开完成。中国人民大学博士生雷尚清、硕士生蒋书娇承担了调研报告的数据整理工作；联合国志愿服务合作项目办公室翟圣燕及 Accesspath 公司承担了本书上篇的翻译工作。中国人民大学博士生崔玉开，硕士生吕品、蒋书娇承担了本书下篇的翻译工作。摆渡船公关公司对下篇的英文稿进行了校对。

　　本书得以出版，要特别感谢共青团北京市委员会、北京市志愿者联合会和联合国志愿服务合作项目办公室。共青团北京市委书记王少峰同志非常关心课题研究工作，多次对志愿者成果转化工作提出具体有益的指导意见。共青团北京市委原副书记邓亚萍同志亲自负责此项工作，多次听取课题组的汇报，提出了许多极具洞察力的建议，为研究的顺利进行提供了坚强保证。北京市志愿者联合会秘书长郭新保同志也多次阅读书稿，并提出具体的研究建议。此外，洪亮、陈炳具、王哲、辛华、章彦春、刘金芝承担了大量沟通协调及日常管理工作，为课题的顺利完成提供了有力保障。联合国志愿服务合作项目办公室积极推动课题研究的进展，为课题研究提供了大量的文献资料和必不可少的支持、帮助。

　　中国人民大学副校长、人文奥运研究中心主任冯惠玲教授自始至终给予本项研究和著作的出版极大的鼓励与支持。原北京奥组委志愿者部领导刘剑、李世新、张振良、张巨明、张红，高度关心、积极支持本研究课题，不仅接受了课题组的访谈，全面介绍了参与奥运会志愿者工作的经验与感受，还对研究报告进行了审校，提出了诸多宝贵的意见。原北京奥组委志愿者部工作人员李敬方、刘蓉、易帅东、韩润峰、黄克宇、黄可瀛、凌越，以及原北京奥运会志愿者工作协调小组办公室工作人员刘震、祁治国、冯志明，也接受了课题组的访谈，为课题组丰富研究素材提供了力所能及的帮助。

　　北京奥运会、残奥会场馆志愿者经理吴俊、吕良、许海峰、刘怡桐、阴医文，观众服务经理王术军、何耐铭、王巧妹、田原、孙敬以及北京奥运会、残奥会志愿者代表高琦、李木子、屈欢欢、戴岩、董博、徐瑾、李明英、周慕扬、王邦仁、林科振、杜锐锐、沈园园、曹颖等，也接受了课题组的访谈，从不同角度介绍了参与奥运会志愿者工作的感受，这构成了本研究的基础。

　　中国青年政治学院原院长陆士桢教授、国家行政学院丁元竹教授、中国人民大学人口与社会学院洪大用教授、中国社会科学院沈杰教授、中国残疾人联合会原理事赵济华、清华大学公共管理学院贾西津副教授、中国人民大学新闻学院胡百精副教授，组成了课题专家咨询团队，为课题提供了研究指导，并对研究报告进行了审阅与评定。他们的付出与建议，提升了本研究的品质，使得我们能够再一次领略他们严谨求实的作风和追求真理的执著！

　　在课题问卷调查阶段，中国人民大学统计学院的宋大我老师、李扬博士，团市委信息中心冯志明主任及王虎、赵阳、冯夏等同志做了大量卓有成效的工作，保证了课题数据的真实、准确。在课题文献资料收集、调查访谈、书稿审校等阶段，北京志愿服务发展研究会的张海涛副教授、曾毅红副教授、郑瑞涛博士、夏彬彬博士、王雅姝、陈顺昌、周莉娟、冯文铮、代净、张玉涛、刘韦、于冉、马晗雁、王芬芳、余姣、潘春玲、林云志等，北京惠泽人咨询服务中心的志愿者、中国人民大学的文科、许东惠、孙玲、胡文静、吴乐勇、施佳莹、平杨媚、王冰、王志杰，也做了大量的工作。

对于上述人士的辛勤付出和不懈努力，我谨代表课题组，致以崇高的谢意和诚挚的祝福！没有你们的贡献，本项研究是无法完成的！

此外，中国人民大学出版社的编辑，以其一丝不苟的精神和追求卓越的品质，为本书的顺利出版付出了艰辛的努力，在此特意致谢。

魏　娜

2010 年 11 月 5 日

图书在版编目（CIP）数据

经验·价值·影响——2008北京奥运会、残奥会志愿者工作成果转化研究/魏娜等著.
北京：中国人民大学出版社，2010
ISBN 978-7-300-13038-5

Ⅰ.①经…

Ⅱ.①魏…

Ⅲ.①夏季奥运会-志愿-社会服务-研究-北京市-2008
②世界残疾人运动会-志愿-社会服务-研究-北京市-2008

Ⅳ.①C916②G811.211③G811.228

中国版本图书馆CIP数据核字（2010）第223880号

经验·价值·影响
——2008北京奥运会、残奥会志愿者工作成果转化研究
魏娜 等 著
Jingyan Jiazhi Yingxiang

出版发行	中国人民大学出版社			
社　址	北京中关村大街31号		**邮政编码**	100080
电　话	010－62511242（总编室）		010－62511398（质管部）	
	010－82501766（邮购部）		010－62514148（门市部）	
	010－62515195（发行公司）		010－62515275（盗版举报）	
网　址	http://www.crup.com.cn			
	http://www.ttrnet.com(人大教研网)			
经　销	新华书店			
印　刷	涿州市星河印刷有限公司			
规　格	185 mm×260 mm　16开本		**版　次**	2010年12月第1版
印　张	19.75 插页3		**印　次**	2010年12月第1次印刷
字　数	382 000		**定　价**	49.00元